广州市文化广电旅游局
广州市文物博物馆学会 编

广州文博 拾陆

文物出版社

图书在版编目（CIP）数据

广州文博. 拾陆/广州市文化广电旅游局，广
州市文物博物馆学会编.--北京：文物出版社，
2023.11
ISBN 978-7-5010-8216-2

Ⅰ.①广… Ⅱ.①广…②广… Ⅲ.①文物工作－广
州－文集②博物馆事业－广州－文集 Ⅳ.
①K872.651.4-53②G269.276.51-53

中国国家版本馆CIP数据核字(2023)第197099号

广州文博·拾陆

编　　者：广州市文化广电旅游局　广州市文物博物馆学会

策划编辑：李　睿
责任编辑：卢可可
责任印制：张　丽

出版发行：文物出版社
社　　址：北京市东直门内北小街2号楼
邮　　编：100007
网　　址：http://www.wenwu.com
邮　　箱：web@wenwu.com
经　　销：新华书店
印　　刷：广州商华彩印有限公司
开　　本：889mm×1194mm　1/16
印　　张：24.75
版　　次：2023年11月第1版
印　　次：2023年11月第1版印刷
书　　号：ISBN 978-7-5010-8216-2
定　　价：168.00元

目 录

一、考古新发现

二、考古与文物研究

1

三、文化遗产

四、博物馆学

广西浦北县望圩岭、白坟岭南朝墓发掘简报

广西文物保护与考古研究所 浦北县博物馆

内容提要：

2010年5月，广西文物保护与考古研究所、浦北县博物馆分别对浦北县望圩岭和白坟岭各一座已遭受破坏的古墓葬进行了抢救性发掘，对了解桂南地区南朝墓葬的形制和埋葬习俗，以及与两广地区南朝墓葬的关系提供一批珍贵的资料。

浦北县城南约65公里的石埇乡坡子坪仰天湖村附近的南流江畔，有一座南朝时期的城址——越州城，在城址周边的低缓山岭上，分布着沙滩坡、望圩岭、白坟岭、沙田垌等古墓群，这些古墓群所在的地方均为当地村民的耕地，长期以来，一些墓葬在村民的耕作中被破坏。为便于文物保护及对浦北一带南朝墓葬的了解，2010年5月，广西文物保护与考古研究所、浦北县博物馆分别对望圩岭和白坟岭各一座已遭受破坏的古墓葬进行了抢救性发掘，现将发掘情况报告如下。

一、墓葬位置

两座墓均位于浦北县石埇镇境内。望圩岭M1位于镇政府西约1千米的塘背村望圩岭陶瓷厂内，北为石埇镇至县城的公路。1990年当地村民在此建陶瓷厂时发现，因陶瓷厂长年在此生产，对墓葬造成了一定的破坏，墓已出露地面，部分墓顶已被毁坏。白坟岭墓群位于坡子坪村委境内东方农场二十六分场西南部的白坟岭上，东南距越州古城约800米，东北距望圩岭墓群约3千米。早年因平整土地墓葬顶部部分被毁坏，而且当时村民曾对墓葬进行过挖掘，致使墓葬遭受到不同程度的破坏（图一）。

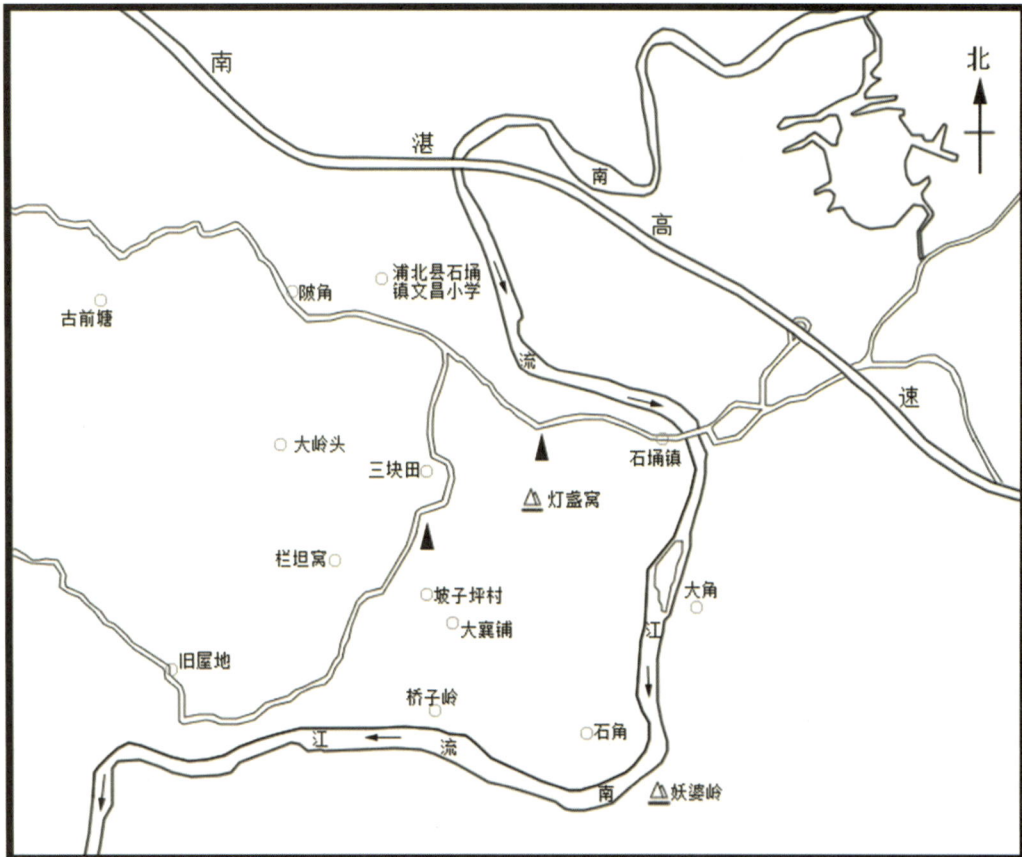

图一 墓葬位置示意图

二、墓葬形制

两墓均为带墓道的券顶砖室墓，单室，形制分别为长方形和"凸"字形。

望圩岭M1为长方形砖室墓，由墓道、墓圹和墓室三部分组成。墓道为长方形斜坡式，残长2.6、宽1.52米，坡度21°。墓室长方形，室内长5、宽1.2、高1.3米。方向35°。室内分成天井和后室两部分。天井的中部有一个平面呈方形的排水井，长0.2、宽0.2、深0.32米，井四壁用砖砌，底不铺砖。后室呈长方形，与天井交接处用三层砖横列平放顺砌而成，形成三级阶式，高出天井底0.12米。天井与封

2

门相接处及后室中部偏后的位置各有一单砖承券。墓壁单层砖，后室左右两侧壁、后壁的砌法，从墓底往上先四顺一丁两组，再往上为平砖顺列错缝叠砌，在离墓底高约0.61米处起券。封门呈"凸"字形，用双层砖砌于墓壁内外，靠墓室内一面为横砖顺列错缝叠砌，外侧纵向顺列错缝叠砌。墓底用长方形单砖斜铺成"人"字形。墓砖为红色长方形条砖，无纹饰，长32、宽16、厚4.5厘米。棺木和尸骨已朽无存，葬式不清。墓内除有几片碎陶片和铁片外，无其他随葬品（图二）。

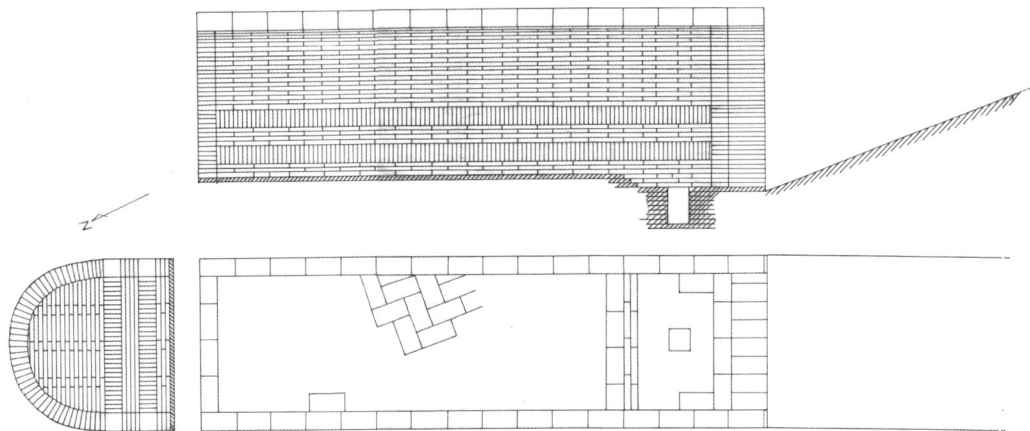

图二　望圩岭M1平、剖面图

白坟岭M1为平面"凸"字形砖室墓，由墓道、墓圹和墓室三部分组成。墓道未发掘，情况不明。墓室方向321°。墓室总长4.2米，分甬道和后室两部分，甬道内长1.12、宽0.8、高1.52米，后室内长2.78、宽1.04、高1.58米。后室前端与甬道相交处，纵向铺一排单层丁砖以示与甬道相分隔，底高出甬道底约4厘米。墓左右和后壁均为单层砖，砌法下部为三顺一丁四组，距墓底1.2米处起券。封门砌于甬道内壁，砌法中部三顺一丁，上下两端均为平砖顺列错缝叠砌。墓室中部偏后两侧壁上高于墓底0.68米的位置，各有一个长方形的壁龛，长0.16、宽0.16、进深0.32米。底砖单层，后室和甬道前部斜铺成"人"字形，甬道与后室相交处横列错缝平铺。砖有青色、青灰色和红色，以青色和青灰色为主，红色很少，全部无纹饰，长34、宽16.5、厚4.5厘米。墓内棺木和人骨已朽无存。因早年被破坏，部分随葬器已被挖出后回填于土中，只在墓后室的中、后部近壁处发现有青瓷碗1件和滑石猪3件（图三）。

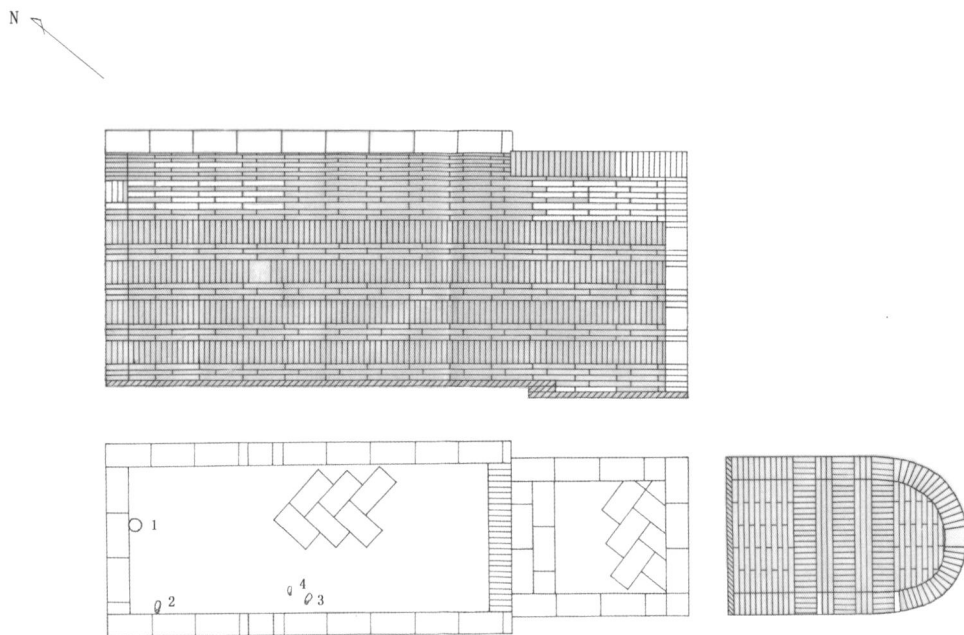

图三　墓葬平、剖面图
1.A型青瓷碗　2、3、4.滑石猪

三、随葬器物

随葬器物共18件，均发现于白坟岭1号墓，主要为青瓷器和滑石器。

（一）青瓷器

青瓷器均灰白胎，通体施青黄釉，釉层厚薄不匀，釉表有细小开片，绝大部分胎釉结合不紧密，已全部脱落，少部分保存较好。器物均为日常生活用具，器形有碗、碟、盘、罐、壶、杯、灯等。

四耳罐，2件。白M1：16，敞口，圆唇，短颈，圆肩，平底，肩部横置四个对称的桥形耳。口径11.5、底径14.2、高16.2厘米（图四，5）。白M1：17，带盖，盖子母唇，隆起呈漫圆形，顶置一半圆形立纽，纽外和盖面边缘各饰一周单线凹弦纹。微敞口，圆唇，短直领，圆肩，腹下部内收，平底已残，肩部横置四个对称的桥形耳。口径11.4、残高19.9厘米（图四，6）。

壶，1件。灰白胎，质硬，通体施青釉，部分脱落，釉面有细小的开片，口、肩等下凹处因积釉而釉层较厚。带盖，顶平，中置一莲花形立纽。子母口、圆肩、圆鼓腹、饼足内凹。肩部横置两个对称的桥形耳。肩部一侧有一短流，相对应的另一侧原有把，现已残。白M1：18，口径6、底径5.6、通高13厘米（图四，4）。

碟，6件，分二型。

A型，3件。敞口，尖圆唇，弧腹，浅盘，饼足微内凹。白M1：8，口径14、足径6.6、高3.5厘米（图四，2）；白M1：9，口径13.7、足径6.4、高3.7厘米（图四，1）；M1：10，口径14.8、足径7.6、高3.1厘米（图四，3）。

B型，3件。敞口，尖圆唇，弧腹，浅盘，圜底近平或微内凹。白M1：12，口径14.5、底径5.8、高3.1厘米（图五，10）；白M1：13，口径14.8、底径5.4、高3.1厘米（图五，8）；白M1：15，口径15.2、高3.1厘米（图五，7）。

碗，5件，分两型。

A型，4件。尖圆唇，弧腹，饼足微内凹。白M1：1，口径7.9、足径3.4、高4.2厘米（图五，3）；白M1：6，口较宽、饼足较矮、内凹较深。口径8.4、足径3.2、高4.1厘米（图五，5）；白M1：7，饼足较高。口径8.2、足径3.4、高4.2厘米（图五，6）；白M1：14，口径8、底径3.6、高4.2厘米（图五，4）。

B型，1件。碗近钵形，敛口，方唇，弧腹较深，圜底近平。白M1：11，口径17.4、高4.7厘米（图五，11）。

灯，1件。灯盏和承盘。敞口，略外撇，方唇，斜直腹，底部折收与柱柄相连接。柄为圆柱形，实心。浅盘形底座，敞口、折沿、尖唇、斜直壁，内底隆起，平底微内凹。白M1：5，口径8.9、底径14.5、通高9.3厘米（图五，9）。

（二）滑石器

滑石器，3件。全部为雕刻简单的滑石猪。灰白色，猪作长条状，前窄后宽，卧伏式，后足附于腹下两侧，浅浮雕勾画出头、嘴、眼睛、耳、尾等部位。白M1：2，丰身，短吻，长眼，立耳，粗短尾垂贴于后臀，长4、高1.5厘米（图五，1）；白

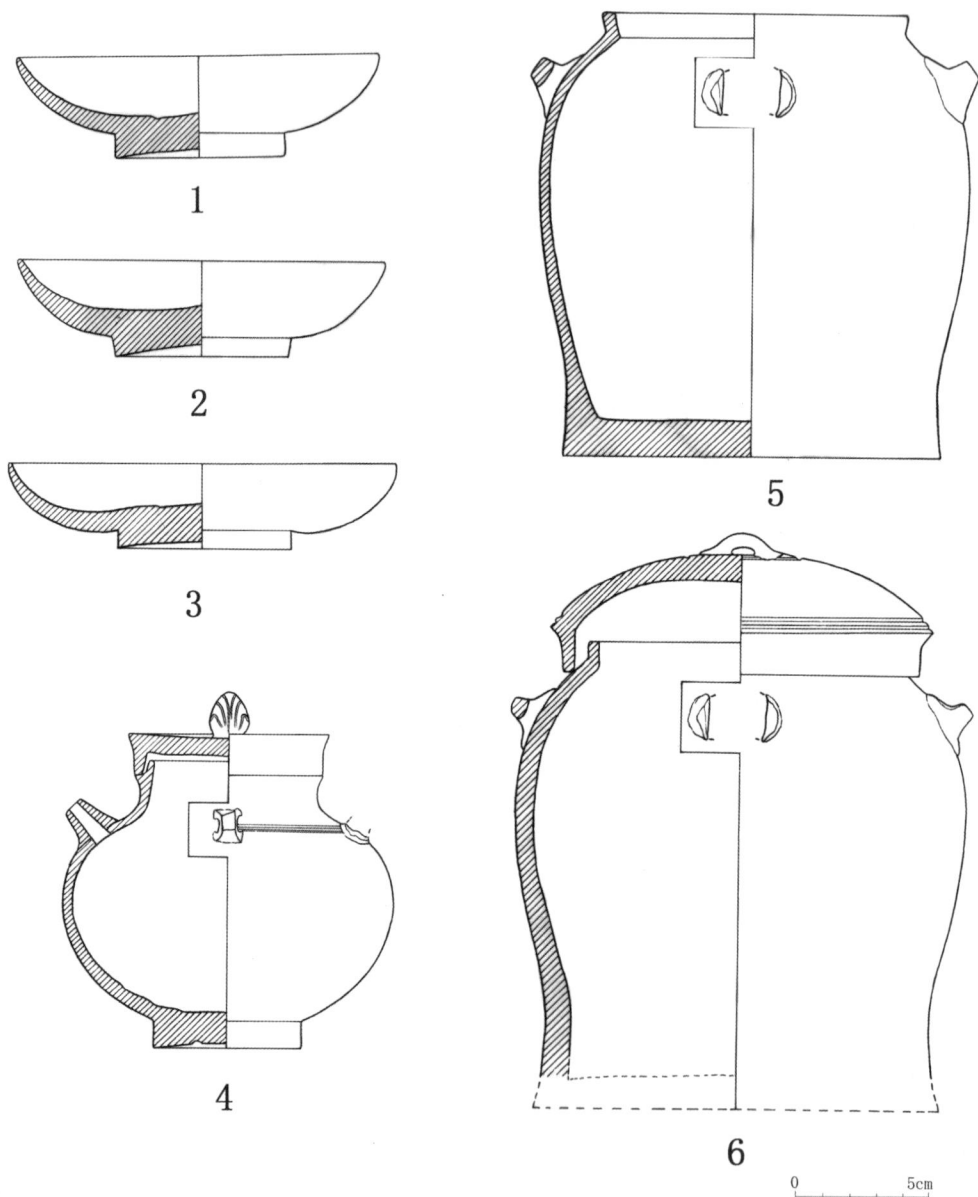

图四　白坟岭M1随葬器物

1、2、3.A型青瓷碟（M1:9、8、10）　4.瓷壶（M1:18）　5、6.青瓷四耳罐（M1:16、17）

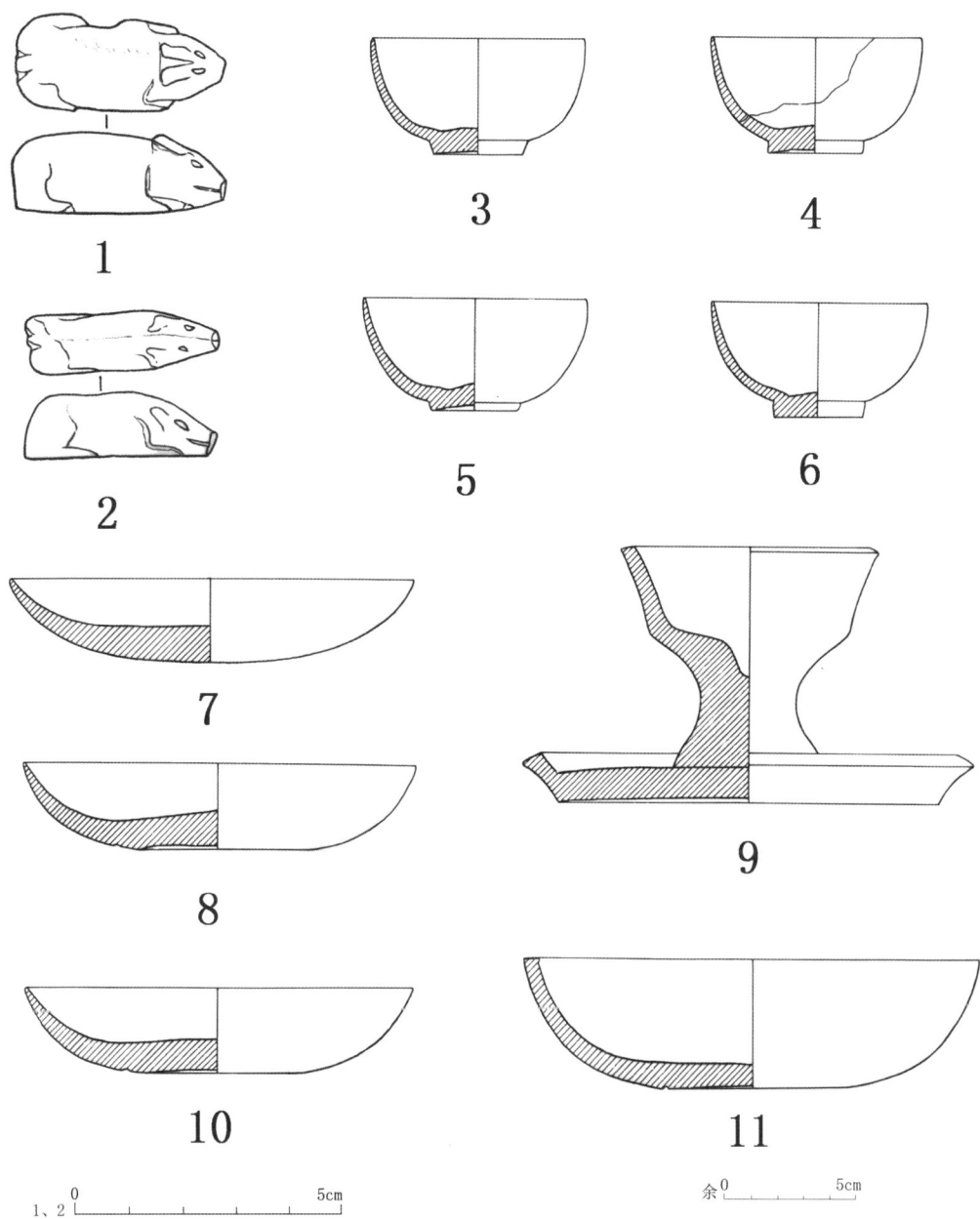

图五 白坟岭M1随葬器物

1、2.滑石猪（M1:2、3） 3、4、5、6.A型青瓷碗（M1:1、14、6、7） 7、8、
10.B型青瓷碟（M1:15、13、12） 9.青瓷碟（M1:5） 11.B型青瓷碗（M1:11）

三、结语

  这次清理的两座墓葬虽然没有发现任何有明确纪年的资料，但具有鲜明的时代特征。从墓葬形制看，两墓均为小型单室券顶砖墓，平面分别为长方形和"凸"字形，这都是各地南朝时期流行的形制。墓底用长方形砖单层铺成"人"字形，墓壁单砖平放，顺列错缝叠砌而成，也是南朝墓葬结构显著的特点之一，在两广地区的南朝墓葬中常见。随葬器物中，青瓷器、滑石猪是南朝时期墓葬中最为普遍的两种。青瓷器的釉色青中泛黄，施釉不及底，胎釉结合多不紧密易脱落，器体多素面，其造型和装饰均为南朝墓中所习见。其中四耳罐与桂林东郊[1]、藤县跑马坪[2]、广东肇庆市康乐中路M1[3]、乳源县泽桥山M41、M55的A型Ⅳ式[4]、深圳宝安南朝墓[5]所出的四耳罐相同；A型碟与融安县安宁M5的Ⅰ式盘[6]、藤县跑马坪盘、广东省乳源县泽桥山A型碟、广州淘金坑M69[7]的盘相同；B型碟与乳源县泽桥山B型碟相同；灯与广州淘金坑M69、广西藤县跑马坪所出的灯相近；碗与广东肇庆市康乐中路2号墓Ⅳ式碗、广西恭城长茶地[8]、大湾地[9]所出的碗相同。从墓葬形制和随葬器物总体来看，两座墓均具有南朝中晚期的特征。望圩岭M1在前室设渗水井的做法主要见于广东南朝至初唐时期的墓葬中。广东乳源泽桥山的A型Ⅳ式四耳罐，A、B型碟、钵形碗均属于南朝晚期，因此，这两座墓葬的年代应为南朝晚期。

---

[1] 桂林市文物工作队《桂林市东郊南朝墓清理简报》，《考古》1988年第5期。

[2] 藤县文化局、藤县文物管理所《广西藤县跑马坪发现南朝墓》，《考古》1991年第6期。

[3] 广东省文物考古研究所《肇庆古墓》，北京：科学出版社，2008年。

[4] 广东省文物考古研究所《乳源泽桥山六朝隋唐墓》，北京：文物出版社，2006年。

[5] 深圳博物馆《深圳市宝安南朝墓发掘简报》，《文物》1990年第11期。

[6] 广西壮族自治区文物工作队《广西融安安宁南朝墓发掘简报》，《考古》1984年第7期。

[7] 广州市文物考古研究所《广州市淘金东路中星小学南朝墓发掘报告》，《羊城考古发现与研究（一）》，北京：文物出版社，2005年。

[8] 广西壮族自治区文物工作队《广西恭城新街长茶地南朝墓》，《考古》1979年第2期。

[9] 俸艳《广西恭城县黄岭大湾地南朝墓》，《考古》1996年第8期。

广西的南朝墓主要分布在桂林、贺州、梧州、柳州、钦州等地，以往只在桂林市区、恭城、永福、兴安，柳州的融安，梧州等市县进行过考古发掘。1986年，浦北县博物馆的工作人员曾在沙田垌古墓群抢救性清理过一座因沙田垌村村民建房而被破坏的南朝时期小型砖室墓葬一座，出土了青瓷碗、六耳罐、青铜罐、金戒指等随葬品，但墓葬资料没有发表。此次发掘和整理，将对了解桂南地区南朝墓葬的形制和埋葬习俗，以及与两广地区南朝墓葬的关系提供一批珍贵的资料。

附记：参加发掘的人员有广西文物保护与考古研究所的李珍，浦北县博物馆的黄光清、宋传辉、李日思、余维和、吴小荣、邓建梅、覃运隆等。

执笔：李珍、黄光清、宋传辉
绘图：蒋新荣

广州市黄埔区烧瓦窿遗址Y4发掘简报

广州市文物考古研究院

内容提要：

烧瓦窿遗址位于广州市黄埔区岭头村，永顺大道以南，2020年7月至10月，广州市文物考古研究院为配合工程建设对烧瓦窿遗址进行考古发掘，发现清代瓦窑1座。该窑上下叠压着四期窑室，发展演变序列较清晰，为研究黄埔乃至广州地区清代民间制瓦手工业提供了实物资料。

一、项目概况

烧瓦窿遗址位于广州市黄埔区岭头村（图一），永顺大道以南。2020年7月至10月，广州市文物考古研究院为配合岭头公司留用地项目建设对烧瓦窿遗址进行考古发掘，完成发掘面积1700平方米，清理出新石器时代晚期至近现代墓葬、灰坑、柱洞、窑、灰沟等遗迹一批，出土各时期陶豆、陶罐、陶器座、陶纺轮、陶盆、原始瓷豆、青花瓷碗、石锛、石环、石镞、铁锄、陶瓦等文物百余件（套）。其中Y4位于遗址北部坡脚，为清代瓦窑，上下叠压着四期窑室，发展演变序列清晰，为研究黄埔乃至广州地区清代民间制瓦手工业提供了实物资料。

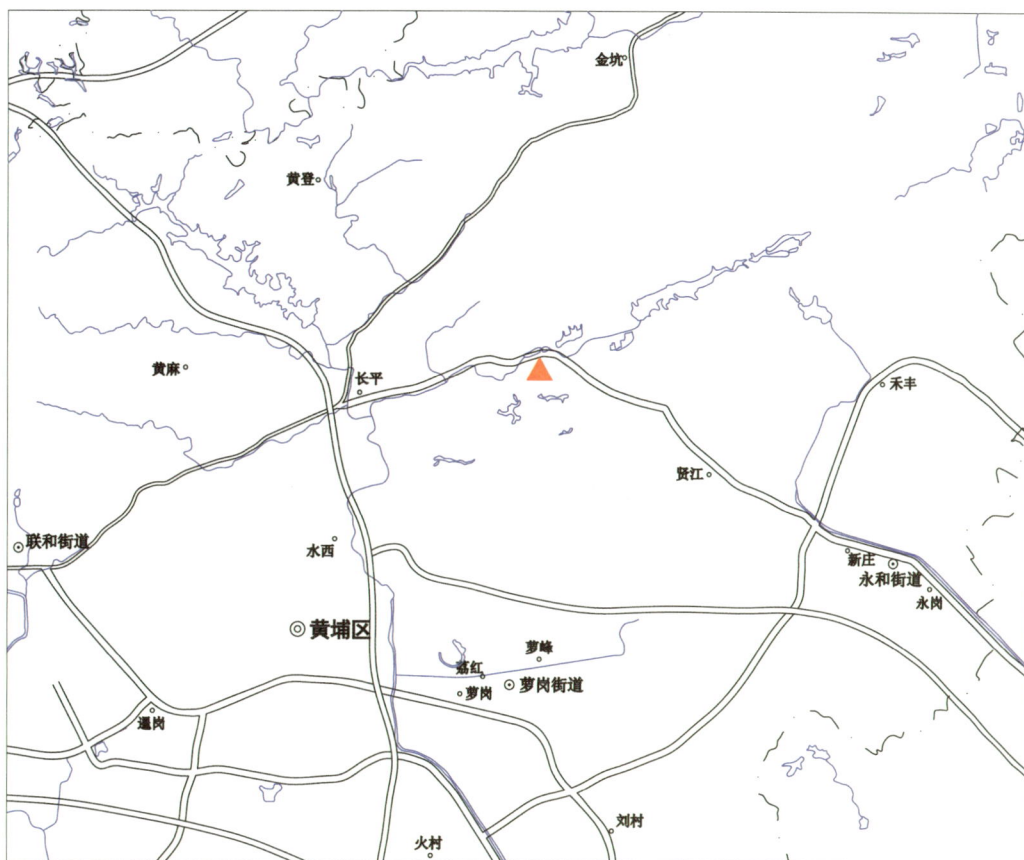

图一 烧瓦窑遗址位置示意图

二、形制结构

Y4位于遗址北部坡脚、T1113东北部，并延伸至T1114内，开口于①层表土层下，平面形状呈马蹄形，方向坐南向北。Y4共可分四期，最早一期位于最底部，其上依次为二期、三期、四期层层叠压。

一期（图二、三）：为土窑，仅存南侧窑壁、窑床、三个烟囱、南侧防护墙和东西两侧数个柱洞。窑壁为土壁，因火烧呈红褐色，仅存南壁，东、西壁只见底部痕迹。南壁北部被晚期遗迹破坏近一半，残长4.15、高0.87—0.99、残厚0.63—0.78米。窑床保存较完整，北部被后期窑室破坏，平面呈不规则形，南北残

11

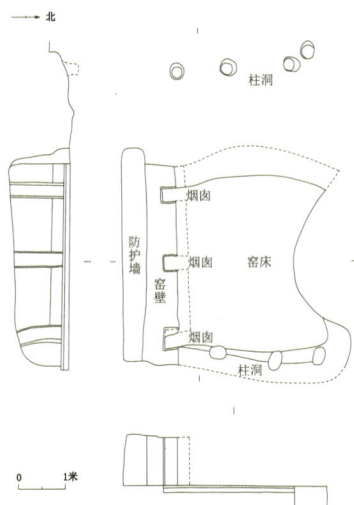

图二 Y4一期平、剖视图

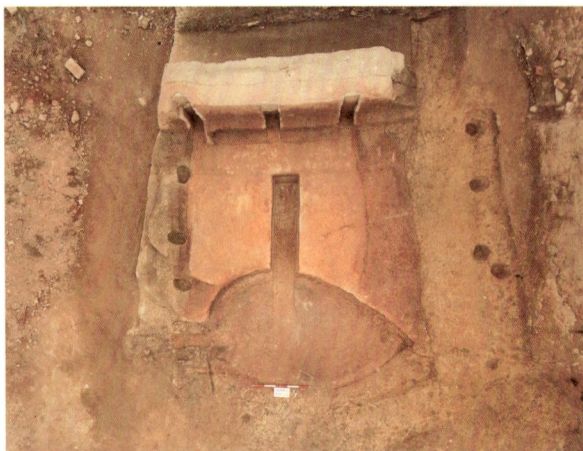

图三 Y4一期全景（北-南）

长2.26—2.94米，东西残宽3.27—3.64米，由沙土铺垫而成，厚0.14米，表层因火烧呈红褐色，硬度较高，厚约0.04米。烟囱位于窑床南侧，嵌于窑壁之中，共有三个，结构相近，宽0.27—0.4、进深0.5—0.56、残高0.87—0.99米，内壁因火烧形成厚约0.25米烧结面。防护墙紧贴南侧窑壁外侧，为灰褐色土堆筑而成，东西残长4.4米，南北宽约0.4—0.54米，高度与南壁相同残高0.87—0.99米。火膛位于窑床北部，膛底和北部被晚期遗迹破坏，仅存南壁局部，底部低于窑床面约0.45米。柱洞位于窑室东西两侧，其中窑床东侧三个，开口于二期窑壁下，打破一期窑床下垫土，平面呈椭圆形，直壁，平底，长径0.36—0.42、短径0.25—0.27、深0.14—0.18米，填土均为黄褐色黏土，土质较疏松，含较多红烧土颗粒、碎瓦片等；窑床西侧四个，位于三期西保护墙下方，平面近圆形，斜壁，平底，口径0.29—0.37、底径约0.22、深0.18—0.38米，填土为浅灰褐色黏土，土质较疏松。东西两侧柱洞推测为窑室上方防护棚的立柱。

二期（图四、五）：为砖窑，叠压于一期之上，现存窑壁底部、窑床、火膛南部、烟囱。平面南北长3.37、东西宽4.15米。窑壁由长方灰白砖平砌而成，叠压于一期窑床之上，仅存西壁、南壁、东壁南部底部一层砖，其中南壁较一期北移约0.55米。窑床沿用一期窑床，但整体向西偏移，东壁偏移约0.1米，西壁偏移

12

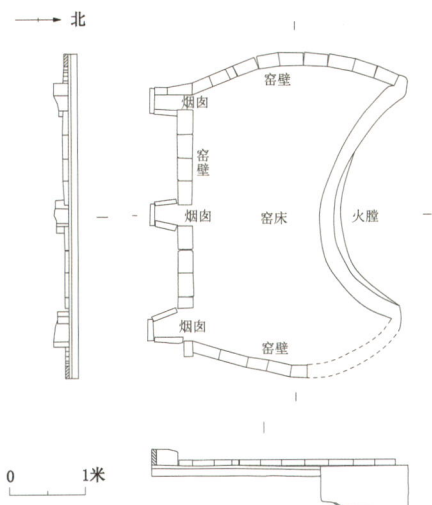

图四 Y4二期平、剖视图

图五 Y4二期全景（北-南）

0.05—0.23米，窑床南北长1.66—2.64米，东西宽3.15—3.83米。烟囱位于窑床南部，共三个，由窑壁向南凸出而成，南边紧贴一期窑壁，宽0.19—0.42、进深约0.5、残高0.2米。火膛位于窑床北部，紧贴一期火膛壁而建，但壁砖已不存，仅可从火膛底面观察到少许砖痕，南北残长0.96、东西宽约2.68米，火膛底部尚存少许烧结面，火膛底低于窑床面约0.54米。

三期（图六、七）：亦为砖窑，叠压于二期之上，整体向北偏移0.38米。结构保存较完整，现存窑壁底部、窑床、火膛、出灰口、窑门、窑外砖铺面、西保护墙、窑前工作区等结构。平面呈马蹄形，南北长4、东西宽4.2米。窑壁为长方灰白砖平砌而成，叠压于二期窑壁之上，略有错位，仅存底部一层砖。窑床叠压于二期窑床之上，亦由沙土铺垫而成，厚约0.11米，其中表层因火烧形成红褐色硬结面，厚约0.04米，窑床南北长2—2.79、东西宽2.92—3.88米。火膛位于窑床北部，呈橄榄核形，直壁，凹弧底，北侧砖壁保存完整，南壁被四期破坏到底，仅存砖痕，火膛东西长2.94、南北宽1.52米；火膛底低于窑床面约0.76米，膛底有一层黑色炭灰烧结面，中部厚四周薄，厚约0.27米。出灰口位于火膛东边，砖砌而成，仅存底部一块砖，外长0.94、宽0.62，内长0.76、宽0.28、残深0.07米。窑门开于火膛北侧坑口中部，宽0.73、残高0.1米。窑门外两侧均有一层砖铺面，东侧砖铺面由两

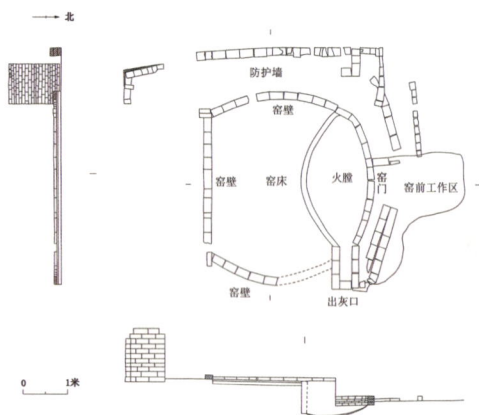

图六　Y4三期平、剖视图

图七　Y4三期全景（北-南）

排长方砖铺砌而成，西北东南向，长1.93、宽0.35米；西侧砖铺面由单排长方砖铺砌而成，南北并列多道，并与窑室西侧防护墙相连。窑前工作区呈不规则形，南北残长2、东西宽2.7米。西侧防护墙介于窑室和山坡之间，方砖错缝砌筑而成，北部主体呈南北长条形，距西侧窑壁约0.79、残长4.2、高0.25米；南部呈"L"形，长0.9、宽0.7、残高1.12米。

四期（图八、九）：为砖窑，叠压于三期之上，窑室较三期扩大，结构保存最完整，现存窑壁、窑床、烟囱、烟道、烟口、火膛、出灰口、窑门、窑前工作区、防护墙等结构。窑室平面呈马蹄形，南北长4.5、东西宽4.6米。窑壁为长方形单砖错缝平铺垒砌而成，残高0.05—0.93米，南壁平直，较三期南移0.66米，东西壁呈弧形，近乎叠压于三期之上；其中南壁和西壁保存较好，东壁仅存一块砖，方砖火候较低，呈红褐色，长0.33—0.34、宽0.16—18、厚0.1—0.12米。窑床叠压于三期窑床之上，由沙土铺垫而成，厚约0.09米，其中表层因火烧形成红褐色硬结面，厚约0.04米，窑床南北长2.5—3.18米，东西宽3.4—4米，东北角局部被破坏。烟囱和烟道紧贴南壁由方砖错缝砌筑而建，烟囱共有3个，下与东西向烟道相连，烟道内通，北侧接窑床南侧5个烟口。烟囱现残高0.7—0.93米；烟道进深0.2、高0.46、通长3.25米；烟口西部保存较好，东部局部坍塌，高度相同为0.46米，宽度不一，介于0.22和0.34米。火膛位于窑床北侧，呈榄核形，直壁，凹弧底，砖壁保存完整，近乎叠压于三期之上，但南壁较三期北移0.14米。火膛东西长3.07、南北

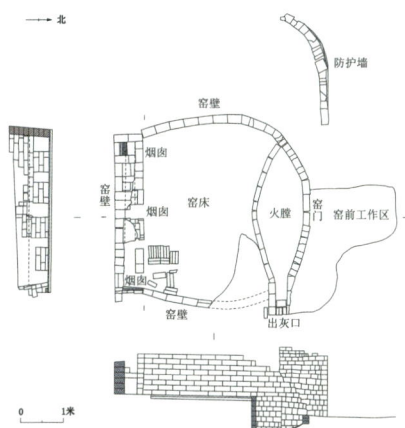

图八 Y4四期平、剖视图

图九 Y4四期全景（北—南）

宽1.1米，火膛底低于窑床面约0.74米，低于窑门0.32米。膛底有一层黑色炭灰烧结面，叠压于三期烧结面之上，中部厚四周薄，厚约0.26米。出灰口位于火膛最东侧，位置近乎叠压于三期之上，长0.72、宽0.28、残高0.5米，被残砖人为堵塞。窑门位于火膛北侧中间部位，与三期共用，门宽略窄为0.71米。窑前工作区呈不规则形，南北残长2、东西宽2.7、残深0.05米。可辨别出属于Y4四期的外保护墙位于Y4西北部，方向为东西向，南侧为灰褐色土夯筑而成，北侧外壁使用残砖进行垒砌，长2.53、宽1.1米。窑室填土为黄褐色沙质土，土质疏松，含大量砖块、瓦片、烧土块等，出土陶单耳罐、急须、器盖、盏、钵、滴水，青花瓷碗，筒瓦等12件。

三、出土遗物

Y4周边地表堆积大量板瓦和筒瓦残片，Y4四期填土内出土少量筒瓦，另有釉陶罐、钵，陶盆、器盖，青花瓷碗等。其中筒瓦和板瓦应为Y4产品，而其他遗物为Y4四期废弃后混入。

陶筒瓦。在窑室内及周边填土出大量陶筒瓦碎片，未见完整器，形制相近，半圆筒形，瓦舌收窄呈子口状，瓦身呈长方形，横截面呈半圆形，可分为两型。

A型。数量最多，夹砂灰白陶，质软，瓦舌与瓦唇转折处棱角分明。

15

Y4：采1（图十），残存瓦舌及瓦身前部，残长8、宽8厘米。

Y4：采2（图十一），残存瓦舌及瓦身前部，残长12.5、宽7.7厘米。

Y4：采3（图十二），残存瓦舌及瓦身部分，残长19、残宽7.9厘米。

Y4：采4（图十三），残存瓦舌及瓦身部分，残长16、残宽7.1厘米。

B型。数量少见，泥质红褐陶，质地较硬，瓦舌与瓦身转折不明显，出土于Y4四期窑室填土内。

Y4填土：12-1（图十四），长18.3、残宽6.7厘米。

Y4填土：12-2（图十五），残长18.4、残宽7.4厘米。

图十　A型筒瓦（Y4：采1）　　图十一　A型筒瓦（Y4：采2）

图十二　A型筒瓦（Y4：采3）　　图十三　A型筒瓦（Y4：采4）

图十四　B型筒瓦（Y4：12-1）　　图十五　B型筒瓦（Y4：12-2）

陶板瓦。广见于窑室周边地表及地层中，泥质灰白陶，含少量细砂，质地较软，未见完整器，形制相近，平面呈头宽尾窄的梯形，横截面微弧，采集较完整标本4件。

Y4：采5（图十六），残长13.4、宽9.5、厚0.9—1厘米。

Y4：采6（图十七），残长13.9、宽12.8、厚0.9—1厘米。

Y4：采7（图十八），残长14.8、宽9.5、厚0.9—1厘米。

Y4：采8（图十九），残长13.7、宽9.5、厚0.9—1厘米。

图十六 板瓦（Y4：采5）

图十七 板瓦（Y4：采6）

图十八 板瓦（Y4：采7）

图十九 板瓦（Y4：采8）

陶单把罐，3件。出土于Y4四期填土内。泥质灰黄陶，胎薄，质地较硬，口微侈，方圆唇，宽直沿微凹弧，弧腹，平底微内凹，一侧附中空把手，整体素面，内壁中下腹施青褐色釉，外壁有烟灰炱。Y4填土：1，口径16.5、腹径18.7、底径11.4、通高17.6厘米（图二十，1；图二十一）；Y4填土：2，口径13.8、腹径15.8 、底径9.6，通高14.6厘米（图二十，2；图二十二）；Y4填土：5，口径13.7、腹径15.7、底径9.2，通高15.6厘米（图二十，3；图二十三）。

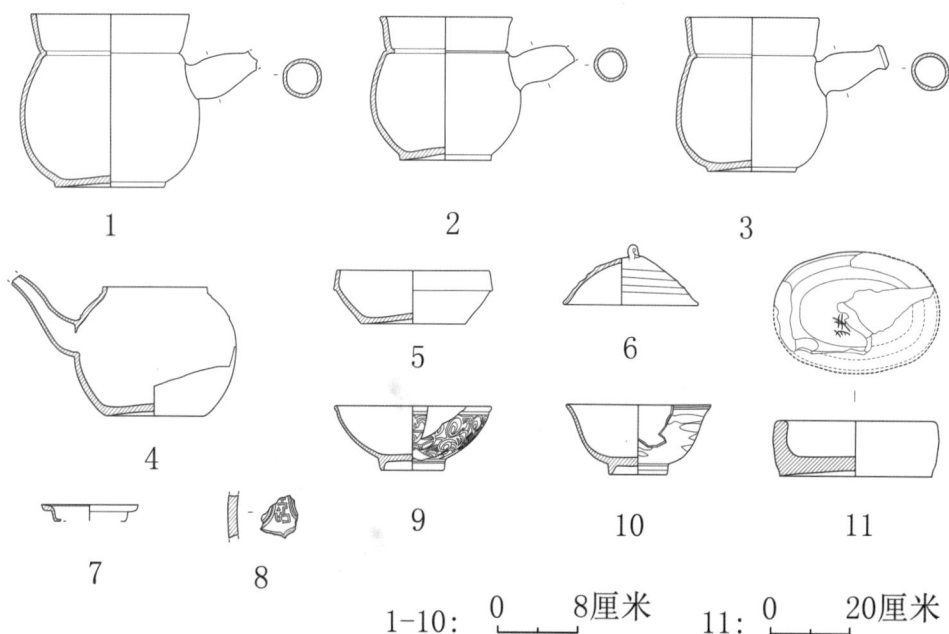

图二十　Y4填土出土陶瓷器

1—3.陶单把罐（Y4填土：1、2、5）4.陶急须（Y4填土：8）5.釉陶钵（Y4填土：3）；

6.陶器盖（Y4填土：4）7.陶盏（Y4填土：6）8.陶滴水（Y4填土：7）；

9、10.青花瓷碗（Y4填土：9、11）11.陶盆（Y4填土：10）

陶急须，1件。出土于Y4四期填土内。Y4填土：8，泥质灰陶，质地较硬，小直口，鼓腹，平底内凹，长细流微残，把手残缺，肩部饰两道凸弦纹，内壁下腹部饰酱色釉，外壁有烟灰炱。口径10.9、腹径16.9、底径10.2，高13.1厘米（图二十，4；图二十四）。

釉陶钵，1件。出土于Y4四期填土内。Y4填土：3，泥质灰黄陶，胎薄，质地较硬，敛口圆唇，折腹，平底内凹，素面，内壁及外壁上腹部施酱色釉。口径15.8、腹径16.7、底径11，高5.4厘米（图二十，5；图二十五）。

陶器盖，1件。出土于Y4四期填土内。Y4填土：4，泥质灰黄陶，胎薄，质地较硬，整体呈伞形，盖面斜弧并有轮制形成的多道凸棱，顶附"S"形小纽，素面。盖径14.1，通高6.1厘米（图二十，6；图二十六）。

陶盏，1件。出土于Y4四期填土内。Y4填土：6，泥质灰硬陶，敞口平折沿，尖圆唇，浅斜折腹，底部残缺，素面。口径10.1、底径7.3、高1.7厘米（图二十，7；图二十七）。

陶滴水，1件。出土于Y4四期填土内。Y4填土：7，残，夹砂白陶，质地较软，尚存"寿"字纹（下部）。残长4.1、宽4厘米（图二十，8；图二十八）。

青花瓷碗，2件。均出土于Y4四期填土内。青花瓷碗，敞口圆唇，斜弧腹，平底，矮圈足。Y4填土：9，通体施釉，足跟露胎，釉色发灰，局部开片，青花发色灰绿，外腹部满饰花草纹，圈足饰两道弦纹。口径16.6、底径6.6、高6.6厘米（图二十，9；图二十九）；Y4填土：11内外施釉，釉色发青，开片较多，足跟和内底环状露胎，青花发色青灰，外腹饰树叶纹，口沿和圈足各饰一道弦纹。口径15.1、足径6、高7.2厘米（图二十，10；图三十）。

陶盆，1件。出土于Y4四期填土内。Y4填土：10，残，复原平面近椭圆形，直口微敛，浅弧腹，平底内凹，内底中部阴刻"猪"字局部，复原口部长径、短径，底部长径、短径，高13.5厘米（图二十，11；图三十一；图三十二）。

图二十一　陶单把罐（Y4填土：1）

图二十二　陶单把罐（Y4填土：2）

图二十三　陶单把罐（Y4填土：5）

图二十四　陶急须（Y4填土：8）

图二十五　釉陶钵（Y4填土：3）

图二十六　陶器盖（Y4填土：4）

图二十七　陶盏（Y4填土：6）

图二十八　陶滴水（Y4填土：7）

图二十九　青花瓷碗（Y4填土：9）

图三十　青花瓷碗（Y4填土：11）

图三十一　陶盆（Y4填土：10）

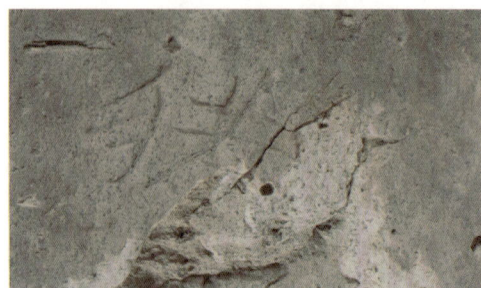

图三十二　陶盆底刻字

图三十三 Y4四期窑壁用砖（Y4：标1）

图三十四 Y4三期窑壁用砖（Y4：标2）

窑砖。采集于Y4四期和三期窑壁，均为长方体。

Y4：标1。采集于Y4四期窑壁，夹砂黄褐胎，质软，火候较低，素面，一靠窑室内侧边经火烧呈黑褐色。长30.5、宽16.3、厚10厘米（图三十三）。

Y4：标2。采集于Y4三期窑壁，泥质灰白胎，质地较硬，素面。长28.6、宽11.7、厚6.2厘米（图三十四）。

四、结语

通过本次清理工作，我们基本摸清了Y4的形制结构及其发展演变情况，并对Y4的年代和性质有了初步认识。

第一，关于Y4的年代。Y4开口于①层下，一期窑室建于生土之上，其层位关系并不能提供断代的有效依据。Y4上下叠压着四期窑室，虽然各期保存状况不一，但能看出窑室技术不断进步，由土壁窑发展到砖壁窑。整体呈马蹄形，由窑前工作区、窑门、火膛、出灰口、窑床、窑室、烟囱构成。马蹄形窑在中国历史比较久远，因结构简单，广泛见于各地，用途多样，有砖瓦窑、陶瓷窑等。珠三角地区几乎不见公开报告的烧瓦窑发掘材料，缺乏可兹比较的实例，仅能从出土遗物特征对Y4年代作一推断。Y4生产的板瓦和筒瓦，广泛见于珠三角地区清代及更晚期建筑之上，其年代当早不过清代。Y4四期填土出土的两件青花瓷碗、陶"寿"字滴水具有明显的晚清时代特征，陶罐、陶钵、陶急须等亦是清代常见民用产品。综合来看，推测Y4年代为清代，下限不晚于晚清。

第二，关于Y4的性质。Y4生产的板瓦和筒瓦皆为素胎，形制简单，质地一般，常见于珠三角地区普通民居建筑上；窑室周边大量的废弃品说明生产技术较低，良品率亦较低，因此，Y4应是普通民用烧瓦窑。Y4周边未见其他瓦窑，且在相同位置上下叠压四期窑室，虽然有较长的烧造时间，但未见烧造规模的扩大，推断Y4可能为民间小规模自用的烧瓦窑，生产量有限。此外，Y4的建造使用者可能就是遗址所在地岭头村村民，以至于Y4虽然废弃近百年，但当地村民依然保持着对当地烧瓦行为的记忆，并用"烧瓦窑"作为地名。

附记：本次考古发掘项目负责人为覃杰，现场负责人为曹耀文，参与发掘的有田茂生、吴晨阳、史吾平、李养科等，遗迹图由史吾平、曹耀文绘制，器物图由粟林洪绘制，田野照片由吴晨阳拍摄，器物照片由白云海拍摄，执笔曹耀文。

岭南的"中国化"进程、珠三角中心地位的
认知及古代社会的复原研究

赵　辉

内容提要：

  中国考古学会副理事长、北京大学教授赵辉，在中山大学人类学系复办40周年纪念学术活动中的主题发言，引起与会者的强烈响应，对于岭南考古具有很好的指导意义。

  各位老师朋友，大家上午好！非常荣幸收到邀请参加中山大学人类学系复办40周年学术活动。中山大学人类学系包括了人类学和考古学专业，历史非常悠久，刚才，我们的余院长简要地回顾了这段历史，中大的考古专业从1928年就开始，1948年正式建系（人类学系），中间虽然经历了一些变化，但是很快又恢复了。作为中山大学人类学的重要组成部分——考古学，在西方就是放在人类学的框架里边而发展的，和我们东方、中国其他一些院校的情况不太一样，与欧洲也不太一样，欧洲还是把她（指考古学）归入了历史学。

  那么，在中大的这样的学术氛围里面，人类学、考古学与民族学以及历史学紧密结合，形成了一个有自己特色的学科方向和发展道路，从而在全国的高校中有显著的特色。在教学和科研方面成绩斐然。我看到周繁文老师给我做了一个很简单的介绍，了解到在民族考古、在海洋考古都各有特色。在此，中山大学人类学系40年的复办，我谨向各位表示衷心的祝贺！对中山大学所取得的成绩表示由衷的敬意。

  郑君雷老师和周繁文老师知道我这几天在广东粤北岩山寨和周边活动，邀请我来参加这个会，并且要做个发言。而且一再地声明题目内容由我来定，而且是

个主题发言，并且有半个小时之长，这让我很惶恐。于是我赶紧写了几句话。讲什么内容呢？恰好前几天，我在易西兵院长组织的环珠江口的先秦考古新发现的座谈会上，我在线上讲过几句话。借这个场合我再把它梳理重复一遍，就岭南考古发表了一些谬见，我是做新石器时代的，所以这些意见和见解主要也是针对我们岭南地区史前这一段的考古学有感而发，不一定对。

在20世纪的90年代初期，我曾经短暂地在三水做过一些考古工作，对岭南有些关注。但是时间过了这么多年了，了解得并不全面，也并不透彻，很多新的材料我也不太知道，所以我说的也未必准确，请大家见谅。

前面我说到了岭南的新石器时代，包括三代时期的文化。由于我们岭南地区的极其鲜明的环境生态特点，有着自己鲜明的独立的特色，它的文化在中国史前文化的大格局中也自成体系，还有很强的相对独立的色彩，这是这么多年，能有这样的认识，是我们广东及毗邻的广西、福建的考古工作已经揭示出来的。

比如我们在广东已经建立了咸头岭，之后我个人以为是宝镜湾（部分遗存），还有草堂湾、龙穴，还有后来的古椰所代表的阶段，再以后有横岭、虎头铺，再以后还有夏商的云雷纹、夔纹陶，再以后还有米字纹、小的方格纹，有一个比较完整的演变的文化序号。从三足器、凹底器等的变化演变来看，已经不是初步的了，而是有一个比较完整的把握了。这个序号的建立主要依赖于珠江三角洲地区的资料。这是因为珠江三角洲地区在岭南是最大的一块濒海平原，在这个区域里边汇聚了来自多方面的文化因素。同时这个地区由于体量大，所以它的文化实力也强，才能发展出自己的特色，有自己的传统，从而影响周围的地区。在史前到三代先秦以前，在相当长的时间段里，珠江三角洲在岭南是最重要的一个中心。因此，我们首先把这个地区的文化序列构建起来，不是没有原因的。背后就是它的文化发达，遗留丰富，所以我们的考古从这个角度来说，我们这三角洲以外毗邻的地区，就不如三角洲这么完整。比如我们的粤东的陈桥贝丘和后来的池尾后山，在中间怎么连接的？我不知道现在研究有什么进展，感觉上还很模糊，在以后她的文化和三角洲也不太一样。再如浮滨文化，构成了当地一些有特色的区域性的学术问题，比如浮滨文化的来源、影响，以及怎么融合到三角洲地区？诸如此类。

广西方面也是如此。有顶蛳山，分了5期，最晚到公元前2000多年。还有大石铲，大石铲的那一套遗存，彼此之间又有什么关系？现存的问题还非常之多，距离建立当地完整的文化序列及其厘清各地区之间的文化关系尚有很多工作要做。这是我的认识，也算是个感觉吧。从整个中国文化格局的角度来看，我们又发现，岭南地区，哪怕是最核心的珠江三角洲的文化，它虽然有自己的独立发展，有自己独特的文化谱系与传统，但同时又时时受到来自其他地区的影响，尤其是来自岭北的影响。从咸头岭文化，我们就能够看到很强烈的湖南的汤家岗或者是高庙文化的影响，之后又有来自东北方向的江、浙（地区）长江下游地区这些文化的影响。更为显著的是石峡文化，我个人以为：它是主要一支外来的文化，覆盖了我们粤北地区。前几天在英德转了一下，有强烈的感觉。前两年广州考古院发掘的茶岭、甘草岭工地，可以看到非常明显的石峡文化因素，石峡文化一些典型的东西都来了。

岭南地区和北方地区在不同的历史时段上，一直有着或疏或密的文化交流，总体而言，受北方文化影响越来越强烈。到了秦汉，则是与来自更北的黄河流域的中央王朝直接发生关系了。我个人把这个过程、现象，称之为岭南地区文化的"中国化"进程。

国家文物局最近正在编制十四五考古规划，其中有一个很重要的部分就是要推动十三五期间就开展的考古中国的战略安排，以课题来带动田野考古工作的初衷，现在已经正式立项了8个。十四五规划的编制过程中，托了个话给我：到岭南来，能不能跟各位商量一下，在岭南凝练出一个题目，一个也好两个也好，纳入十四五规划，以便国家文物局在日后从行政管理的角度重点支持。我觉得这是个挺好的事儿，而且我还觉得岭南地区，先秦以前文化的"中国化"进程还是一个可能的选项，我个人以为还是个挺好的选项。我是做新石器的，也喜欢这个题目。自然还有别的题目，如新、旧石器过渡，这两年我们和广东文物考古研究所从更早的磨刀山遗址开始，到青塘的遗址群，在此前还有中大做的牛栏洞等，这属于大岭南地区，不仅局限于中国的广东，是很大地区的一个课题，还涉及越南，涉及和平文化等等一系列，带有国际色彩。

如果说上面所谈的岭南科学文化框架体系的构建和其中一些历史趋势的研

究，还属于物质文化史的研究范畴的话，我们还必须注意到中国考古学自20世纪八九十年代以来的一个显著变化：我们说的是中原地区，黄河流域，长江流域，在这样大的一个范围内，中国考古学的研究注意力现在已经十分明显地从物质文化史的研究上转到了对物质文化背后的古代人类社会的复原和研究上来了，从而使中国考古学进入了一个新的阶段，整体而言进入到了一个新的阶段。不是说在整个地区里面物质文化史的研究已经完成了，还早着呢！那些细节和需要讨论的问题还多着呢，而且分歧也还大着呢，毕竟这些是考古学研究的基础。而前沿的部分，大家将注意力已经转移到古代社会复原上去了。

众所周知，从2002年正式开始的中华文明探源工程做了很多年了。探源工程其实就是古代社会发展程度的研究，说到底还是社会研究。如研究、讨论社会复杂化原因、机制、道路等。由于对古代社会的研究的开展，也就引起了考古学在研究技术、研究方法等方面发生了比较深刻乃至全面的变化。而古代社会复原过程中，具体的研究领域、研究课题也就一下子复杂多样化起来，和我们过去经常考虑的文化关系、考古学资料的年代学问题，以及由此引出的文化谱系和关系的梳理等（相比都有所改变）。

在考古学物质文化史研究阶段这样的题目大概在每个地区都是一样的，换句话说，研究方法比较单一，研究思路与大体一样，只是面对的材料不一样。而进入到古代社会复原的研究阶段的时候，社会是极其复杂的。按照历史唯物主义、马克思主义的理解，社会有经济基础和上层建筑两个部分，经济基础有生产力和生产关系，生产力里边有农业技术、手工业技术、建筑技术诸如此类的，手工业中有陶器、石器、金属、编织纺织等，复杂得多，而且都是单独的领域、单独的课题，需要有单独的技术和方法，以及有针对性的技术方法，还要有专门性的研究。这和此前的物质文化史研究阶段的考古学相比，整体的研究体系都变了。研究的目标、方法、技术，以及对资料的要求等，整体上都发生了变化。

在古代社会复原这个方面，我们岭南地区，我个人以为其实是有了很好的积累。比如石峡遗址，既有一片完整的墓地，周围还有房子，房子形成了一个包围结构，围了中间的墓地，是一套很好的聚落资料。那么像这样的聚落资料或者完整或者是部分的我们还有好多吧。我自己参加发掘的三水银洲贝丘遗址，我们发现比较低洼的地方，除了贝壳堆积也是有房子的，而中心就是墓地。这种情况在鱿鱼岗也有，在村头也有。此外还有一大批完整的墓地资料，如博罗横岭山、深圳屋背岭等。手工业遗址有梅花墩、虎头埔等。而且我们也已经看到了，在这种多学科介入的研究中，我们大概是从珠江三角洲地区古代环境的复原，海岸线的变迁，进入人的生产经济领域。我在上次易西兵院长主办的会议上听到了关于金兰寺遗址发掘过程中有多学科的介入，粗粗地翻了一下，我们今天的会议资料也有好多这样的文章，总之这些都是非常好的开端。但是，目前这是古代社会复原研究的初阶和开始，在这个方面我们还有很长的路要走。

我很高兴看到了刘锁强主任主持的岩山寨的发掘，北京大学也有一个队伍与广东所合作。明年，金志伟老师将带队进入这个遗址发掘项目，这也是符合我们现在考古学团队合作大规模研究的这样一种学术趋势。所以这方面的研究就是对古代社会的复原研究，我个人非常乐观，当然也要冷静一下，要给予充分时间，让他们踏踏实实地干。

以上，是我从一个外来者的角度，对岭南考古仅仅是有限介入的这么一个人的角度，来看问题，对岭南考古的观察，也许非常不全面、不准确，但是知无不言，言无不尽，讲出来供大家参考，谢谢各位。

　　附记：李岩根据录音、记录和本人草稿整理，题目为整理者根据内容后加的。

简论台湾海峡地区新石器文化的发展历程

付 琳

内容提要：

　　本文通过对台湾海峡地区新石器文化的梳理及与区外文化的比较，归纳本区新石器文化的发展历程与特质。区内距今约10000—7000年的遗存显示出进步性与滞后性并存的面貌，距今约7000—4500年形成与亚洲东南海洋地带特征相符的海洋性新石器文化，距今约4500—3000年之间先后呈现本地文化的"龙山化"过程和外来文化的"在地化"过程。富裕的采集、渔猎经济长期占据台湾海峡地区史前先民生计的主流。水稻、小米等谷物种植行为虽较早传入本区，但土著社会缺乏强烈的农业化倾向，复杂化进程相对缓慢。区内先民由山间垭口、内水河谷和海岸地带保持与长江、钱塘江流域的沟通，由海路达成与华北、岭南、东南亚和太平洋群岛的交流，陆海交通促进早期贸易开展与人口扩散。

　　张光直先生于1989年发表《新石器时代的台湾海峡》一文，明确指出台湾海峡地区在古代文化史上的整体性和对亚洲—太平洋地区史前族群与文化研究所具有的重要意义，并在文中表达了他对台湾海峡地区考古工作深入开展的殷切期待。而今，台湾海峡两岸的史前考古工作均取得了长足进展。本文即在亚洲东南海洋地带这一相对宏观的视角之下，据近年来台湾海峡地区所获相关重要考古发现，对本区新石器文化的发展历程与特点做一简要梳理与归纳，希望大家批评指正。

　　台湾海峡是位于大陆东南闽粤两省与台湾岛之间的浅海，在更新世的冰河时期曾数次成陆。学界对于台湾岛与东南大陆最近一次分离的时间尚无定论，通常认为是在距今14000至12000年[1]。形成后的台湾海峡宽度亦较为有限，但凭借原始航海技术跨越海峡的交通仍旧可以达成。海峡西岸的福建省位于亚洲大陆东南一隅，境内山地、丘陵面积超过全省土地面积的80%，由武夷山脉组成的闽西大山带成为福建与内陆省份的分界，相对闭塞的陆路交通在上古时期留给北方华夏—汉人群体以"闽在海中"的特殊印象。然而，武夷山脉中存在不少古河道或由于断层陷落而成的垭口，长期以来均是与北部钱塘江流域和长江流域沟通的重要孔道[2]。此外，发源于武夷山脉的闽江水系、汀江水系和发源于闽中大山带的晋江、九龙江、交溪等水系，也构成了联系东南山地与沿海地区的交通动脉。台湾岛内主要是山地、丘陵地貌，平原多集中于西海岸地区。海岸和海域在史前时期台湾岛内交通上发挥重要作用，借由海路，东亚大陆和太平洋岛屿的交通路线则更为多样。综上，台湾海峡地区与区外古文化的沟通凭借山间垭口、内水河谷、海岸和海域均可达成，在亚太地区占据重要的陆海交通位置。

一、新石器文化的发生及特点

从考古发现来看，台湾岛内见有更新世末期（距今二三万年）的台南左镇人，"海峡人"化石在台湾海峡出水也表明冰期陆桥阶段先民即在此活动。台湾岛旧石器文化遗存以分布在东南海岸的长滨文化最为典型，多见于现今东部海岸线附近的海蚀洞穴，重要遗址有台东长滨乡八仙洞的乾元、海雷、永安、潮音诸洞，以及成功镇的小马洞穴下层和屏东恒春镇的鹅銮鼻第二遗址等。长滨文化石器属于华南与东南亚地区典型的砾石石器工业传统，同时具备较多细小石器，其年代上限大致在距今25000—20000年。从小马洞穴等几处遗址的测年数据分析，长滨文化在东海岸地区至少延续发展到距今5500年前后。还有学者在台湾岛西海岸

---

[1] 赵希涛《台湾海峡两岸全新世地质的对比》，《中国海岸变迁研究》，福州：福建科学技术出版社，1984年，第56页；台湾大学地理系林俊全教授则认为在距今8000—7000年台湾海峡才最后形成，参刘益昌《导论——台湾考古学近年研究及意义》，《台湾史前史专论》，中国台湾：联经出版公司，2015年，第20页图2。

[2] 福建省地方志编纂委员会《福建省志·武夷山志》，北京：方志出版社，2004年，第12页。

中部以北的红土阶地发现内涵与长滨文化有所区别的网形文化旧石器遗存，其发展很可能也延续到全新世早期[1]。类似进入全新世以后旧石器文化仍然延续的现象在东南亚岛屿地带比较普遍，以往在台湾海峡西侧漳州平原调查所见的多处细小石器群[2]的存续年代，同样值得思考。

另一方面，华南大陆在更新世末期即开始出现新石器化动向。从这一阶段区内部分石灰岩洞穴遗址所见文化面貌分析，早期陶器、磨制骨角器、形态较为规整的锄形石器、盘状石器，以及穿孔、磨刃的砾石石器不同程度地与本地传统的砾石石器和颇具特色的细小石器共出，展现出新的文化适应策略。福建地区最初显露新石器文化面貌的遗址见于九龙江流域北溪上游的漳平奇和洞遗址[3]，洞内所见三期遗存的历时变化较为明确地展现由旧石器文化向新石器文化过渡的重要特征。其中距今约12000年的第二期遗存已出现少量磨制石器和陶器，陶器器型以釜、罐、钵、盆等圜底器为主。在距今万年前后出现的第三期遗存中磨制石器和陶器数量激增，陶器器型仍以圜底器为主，有少量平底器。在陶器装饰上，从第二期到第三期晚段条纹比例减少，绳纹比例有所增加，与东南地区其他石灰岩洞穴所见早期陶器装饰变化的整体趋势相符。不过，在奇和洞第二、三期陶器中均流行在唇部压印短斜线使其呈齿状，或是将唇部捏成花瓣状，还有压印的锯齿纹、指甲纹等，是与同阶段长江中游至南岭两侧石灰岩洞穴所见早期陶器面貌有一定差别的区域文化特征。

值得注意的是，奇和洞遗址所见陶器的施红衣、堆饰、器口装饰，以及指甲压印纹、锯齿压印纹（很可能是贝齿印纹）和各类平行、交错或曲折的刻划纹等装饰手法，均见于闽江口外、台湾海峡北部马祖列岛的亮岛岛尾Ⅰ遗址[4]，岛尾Ⅰ遗址内有12件测年样本指示出，距今8330—7310年是这处遗址的一个重要使用阶段，年代大致与奇和洞第三期晚段遗存相当。此外，同类型的陶器在九龙江口

---

[1] 刘益昌《台湾全志卷三住民志 考古篇》，中国台湾：台湾文献馆，2011年。
[2] 尤玉柱主编《漳州史前文化》，福州：福建人民出版社，1991年。
[3] 福建博物院、龙岩市文化广电新闻出版局《漳平奇和洞》，北京：科学出版社，2017年。
[4] 陈仲玉主编《马祖亮岛岛尾遗址群第三次发掘报告》，中国台湾：连江县政府，2016年。

的金门岛金龟山遗址底层也有出土，年代或可早至距今9000—7300年[1]。金龟山遗址和岛尾Ⅰ遗址均为近海岛屿上的贝丘遗址，与奇和洞遗址类型不同，分布亦有一定距离，但两类遗址同期遗存在文化面貌上的相似性，显示出山海之间的早期文化交流真实存在。付巧妹等学者通过对岛尾Ⅰ遗址1号人骨与奇和洞第三期晚段人骨所做的基因比较研究，也指出两者具有非同寻常的遗传学联系[2]。

新的考古发现为揭示本阶段更大范围的文化交流提供了线索。在闽江下游的闽侯大坪顶遗址第一期遗存中发现有器表施红衣和胎体夹炭的陶片，测年显示该期遗存约处于距今7500年[3]。这种施红衣的装饰风格及在陶胎中羼杂稻谷颖壳使之烧成后形成夹炭陶的做法，在东南地区主要流行于钱塘江上游河谷地带的上山文化，在跨湖桥文化中也有少量延续。大坪顶第一期遗存和奇和洞第三期晚段遗存以及岛尾Ⅰ遗址均出土红衣陶，显示出三者间存在一定的文化交流，但前者所见陶器绝大部分为素面，仅有少量条纹和绳纹，并且出土栽培稻，特征明显不同于后两者，其出现可能受到上山文化的影响。在上山文化已发现的遗址中，分布最东的有位于浙南地区灵江下游的临海峙山头遗址[4]，不排除上山文化的少量因素沿海岸线南下而来的可能。本阶段虽有零星的稻作农业文化因素进入本区，但却未改变活动于山海之间的土著群体以采集和渔猎为主要生计方式。

台湾海峡地区在新石器文化的发生期即表现出进步性与滞后性并存的复杂面貌，形成了与长江中下游地区和岭南地区相区别的文化特色。

---

[1] 刘益昌《导论——台湾考古学近年研究及意义》，《台湾史前史专论》，中国台湾：联经出版公司，2015年，第16页。

[2] M. A. Yang et al., *Ancient DNA Indicates Human Population Shifts and Admixture in Northern and Southern China*, Science 10.1126/science. aba0909 (2020).

[3] 福建省昙石山遗址博物馆《闽江下游流域史前遗址考古调查与研究》，北京：科学出版社，2018年。

[4] 浙江省文物考古研究所、临海市文物保护管理所《浙江临海峙山头遗址调查与试掘简报》，《东南文化》2017年第1期。

二、海洋性新石器文化的形成

在台湾岛内尚未发现年代早至全新世早期的新石器文化遗址，但不能忽略因海陆变迁导致类似遗址出现特殊埋藏情况的可能性[1]。目前台湾最早的新石器文化是大坌坑文化。张光直先生指出"大坌坑文化中最有特征性的遗物是它的陶片。陶片多破碎，很少完整的部分。器厚，含粗砂，色驳杂，有棕、深红、黄、灰等色。可复原的器形有罐和钵，底部常有圈足，圈足靠底部有时有小圆孔，口部直折、口缘上常有一环凸脊。大坌坑和凤鼻头遗址出土的陶片上的花纹以粗绳纹为主，绳纹是用裹绳细棒自口缘向下横卷印的，或是用裹绳的拍子印上去的。口缘内外和肩部常有篦划纹，划纹的篦都是两个齿。六甲村的陶片中印绳纹的比较少，多有刻划纹，同时有两种贝纹，一种用贝壳的外面作印模而在器表上印出贝纹，另一种是用贝缘作篦齿来施印成篦印纹"[2]。近年来，在澎湖果叶遗址和台南南关里、南关里东遗址主要发现了大坌坑文化的晚期遗存，经过科学发掘而得的样本测年数据上限距今约5600年[3]。

笔者倾向于采信大坌坑文化与海峡西岸的壳丘头文化和昙石山下层遗存年代及发展阶段相当的观点[4]。它们陶器内涵的主体均为粗绳纹陶，并继承了贝印纹

---

[1] 距地表埋藏深度很大或已在今日海底，如属于大坌坑文化的台南南关里和南关里东遗址即埋藏在地表6米以下，参臧振华《从台湾南科大坌坑文化遗址的新发现检讨南岛语族的起源地问题》，《浙江省文物考古研究所学刊》第八辑，北京：科学出版社，2006年。

[2] 张光直《中国东南海岸考古与南岛语族起源问题》，《南方民族考古》第一辑，成都：四川大学出版社，1987年。

[3] 澎湖果叶期大坌坑文化遗存的测年数据集中在距今5100—4600年，南关里东遗址下文化层最早的一件样本测年数据经校正后为距今5590—5447年，参臧振华《从台湾南科大坌坑文化遗址的新发现检讨南岛语族的起源地问题》，《浙江省文物考古研究所学刊》第八辑，北京：科学出版社，2006年。

[4] 焦天龙先生等学者据壳丘头遗址第二次发掘所获测年，推断壳丘头文化始于距今6500年前后。刘益昌先生据台南八甲村遗址采集贝壳的年代测定结果（树轮校正结果6475±170BP），将大坌坑文化年代上限定在距今6500年。《中国考古学·新石器时代卷》认为大坌坑文化与壳丘头文化年代相当或略晚，参中国社会科学院考古研究所《中国考古学·新石器时代卷》，北京：中国社会科学出版社，2010年，第505页。

等特征。有学者推测壳丘头文化源于河姆渡文化[1]。通过比较可知壳丘头文化与大坌坑文化应均受到过河姆渡文化的影响，但这种平缓的文化交流可能并不代表人群有指向性的大规模迁徙[2]。故而，大坌坑文化的主源既不是壳丘头文化，也不是宁绍平原的河姆渡文化。目前来看，在福建沿海亮岛岛尾Ⅰ遗址、金门金龟山遗址底层中所发现的距今七八千年的新石器文化遗存，很可能才是台湾海峡地区壳丘头文化和大坌坑文化的主源。在本阶段中，壳丘头文化接受了陶壶、豆、纺轮等来自钱塘江流域和宁绍平原的文化因素，而在大坌坑文化中则存在一组来自珠江三角洲地区咸头岭—大湾文化的因素，使二者成为具有亲缘关系但又可以分别的两支考古学文化，也显示出以海路为主要交通方式的文化交流范围非常广阔、线路十分复杂。

最近我们在闽江上游的浦城牛鼻山遗址下层遗存中发现年代早于距今5000年的炭化粳稻[3]，还有学者在闽侯白头山遗址发现距今5500年前后的黍、粟植硅体[4]。它们有可能是大坌坑文化南关里和南关里东遗址所见大米与小米的来源。可以推测农作物的传播路线有两条：一条从长江中下游平原沿山地河谷地带至闽江口后跨越台湾海峡；一条则是由北方沿海路而来。但需说明的是，因为壳丘头文化、昙石山下层遗存和大坌坑文化的面貌并未较此前阶段发生根本性转变，所以不能做出此时因北方农业人群扩散而导致区内发生人群替代的推测。本阶段台湾海峡地区新石器文化依然没有表现出强烈的农业化倾向，反而是海洋适应性经济得到进一步加强。张弛与洪晓纯系统分析了台湾海峡西岸壳丘头、富国墩、金龟山等贝丘遗址，及台湾岛内大坌坑文化早期遗址出土的反映先民生计的自然遗存，结果显示采集渔猎来自海洋的鱼、贝类并狩猎野生的鹿科动物及野猪，可以

---

[1] 焦天龙、范雪春、罗莱《壳丘头遗址与台湾海峡早期新石器时代文化》，《福建文博》2009年第2期。

[2] 付琳《台湾岛几何形印纹陶的起源及相关问题》，《中国南方先秦考古学术研讨会论文集》，北京：文物出版社，2019年。

[3] 厦门大学历史系、浦城县博物馆《福建浦城牛鼻山与上东坪遗址2018年调查简报》，《东南文化》2021年第1期。

[4] Jinqi Dai et al., *Earliest Arrival of Millet in the South China Coast Dating Back to 5,500 Years* Ago. Journal of Archaeological Science. 129(2021)105356.

为当时的先民提供稳定的食物来源[1]。本阶段活动于台湾海峡地区的居民逐步创造了具备一定食物生产能力的海洋性采集渔猎文化。

三、陆海文化交流与新石器文化变迁

台湾海峡地区新石器文化的重大变化，出现在昙石山文化和"台湾岛新石器时代中期文化"阶段，其年代上限不超距今5000年，很有可能在距今4500年前后。具体表现在昙石山文化晚期的陶器组合明显受到长江下游良渚文化的影响，鼎、豆、壶等陶器器型在海峡西岸地区首次以明确的组合形式出现，并可能进一步影响到台湾岛西海岸的讯塘埔、牛骂头和牛稠子等文化，使之出现实三足的鼎形器、宽沿豆形器和长颈瓶等原所未见的陶器器型。有学者研究认为此时台湾岛内新兴的玉器和治玉技术，也与良渚文化具有密切关系[2]。值得注意的是，伴之而来的还有起源于东南地区山地文化的几何形印纹陶[3]，闽浙赣邻境山区的遂昌好川[4]、浦城龙头山[5]等遗址，在平原农业文化向海洋文化传播过程中扮演的角色不容小觑。

本阶段在台湾岛西海岸地区的大龙峒、安和、右先方等遗址均见有炭化稻米、小米遗留，以及可能与谷物收割相关的石器器型[6]。上述来自长江下游和东南山地的文化因素成组出现于台湾海峡地区，背后可能代表着人群有指向性地扩散。张光直先生提出龙山形成期文化在这一阶段有力影响到东南海岸地区的认

---

[1] 张弛、洪晓纯《中国沿海的早期海洋适应性文化》，《南方文物》2016年第3期。

[2] 郭素秋《台湾四五千年前的考古文化与良渚文化之关系——以片锯切割技法为例》，《大坌坑文化与周边区域关系探讨学术研讨会会议文集》，中国台湾："中央研究院"历史语言研究所，2018年。

[3] 付琳、王欢欢、杨军《闽浙赣邻境地区麻点纹陶器的相关问题——从浦城张家园遗址的调查收获谈起》，《南方文物》待刊。

[4] 浙江省文物考古研究所、遂昌县文物管理委员会《好川墓地》，北京：文物出版社，2001年。

[5] 付琳、黄运明、张晓坤等《福建浦城龙头山遗址发现新石器时代、夏商周、秦汉三叠层》，《中国文物报》2021年12月24日第8版。

[6] Su-chiu Kuo. *New Frontiers in the Neolithic Archaeology of Taiwan (5600–1800 BP): A Perspective of Maritime Cultural Interaction.* Springer. 2019.

识[1]，仍不失为卓见。从目前的发现分析，本阶段长江下游地区人群的扩散及其文化的有力传播很可能是借由东南山地沿内水河谷逐步传导而来的。

龙山至二里头文化时期的东亚大陆处于一个动荡的变革期[2]。台湾海峡地区昙石山文化和台湾岛"新石器时代中期文化"之后出现的文化类型，不再继续沿着"龙山化"道路行进。无论是海峡西岸的黄瓜山文化，还是台湾岛内的诸新石器时代晚期文化，均显示出多样性和多元化趋势，很可能代表着外来文化因素适应本地环境并与土著融合的"在地化"过程，值得今后继续研究。

本阶段台湾海峡地区的史前居民在食物生产水平上进一步提升，不过，山地丘陵与岛屿环境始终限制着本地的社会组织自发走向高度分层的复杂社会。农业与手工业的发展在很大程度上促进了中国台湾海峡地区与东南亚地区的早期贸易往来，人口的增长也引发出新一波向海外扩散的潮流。

四、小结

台湾海峡地区新石器文化的发生期表现出进步性与滞后性并存的局面。陶器、磨制石器与骨角器等先进因素较早出现在区内石灰岩洞穴遗址所代表的山地文化雏形与海岛贝丘遗址所代表的海洋文化雏形中，且两者在距今八千多年已发生文化联系。但与此同时，旧石器文化的持续发展形态在海峡两岸部分区域仍然保留。生活在山海之间的土著群体以采集、渔猎为主要生计。

本区新石器文化的海洋适应性经济逐步加强。虽然基于陆海交通的特殊位置，来自钱塘江流域的稻作农业因素可能早在前壳丘头—大坌坑文化阶段已少量进入本区，但主要依托海洋且较为稳定的采集渔猎经济在海峡两岸的壳丘头—大坌坑文化中仍为主流。土著文化未较此前显现出根本性转变，人群亦未发生替代。台湾海峡地区逐步形成具备一定食物生产能力的海洋性文化。

台湾海峡地区新石器文化的重要变化大致出现在距今4500年前后，本区与长

[1] 张光直《新石器时代的台湾海峡》，《考古》1989年第6期。

[2] 张弛《龙山—二里头——中国史前文化格局的改变与青铜时代全球化的形成》，《文物》2017年第6期。

江下游及钱塘江流域农业文化的交往日益频繁。在昙石山文化和台湾"新石器时代中期"诸文化内出现一系列长江下游文化因素，可能同农业人群扩散有关。然而，此后海峡两岸节奏不等的文化变化却又都反映出前一阶段诸多外来因素与土著文化相结合的"在地化"过程。区内社会在较长时期内并未迅速沿着文明化轨道行进。值得注意的是，史前航海术的提升及陆海文化交流范围的扩展，为人口向海外扩散及早期贸易的开展奠定了基础。

附记：本文主要内容曾以《山海有道：简论台湾海峡地区的新石器之路》为题，于2021年4月在福建莆田召开的"海峡两岸中华传统文化与现代化研讨会"上宣读，本次发表时略作修改。本文为国家社会科学基金青年项目"江南地区周代墓葬与文化分区研究"（18CKG009）的阶段性成果。

（作者单位：厦门大学历史与文化遗产学院）

再论有领玉石璧环的起源

张强禄

内容提要：

有领玉石璧环的起源是学界比较关注的课题，本文结合其与牙璋的伴出情况，在较全面梳理其在黄河流域的分布状况后认为，有领璧环同牙璋一样，源于以豫西晋南为中心的中原地区，是夏文化的产物。夏朝灭亡后，随夏遗民的迁徙而流散开来，有领璧环作为重要的礼制用玉，随着夏商文化的南渐，不但在殷商时期的南中国地区普遍出现，在商王朝京畿腹地的安阳殷墟和郑州商城也频现于王室贵族大墓中，并成为商文化重要的礼玉之一远播南中国，甚至越南北部。

前 言

有领璧和环平面形状为规整圆形，中有圆孔，孔周缘凸起成领，高矮不一，断面呈"T"字形，多为玉石质地，具有礼仪或佩饰的功用，璧和环有时不太好区分，二者当有渊源关系，本文即以"有领璧环"统称之。有领璧环的命名和起源，同牙璋一样，到目前为止都还是一个存在争议的问题[1]。随着考古新发现的不断涌现，学界对它的关注度也日渐增长，尤其是因牙璋研究的不断深入，对这

---

[1] 吉开将人著陈德安译石应平校《中国与东南亚的"T"字形环》，《四川文物》1999年第2期（原载《日本东南亚考古学会会报》第12号，1992年5月）；吉开将人《论"T字玉环"》，香港中文大学中国考古艺术研究中心编《南中国及邻近地区古文化研究》，香港:中文大学出版社，1994年；孙华《凸好郭器的渊源》，《中国文物报》1993年11月14日第3版；杨建芳《略论有领环的起源、传播与用途》，《中国文物报》1994年1月9日第3版。

类与牙璋可能存在伴生关系的夏商礼玉的认识亦不断提升。笔者在从有领璧环考察夏商礼玉南渐岭南的过程中，深感仍有必要在前贤研究成果的基础之上，再对其做一个追本溯源的梳理，不敢奢望就此解开这个"古玉研究中难解的谜题"[1]，只想通过这番梳理，归拢出自己的一些看法，借此了解中原礼玉文化随着夏商王朝的更替向南中国尤其是岭南传播的过程。本文的讨论不涉及玉质玉料和加工工艺方面的内容，主要根据已公布的材料，从文化传播的角度来展开讨论，因此对材料的细微观察肯定有很多不足，得出的观点也未必正确，还望方家不吝指正，便于推动此谜题的最终解开。

一、名词界定

"有领璧学术界有不同的称谓，如'有领环''T字形环''凸唇璧''凸好郭璧'或称有领的'璧''环''瑗'。"[2]《尔雅·释器》有"肉倍好谓之璧，好倍肉谓之瑗，肉好若一谓之环"的解释，但这应该是西周以后周礼体系下用玉制度基本形成之后的规范用语，商周时期的礼玉制度中未必会有这么明确的区分，更遑论离开华夏文明核心区的南中国地区。吉开将人先生在《中国与东南亚的"T"字形环》文中解释不用"玉璧"而用"T字形环"称谓，是为了避免产生与功能相关的先入之见，"研究中国考古学的人从来就称之为'玉璧'，给予一种作为'礼玉'的印象强烈的名称。相反，研究东南亚考古的人却给予类似装饰品的名称。"[3]中国和东南亚考古研究者对此类器物称谓的不同，正是反映了礼制传播过程中时代和地域的差异和变化。有领玉璧环在夏商时期经常与牙璋伴

---

[1] 邓淑苹《万邦玉帛——夏王朝的文化底蕴》，中国社会科学院考古研究所编、徐宏主编《夏商都邑与文化（二）：纪念二里头遗址发现55周年学术研讨会论文集》，北京：中国社会科学院出版社，2014年，第207页。

[2] 周志清《成都金沙遗址"金煜"地点出土的玉石器》，张忠培、徐光冀主编《玉魄国魂：中国古代玉器与传统文化学术讨论会文集（三）》，北京：北京燕山出版社，2008年，第51页"注释[1]"。

[3] 吉开将人著，陈德安译，石应平校《中国与东南亚的"T"字形环》，《四川文物》1999年第2期，第95页"注释②"。

出，牙璋作为二里头文化，也就是夏王朝，政治礼制化身的重要标志物[1]，成为近二三十年以来学术界讨论的重要话题。对牙璋的起源虽然还存在相当大的争议，但命名似乎都渐趋一致，大都接受清人吴大澂《古玉图考》中"牙璋"的定名[2]。正因为研究的不断深入和学者的广泛参与，学界对器物定名约定俗成原则的认可，"牙璋"命名逐渐达成了共识，这也是本文不用"T字形环"而用"有领璧环"名称的主要原因。但无论是说"有领璧"还是"有领环"，研究玉器的人都会联想到这种截面呈"T"字形的环璧类器物，不太会产生歧义。

牟永抗先生在《良渚文化玉器》中"没有拘泥于肉好的比例来区分璧、瑗和环，只是将肉部较窄、好部甚大者称为环，而把直径在5厘米以下的圆饼状带孔器泛称为牌饰，其余的都叫作璧"，更把"镯"作为臂饰的统称[3]。蒋卫东先生则采纳孙机先生的意见，结合出土位置与功能，以文献中"璧""瑗""环"的名称来区分和定名良渚文化中三类不同的扁平圆形带孔玉器：直径大于10厘米、孔径不及直径一半的，定名为"璧"；直径小于10厘米、成人手臂又不能穿戴的（孔径5厘米以下），定名为"环"，"环"主要是悬挂式组玉佩中的圆形玉佩件；直径在12—7、孔径在5—7厘米，人手可以穿孔佩戴的腕饰，就是"瑗"。"瑗"边宽大于体厚，"镯"则体厚大于边宽[4]。

[1] 邓聪、王方《二里头牙璋（VM3∶4）在南中国的波及——中国早期国家政治制度起源和扩散》，《中国国家博物馆馆刊》2015年第5期。

[2] 夏鼐先生主张在古名和用途尚不清楚之前暂称之为"刀形端刃器为妥"，夏鼐《商代玉器的分类定名和用途》，《考古》1983年第5期；林巳奈夫先生则以"骨铲形玉器"称之，林巳奈夫《中国古代的石刀形玉器和骨铲形玉器》，原载《东方学报》五十四册，京都，1982年。王永波先生兼用两家之长名之为"耜形端刃器"，王永波《耜形端刃器的分类与分期》，《考古学报》1996年第1期；王永波《耜形端刃器的起源、定名和用途》，《考古学报》2002年第2期。2016年10月30日—11月3日在郑州召开"东亚牙璋学术研讨会"上，与会学者多认可"牙璋"之名。会议纪要见吴倩、温雅棣《"东亚牙璋学术研讨会"在郑州召开》，"中国考古网"2016-11-2；吴倩《郑州"东亚牙璋学术研讨会"续会及闭幕》，"中国考古网"2016-11-3；方向明《2016郑州东亚牙璋学术研讨会纪要》，"浙江考古网"2016-11-21；邓淑苹《牙璋探索——大汶口文化至二里头期》，《南方文物》2021年第1期。

[3] 浙江省文物考古研究所、上海市文物管理委员会、南京博物院编著《良渚文化玉器》，北京：文物出版社、两木出版社，1990年，第6—7页。

[4] 蒋卫东著《玉器的故事》，杭州：杭州出版社，2013年，第90—93页。

由于质地和制作工艺不是本文讨论的范畴，功能用途也不是要辨析的重点，在从中原到华南、自龙山时代晚期到两周这样大的时空框架里，本文不纠结命名的合理性，统而概之为有领的璧和环两大类：结合前贤的研究成果，参考《尔雅·释器》的说法，把肉部（边宽）大于或基本等于好部（孔径）的名为"璧"，好部（孔径）大于肉部（边宽）的名为"环"，两者的外径（直径）多在9厘米以上，璧的尺寸通常都会大一些。至于牟永抗和蒋卫东先生细分的"瑗"和"镯"，本文简而化之都归为"环"类，根据其尺寸大小和墓葬中的出土位置，多是可以戴在手上或脚上的，而"璧"类显然是作为仪仗、祭祀或殓葬的礼玉而非腕饰来使用的。再参照殷墟妇好墓有领璧环的情况，把有领璧分为两型：A型，中孔宽缘，妇好墓报告定为Ⅱ式璧；B型，大孔宽缘，妇好墓报告定为Ⅱ式环，与"环"已经有点难以区分了[1]。把有领环分为四型：A型，大孔宽缘，妇好墓报告定为Ⅱ式瑗；B型，大孔窄缘，妇好墓报告亦定为Ⅱ式瑗，本文尤指肉部窄细的大孔有领环；C型，大孔窄缘，但仅一面有矮领[2]；D型，筒状或箍形[3]。

由于要讨论起源问题，龙山时代考古遗存中发现的有领陶环自然也会提及，将有助于理解有领玉璧起源的多元性。在讨论牙璋起源时，已有学者注意到有领玉璧与牙璋的伴出现象，"有领璧与牙璋可能有特殊的内在联系，沿着边地半月形传播带流传至川西平原的月亮湾方国"[4]。不仅是引人瞩目的川西平原，古代中国的南中国的湖湘、闽粤和越南北部地区都或多或少地见到这种内在联系。以

---

[1] 大约相当于朱乃诚先生所定的"宽体有领玉璧"和"窄体有领玉璧"，朱乃诚《殷墟妇好墓出土有领玉璧与有领玉环研究》，《江汉考古》2017年第2期。

[2] 注：指孔缘一面凸起、一面平的大孔玉石环。妇好墓报告里称之为"器座形器"，《玉华流映：殷墟妇好墓出土器》和《妇好墓玉器》图录中分别称其为"玉器座"和"玉器座饰"。见中国社会科学院考古研究所编著《殷墟妇好墓》，北京：文物出版社，1980年，第193页；杜金鹏主编《玉华流映：殷墟妇好墓出土玉器》，北京：中国书店，2017年，第90页；中国社会科学院考古研究所、广东省博物馆编《妇好墓玉器》，广州：岭南美术出版社，2016年，第105页。

[3] 注：妇好墓报告中的分类，A型璧边宽多与孔径略等或稍小，仅1件略大于孔径，直径15.2—18.9、孔径6—7.5、孔壁高1.3—2.4厘米；B型璧边宽大于孔径的二分之一，直径9.3—12.8、孔径5.1—5.8、孔壁高0.8—1.4厘米；A型环边宽大于孔径的三分之一，小于孔径的二分之一；B型环边宽小于孔径的三分之一。A、B型环直径7.2—8.8、孔径4.7—5.6、孔壁高0.7—1.5厘米。

[4] 邓淑苹《万邦玉帛——夏王朝的文化底蕴》，《夏商都邑与文化（二）：纪念二里头遗址发现55周年学术研讨会论文集》，北京：中国社会科学院出版社，2014年，第207页。

往学者在讨论牙璋和"T"字形环时，虽也有所述及，但未将这种伴生关系做专文分析。本文主题虽然是有领璧环这一相较于牙璋次一等级的礼玉，但在论述的过程中会兼及牙璋的出土情况，以期能更全面地了解有领璧环的起源和夏商礼玉文化的传播。

二、晋南临汾盆地的有领璧环

最先专文讨论有领璧环的是日本学者吉开将人先生，他在1992年发表的《中国与东南亚的"T"字形环》文中，把中国中原及至东南亚发现的此类器物做了分类统计和比较研究，得出一些重要的结论，其中有三点与本文的讨论有关：第一，"T字形玉环"的分布，从中国河北省至马来西亚半岛前端附近；第二，"T字形玉环"至迟从公元前三千纪后半期已见于包括河南省、山西省南部在内的黄河中游地区；第三，到公元前二千纪后半期，"T字形玉环"发现的数量迅速增加，分布范围也急剧扩大到了越南北部[1]。吉开将人先生早期研究得出的这些看法是本文写作的基石，也多为笔者所认同。笔者在补充了新材料的基础上，结合有领璧环与牙璋的伴出现象再来分析其源起。

关于牙璋的起源，主要有山东海岱、陕西石峁和中原河南地区起源的三大分歧。王永波、栾丰实、邓聪等诸位先生是山东起源的主力派[2]，高玮先生也持"（玉璋）龙山时代起源于海岱地区、流行于二里头文化和早商文化"[3]的观

---

[1]吉开将人著，陈德安译，石应平校《中国与东南亚的"T"字形环》，《四川文物》1999年第2期（原载《日本东南亚考古学会会报》第12号，1992年5月）。

[2]相关论述见于王永波《耜形端刃器的分类与分期》，《考古学报》1996年第1期；栾丰实《简论晋南地区龙山时代的玉器》，《文物》2010年第3期；邓聪、栾丰实、王强《东亚最早的牙璋》，栾丰实《大汶口和良渚》，载山东博物馆、良渚博物馆编《玉润东方：大汶口—龙山、良渚玉器文化展》，北京：文物出版社，2014年；邓聪、王方《二里头牙璋（VM3：4）在南中国的波及——中国早期国家政治制度起源和扩散》，《中国国家博物馆馆刊》2015年第5期；杨小博、赵国靖、王青《山东龙山文化玉器发现与研究综述》，袁广阔《山东新石器时代对中原文明进程的影响》，载杜金鹏主编《临朐西朱封龙山文化玉器研究》，北京：科学出版社，2015年。

[3]杨锡璋、高玮主编，中国社会科学院考古研究所编著《中国考古学 夏商卷》，北京：中国社会科学出版社，2003年，第15页。

点；邓淑苹、邵晶等先生则认为源头是陕西石峁[1]；而朱乃诚、孙庆伟等诸位先生主张牙璋最早是从中原地区产生的，兴起于新砦期之前，主要流行于新砦期与二里头文化时期[2]。

栾丰实、邓聪等先生从形制演变、出土遗址的文化内涵及属性等着眼，认为牙璋有可能早到大汶口文化晚期，源头应在海岱地区，并且很可能源于大汶口文化。这种山东龙山式牙璋，分布从中国黄河中下游跨长江、珠江以至越南北部。山东是东亚地区牙璋最早的起源地，不晚于新石器时代晚期[3]。不过，就目前考古发现的情况来看，山东出土的8件玉牙璋无一例外都是采集品，均缺乏明确的地层关系，对它们埋藏年代的判断有不同看法，这成为牙璋起源山东说最不利的因素，朱乃诚先生甚至认为其埋藏年代可能在龙山文化之后，"通过以上对山东出土牙璋的形制分析，我认为山东发现的这批牙璋的制作年代，很可能在新砦期之后至二里头文化三期之前，即在公元前1850—前1610年。而他们在山东东部地区出现的年代可能都晚于新砦期。所以，山东发现的这批牙璋的文化传统，自然与中原地区的新砦期有关，是由中原地区传入的。"[4]目前发现的年代和形制最早的大概是郑州巩义花地嘴新砦期遗址牙璋（T17H40:1）（图一）[5]，出土于祭祀

[1] 邓淑苹《杨家埠、晋侯墓、芦山峁出土四件玉琮的再思》，《玉润东方：大汶口—龙山、良渚玉器文化展》，北京：文物出版社，2014年；《万邦玉帛——夏王朝的文化底蕴》，《夏商都邑与文化（二）：纪念二里头遗址发现55周年学术研讨会论文集》，北京：中国社会科学院出版社，2014年；《牙璋探索——大汶口文化至二里头期》，《南方文物》2021年第1期；邵晶《石峁牙璋的发现与研究》，香港中文大学中国考古艺术研究中心、北京大学中国考古学研究中心、郑州市文物考古研究院编《东亚牙璋学术研讨会论文集》，2016年。

[2] 朱乃诚《牙璋的流传与分布所反映的夏史史迹》，《故宫文物月刊》总373期，2014年；《牙璋研究与夏史史迹探索》，《夏商都邑与文化（二）：纪念二里头遗址发现55周年学术研讨会论文集》，中国社会科学院出版社，2014年；《从龙山文化四种玉器的文化传统看濮阳地区在中国文明形成中的重要地位》，《中原文化研究》2016年第5期；《论牙璋的年代及反映的夏史痕迹》，《考古与文物》2020年第6期；孙庆伟《礼失求诸野——试论"牙璋"的源流与名称》，"中央研究院"、台北故宫博物院《商周考古、艺术与文化国际研讨会论文集》，2013年；曹芳芳、孙庆伟《山东龙山文化用玉制度的考古学观察》，《临朐西朱封龙山文化玉器研究》，北京：科学出版社，2015年。

[3] 栾丰实《大汶口和良渚》，邓聪、栾丰实、王强《东亚最早的牙璋》，《玉润东方：大汶口—龙山、良渚玉器文化展》，北京：文物出版社，2014年。

[4] 朱乃诚《从龙山文化四种玉器的文化传统看濮阳地区在中国文明形成中的重要地位》，《中原文化研究》2016年第5期，第62页。

[5] 郑州市文物考古研究所、北京大学考古文博学院：《河南巩义市花地嘴遗址"新砦期"遗存》"图二"，《考古》2005年第6期，第4页。朱乃诚先生在《从牙璋看夏文化向南方地区的扩散》中重申新砦牙璋是目前发现的制作年代、埋藏年代最早的牙璋。朱乃诚《从牙璋看夏文化向南方地区的扩散》，《江汉考古》2021年第6期。

图一　花地嘴新砦期遗址出土牙璋

坑中，有明确的地层关系，同出的玉器还有钺、铲、琮等礼玉，这成为牙璋起源中原说的有力证据。孙庆伟先生根据各地出土牙璋的年代序列及其出土状况和当时的社会背景，也认为中原而非山东是牙璋的起源地，且山东地区牙璋的年代在龙山晚期至二里头一期之间[1]。

　　邓淑苹先生曾亲赴山东海阳观察司马台出土玉器，确知牙璋无论玉质、器形、切割痕等特征均属典型石峁文化，综合分析后认为包括五莲上万家沟所出土的牙璋根本就是石峁牙璋，在龙山至夏时期被带到海岱地区。玉钺、玉戚、玉圭、牙璧是山东龙山文化主要的玉礼器，而非牙璋。她还认为司马台墓葬中出土

[1] 孙庆伟《礼失求诸野——试论"牙璋"的源流与名称》，《金玉交辉：商周考古、艺术与文化国际研讨会论文集》，"中央研究院"历史研究所，2013年。

图二 司马台遗址出土牙璧与有领玉璧

的与牙璧套叠一起的有领玉璧（图二）[1]可能也是石峁文化玉器，是陕北石峁方国的创作，被远征的武士带至海阳，石峁先民可能从套叠式腕饰发展出有领璧。[2]有领璧来源肯定与大孔无领璧有关，邓淑苹先生观察到"另一个变化就是大孔璧的肉部剖面逐渐变成内厚外薄状，孔壁磨光，好让戴者感到平滑舒适。有学者指出这种需求或是有领璧出现的因素之一"[3]，文中这位学者指的就是朱乃诚先生，他认为妇好墓出土的同心圆线纹有领玉璧是在素面有领玉璧的基础上施刻同心圆线纹发展起来的，而素面有领玉璧起源是在陶寺文化，在二里头文化时期有

---

[1] 注：曹芳芳和孙庆伟认为1982年司马台遗址采集这套牙璧和有领环颜色并不一致，且后者内径只有6.6厘米，前者内径为11.4厘米，套合在一起并不紧凑，可能并非一套。曹芳芳、孙庆伟《山东龙山文化用玉制度的考古学观察》，《临朐西朱封龙山文化玉器研究》，北京：科学出版社，2015年，第101页。

[2] 邓淑苹《杨家埠、晋侯墓、芦山峁出土四件玉琮的再思》，《玉润东方：大汶口—龙山、良渚玉器文化展》"图十六"，北京：文物出版社，2014年，第22页；《万邦玉帛——夏王朝的文化底蕴》，《夏商都邑与文化（二）：纪念二里头遗址发现55周年学术研讨会论文集》，北京：中国社会科学院出版社，2014年。

[3] 邓淑苹《万邦玉帛——夏王朝的文化底蕴》，《夏商都邑与文化（二）：纪念二里头遗址发现55周年学术研讨会论文集》，北京：中国社会科学院出版社，2014年，第207、233页。

领玉璧的形制已经十分规范了[1]。

晋南临汾下靳墓地和芮城清凉寺墓地的考古发现非常有助于解决有领玉璧的起源问题，也引起学者的高度关注。下靳墓地于1998年发掘，清理了53座墓葬，均为长方形竖穴土坑墓，但大部分被盗扰，仅有13座保存完整。随葬品有陶、木、玉石、骨、牙、蚌及石灰器等，其中以玉石器数量最多。多置于棺内人骨周围，石钺多横置于人架腿骨之上，石璧多套在人骨手臂上，双孔石刀和多刃刀则有的放在棺外侧墓底上（图三）[2]。下靳村墓地与陶寺墓地的文化面貌一致，时代相当于陶寺文化早期或略晚，属临汾盆地庙底沟二期文化的晚期阶段，约在公元前2600年—前2400年，是陶寺文化中心分布区内发现的又一处重要遗址。共出土各类随葬品近400件，陶器均为明器，数量极少，仅发现10余件瓶，大量的是玉石器。玉石器包括礼器、装饰品两大类，礼器主要为钺、刀，装饰品有璧、环、璜、腕饰、头饰及指环等。宋建忠先生曾对其中钺、刀、璧、环这四类最为丰富的玉石器进行了研究[3]。钺是下靳墓地中最主要的随葬品，数量占据了四类玉石器的60%，其次为套于腕臂上的璧环类，两者占据12.5%和18.75%，最少的为刀类。璧外径多在15—17、好径6—7、肉宽4—5厘米（图四，1），除最大的1件（外径22.5厘米）出土时是一半在右脚下、另一半在右肩处，其余9件均套于右手腕或右小臂上，看来其功能应该主要是佩饰，与良渚文化中用作殓葬寓意的小孔玉璧当有根本不同[4]。环的好径同璧的好径基本相同，但肉宽比璧明显要窄，一般在2—2.5厘米（图四，2），除1件套于左臂肘外，其余14件均套于臂腕上，用作饰物当无疑义。宋建忠先生也注意到若从出土部位和其代表功能看，下靳墓地的璧与

[1] 朱乃诚《时代巅峰冰山一角——夏时期玉器一瞥》，中华玉文化中心、中华玉文化工作委员会编《玉魄国魂：玉器　玉文化　夏代中国文明展》，杭州：浙江古籍出版社，2013年；《蛰伏升华 推陈出新——殷墟妇好墓出土玉器概论》，《妇好墓玉器》，广州：岭南美术出版社，2016年。

[2] 山西省临汾行署文化局、中国社会科学院考古研究所山西工作队《山西临汾下靳村陶寺文化墓地发掘报告》"图六、七"，《考古学报》1999年第4期，第464页。

[3] 宋建忠《山西临汾下靳墓地玉石器分析》，北京大学中国考古学研究中心等编《古代文明　2》，北京：文物出版社，2003年。

[4] 良渚文化大量的小孔玉璧多叠置于下肢附近，部分置于胸腹部或头端，鲜有置于手臂附近的，更无套于手臂之上。参见高炜《芮城坡头遗址玉器浅说》，《文物世界(增刊)》2003年第5期。

环确实区别不大。其中C型环断面呈"T"字形（M279:2），外径11.4、好径6.7、边宽3.8厘米，外缘尖锐，属典型的"有领环"（图四，3）[3]，宋建忠先生推测或是临汾盆地陶寺文化的创造，至于受何启示尚不清楚，也许同琮的射部有一定关系。

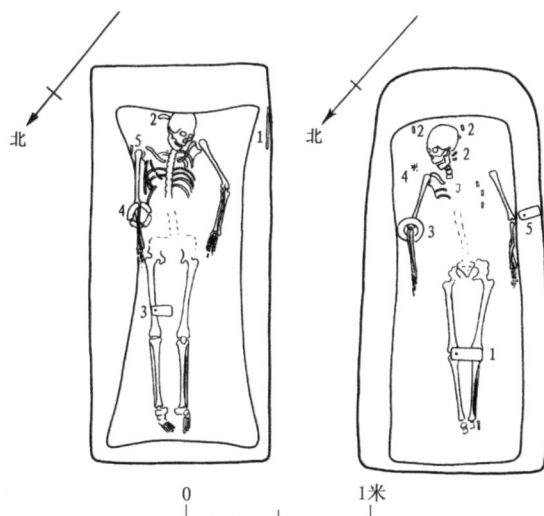

图三 下靳墓地M8和M13平面图

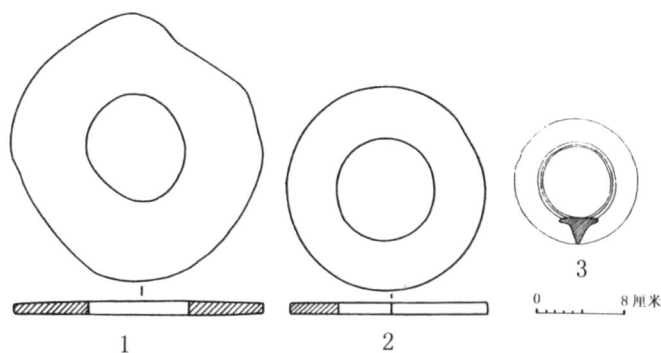

图四 下靳墓地出土无领璧和有领环
1.无领璧（0039） 2.无领环（M13:3） 3.有领环（M279:2）

---

[1] 宋建忠《山西临汾下靳墓地玉石器分析》，北京大学中国考古学研究中心等编《古代文明 2》，北京：文物出版社，2003年。插图四引自《山西临汾下靳村陶寺文化墓地发掘报告》"图一九-14、12"，《山西临汾下靳墓地玉石器分析》"图三-8"。

芮城清凉寺墓地于2003年至2005年发掘，先后清理了土坑竖穴墓355座，可分四期。第一期墓葬17座，一般不见随葬品；第二期至第四期墓葬的年代前后相继，上起庙底沟二期文化晚期，下迄龙山文化晚期，大致在公元前2300—前1800年，第二期墓葬最多，189座，拥有随葬品的墓葬中以玉石钺、璧、环、多孔刀等为主，如按外径和孔径的比例来确认器名，大部分应该是环，仅有少部分为璧，从随葬部位来看用途应当一致，在当时人的意识中，没有明确的区别，都应是装饰品，多数都套在手臂上，也有的象征性地放在腕部或臂旁，只有少数置于胸腹部，有的还在器体上钻一个小孔，也许是用系带佩戴在胸前的饰品。每座墓葬的出土数量不一，少者1件，多者几件叠套于小臂上，最多达6件（图五）；第三期墓葬有105座，全部经盗扰，保存下来的器物较少，主要是玉石器，能够留在下葬时放置位置的器物更少，只有一些扰乱程度较轻的墓，墓主人臂或腕部发现的玉石璧、环类器物保持了下葬时的原状（图六），佩戴方式与第二期没有区别，但形制和质地都有了明显的变化，中孔较大、环体则较窄。M146发现了1件玉筒状器，不等边的六边形薄凸沿，中部为薄壁圆筒状，中心圆筒孔径6.3、高3.8厘米（图七），十分特别，似具有独创性；第四期有44座墓葬，随葬品发现很少，极少数墓中有不太精致的玉石器，以璧或环为主，放置位置也与前期相同。清凉寺史前墓地是中原地区在墓葬中大量随葬玉石器年代最早的墓地之一，报告者认为"由此可见，清凉寺一带璧、环类器物的出现可能受到良渚文化的影响，但只是观念方面的借鉴，而不是整个器形的照搬或者将成器直接输入。……清凉寺第二期发现的璧、环应该主要是作为稀有物品来炫耀墓主人财富的。"[1]

---

[1] 山西省考古研究所、运城市文物工作站、芮城县旅游文物局《清凉寺史前墓地》，北京：文物出版社，2016年，第634页。插图五、六分别引自《清凉寺史前墓地》"彩版5-2-18-1、5-2-23-1、5-2-25-1""彩版6-2-44-1、6-2-33-1、6-2-38-1"。

图五　清凉寺第二期墓葬M46、M61、M54璧、环出土场景

图六　清凉寺第三期墓葬M150、M146璧、环出土场景

图七　清凉寺第三期墓葬M146凸沿筒状器（M146:3）

从下靳墓地的"有领环"和清凉寺墓地的筒状器来看，这类截面呈"T"字形的玉石环璧和筒状器最早发源地是晋南陶寺文化的可能性很大，灵感来自何处确实不好说，估计还是和佩戴装饰方面的特殊寓意有关吧。西安高陵杨官寨遗址庙底沟文化成人墓地就有部分人骨有佩戴陶石环的现象[1]，说明上述陶寺文化墓地中腕臂佩戴玉石环璧的习俗渊源很早，无领的环和璧多半是有领环璧的祖型。

栾丰实先生在讨论晋南地区龙山时代的玉器时，把璧归入礼玉类，环归入装饰类玉，认为"晋南地区发现的龙山时代礼器类玉器中，牙璧应该是来自海岱地区的大汶口—龙山文化，而钺、方形璧、有领璧（或环）、琮、圭和玉兽面等，也与东方同期或略早的文化存在着密切关系，所以也很有可能来自东方。"[2]

不过，从功能上看，山东司马台遗址采集的玉牙璋、有领环、牙璧都可能和祭祀有关，而陶寺文化墓地出土的玉石璧环几乎都跟装饰佩戴有关[3]，与礼天祭

---

[1] 王炜林、杨利平《陕西高陵杨官寨遗址发现庙底沟文化成人墓地》，《中国文物报》2017年2月10日第1版；陕西省考古研究院、高陵区文体广电旅游局《陕西高陵杨官寨遗址庙底沟文化墓地发掘简报》，《考古与文物》2018年第4期。

[2] 栾丰实《简论晋南地区龙山时代的玉器》，《文物》2010年第3期。

[3] 郭智勇《山西史前玉器的发现和研究》，《史志学刊》2015年第1期；秦小丽《山西芮城清凉寺墓地出土玉器分析》，《江汉考古》2021年第6期。

地的仪仗用途关系不大，所以晋南地区龙山时代不出牙璋这种祭祀用器，有其渊源所在。再者，与海岱地区关系密切的长江下游的良渚文化及其后的马桥文化，均不见牙璋的踪影，亦可作为牙璋和有领玉璧非源于海岱地区而向四方传播的佐证之一。孙机先生曾引述《慎子》"行海者，坐而至越，有舟也"等文献记载，来说明先秦时期齐、越间的海上航线就久已开通[1]。也就是说，不独有陆上的交通，海岱和长江下游地区的交通还可以通过海路来实现，这样便捷的交通网络无疑是非常有利于文化的交流和互动，考古发现提供的这类实证材料也很多。而作为精神层面的礼玉——牙璋，在夏商时期的长江下游地区不曾出现，有领璧环也极为少见，这就不能单以礼制传播未至来解释了，它们可能就不是被海岱地区龙山先民普遍认同的礼制用器，更非其固有的国之重器，因此没有被当作礼仪象征物有意识地向南传布。

邓淑苹先生推测陕北石峁方国先民可能从套叠式腕饰发展出有领璧，但如前述下靳墓地和清凉寺墓地等陶寺文化遗存所见大孔玉璧环的出土状况，从腕饰发展出有领璧环的可能性在陶寺文化同样存在。邓淑苹先生观察过陶寺等地出土的玉环璧，有不少是将孔壁磨平直或微凸，显然是为了便于佩戴[2]。这说明与牙璋的出现不同，有领璧环的初始功能就是佩饰，是标志身份等级和富贵贫贱的礼玉，而非"国之大事，在祀在戎"的祭祀用玉。有领玉璧环被赋予更高地位是在中原之外的川西平原，它是伴随着牙璋被夏遗民传播至此，成为商周时期该地区比牙璋次一等级的礼玉，同时随着夏商遗民的迁徙和文化的传播，渐次出现在中国广泛的华南地区，乃至越南北部。而且，不同的地区、不同的人群又以不同的寓意来理解和使用它。

黄河上游的齐家文化遗址发现1件有领玉璧，出自甘肃临夏积石山县新庄坪遗址，直径约12、孔径约6厘米（图八），朱乃诚先生认为其已脱离有领璧的原始形态，而且不是齐家文化制作，是由中原传入的。新庄坪遗址还出有1件有牙璋改制

[1] 孙机《中国古代物质文化》"交通工具"篇，北京：中华书局，2015年，第199页。

[2] 邓淑苹《万邦玉帛——夏王朝的文化底蕴》，《夏商都邑与文化（二）：纪念二里头遗址发现55周年学术研讨会论文集》，北京：中国社会科学院出版社，2014年，第206页。

成的玉钺（图九），原件牙璋应是一件形态原始的牙璋，制作年代可能在新砦一期或更早些，改制年代可能在齐家文化中晚期阶段[1]。有领玉璧和牙璋的伴出关系在齐家文化的新庄坪遗址又得以见证，两者仅发现各1件，佐证其属外地传入的奢侈品。

图八　新庄坪遗址出土有领玉璧

图九　新庄坪遗址出土玉钺

---

[1] 朱乃诚《素雅精致　陇西生辉——齐家文化玉器概说》"图126、125"，北京艺术博物馆等著《玉泽陇西：齐家文化玉器》，北京：北京出版集团公司、北京美术摄影出版社，2015年，第255—257页。

三、郑洛地区所见的有领璧环

朱乃诚先生认为有领玉璧起源于陶寺文化，在二里头文化时期形制已经十分规范。下靳墓地M279出土的B型有领石环和清凉寺墓地M146出土的D型有领石环，形制确实都十分规整，看来还不是最早的形制，有领玉璧环起源于庙底沟二期晚段的临汾盆地或有一定说服力。但年代比较早的有领环出土最多的还是郑洛地区，尤其是洛阳盆地，以玉石环为主，还有不少的陶环。洛阳西干沟和东干沟遗址的灰坑里面出有玉环和石环，年代约在公元前三千年纪后半[1]。吉利东杨村遗址一期遗存出土1件A型有领玉环（TIH12:103），残长7、宽3.2厘米，年代与洛阳锉李二期文化相当，属河南龙山文化中期[2]。偃师灰咀遗址龙山文化层出土4件B型陶环和2件A型玉石环残件，属王湾三期文化（图十，8、13、14）[3]。洛阳南部属龙山文化晚期煤山类型的伊川北寨遗址和白土疙瘩遗址龙山文化遗存中各出1件形制不太规整的B型有领陶环，尺寸也偏小，前者（YPBT13H13:3）外径4.45、内径3.6厘米，后者（YBT1H1:1）外径5.8厘米（图十，9、10）。伊川南寨遗址2段二里头文化遗存还出有1件残玉牙璋（YPNT100H5:3），时代约与二里头遗址二期早段相当[4]。登封王城岗三期出土1件A型有领玉环残件（WT252H664:2），外径10、内径6厘米，属王湾三期文化[5]。禹州瓦店一期遗存和二期遗存中也有B型有领陶环出土，时代与王城岗二期和三期基本同时[6]。

---

[1] 吉开将人著，陈德安译，石应平校《中国与东南亚的"T"字形环》"表一"，《四川文物》1999年第2期。

[2] 洛阳市文物工作队《河南洛阳吉利东杨村遗址》，《考古》1983年第2期，简报中称"玉钏"，第103页。

[3] 河南省文物研究所《河南偃师灰咀遗址发掘报告》"图一三–7，图一九–8、10"，《华夏考古》1990年第1期。

[4] 河南省文物考古研究所编著《伊川考古报告》"图一四八，3"（文字描述编号与图和图版不符），"图一八三，4""图版一—〇，3""图七八，5""图版六五，1、2"，郑州：大象出版社，2012年，第200、264、115页。

[5] 河南省文物研究所、中国历史博物馆考古部编著《登封王城岗与阳城》"图四三，1"，北京：文物出版社，1992年，第84页。

[6] 河南省文物考古研究所编著《禹州瓦店》"图一二七""图版四三–2"，北京：世界图书出版公司，2004年，第98页。

郾城郝家台龙山文化三期遗存出土1件残A型有领石环（T14④:42），外径13、内径6、肉宽3.5厘米（图十，12），时代约与瓦店二期、王城岗三期同时[1]。临汝煤山遗址一期和二期文化都发现有B型有领陶环（图十，1、2）[2]。郑州站马屯遗址第二期文化遗存发现1件B型有领陶环（T9②:8），内径4厘米，第三期文化遗存出1件B型有领玉环（T7①:1），外径6.5厘米，1件B型有领陶环（H7:6），直径不确（图十，3、5、4），均为残件，使用功能不详，但制作都比较精致，显示不是一般常用品。站马屯第二期遗存年代在公元前二千年左右，龙山文化中期偏晚，第三期遗存年代被认为是龙山文化晚期[3]。阎庄龙山文化遗址出土有B型有领陶环和A型石环残件（图十，7、11），石环仅1件，直径11、孔径6厘米，属河南龙山文化晚期遗存，下限不会晚于偃师二里头文化早期[4]。洛达庙三期文化遗存1件A型有领玉环残件（T22:10）残长4.5、宽2.5厘米（图十，6），发掘者认为年代与偃师二里头四期相当或稍晚，略早于商代二里岗下层，属于商代中期偏早或商代早期阶段[5]。

上述出土有领环的遗存时代多在龙山文化晚期和二里头文化早期，属王湾三期文化和新砦期遗存。王湾三期文化晚期和新砦期遗存应该跨入了夏王朝的纪年范围，被认为是夏王朝建立前后夏族的文化遗存。夏起于豫西晋南，豫西的洛阳平原是夏人活动的中心区域，以偃师二里头遗址为代表的二里头文化是夏文化，新砦期是介于河南龙山文化晚期和二里头文化之间的过渡形态的文化遗存[6]。其

---

[1] 河南省文物考古研究所编著《郾城郝家台》"图一三五，1""图版三一，2"，郑州：大象出版社，2012年，第169页，文中称"石璧"。

[2] 中国社会科学院考古研究所河南二队《河南临汝煤山遗址发掘报告》"图一二-22""图二二-15"，《考古学报》1982年第4期。

[3] 河南省文物研究所、文化部文物局郑州培训中心《郑州市站马屯遗址发掘报告》"图二〇:12""图二〇:7""图一三:16"，《华夏考古》1987年第2期。

[4] 张松林《郑州阎庄龙山文化遗址发掘简报》"图七-20""图八-13"，《中原文物》1983年第4期。

[5] 河南省文物研究所《郑州洛达庙遗址发掘报告》"图三一-1"，《华夏考古》1989年第4期。

[6] 中国社会科学院考古研究所编著《偃师二里头：1959—1978年考古发掘报告》，中国大百科全书出版社，1999年，第388—389页。

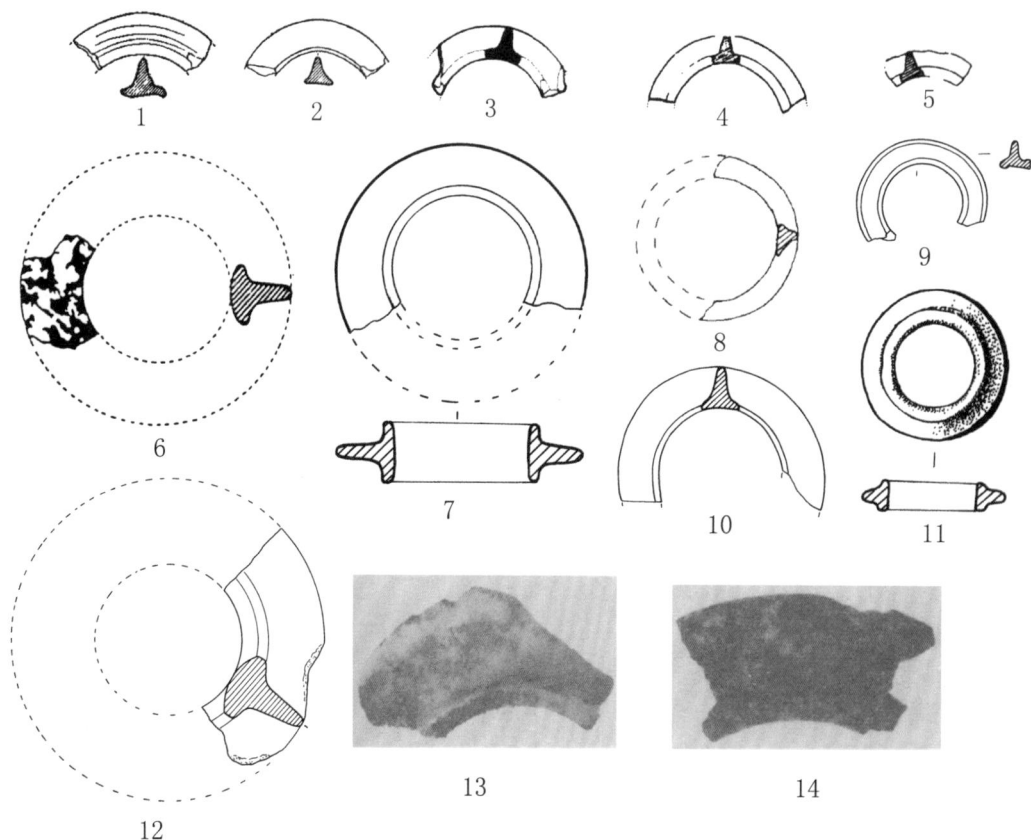

图十 郑洛地区出土有领环

1、2.煤山遗址出土陶环（T12③B:1，T1⑤A:2） 3、4.站马屯遗址出土陶环
（T9②:8，H7:6） 5.站马屯遗址出土玉环（T7①:1） 6.洛达庙遗址出土玉环
（T22:10） 7.阎庄遗址出土石环（无编号） 8.灰咀遗址出土陶环（H17:3）
9.北寨遗址出土陶环（YPBT13H13:3） 10.白土疙瘩遗址出土陶环（YBT1H1:1）
11.阎庄遗址出土陶环（H13:1） 12.郝家台遗址出土石环（T14④:42）
13、14.灰咀遗址出土玉环（T1:64，T1:43）

中，登封王城岗发现的相当于夏时期的龙山文化中晚期城址，更有可能是"禹都
阳城"或"禹居阳城"的阳城遗址[1]。

---

[1] 河南省文物研究所、中国历史博物馆考古部《登封王城岗与阳城》，北京：文物出版社，1992年，第324页。

由庙底沟二期文化发展而来的陶寺文化，大约在公元前2500年—前1990年（或说公元前2600年—前2000年），陶寺文化晚期已进入夏代纪年之内。虽然陶寺文化与王湾三期文化及二里头文化二里头类型，在文化特征上有较大区别，很难认定其是夏文化[1]。按照戴向明先生的说法，晋南地区从龙山到二里头的转变不是本地文化传统自然延续或演变的结果，而是来自中原郑洛地区的二里头文化直接取代了原有文化，陶寺文明和二里头文明是一前一后的早晚交替关系[2]。二里头文化的崛起，夏王朝的建立，无疑会受到晋南陶寺文化的强烈影响，吸收陶寺文化的诸多因素，甚或是在这位近邻的不断刺激下发展壮大的。联系花地嘴遗址、南寨遗址及二里头遗址等地出土的牙璋，再看郑洛地区出土的这些有领环，二者起源于豫西晋南夏族发祥地的观点似乎更具说服力，这是夏文化的产物，在夏代礼玉中占据着重要地位，尤其是牙璋，成为权力甚至国家制度的精神象征而传播四方。

郑洛地区发现的这些早期有领环都是出自地层或灰坑当中的残件，不是祭祀坑中的礼器，未像牙璋一样，"是夏部族发明的在祭祀活动与其他意识活动中使用的祭器与仪仗用具"[3]，一开始就荣登显赫的地位。但从公布的材料来看，无论是玉石环还是陶环，质地和工艺普遍不错，结合陶寺文化墓地同类器的出土情况，估计为高等级人群佩饰品的可能性比较大。至于说要细究到底是源于晋南还是豫西，受何启发，目前还是说不清楚，相信与大孔无领的玉石璧环和陶环都有关系。李伯谦先生在"禹会村遗址与淮河流域文明研讨会"上提到："尧部族的背景是中原龙山文化系统的陶寺文化；舜部族的背景是中原龙山文化系统的造律台类型，或称之为王油坊类型；禹部族的背景是中原龙山文化的王湾类型，或曰煤山类型。"[4]有领玉石璧环的最终成型很可能也是中原龙山文化各区系类型不

[1] 中国社会科学院考古研究所《中国考古学　夏商卷》，北京：中国社会科学出版社，2003年，第59—60页。

[2] 戴向明《晋南龙山到夏商时期考古学文化的演变》，《庆祝徐光冀先生八十华诞论文集》编委会编《庆祝徐光冀先生八十华诞论文集》，北京：科学出版社，2015年。

[3] 朱乃诚《牙璋研究与夏史史迹探索》，《夏商都邑与文化（二）：纪念二里头遗址发现55周年学术研讨会论文集》，北京：中国社会科学院出版社，2014年，第292页。

[4] 李伯谦《"禹会诸侯于涂山"传说与禹会村遗址——在"禹会村遗址与淮河流域文明研讨会"上的发言》，中国社会科学院古代文明研究中心、安徽省文化厅、蚌埠市人民政府编著《禹会村遗址研究——禹会村遗址与淮河流域文明研讨会论文集》，北京：科学出版社，2014年，第7页。

断整合与交融的结果，所以才能成为夏王朝的礼玉之一，并被后续的殷商王朝所接受，有其历史渊源。

　　洛达庙三期文化遗存出土的形制相对规整的有领玉环年代已进入商代早期，是洛达庙一期文化和二期文化持续发展的结果，更多的应该还是夏文化的因素。新郑望京楼出土的玉牙璋也是这种情况，属二里头文化遗物，而伴出的玉戈、钺、瑗及铜器等多为早商二里岗期遗物[1]。虽然牙璋在二里头文化中身份显赫，一开始就光彩夺目，但有领玉环璧却未获此殊荣，在二里头文化和早商文化中不但没有发扬光大，甚至有所衰亡。临汝煤山和伊川南寨、北寨、白土疙瘩等遗址的二里头文化遗存和二里岗文化遗存中不见有领玉环，夏朝国都的二里头遗址中居然也看不到它的踪影，这自然与它起始阶段的实用功能和未被赋予神圣使命有直接的关系。

　　有领玉璧环的大量出现是在殷商晚期的大墓当中[2]，尤其是妇好墓，各类有领玉璧环（包括旧器改制的玦、璜类）多达29件，几乎涵盖了本文讨论所涉及的所有型式。其他如安阳花园庄54号墓出有1件A型有领玉璧，外径17.5、孔径5.5厘米，孔壁较矮（图十一，8）[3]；小屯丙二基址中出有1件（图十一，7）与其基本相同，素面，孔内缘施朱彩内侧充填绿松石，似殷墟遗址出土的唯一与祭祀有关的1件有领玉璧；筒状或箍形的有领玉环在小屯北M18（图十一，1）[4]和侯家庄M1002殷商大墓中也有发现；殷墟西区墓葬相当于殷墟四期的M701出土1套有领玉环（M701:02），两个圆环套在一起，内环剖面呈扁平形，外环剖面呈

[1] 赵炳焕、白秉乾《河南省新郑县新发现的商代铜器和玉器》，《中原文物》1992年第1期。注：邓淑苹认为望京楼商墓所出牙璋应为夏代遗物，见邓淑苹《万邦玉帛——夏王朝的文化底蕴》，《夏商都邑与文化（二）：纪念二里头遗址发现55周年学术研讨会论文集》，北京：中国社会科学院出版社，2014年，第173页。

[2] 李玮涓《殷墟出土有领璧环初探》，《殷都学刊》2022年第1期。

[3] 中国社会科学院考古研究所安阳工作队《河南安阳市花园庄54号商代墓葬》"图一三，3"，《考古》2004年第1期。

[4] 吉开将人著，陈德安译，石应平校《中国与东南亚的"T"字形环》"图2"，《四川文物》1999年2期；《中国玉器通史·夏商卷》中称小屯M18箍形有领玉环为"镯"，喻燕姣、方刚著《中国玉器通史·夏商卷》"图3-35，6"，深圳：海天出版社，2014年，第88页。

"T"形，外径7.8厘米（图十一，9）[1]，同墓还出有斜刃石璋；大司空村M25出土1件B型有领玉璧（86ASNM25:9）（图十一，2）和1件A型有领玉环（86ASNM25:8）（图十一，3）[2]；郑州商城人民公园一期M54出土的B型有领玉璧（C7M54:12）（图十一，10）[3]。发轫于王湾三期文化和陶寺文化的有领玉环，在二里头文化时期成型，到了商代晚期的殷墟大放异彩，成为王室贵族彰显身份的高等级礼玉，不仅出现很多体大宽缘的有领玉璧，而且在之前素面的基础上又发展出刻同心圆线纹的有领玉璧。只是从功用上来看，殷墟所见的这些有领玉环都仍是作为装饰佩戴功能使用的，有一部分有领玉璧也是这种功用，或兼具朝聘、殓尸，甚至祭祀的使命，但肯定不是作为专门的祭祀礼玉来使用，"武丁时期可能没有形成专用的礼玉与祭祀用玉"[4]，这从妇好墓出土的750多件（组）玉器中有不少由有领玉璧残件改制的镂空半璧形腕饰、各种弧形玉鱼、龙形玉玦、虎形玉璜等装饰品的现象可以看出（图十一，4、5）[5]。其中1件镂空半璧形腕饰（M5:1326）直径12.7、孔径6、孔壁高1.6厘米，朱乃诚先生分析改制前的刻纹有领玉璧已经使用了很长的时间，制作年代可能在武丁之前，或许属殷墟一期早段，约是武丁时期改制的。殷墟小屯西地M252也出1件由残有领玉璧改制的璜[6]，小屯玉石器作坊出土的鱼形刻刀也是由有领玉璧改制而成（图十一，6）[7]，殷墟西区墓葬也发现有领玉璧改制的璜[8]，这都说明玉料的匮乏和礼玉制度的不严格，起码表现在有领玉璧上是如此。

---

[1] 中国社会科学院考古研究所安阳工作队《1969—1977年殷墟西区墓葬发掘报告》"图七二，6"，《考古学报》1979年第1期。

[2] 《中国玉器通史·夏商卷》"图3-37，3、6"，深圳：海天出版社，2014年，文中称"凸领环"，第93页。

[3] 《中国玉器通史·夏商卷》"图3-25，19"，深圳：海天出版社，2014年，文中称"凸领璧"，第72页。

[4] 朱乃诚《蛰伏升华推陈出新——殷墟妇好墓出土玉器概论》，《妇好墓玉器》，广州：岭南美术出版社，2016年，第59、31页；朱乃诚《殷墟妇好墓出土有领玉璧与有领玉环研究》，《江汉考古》2017年第2期。

[5] 插图《妇好墓玉器》"图109、110"，广州：岭南美术出版社，2016年，第31页。

[6] 中国社会科学院考古研究所编著《殷墟发掘报告》"图版七一，16"，北京：文物出版社，1987年。

[7] 插图《中国玉器通史·夏商卷》"图3-20，2"，深圳：海天出版社，2014年，第63页。

[8] 中国社会科学院考古研究所安阳工作队《1969—1977年殷墟西区墓葬发掘报告》"图版拾捌，2"，《考古学报》1979年第1期。

图十一 郑州商城和殷墟出土有领玉璧环
1.小屯北M18:26 2、3.大司空村M25:9、8 4、5.妇好墓（M5:1326；M5:589）
6.殷墟小屯玉石器作坊鱼形刻刀（F10:5）7.小屯丙二基址 8.花园庄M54:352；
9.殷墟西区M701 10.郑州商城人民公园一期M54

四、川西平原和赣江流域的发现

除商王朝统治中心的安阳殷墟外，有领玉璧环还大量出现于川西平原的三星堆和金沙遗址，以及江南赣江流域的新干大洋洲商代大墓当中。孙华先生曾撰文就这三处发现的有领玉璧环谈起源问题，认为"凸好郭器是三星堆文化的传统工艺，三星堆文化的分布区四川盆地应是凸好郭器的起源地。大洋洲大墓乃至于殷墟妇好墓的凸好郭器很可能是受了三星堆文化等四川青铜文化的影响"[1]。杨建芳先生则认为"有领环约当大汶口文化中期出现于山东，龙山文化时期传播至中原地区，而且极为盛行。殷墟妇好墓的有领环，应是河南龙山文化同类器物的遗绪。这个时期，有领玉石环在中原地区开始衰微，另一方面却向外传播至四川盆地、江西赣江流域、东南沿海地区及东南亚一带"[2]。杨建芳先生提出的有领环

---

[1] 孙华《凸好郭器的渊源》，《中国文物报》1993年11月14日第3版，文中称有领璧环为"凸好郭器"。

[2] 杨建芳《略论有领环的起源、传播与用途》，《中国文物报》1994年1月9日第3版。

源于东方的观点，与牙璋起源于山东龙山文化的观念有契合之处，但他所举的例证仅泰安大汶口文化墓葬M13象牙有领环[1]一个孤例，而本文前述的大量见于晋南陶寺文化和豫西河南龙山文化的有领环，连同花地嘴遗址新砦期的牙璋，似更能说明它们都是源于中原腹心夏文华核心区，而非山东或陕北，更非偏于一隅的川西平原。王方女士追溯成都平原用玉的传统始见于三星堆遗址的仁胜村土坑墓，年代相当于夏代中期，"从殷墟二期始，作为宗教礼仪性用器的玉器突然开始大量出现于三星堆文化中，这应不是偶然的发生，其时伴随着玉器业兴盛而来的还有青铜器制作业的高度繁荣与发达，这可能与夏代中晚期二里头文化沿长江中游鄂西地区西进密切相关连"[2]。

三星堆文化是中原二里头文化南下成都平原，与当地土著文化融合发展起来的，这个观点已成学界共识[3]，以玉礼器为代表的礼仪宗教方面的表现尤为突出。相当于商代中晚期的三星堆一、二号器物坑出土的百余件玉器，器类有璋、戈、琮、璧、瑗、环（图十二，1、2、3）等，与二里头文化玉礼器种类基本相同，其中的璋、戈、有领璧环等更到了青出于蓝而胜于蓝的地步。随后的十二桥文化金沙遗址的玉器种类也以璋、璧、环、琮、戈、圭、钺等为主（图十二，4、5、7、8、9），与三星堆器物坑玉器种类基本相同，还有有领铜环（图十二，6）[4]，埋藏方式主要有地面掩埋和土坑掩埋两种形式，显然也是同祭祀活动

[1] 山东省文物管理处、济南市博物馆合编《大汶口——新石器时代墓葬发掘报告》"图八七:4"，文物出版社，1974年，第102页。报告中名为"琮"，杨建芳先生认为是有领环。

[2] 王方《金沙遗址出土玉器的初步研究与认识》，《玉魄国魂：中国古代玉器与传统文化学术讨论会文集（三）》，北京：北京燕山出版社，2008年，第42页。

[3] 有关这方面的论述很多，如杜金鹏《三星堆文化与二里头文化的关系及相关问题》，《四川文物》1995年第1期；向桃初《三星堆文化的形成与夏人西迁》，《江汉考古》2005年第1期；孙华《四川盆地的青铜时代》，北京：科学出版社，2000年；向桃初《二里头文化向南方的传播》，《考古》2011年第10期；邓聪、王方《二里头牙璋（VM3：4）在南中国的波及——中国早期国家政治制度起源和扩散》，《中国国家博物馆馆刊》2015年第5期；等等。

[4] 插图分别引自四川文物考古研究所编《三星堆祭祀坑》"彩图96、97"，北京：文物出版社，1994年；广东省博物馆编《贞石之语——先秦玉器精品展图录》"134.玉瑗"，广州：岭南美术出版社2006年，第110页；成都市文物考古研究所编著《金沙——21世纪中国考古新发现》，北京：五洲传播出版社，2005年，第61、60、63、66、49页。

有关（图十三）[1]。三星堆城址西北部青关山土台上的红烧土建筑基址F1的10余处红烧土墙基、"檐柱"和室内夯土中发现有掩埋玉璧、石璧和象牙的现象（图十四）[2]，说明金沙遗址中瘗埋玉石器、象牙等祭奠的做法由来已久。正是专门的祭祀用玉，而非简单装饰用玉的原因，使有领玉璧环这类商代早期在中原地区渐趋衰亡的礼玉，被带着牙璋远徙于此的夏遗民发扬光大，赋予其"国之大事，在祀在戎"的神圣使命，包括晚商殷墟遗址基本不见的牙璋，同样也因为祭祀的专属功能，被古蜀先民蓬勃发展至巅峰状态。

图十二　三星堆遗址和金沙遗址出土有领璧环
1、2.三星堆二号祭祀坑出土有领玉环　3.三星堆二号祭祀坑出土有领玉璧
4、8金沙遗址出土有领玉璧　5、7.金沙遗址出土有领玉环
6.金沙遗址出土有领铜环　9.金沙遗址出土有领玉牙璧

[1] 王方《金沙遗址出土玉器的初步研究与认识》，《玉魄国魂：中国古代玉器与传统文化学术讨论会文集（三）》，北京：北京燕山出版社，2008年；施劲松《金沙遗址祭祀区出土遗物研究》，《考古学报》2011年第2期。插图引自《金沙——21世纪中国考古新发现》第16页。

[2] 雷雨《四川广汉三星堆遗址2012—2013年考古新收获》，国家文物局主编《2013中国考古重要发现》，北京：文物出版社，2014年，第50页。

图十三　金沙遗址4号堆积瘗埋玉石器

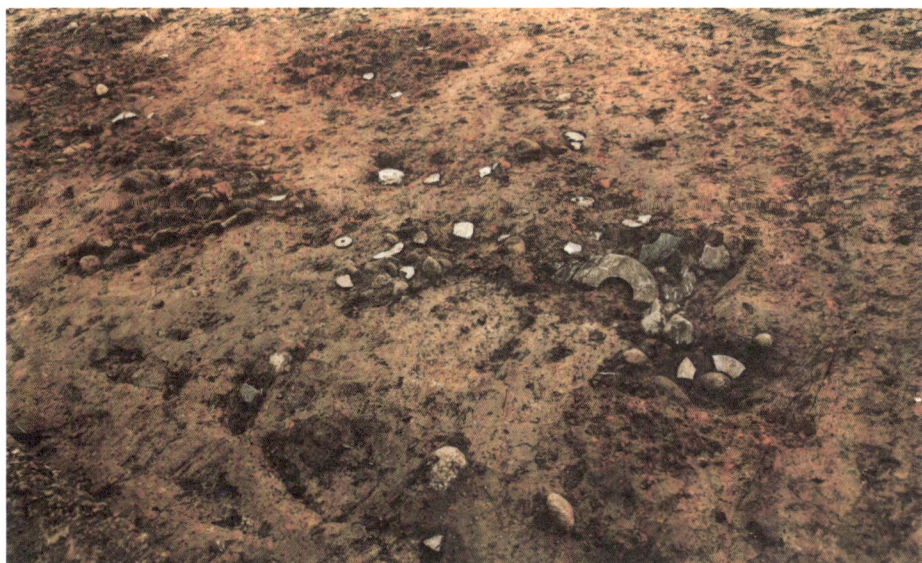

图十四　三星堆遗址青关山F1北墙墙基瘗埋玉石器

61

　　唐际根先生和王方女士认为古蜀国极有可能是商代晚期有领玉璧的生产中心，殷墟和新干出土的有领玉璧，也不排除源自古蜀国的可能[1]。虽然"生产中心"并不一定意味着就是"起源地"，但有领璧环出土数量最多、种类样式最为丰富的地区确为川西平原，此地甚至还出现与祭祀有关的有领铜环。源起于中原夏文化核心区主要作为佩饰用玉的有领璧环，辗转被带到了川西平原，登堂入室，被赋予了祭祀神祇的光荣使命，在古蜀文明中不仅得以再生，而且是大放异彩，获得了无可比拟的神圣地位，包括殷墟妇好墓和新干大墓都不曾有此殊荣。"即使古蜀人使用了与中原地区完全相同的玉璧、玉戈、玉戚、铜尊和铜罍，也可能采用了不同的方法，服务于不同的神祇"[2]，得益于身份的转变，有领璧环在三星堆文化和十二桥文化中得到极致发展，妇好墓和新干大墓中的有领璧环自然也不排除来自古蜀国的可能性。

　　但纵观中原地区夏商玉器的出土情况，绝大多数玉器都发现在墓葬中，祭祀遗迹内出土的玉器很少。包括属龙山时代的淮河流域安徽蚌埠禹会村遗址[3]，年代要早于登封王城岗遗址[4]，或为"禹会诸侯于涂山"的祭祀遗址，但祭器中不见玉石礼器，可见用玉石器作为祭品不是"禹部族"的习俗。即便是祭祀活动非常频繁的殷商晚期，"玉器在祭祀活动中的作用往往是充作人牲的随身饰品"，"商代在营造一些重要建筑之前往往举行奠基、置础、安门等营造仪式作为祭祀活动，也属于商代下面祭祀遗迹的一种……有人、狗、牛、猪等'牺牲'，却没有出土一件玉器"[5]。

[1] 唐际根、王方《殷商与古蜀》，中国社会科学院考古研究所编、徐宏主编《夏商都邑与文化（一）："夏商都邑考古暨纪念偃师商城发现30周年国际学术研讨会"论文集》，北京：中国社会科学院出版社，2014年。

[2] 唐际根、王方《殷商与古蜀》，《夏商都邑与文化（一）："夏商都邑考古暨纪念偃师商城发现30周年国际学术研讨会"论文集》，北京：中国社会科学院出版社，2014年，第556页。

[3] 中国社会科学院考古研究所、安徽省蚌埠市博物馆《蚌埠禹会村》，北京：科学出版社，2013年。

[4] 李伯谦先生认为大体河南龙山文化王油坊类型的早期相当，朱乃诚先生认为禹会村遗址大型"T"形坛的营建年代在公元前2290—前2000年之前，而陈杰先生分析认为禹会村遗址的年代可能要偏早，约距今4400—4200年。见李伯谦《"禹会村遗址与淮河流域文明研讨会"上大发言》，朱乃诚《禹会随笔》，陈杰《禹会村遗址年代的初步分析》，《禹会村遗址研究：与会村遗址与淮河流域文明研讨会论文集》，北京：科学出版社，2014年。

[5] 《中国玉器通史·夏商卷》，深圳：海天出版社，2014年，第60页。

有领璧环不受夏族重视，牙璋也随着夏朝的灭亡被商人所遗弃，殷墟常见改制早期有领玉璧为装饰品的现象亦不曾出现在三星堆文化和十二桥文化中，足见其在川西平原受重视的程度远高于殷商王朝，这也说明川西平原大量使用这类玉礼器祭祀的理念不是直接来自中原地区，尤其不是直接来自京畿之地。那么，邓淑苹先生提出的"石峁方国这种使用牙璋、有领璧的文化，以及常大批掩埋玉器于祭祀坑的习俗，沿着边地半月形传播带传播至蜀地，成为月亮湾文化中重要成分"[1]的观点是非常值得考虑的。笔者虽不认可牙璋和有领璧源于石峁的说法，但赞同瘗埋玉器祭祀的宗教信仰是来自石峁方国，这可能同石峁方国和夏王朝灭亡，石峁人和夏族的流亡有关。来自黄河流域的先进族群，带来不仅是技术和工具，还有政治制度和宗教理念，经过不断地激荡、碰撞和角力，最终融合出一支新的青铜文化，诚如许倬云先生所言："难得有任何一个单一的因素能造成大幅度而又长期的改变；一定要在许多因素辐辏在一起时，历史的转变才会呈现波澜壮阔的长期影响。"[2]

赣江东岸的新干商代大墓出有9件有领玉璧环，多刻有同心圆线纹，其中A型有领玉璧2件，A型有领玉环3件，似成一组，B型有领玉环4件，似成一组[3]。A型有领玉璧如何使用还不好说，但A、B型成组的有领玉环大小次减，作为佩饰的手镯来用应该是说得通的，这与川西平原的祭祀功用明显不同。同样作为装饰佩戴用途的玉玦在新干大墓中也出土不少，共19件，多成对出土，大小尺寸依次递减。邓聪先生注意到其中扁薄玦饰以江西及湖南等地发现较多，在早商阶段的湖北盘龙城遗址迄今未见[4]。与作为二里冈时期商人据点的盘龙城不同，赣江流域的吴城文化是受以盘龙城为代表的商文化影响的土著文化。施劲松先生通过对樟树吴城遗址和新干大墓的分析认为，"吴城文化的青铜器、玉器等制作技术与商

[1] 邓淑苹《万邦玉帛——夏王朝的文化底蕴》，《夏商都邑与文化（二）：纪念二里头遗址发现55周年学术研讨会论文集》，北京：中国社会科学院出版社，2014年，第216页。

[2] 许倬云《中国古代文化的特质》，厦门：鹭江出版社，2016年，第61页。

[3] 江西省文物考古研究所、江西省博物馆、新干县博物馆《新干商代大墓》"图七五"，北京：文物出版社，1997年，第141—145页。报告中将A类称为"璧"，C类、D类称为"瑗"。

[4] 邓聪《从〈新干古玉〉谈商时期的玦饰》，《南方文物》2004年第2期。

文化最相近，建筑技术则有一定差别。相比于知识体系，吴城文化的价值观与盘龙城和商文化差别较为明显，说明吴城文化更多的是在技术层面接受了商文化的影响，但价值观念并不相同"[1]。还有学者将新干大墓与妇好墓比较，提出随葬大量非实用的青铜农具和工具以实物材料证实了《吕氏春秋》中有关越人的农具殉葬习俗的记载[2]。虽然二者族群不同，丧葬习俗不同，但有一个突出的共同点是有领玉璧环的大量随葬。根据妇好身前的尊崇地位和显赫战功，不排除妇好墓随葬的有领玉璧环有来自江南赣地的可能性，而且孔径大小正好契合手臂的宽窄，也应该是举行祭祀仪式或在重要场合中佩戴的装饰品[3]。这说明有领玉璧环在向华南的传播中，遵循的还是中原夏商的文化传统，与石峁和川西平原专属的祭祀用玉的性质不同。

五、结 语

玉石牙璋、戚、圭、牙璧、有领璧环等都是缘起于黄河中下游的礼制用玉，虽然各自的源头还说得不太清楚，但最迟都在距今4000年的龙山时代晚期登上历史舞台，你方唱罢我登场地被不同的族群、不同的文化辐辏到华夏文明的核心区——中原地区，融为夏商礼玉的一个组成部分，在礼玉制度中扮演不同的角色，承担各自的使命，有些竟演变为国家政治制度、王室皇权的代言物或身份等级的象征品，又向四方传播，成为构建中华早期文明的精神符号，甚至能出现在万水千山之隔的越南北部，足见其蕴涵的文化积淀之深，魅力之大，穿透力之强。牙璋在这当中无疑扮演着非常重要的角色，有领玉石璧环虽无此尊荣，但也伴随着牙璋的源起与发展，成为夏商礼玉的重要组成部分，而它产生和流传的再认识，又会帮助我们更为全面地理解牙璋的起源和传播的历史背景。

牙璋作为夏王朝最具特征的礼制用玉，成为了解夏文化和"夏礼"的形成与

[1] 施劲松《盘龙城与长江中游的青铜文明》，《考古》2016年第8期，第83页。

[2] 彭适凡、彭明瀚《新干商墓与殷墟妇好墓的比较研究——兼论新干商代大墓的文化性质》，《南方文物》1992年第2期。

[3] 杜金鹏主编《玉华流映：殷墟妇好墓出土玉器》，北京：中国书店，2017年，第93页。

扩张的物证之一。而源于夏文化的有领玉石璧环，最先作为佩饰用玉被夏族所使用，后来不但未因夏亡而被商人摒弃，且被商人所继承，并在晚商时期发扬光大，成为商文化中的重要的佩饰和殓葬用玉，更随同牙璋被川西平原的古蜀国升格为尊贵的祭祀用玉。孔子言："殷因于夏礼，所损益可知也；周因于殷礼，所损益可知也。"（《论语·为政》）从牙璋和有领璧环的发展演变也能看出三代礼玉制度的不同。

"芒芒（茫茫）禹迹，画为九州"（《左传》），李零先生在《禹迹考》中说："夏、商、周三代都以夏人自居，认为自己住在'禹迹'的范围之内。这是中国最早的地域认同。"[1] 牙璋和有领璧环等这类发轫于夏地后成为夏商礼制文化的重要代言物，对这种地域认同观念的形成、华夏早期文明的整合，也都起到了不小的作用。《史记·夏本纪》中有段话："或言禹会诸侯江南，计功而崩，因葬焉，命曰会稽。"若从长江下游地区至今不见夏商时期的牙璋来看，"大禹治水，计功会稽"的传闻的确不太可信了，无怪太史公也用"或言"来表达他的谨慎态度了。武王伐纣前，誓师牧野，庸、蜀、羌、髳、微、卢、彭、濮等八国与誓（《周书·牧誓》），李零先生考证这八国大致分布在湖北、四川、甘青一带[1]。如果从大的地理范围来讲，这些地方晚商周初或多或少都看到牙璋的身影，有夏的遗风，是否可以理解为周武王是联合了夏的后裔灭了商呢？此说实无凭据为证，权当笔者在考察牙璋和有领璧环起源与流传时的臆测了。

（作者单位：广州市文物考古研究院）

---

[1] 李零《禹迹考——〈禹贡〉讲授提纲》，《中国文化》总第39期，2014年春季号，第57页。

[2] 李零《两周族姓考》，载《我们的中国》，北京：生活·读书·新知三联书店，2016年。

关于本土"吸杯"的文化进程

徐 旻

内容提要:

我国中原传统中本无吸饮。自《酉阳杂俎》郑公悫以莲叶为杯,刺莲茎为管,创造了一种趣意饮酒方式;唐代"黑石号"沉船中出水的吸杯是我国目前发现最早的一件陶瓷吸杯,巧妙地与郑公之典相对。此后,文人巧匠的抒情与创造,使本土文人化吸杯大量出现,不仅成为既能赏玩又能饮用的酒具,还体现了创造者及所有者的道德风尚。带有吸管的荷叶吸杯直接来源于碧筩典故;另一部分荷叶形杯虽有保留莲茎设计的,但最终舍弃了吸饮的通道,成为工匠比拼高超技艺的外泄。

有关唐代"黑石号"沉船的研究,一直以来都是考古学界和陶瓷研究学者的重要关注对象,其发现的器物之多与精美程度震惊了世界。沉船内发现了大量中国的陶瓷、金属器物,对于研究唐代我国手工艺的发展创新,乃至海上丝绸之路及海外贸易、文明交流等都是一批重要的资料。目前,学界针对出水的陶瓷器产销地[1]、纹饰分析[2]、文化面貌[3]等多角度已有十分丰富的见解,但是针对一些

---

[1] 谢明良《记黑石号沉船中的中国陶瓷器》,《台湾大学美术史研究集刊》2002年第13期;项坤鹏《"黑石号"沉船中"盈""进奉"款瓷器来源途径考——从唐代宫廷用瓷的几个问题谈起》,《考古与文物》2016年第6期,第47—55页;陆芸《从"黑石号"等沉船出土的物品看古代中国与阿拉伯国家的贸易往来》,《学术评论》2017年第3期,第50—54页;陈克伦《唐代"黑石号"沉船出水白釉绿彩瓷器研究》,《上海博物馆集刊》,2012年,第241—251页。

[2] 刘怡辰《黑石号沉船瓷器的装饰纹样设计研究》,苏州大学硕士学位论文,2014年;孙兵《以异文入饰——唐代长沙窑瓷器阿拉伯文装饰新样研究》,《艺术设计研究》2019年第4期,第102—108页。

[3] 郑晋《长沙窑陶瓷艺术中的伊斯兰因素研究》,苏州大学硕士学位论文,2009年;陈曦《"黑石号"出水唐代瓷器外来因素研究》,华东师范大学硕士学位论文,2017年。

数量少、设计独特的器型还缺少系统的梳理与研究。本文针对"黑石号"沉船中出水的一件唐代白釉绿彩吸杯,在前人研究的基础上,从吸杯的造型装饰和文化面貌的角度出发,试图阐释有关吸杯的历史逻辑,以及其蕴含的文化意义。

一、有关"黑石号"沉船出水的吸杯

这件唐代白釉绿彩吸杯(图一),口沿大体圆形,平均分隔出四个间口,呈四瓣花边;侈口、束腰,杯身有间隔三处的旋纹装饰;折腹处连接中空吸管,用贴塑装饰与杯身黏结;足柄较短,呈喇叭状,足底座仍装饰三道旋纹;杯中底部模印鱼形装饰,掩盖吸管孔眼。通体施白釉绿彩,双色交融,风格独特。学界对黑石号沉船中出水的白釉绿彩瓷器来源的看法大相径庭,但总体踟蹰于河南巩县窑[1]和河北邢窑[2]之间,有关白釉绿彩瓷器的定性认识还有待未来考古发现和科技考古的更多深入。

图一　"黑石号"沉船出水的白釉绿彩吸杯

---

[1] LI Baoping, Chen Yuh–shiow and Nigel Wood, "Chemical Fingerprinting:Tracing the Origins of the Green–Splashed White Ware", *SHIPWRECKED—TANG TREASURES AND MONSOON WINDS*, Publishend by the Arthur M. Sackler Gallery, Smithsonian Institution, the National Heritage Board Museum Singapore, in February 2011.

[2] 陈克伦《唐代"黑石号"沉船出水白釉绿彩瓷器研究》,《上海博物馆集刊》,2012年,第241—251页。

从吸杯的数量上来说，全国目前所见极少，仅在扬州唐城遗址[1]、河南巩县黄冶窑窑址[2]中发现有类似这种吸杯残件。除此之外，零星几件见于国外，如谢明良[3]曾在吉美博物馆藏品中发现过十分相似的吸杯（图二），以及在伊拉克萨马拉遗址中发现带有吸杯相同构造的白釉绿彩陶残片及"吸管"残片。这些遗物的发现，要么在我国对外贸易港口城市，或黑石号所载器物的出产地，要么在国外地点出现。结合吸杯的造型可以肯定的是，像这样的瓷器样式绝非我国本土创造，黑石号上搭载的这些精美瓷杯用于外销的目的当居首要。那么，我国本土是否有关于吸杯发展的相关历史和其内涵表达呢？

图二　吉美博物馆藏吸杯

[1] 徐仁雨《扬州出土的陶瓷标本与"黑石号"之比较》，上海中国航海博物馆编《人海相依：中国人的海洋世界》，上海：上海古籍出版社，2014年，第260—275页。

[2] "文博山西"公众号，2021年12月13日。

[3] 谢明良《记黑石号沉船中的中国陶瓷器》，《台湾大学美术史研究集刊》2002年第13期。

二、"酒味杂莲气，香冷胜于水"

提及吸杯就不可避免需要探讨中国古代的吸饮模式。

无论是从文献史籍还是出土实物中可判断，吸饮并不是我国传统的饮用方式。何弩先生[1]曾立足古文字角度，从甲骨文、金文中出现的有关族徽、饮用的文字，根据其字形、字义认为可能体现了上古人类曾经有过吸饮的事实。但从中国传统使用的酒具造型来看，通过口沿直接饮用的方式已经从根本上否定了"吸饮"模式。在国家尚未完全形成时期的早期阶段，广阔的中原大地由多个部族组成，直到被殷人的势力不断侵蚀并同化。根据这些早期部族遗存下来的象形文字，也许他们也曾通过吸饮来进食，但根据现有的材料仅此做出推测。今天，在我国西南少数民族原始部落中，还能见到一些吸饮的存在，如凭借细长竹苇秆深入酒中畅饮，但未见有将吸管与器身融为一体的饮酒器皿。

我国最早出现有关吸饮器具的记载见于《西阳杂俎》："历城北有使君林，魏正始中，郑公悫三伏之际，每率宾僚避暑于此。取大莲叶置砚格上，盛酒三升，以簪刺叶，令与柄通，屈茎上轮菌如象鼻，传吸之，名为"碧筩杯"。以下效之，言酒味杂莲气，香冷胜于水。"[2]这部唐人所撰的笔记小说在这一段中展示，魏晋士人风气盛行，时人引天然的荷叶作为盛酒容器，将其称为"碧筩杯"，不仅使酒中增加了荷叶清香，缓解了炎炎暑气，而且平添了一分逸致韵味。自郑公悫的这段历史记录于案，以下各代都有文人墨客效法这种魏晋风气。隋殷英童《采莲曲》有"莲叶捧成杯"句，并取以为词调名流行于唐代教坊之间[3]。唐代诗人戴叔伦《南野》中曾记"茂树延晚凉，早田候秋熟。茶烹松火红，酒吸荷杯绿。"宋苏轼《泛舟城南，会者五人，分韵赋诗，得"人皆苦炎"字四首》中"碧筩时作象鼻弯，白酒微带荷心苦"。扬之水先生认为这类模仿莲茎做成吸

---

[1] 何弩《上古吸饮与温酒习俗》，《江汉考古》1994年第3期。

[2] [唐]段少卿《西阳杂俎》（前集）卷七，四部丛刊景明本，第35页。

[3] 夏承焘《词牌释例》，杭州：浙江古籍出版社，2012年。

管的荷叶杯即为碧筩劝[1]，多用碧绿荷叶盛之劝酒助兴。我国过去文人有将"碧筩"入诗抒情的：刘辰翁《梦回莲叶雨》中"万叶胜花开，莲香雨送来。欲知凉可爱，正是梦初回。未拟华胥转，谁将绡户推，棹歌谣别浦，裙影湿阳台。天上霓裳断，人间羯鼓催，酒醒茎露渴，狂饮碧筩杯。"[2]晁公溯曾作口号："池上莲开白羽扇，尊前荷卷碧筩杯。使君正欲为公寿，莫遣津头叠鼓催。"[3]陆游《浴罢》"碧筩且作池边醉，玉色新醅手自　 筸[4]从以上这些诗句我们发现，主人公都身处自然环境下的湖边、池塘等处，于迷醉朦胧之际以荷叶敛酒入喉，酣畅淋漓，快意潇洒。故，碧筩即为天然荷叶杯，必以莲茎吸啜饮用。苏轼于《中山松醪》诗中自注："唐人以荷叶为酒杯，谓之碧筩酒。"这说明碧筩杯与荷叶杯有密不可分的联系。二者虽然都以荷叶为盛酒容器，但不同之处在于碧筩杯需通过荷叶茎来进行吸饮，采于自然，用于自然；而荷叶杯也许并无这一硬性规定，更强调不同的莲叶造型展现的士人意趣。这就为后来人工制作荷叶杯提供了两条不同的路径，在模式上表现为吸饮方式的有无。

三、碧筩杯与荷叶杯

约从唐代开始出现大量关于描写荷叶杯的文学作品，多描写饮酒时，为增添文意或喝酒助兴而用荷叶盛酒品吸。唐人《因话录》中记载有与《酉阳杂俎》中相似的宴会场景："靖安李少师，虽居贵位，不以威重隔物。与宾僚饮宴，谭笑曲尽，布衣之欢，不计过失。善饮酒，暑月临水，以荷为杯，满酌密系，持近人口，以筋刺之，不尽则重饮。"[5]由此可见，在宴会中由宴会主持者用荷叶盛酒，与下人传吸一杯或共同举"杯"吸之。通常宴会主持者既身居高位也德高望重，宴会中用这样的饮酒器物和吸饮方式，体现了主宾愉悦的和谐场景，又从侧

---

[1] 扬之水《荷叶杯与碧筩劝》，《中华文化画报》2010年第1期。

[2] [宋]刘辰翁《滇溪四景诗集》（卷二）夏景，民国宋人集本，梦回莲叶雨。

[3] [宋]晁公溯《嵩山集》（卷二十七），清抄本，第116页。

[4] [宋]陆游《剑南诗稿》卷二十四）清文渊阁四库全书补配清文渊阁四库全书本。

[5] [唐]赵璘《因话录》（卷二），清四库全书本。

面衬托出主人礼贤下士、同甘共苦的道德品质。"黑石号"沉船中出水的吸杯，似乎是如今可见最早将这种文人兴致和吸饮模式结合到器型上所创作的酒具。无论从白釉绿彩来模拟荷叶的颜色，以侈口处四瓣花边口沿模拟荷叶边，还是延伸出的吸管来模拟莲茎以供吸饮，都体现出工匠从天然荷叶杯中引发的新意巧思，创造出了实体的荷叶酒杯。由于面向外销，除了体现本土的文化意蕴之外，在器型上另结合了唐代金银器中非常流行的中亚粟特风格，因吸杯将吸管取代手柄，故又将足柄加高，喇叭口足底面积加大，既方便饮者手持，又保证吸杯盛酒后能平稳放置。

然而从天然碧筒杯演变到如"黑石号"沉船出水的实体杯具，中间似乎缺少一些必要环节。问题在于这种从物到器的直接过渡进程似乎显得快速了一些，中间应当有本土荷叶形吸杯的酒具作为二者的衔接。但由于国内发布相关资料较少，无法得知有关唐代是否存在类似荷叶造型的吸杯。直至宋代，才发现带有本土文人情怀的荷叶形杯，而这大概更像是历史传承和匠心效仿下的直接产物。苏轼《和陶连雨独饮二首》（其一）并引："吾谪海南，尽卖酒器，以供衣食。独有一荷叶杯，工制美妙，留以自娱。乃和渊明《连雨独饮》"。1974年在浙江省柯城区发现一件荷叶形玉杯[1]（图三），质地为新疆和田玉，不仅原料晶莹剔透，造型流畅生动，甚至精细到荷叶上阴刻的每条脉络都清晰自然，大概可以据其想

图三　宋代白玉荷叶杯

[1] 徐静涵《南宋咸淳十年荷叶形玉杯赏析》，《文物鉴定与鉴赏》2015年第12期。

图四　明代犀角雕螭蜕荷叶形杯

图五　清代竹根雕荷叶形杯

图六　清代白玉碧筩杯

图七　清代犀角雕折枝荷叶形杯

象苏公词中所述器物样式。不同之处在于其并无吸管附加，而是以一小片荷叶形玉片做成指垫把，这与前文讨论的吸杯有很大差别，应属无吸管的荷叶形杯。通过此杯可以看出，这类荷叶杯更注重荷叶本身的模仿和塑造，是文人大夫艺术修养的体现和生活情趣的外露。此时的这部分荷叶杯，虽然依旧保留有莲茎的设计，但吸饮功能已然丧失，成为一种装饰设计，并且逐渐向手柄的功能过渡。

到明清时期，荷叶形杯蓬勃发展，两条创作路径完全成熟。故宫博物院就藏有一批取材各异，形制丰富的碧筒杯与荷叶杯（图四—图七）。尤其是带有吸管荷叶形杯，莲叶拢起呈筒状，莲茎从底部向上伸出成吸管，正好与碧筒杯相对，是"筒"的完美诠释。我国近代古陶瓷研究家许之衡在《饮流斋说瓷》中曾对于类似这种样式的古代吸杯做出总结性概括："吸杯形式作莲蓬、莲叶交互相连状，别有莲茎，茎之中有孔，可以吸饮。又有但作莲叶而不带莲蓬，底缀三小螺中状一蛤蟆者，饮处亦有莲茎吸孔，皆康窑素三彩也。或有作鸭形者，向鸭口吸饮，皆不外争奇斗异，竟为新式而已。"[1]虽然他所说的清代康熙朝粉彩吸杯，目前还未得见相关实物，但应就是指这类碧筒杯。此外，这时的各种荷叶杯不仅使用珍贵的原料，并且制作工艺精美细致，如采用白玉雕刻、象犀角雕、竹根雕方式，而且制作中使用镂空、剔刻、磨光等技法，有些还配有同样精致的底座，似乎已经丧失其本来的饮酒功用，而完全成为文人雅客家中收藏与欣赏的一种精致摆件，展示主人的生活品味与人生态度。

还有一种"秋操杯"（图八），是光绪年间为纪念清军秋季操练而特制的纪念杯。所谓秋操，即秋季军事训练，清政府检阅陆军新军编练结果的军事演习。这些特制粉彩秋操杯总观菡萏温润，并将茎中刺都进行细致点绘。其利用茎作中空吸管，将纪念文字书于莲茎之上，既具有观赏性，又有极强的纪念价值。虽然与碧筒杯相比，从其形制设计来看，并不属于碧筒杯的传布体系，但确属吸杯之列。且从应用场合和功能上而言，似乎更加体现魏晋时期，最初出现的碧筒杯背后的文化意蕴。昔郑公悫，将碧筒，传吸之，与宾客，增进相互友谊，促进政治联系。今秋操杯借用古典，体现将士一心，甘苦与共的希冀。

---

[1] 许之衡《饮流斋说瓷》，山东：山东画报出版社，2010年。

图八　清代秋操杯

　　总结下来，所谓碧筒杯，实际专指将自然荷叶卷成筒状，以茎吸饮的天然酒具。"吸杯"大概是后人借鉴碧筒杯的形制，入瓷制器，并添加仿茎吸管，或于山间田野中个人独酌，或于觥筹宴饮间增进友谊，示范道德。但更多是利用荷叶本身的趣意象征，模拟其各种舒卷之姿创作出形态各异的荷叶形杯，平添把玩欣赏之乐。正如元代诗人陆文圭所作《大莲》一首，清晰展示了吸杯的由来："刺叶为筒制颇奇，郑公故事老坡诗。擎来入手成欹哭，注在当心即漏卮。玉露有香黏翡翠，碧云无影浸琉璃。假饶吸尽西江水，钵内生莲是岁时。"

（作者单位：首都师范大学历史学院）

南头古城南门外西南部壕沟的年代及其功用

李海荣

内容提要：

深圳南头古城南门外西南部发现的曲尺形壕沟，一说是三国吴司盐都尉垒的护壕，一说是东晋东官郡治的护壕。但是，无论从考古资料还是从史籍记载的角度看，上两说都有难以解释的疑点。本文认为，壕沟修造于明代，其功能主要是为了辅助护城河以增强城西南薄弱区域的防御能力。其被彻底填埋的时间为清代初期，背景是"沿海迁界"及复界后的古城重建。填埋壕沟的方式以人工主动填埋为主，沟内的填埋物大都来自附近的岗丘，且多为"次生堆积"。南头一带自先秦以来一直有人类的居住和活动，在填埋沟的过程中，不可避免地把不同时期的遗物埋入了沟中。依据年代最早的遗物或者数量最多的遗物来判断沟的年代，都不符合考古学原则。

一、前言

地处深圳南头的南头古城[1]，最早是始建于明代洪武二十七年（1394年）的

---

[1] 南头古城位于今深圳市南山区西北部的南头，在深南大道以北、南山大道以西、南头中学（含）以东、中山公园古城界址以南；东西长680米，南北宽500多米，占地面积38.5万平方米，城垣围呈不规则的椭圆状。[清·康熙]陈梦雷《古今图书集成·广东总部》"广州府新安县"条："周五百七十八丈五尺，高二丈，广一丈，其基二丈；城楼、敌楼各四，警铺二十五，雉堞一千二百。万历五年，知县曾孔志增建东、西、南门子城。其池五百九十二丈，广二丈，深半之。"[清·康熙]靳文谟《新安县志·地理志》"城池"条："邑城在城子岗，即因东莞守御所城也。……周围连子城，共五百七十八丈五尺，高二丈，面广一丈，址广二丈；门四。……万历元年，知县吴大训谓：北门当县治之背，地脉非宜，塞之，止通东、西、南三门。城楼、敌楼各四，警铺二十五，雉堞一千二百，吊桥三，水关二（一在东南隅，一在西南隅）。至万历五年，知县曾孔志增建东、西、南三门子城；城楼三，敌楼四。甃以砖石，庇以阴屋，以为更卒栖息之所。崇祯十三年，知县周希曜因议新增城池，将城垣周围增高五尺。今总高二丈五尺，雉堞计八百九十有五，濠五百九十二丈，旧浅狭，寻浚，阔二丈，深一丈五尺。"

东莞守御千户所城[1]；万历元年(1573年)所设新安县的县治也在城内[2]，故又被称为"新安故城"；又因城内大致为三横六纵的街巷格局，也被称为"九街"。

2001年，在南头古城南门外的西南部发掘了一条被命名为G2的壕沟（图一、二）。据介绍，壕沟呈正东西走向，可能向西一直延伸到海边，其东端折拐90度向北延伸[3]。"壕沟只发掘了一部分，东西长110米，面宽5.6—6、底宽1—1.6、深2.2—2.6米，坡度为45度。"[4]壕沟呈规整的曲尺状，其东西向的部

[1] 据文献记载，东莞守御千户所的设置时间有两说，一说是洪武十四年(1381年)，一说是洪武二十七年(1394年)，多认为是洪武二十七年。[明·天顺]卢祥《东莞县志·城池》："东莞守御千户所城，在邑之十都海濒，洪武十四年开设。"[明·嘉靖]黄佐《广东通志·政事四》："东莞守御千户所，在县南十三都南头城，洪武二十七年都指挥同知花茂奏设。"[明·嘉靖]黄佐《广州志·公署三》："东莞守御千户所及镇抚司，在县南第十三都南头城，隶南海卫。洪武二十七年都指挥同知花茂奏设。"[明·嘉靖]应槚《苍梧总督军门志·兵防三》："东莞守御千户所……隶南海卫，洪武二十七年设。"[明·万历]郭棐《粤大记·政事类》"兵职"条："东莞守御千户所……隶南海卫，洪武二十七年设。"[清·康熙]陈梦雷《古今图书集成·广东总部》"广州府新安县"条："明洪武二十七年，都指挥花茂奏设东莞守御所于此，广州左卫千户洪皓开筑。"[清·康熙]蒋伊《广东舆图·新安县图》："明洪武间筑设东莞守御所于此，迨万历初改所为县。"[清]张廷玉等《明史·地理志》："新安，府东南。本东莞守御千户所，洪武十四年八月置。"[清·嘉庆]舒懋官等《新安县志·建制略》"城池"条："邑城在城子岗，即因东莞守御所城也。明洪武二十七年，广州左卫千户崔皓开筑。"

[2] 今深圳境内最早建置的县级行政机构是在东晋咸和六年（331年）建立的宝安。到了唐至德二年（757年），新建置东莞县，原宝安县辖区则归东莞县管辖。明万历元年（1573年），又把东莞县南部析出建置了新安县。新安县除了康熙早期由于禁海迁界而短暂三年归属东莞县管辖外，一直延续到民国三年（1914年），又把县名改回为宝安县。改名后的宝安县，即深圳建市前的名称（宝安县地方志编撰委员会《宝安县志》，广州：广东人民出版社，1997年）。据文献记载，新安县的设置时间有两说，一说是隆庆六年(1572年)，一说是万历元年(1573年)，多认为是万历元年。[清·康熙]陈梦雷《古今图书集成·广东总部》"广州府新安县"条："明洪武二十七年，都指挥花茂奏设东莞守御所于此……隆庆六年建县，其城池因之。"[清·康熙]顾祖禹《读史方舆纪要·广东二》："新安县……本东莞县地。隆庆六年，析置新安县，治城子冈。"[清]张廷玉等《明史·地理志》："新安，府东南。本东莞守御千户所……万历元年改为县。"[清·康熙]蒋伊《广东舆图·新安县图》："本东莞县地，明万历初析置新安县，本朝因之。"[清·康熙]靳文谟《新安县志·地理志》"沿革"条："隆庆壬申，海道刘稳始为民请命，抚按题允，以万历元年剖符设官，赐名'新安'。城因所城之旧。"又同书《地理志》"城池"条："邑城在城子岗，即因东莞守御所城也。"[清·嘉庆]舒懋官等《新安县志·兵制》："东莞守御所在县治城中，隶南海卫。"又同书《建制略》"城池"条："邑城在城子岗，即因东莞守御所城也。明洪武二十七年，广州左卫千户崔皓开筑。……万历元年建县。"

[3]《南头古城考古中期报告》未刊稿，现存南头古城博物馆；南头古城博物馆编《深圳南头古城历史与文物》，武汉：湖北人民出版社，2007年，第93页。

[4] 南头古城博物馆编《南头古城历史陈列展》，非正式出版物，第13页。

分，北距明代护城河40米左右，大致与护城河平行；其南北向的部分，南端与壕沟东西向部分的东端垂直连接，北端则与明代护城河的南壁垂直连接。

图一　正在发掘中的壕沟（左）
和明代护城河（右）（自东向西拍摄）

图二　正在发掘中的壕沟曲尺部位（自东向西拍摄）

这条沟的年代和功用，目前所见有两种说法，一说认为是三国东吴司盐都尉垒的护壕[1]，一说认为是东晋东官郡治的护壕[2]。

对其年代及其功用的判断，一是需要对一些文献记载进行梳理和辨析，二是要对考古资料进行合理的解读。

笔者之前已对有关司盐都尉垒和东晋东官郡治的主要文献进行梳理，认为只能大致判断司盐都尉垒在今珠江口东岸的东莞及其以南（包括今深圳）的区域[3]；东晋时期东官郡治的所在地，有可能在南头古城至铁仔山之间的滨海地带及其左近区域[4]。也就是说，从对古代文献的辨析看，难以得出南头城南门外西南部的壕沟一定是三国东吴司盐都尉垒或是东晋东官郡治护壕的结论。

本文则从考古与文献相结合的角度，来论证这条壕沟的年代及其功用。

二、壕沟的年代

2001年南头古城发掘的考古资料还未系统地发表，但是通过《南头古城考古中期报告》和当年媒体采访一些专家的报道，可以了解壕沟的基本情况。笔者在此基础上，对壕沟的始建年代和废弃时间提出看法。

（一）对壕沟内"地层"的质疑

据介绍，壕沟内的地层可以分为7层，1—4层出土的遗物是唐宋至明代的，5—7层出土的遗物是东汉至南朝的[5]。

[1] 彭全民等《深圳历史上的东莞郡太守》，《深圳特区报》2013年8月14日；张一兵《深圳通史》01册，深圳：海天出版社，2018年，第90页。

[2] 深圳市文物管理委员会办公室等《深圳7000年》，北京：文物出版社，2006年，第103页；深圳博物馆编《古代深圳》，北京：文物出版社，2010年，第70页；陈海滨《深圳古代史》上，深圳：深圳报业集团出版社，2015年，第101页。

[3] 李海荣《对"司盐都尉"主要文献记载的梳理和认识》，《炉峰古今——香港历史文化论集2019》，中国香港：香港书作坊出版社，2020年。

[4] 李海荣《对岭南东晋时期"东官郡"郡治主要文献记载的梳理和认识》，《香港考古学会会刊》十八卷，中国香港：香港考古学会出版，2022年，待刊。

[5] 《南头古城考古中期报告》未刊稿，现存南头古城博物馆；南头古城博物馆编《深圳南头古城历史与文物》，武汉：湖北人民出版社，2007年，第93页；《深圳市南头古城发现六朝护城河》，《新快报》2002年8月6日；《深圳南头挖出带吊桥式台基与角楼的古城》，"南方网"2002年8月6日。

但是，从经验常识和逻辑推断来看，这条沟里的所谓"地层"有问题。

1. 沟内难以形成较长时间的、多层次的考古学文化层堆积

人工挖掘的沟渠河道具有实用功能，其被人所挖的目的就是要利用和使用它。在沟的功用被人为废弃前，沟不会成为倾倒废弃物的垃圾沟。所以，清理沟内的淤泥和堆积物，是维护沟的功能正常运转的日常工作。特别是在炎热潮湿、植被茂密、多台风、多暴雨的珠江三角洲地区，沟内很容易沉积淤泥和堆积杂物，清淤、疏浚是要经常进行的。否则，沟就会因为淤塞而减弱甚至丧失功能。

在广东的地方志中，有很多对城外壕沟进行清淤、疏浚的记载，例如：

> [元]陈大震等《大德南海志·城濠》："有州郡，则有城池，所以扞御外侮也。……庆历四年经略魏瓘筑也，周环五里，雉堞三百，竣事，迁议大夫因任。皇佑四年……复环城浚池……庆历间，魏瓘再知广州，环城浚池……嘉定三年，经略陈岘重浚……开庆己未，谢经略子强大兴工役，广斥至二十丈，深三丈余……（南濠）淳熙二年，经略周自强浚之……绍定三年，经略方淙浚之。宝祐元年，李经略迪复自擢甲巷开浚，至闸口又加深焉。德祐元年，经略徐直谅又浚之。至元二十八年，行枢密院副使广东道宣慰使阿里又浚焉。……（清水濠）嘉定二年经略陈岘重浚。"

上条文献，只是宋至元初广州路总管府大规模疏浚城壕的部分记载。可以想见，没有被记载的小规模维护和清淤，应该是不计其数的。

涉及南头城的史料中，也有一些扩挖和疏浚城壕的记载，例如：

> [清·康熙]靳文谟《新安县志 地理志》"城池"条："崇祯十三年，知县周希曜因议新增城池，将城垣周围增高五尺。今总高二丈五尺，雉堞计八百九十有五；濠五百九十二丈，旧浅狭，寻浚，阔二丈，深一丈五尺。"

为了保障沟的功能正常运转，就要经常性地清淤、疏浚。所以，人工发掘的功能性的沟在其使用过程中，沟内难以形成较长时间的、多层次的考古学文化层堆积。

2. 沟被废弃后，不可能长期不被填埋

一条人工挖掘的功能性的沟被废弃后，主要就是两种填埋方式——人工主动填埋或者自然掩埋。

一旦沟被废弃后，只要人们还在沟边居住，其则成为对人的麻烦制造者。谁也不愿意住在一条臭水沟和垃圾沟旁边，谁也不想出门就被废弃的沟所阻拦而造成生活和生产中的不方便。这时候，沟就很可能会被人所主动填埋，而那块地方则会被人重新利用。

人工主动填满一条沟，不可能延续数十上百年的时间。就拿南头城的护城河来说，其在民国时期还在被使用[1]，1950年之后逐渐被废弃。从2001年的考古发掘看，护城河最迟在20世纪60年代就被人工彻底填埋掉了。

即使人不主动去填埋沟，大自然也会把沟给掩埋掉。珠江三角洲地处北回归线以南的南海之滨，属于典型的亚热带海洋性季风气候，只有春、夏、秋三季，且长夏无冬；其自然环境的特点是雨水充沛，潮湿炎热，植被茂密，多暴雨，多飓风。在这样的自然环境下，一条人工挖掘的沟被废弃后，是不太可能上百年不被掩埋掉的。如果不持续进行日常维护和清淤，过不了多少年自然营力就会把沟填掉。

2001年南头古城南门外发掘之后，文物部门用围墙围起了一块封闭的区域，不允许人进入，以保护一段壕沟和一段明代护城河。也就过去了十多年，所围区域基本已是荒草漫漫、灌木丛生，难以清晰地看出壕沟的模样了（图三）。在同一保护区域内的那段明代护城河，因为比壕沟宽、深很多[2]，还能看出比较清晰的模样；不过，如果不被重新清理，过不了多少年也会被大自然彻底填没掉。

---

[1] 现存的档案资料中，有抗日战争时期日军利用南头城护城河运送伤兵的照片。

[2] 据《南头古城考古中期报告》，护城河宽16—20.6米，护城河最深处有5米多。

图三　被文物部门所建围墙保护起来的一段壕沟（自南向北）[1]

在史料中，常有自然灾害对南头古城和新安县所辖区域造成巨大破坏的记载：

[明·万历]《重建参将府记》碑[2]："旧府位城南……顷岁□秋风雨大作，圮颓无完宅。"

[清·康熙]靳文谟《新安县志·防省志》"灾异"："崇祯十六年四月二十四日，飓风作，大雨如注。其风拔木毁屋，二昼夜乃息。巨浪覆舟，溺死者甚众。"

暴风雨可以使得桥塌、屋毁、树倒、船翻，一定也会对沟渠造成严重破坏。

---

[1] 这张照片拍摄于2020年1月3日。2021年3月，为了配合建造遗址博物馆，被围墙保护的那段壕沟和明代护城河又被文物部门重新做了清理。

[2] 此碑是1982年在南头城内的南头中学西南部发现的，碑身有残缺，碑文有漫漶之处。碑文记有"万历癸未仲夏吉日立"，可知此碑是明万历癸未年（1583年）所立。碑文拓片见深圳市文物管理委员会办公室等《深圳7000年——深圳出土文物图录》，北京：文物出版社，2006年，第126页。

[清·康熙]靳文谟《新安县志·防省志》"灾异"："康熙八年……八月二十六日，飓风大作。民复乡初归，所有新盖围屋，尽行吹毁。康熙十年八月二十一日，飓风大作……城垣、学宫、衙宇、民房尽从吹颓毁，大树尽拔。"

[清·康熙]靳文谟《新安县志·地理志》"城池"："国朝康熙十年八月二十一日，飓风大发，东、西、南、北城楼四座，窝铺十二间，铳斗八个，炮台二座，斗城小楼一间，俱被风吹倾塌。……丙寅（康熙二十五年，1686年）孟夏，城楼、炮台、窝铺，复被飓风，倾塌如前。"

一场飓风可以使得南头城的各种建筑都倾塌被毁，那么飓风中造成南头城周边人工挖掘的沟渠淤塞或者填埋是很可能的[1]。

[清·康熙]靳文谟《新安县志·艺文志》"李可成条议兴革事宜"："新安城池……往因迁徙，民人散亡，城垣颓塌。今当展复之会，虽云修葺，实同创兴。所谓四门、敌楼无有也，铳台、窝铺无有也，雉堞则半倾矣，垣墙则半卸矣，壕沟则尽淤矣。"

清初在东南沿海禁止私自出海——"禁海"，并把沿海居民迁往内陆区域——"迁界"。新安县的迁界到复界，前后只有七八年的时间（参见下文"壕沟被废弃的背景"），"壕沟则尽淤矣"。

所以，在珠江三角洲特殊的自然环境下，一条功能性的沟被废弃后，不管是被人工填埋还是自然掩埋，都不可能时间很长。而这同样也说明，沟内难以形成较长时间的、多层次的考古学文化层堆积。

3. 如果人为主动填埋沟，沟内的堆积物多是经过扰乱的

---

[1] 在珠江三角洲地区，大暴雨、飓风等自然灾害对濒海城镇造成的巨大破坏，历史文献中的记载很多。再例如，康熙靳文谟《新安县志·地理志》"大鹏所城"条："康熙十年八月二十一日，飓风倒塌城楼四座，城角窝铺四间，垛子五十八个。"一场飓风能把城楼都吹塌，可见其破坏力之大；那么人工挖掘的功能性壕沟当然也不会全身而退，造成淤塞是大概率的事情，之后就要清淤疏浚。大鹏守御千户所城位于深圳市大鹏新区鹏城社区，与东莞守御千户所城同时修建于明洪武二十七年（1394年）。大鹏所城的北门外，21世纪初也发掘过一段人工挖掘的壕沟；如果有人硬要依据所谓的"地层"而排序出沟内出土陶瓷器上百年的年代序列来，那就很荒唐了。

从常理判断，一条人工挖掘的功能性的沟被废弃后，如果人为主动去填埋它，那就是要重新利用沟渠所在的那片区域，所以不太可能在沟边挖个大坑取土来填沟。填埋物除了少量可以利用沟边的一些废弃物之外，应该主要是从附近的高地或岗丘挖运过来的。

所以，沟中出土的遗物大多是二次堆积[1]，而不是原生堆积。在挖土、运土到填埋沟的过程中，最后被填在沟里的是经过扰乱的堆积；而所谓沟中"地层"里出土物的时代很可能不单纯，往往不同时期的遗物会混杂在一起。

就是说，沟中出土遗物的年代并不等同于沟的开挖及使用年代，沟中可能会出现其被填埋之前的任何时代的遗物。我们可以说沟里出了某些年代明确的遗物，但是未必能够依据这些遗物来准确判断沟的年代——特别是沟的年代上限；一些年代不明确的遗物，也难以确定其与同出的年代明确的遗物为同时。

4. 沟里所谓的"地层"还可能经过多次堆积，甚至会形成倒装层

前文已言，在珠江三角洲地区，人工挖掘的功能性的沟被废弃后不可能长期不被填埋。即使退一步讲，沟的填埋过程经过了一段比较长的时间，那么在自然营力——大暴雨、飓风、急流冲刷、地质灾害等，以及人力的扰动作用下，沟内不可避免地会形成二次和多次堆积的次生地层[2]，甚至会有倒装层的存在。

也就是说，难以确定沟里所谓的"地层"，其从下到上一定是"由早及晚"的原生地层[3]而形成的考古学文化层堆积。这也同样说明，难以依据沟中出土遗物的年代来准确判断沟的年代——特别是沟的始建年代。

5. 考古资料的旁证

---

[1] "二次堆积是指因人为或自然营力破坏原生地层堆积经搬运位移后进行第二次堆积所形成的次生堆积。例如，挖来遗址里文化层堆积建造的建筑夯土层、壕沟里或滩涂冲刷形成的人工遗物堆积等。二次堆积内人工遗物的信息可信度和准确度大打折扣，考古学家一般慎用。"（引自王巍主编《中国考古学大辞典》，上海：上海辞书出版社，2014年，第4页。）

[2] "由人为或自然营力二次或多次搬运造成的堆积土层。次生地层中包含的遗物信息属于次生状态，原始信息会出现丢失、改变、混乱等问题，其信息的可信度较低，尤其是次生地层内很难保留遗迹，故考古学家通常只将次生地层内的遗物作为参考。"（引自王巍主编《中国考古学大辞典》，上海：上海辞书出版社，2014年，第4页。）

[3] "未经扰动的人为堆积行为和自然营力形成的堆积地层。原生地层中包含的遗迹与遗物信息属于原生态，未经后来人为或自然活动的干扰，其信息的可信度甚高，是考古学家考古信息的主要来源。"（引自王巍主编《中国考古学大辞典》，上海：上海辞书出版社，2014年，第4页。）

2019年南头古城进行旧城改造工程，于古城内在铺设地下管道中发现了三段人工挖掘的沟。文化街的一段沟（19NTG1）是西北—东南走向；梧桐街的两段沟，一段（19NTG2）是东西走向，一段（19NTG3）是南北走向。由于工程红线以及周边水泥道路和居民住宅的限制，不能揭露和追踪沟的全貌，只进行了部分清理，所以无法判断三段沟是否是连接在一起的。

19NTG2以北，发现有规模比它小的沟与它的北壁相接，而且小沟所处的地势略高。显然是小沟里的排水要流入大沟，然后再通过大沟排往他处。三段沟内出土遗物最晚的都是明末清初，推测这三段沟都属于东莞守御千户所城内排水系统的一部分。

位于文化街的19NTG1清理的面积最大，由西北向东南延伸。因沟的东部被压在水泥路面下而宽度不详。清理部分的口宽为2、长11.5、深1.5米。由于地下水位浅，沟内堆积多被浸在水中。从土色看可以分为两层，自上而下的土色由褐色变为黑褐色。两层中出土物的年代没有明显的区别，都有不少汉晋南朝的遗物，最晚的遗物都是明至清初的。

这三段沟与南门外西南部曲尺形壕沟的情况相似，一是都直接打破生土，又被清代中晚期的房基所压；二是沟内出土遗物的时代多样，跨度上千年；三是沟内出土遗物的数量比较大，应该是人工主动填埋而致。南门外西南部壕沟内出土有东汉、三国、东晋、南朝、唐、宋和明代的遗物。而2019年所清理三段沟内的遗物，最早的能到先秦时期——出有极少量的夹砂陶片，多为汉晋南朝时期的（图四—七），晚的则到明至清初（图八、九），且不同时代的遗物混杂在一起。

2019年南头古城内发现的三段沟，能够佐证人工发掘的功能性沟的沟内难以形成较长时间段的考古学文化层堆积；如果人为去填埋沟，沟内不同时期的遗物多应是经过扰乱，而不同时代的遗物混杂在一起。

另外，沟内所谓的"地层"并不一定具有考古学年代分期的意义。如果是自然营力填埋沟，头一天下暴雨冲进沟内的堆积与第二天飓风吹进沟内的堆积都可

---

[1]《南头古城考古中期报告》未刊稿，现存南头古城博物馆；《深圳市南头古城发现六朝护城河》，《新快报》2002年8月6日。

图四　西汉器盖

图五　东汉陶片

图六　六朝青瓷片

图七　东晋至南朝的青瓷片

图八　明末清初的滴水

图九　明至清初的瓷片

能分出不同的层，但是这并无分期的意义。如果是人为填埋沟，上一车和下一车倒进去的填埋物的土质、土色、包含物也可能有明显的区别，这同样也没有考古学分期的意义。

所以，必须要把沟内地层的叠压关系、出土遗物年代的总体状况、地层是否可信及地层形成的背景综合起来进行考察，才有可能得出比较切合实际的结论。

（二）对"司盐都尉垒护壕"及"东晋东官郡治护壕"的质疑

壕沟的性质，无论说是三国东吴司盐都尉垒的护壕，还是说是东晋东官郡治的护壕，都有一些难以解释的疑点。

1. 从历史文献的角度看

司盐都尉垒的具体位置，明代之前的文献没有明确的记载。直到明代及其之后，才有人把司盐都尉垒跟新安县治（东莞守御千户所城）联系在了一起，认为是在现今的深圳南头。但是，这些文献都没有提出可信的依据和证据，其实都是猜测之词。而通过对明代之前文献的辨析，只能大致判断司盐都尉垒在今珠江口东岸的东莞及东莞以南（包括深圳）的区域[1]。

东晋时期东官郡治的具体位置，明代之前的文献同样没有非常明确的记载。直到天顺《东莞县志》才把东官郡治与明代东莞守御千户所城所在的城子岗联系在了一起，但是这种说法并没有提出可信和过硬的证据。通过对文献及考古资料的辨析，可推测东晋东官郡治有可能在南头古城至铁仔山之间的滨海地带及其左近区域[2]。

从对古代文献的梳理和辨析来看，壕沟无论被认为是东吴司盐都尉垒还是东晋东官郡治的护壕，都明显地带有顾颉刚先生所言的"层累地造成的中国古史"[3]的痕迹。从史料记载的角度看，当时或年代距离不远的古人都不知道或者说不太清楚的事情，结果一千多年过去之后，在没有确凿证据的前提下，有人似乎是说

[1] 李海荣《对"司盐都尉"主要文献记载的梳理和认识》，《炉峰古今——香港历史文化论集2019》，中国香港：香港书作坊出版社，2020年。

[2] 李海荣《对岭南东晋时期"东官郡"郡治主要文献记载的梳理和认识》，《香港考古学会会刊》十八卷，中国香港：香港考古学会出版，2022年，待刊。

[3] 顾颉刚《与钱玄同先生论古史书》，《中国近代思想家文库·顾颉刚卷》，北京：中国人民大学出版社，2014年。

得头头是道、言辞凿凿，其实那些说辞大多数是经不起仔细推敲的，只是没有多少依据的猜测而已。

2.从考古学的角度看

首先，壕沟打破生土，又被清代中晚期及其以后的房基和路面所压，沟内出土有东汉、三国、东晋、南朝、唐宋和明代等不同时期的遗物；而前文已论证，壕沟内所谓的"地层"是有问题的。所以，把壕沟的建造年代判断为三国吴或者东晋时期，考古地层学的依据不足。

其次，通过一条沟就推断出沟边建造有一座城池，证据也很不充分。

据介绍，在壕沟旁边发现有夯土台基和角楼。"壕沟中部发现了一个长方形夯土台基……其上存有有规律的柱洞……专家推断，这种台基与三国时期吊桥式城门有关。"[1]壕沟拐角处"发现了两排有规律的柱洞，专家推断这是当时的角楼遗址。""有关专家称，这是除湖北的武昌城之后、全国第二次发掘出带吊桥式台基与角楼的六朝古城。"[2]

壕沟被清代中晚期及其以后的房基和路面所压（图一），房基和路面都可能形成夯土层或者类似夯土层的迹象。所谓的"夯土台基"一定与壕沟有关系吗？即使二者有关系，怎么就能证明这片夯土台基是与"三国时期吊桥式城门"有关呢？在壕沟东端拐角处发现有所谓的"柱洞"，且不说"柱洞"是否与壕沟有关系，即使有关系，又怎么能够证明这些"柱洞"是"角楼"的遗迹呢（图二）。

迄今为止，在南头古城城内外的考古发现已经积累了很多资料，特别是2019—2020年所进行的南头城小学拆除重建及南头城旧城改造工程的考古调查与试掘，这两项工作涉及南头城内外的绝大部分区域。但是，除了墓葬之外，没有发现任何其他的汉代至东晋南朝时期的遗迹。如果壕沟是司盐都尉垒或者东官郡治的护壕，那为什么在沟的周围区域找不到任何其他的三国至东晋时期与城池、房屋等建筑基址有关的遗迹残存呢？

南头古城所在地是一个坐北朝南的山坡，壕沟地处山坡的靠下部位，其东西

---

[1]《深圳市南头古城发现六朝护城河》，《新快报》2002年8月6日。

[2]《深圳南头挖出带吊桥式台基与角楼的古城》，"南方网"2002年8月6日。

向的一段向北40多米就是南头城的城垣。目前已经在南头城内的乐平街、南头城小学、春景北街、中山街等处发现不少墓葬，有东汉晚期、东晋、南朝、唐宋时期的[1]。先秦时期有在城池之内设置墓地的情况[2]，但是三国、东晋时期应该没有在城内设置墓地的实例。壕沟所在的山坡本来面积就不大，坡上还有汉晋时期的墓葬，这说明汉晋时期那个山坡是墓地，不太可能再建造城池。

另外，从文献的依据来看，最早在壕沟所在地以北山坡上建造的城池，确凿无疑的就是在明代洪武年间修建的东莞守御千户所城。

[明·嘉靖]黄佐《广东通志·舆地志三》："东莞守御千户所城，在旧东莞郡，基地名城子冈……古无城池，洪武二十七年始置。"

嘉靖《广东通志》的作者是明代岭南的大学者黄佐[3]，作为明代修建东莞守御千户所城的同时代的人的说法，其可信度很高。黄佐说所城基地城子冈是"古无城池，洪武二十七年始置"，很肯定地说所城是建在一片之前没有城的地方。而且黄佐的说法，在明代还不是个例。

[明·嘉靖]戴璟《广东通志初稿·疆域形胜》"城池"："东莞守御千户所城，在旧东官郡，基地名城子冈，古无城池，洪武二十七年始创。"

戴璟是"明代经学家，尤精经史"[4]，也是对广东地方史颇有研究的学者[5]。

可见，东莞守御千户所城建在一片之前没有城池的地方，这应该是明代人的普遍看法。

3. 从经验常识的角度看

---

[1] 资料未发表，现藏南头古城博物馆和深圳市文物考古鉴定所。

[2] 例如，新石器时代的古城中就见有墓葬区的分布，参看本文图十四"河南巩义市河洛镇双槐树遗址仰韶文化古城"。又例如，齐国故城大城的东北部就有春秋时期"城内的一处贵族墓地"。（群力《临淄齐国故城勘探纪要》，《文物》1972年第5期；山东省文物考古研究所《齐故城五号东周墓及大型殉马坑的发掘》，《文物》1984年第9期。）再例如，贯穿两周始终的鲁国都鲁古城内发现了几处墓地，有西周初年至战国中期的墓葬。曲阜还有一座建于西汉晚期的汉代城址，而发现的七座两汉时期的墓葬则"南距汉城北墙四五十米"，没有被埋在城内。（山东省文物考古研究所等《曲阜鲁故城》，济南：齐鲁书社，1982年。）

[3] [清]张廷玉《明史·文苑·黄佐传》；林璜《略论明代黄佐的方志学成就》，《历史教学：高校版》2013年第3期。

[4] 黄开国《经学辞典》，成都：四川人民出版社，1993年，第643页。

[5] 林天蔚《戴璟之〈广东通志初稿〉》，《地方文献研究与分论》，北京：北京图书馆出版社，2006年田亮《戴璟及〈广东通志初稿〉新评》，《中国地方志》2016年第4期。

据介绍壕沟内的地层可分为7层，1—4层出土遗物是唐宋至明代的，5—7层出土遗物是东汉至南朝的[1]。就是说，发掘者认为沟内的地层自下而上是从早到晚堆积的。

即使先不论壕沟内所分的地层是否可靠，从沟中出有明代的遗物来看，无疑壕沟内有不早于明代的堆积。从吴甘露元年（265年）置司盐都尉[2]开始，就是只算到明朝建立之年（1368年），也经过了1100多年；从东晋咸和六年（331年）立东官郡[3]开始，即使只到明朝建立之年，也经历了1037年。

壕沟的始建年代，无论是定为三国吴还是东晋，到明朝建立之年都超过了一千年。这条沟一直能使用一千多年吗？人工挖掘的能够延续使用上千年的功能性渠沟河道，除了非常特殊的、具有战略意义的、关系到国家交通运输大动脉的郑国渠、灵渠、大运河等之外，恐怕能够沿用上千年是极其困难的。

（三）壕沟始建和废弃年代的推测

前文已言，在珠江三角洲特殊的自然环境下，一条功能性的沟被废弃后，无论是被人工还是被自然力填埋，都不可能时间很长；沟内难以形成较长时间的、多层次的考古学文化层堆积；沟内的堆积经过扰乱，不同时期的遗物多被混杂在了一起。

所以，既不能以出土年代较早的遗物来判断沟的年代为三国吴时期，也不能以出土数量较多的东晋南朝遗物来判断沟的年代为东晋。依据田野考古学遗迹年代判定的原则，遗迹年代的下限要以最晚遗物的年代来推断，只能以出土年代最晚的遗物来大体判断沟被废弃的时间。

壕沟内出土遗物的年代最晚是明代，那么其最后被废弃的时间不会早于明

---

[1]《南头古城考古中期报告》未刊稿，现存南头古城博物馆《深圳市南头古城发现六朝护城河》，《新快报》2002年8月6日。

[2] [南朝·梁]沈约《宋书·州郡志》："东官太守，《何志》'故司盐都尉，晋成帝立为郡。'"[北宋]乐史《太平寰宇记·岭南道一》"广州"："东官郡故城……《郡国志》云东官郡有'芜城'，即吴时司盐都尉垒"。[北宋]乐史《太平寰宇记·岭南道一》"广州"："东莞……汉顺帝时属南海郡地。吴孙皓以甘露元年置始兴郡，以其地置司盐都尉。晋立东莞郡。"

[3] [南朝·梁]沈约《宋书·州郡志》："东官太守……《广州记》：'晋成帝咸和六年，分南海立。'领县六：……宝安……安怀……兴宁……海丰……海安……欣乐。"[唐]李吉甫《元和郡县图志·岭南道一》："东莞县，……本汉博罗县地，晋成帝咸和六年于此置宝安县，属东莞郡。"

代。2019年发掘的三段沟内出土遗物的年代状况与壕沟很相似,那三段沟中出土最晚的遗物均为明至清初,再与文献记述的一些历史背景结合(参见下文"壕沟被填埋的背景"),推测壕沟和2019年发掘的三段沟都是在清代初期南头城毁坏殆尽后的重建过程中被彻底填埋掉的。

由于发掘区域的局限,壕沟没有被完全揭露,已经揭露的部分呈规则的曲尺状。其南北走向的沟,南端垂直连接东西走向的沟的东端,北端则与明代护城河的南壁垂直连接。护城河北壁与南城墙之间有约9米的护城坡,而在护城河北壁以及护城坡的位置没有看到壕沟继续向北延伸的明显迹象,就是说壕沟南北走向的沟应该没有越过护城河而进入古城内。其东西走向的沟,北距南头古城的护城河40米左右,并与护城河大体平行;因为其再向西的部分被压在现代建筑和路面之下,有可能继续延伸到历史时期的海边[1],也有可能在某处北拐与明代护城河的南壁相交。护城河与壕沟的这种布局,带有明显的整体规划的痕迹;如果壕沟与明代护城河的时代相差千余年的话,难以想象会有这么较为规则而巧合的布局。

明代黄佐、戴璟也说,东莞守御千户所城那片地方在明代之前没有城池。所以,依据已知的考古和文献资料,有理由推测壕沟的始建年代就在明代,其应该是配合明代护城河以防御为主的壕沟(参见下文"壕沟的功用")。

文献中有不少明代洪武至崇祯年间不断地修建和维修所城的记载,例如:

[清·康熙]靳文谟《新安县志·地理志》"城池":"明洪武二十七年,广州左卫千户崔皓开筑。周围连子城,共五百七十八丈五尺,高二丈,面广一丈,址广二丈;门四。隆庆六年建县。万历元年,知县吴大训谓:北门当县治之背,地脉非宜,塞之,止通东、西、南三门;城楼、敌楼各四,警铺二十五,雉堞一千二百,吊桥三,水关二(一在东南隅,一在西南隅)。至万历五年,知县曾孔志增建东、西、南三门子城;城楼三,敌楼四。甃以砖石,庇以阴屋,以为更卒栖息之所。崇祯十三年,知县周希曜因议新增城池,将城垣周围增高五尺。今总高二丈

[4]《南头古城考古中期报告》未刊稿,现存南头古城博物馆。

五尺，雉堞计八百九十有五，濠五百九十二丈，旧浅狭，寻浚，阔二丈，深一丈五尺。"

壕沟究竟始建于明代的什么时期，目前还难以准确判断。

三、壕沟的功用

对壕沟功用的判断，除了对考古资料的合理解释之外，还必须要将其放到具体的地理环境和时代背景中来考察。

（一）南头[1]地理位置的重要性

由海路进出广州，通过珠江口两侧大体有东、西两条路。

但是，由于地球自西向东自转以及珠江口洋流形成的作用力，导致海洋沉积物不断地在珠江口西侧沉积；珠江三角洲较大河流的入海口（海门）又多在珠江口西岸，河流也从陆地向海里带来大量泥沙，这都会造成航道变浅。另外，珠江口的西部相对东部而言，人烟较少，岛礁和暗礁较多，航行环境比较复杂[2]。

而珠江口东侧则是深水航道，行船环境较为优越，利于船舶畅通航行，大型船只一般都会选择通过珠江口东侧的今香港大屿山、深圳南头、东莞虎门一线驶入珠江[3]。

---

[1] 历史文献中的南头地名有多指，在明代除通常用于指城池南头城、海防要塞南头寨、陆域南头半岛、县城南头镇、港湾南头澳等外，也可泛指南头寨的防务地区（施存龙《葡人入居澳门前侵占我国"南头"考实》，《中国边疆史地研究：澳门专号》1999年第2期）。本文所言的南头，主要是指南头古城所在地及其附近的区域。据民间相传，南头古城城西南向海而建，城南有南山，山下有南山村、南园村，而城建在一个山头上，故名南头（《南头风情》，深圳：海天出版社，1990年，第10页）。

[2] [清]陆希言《澳门记》："香山县四面皆海，幅员五六百里，无非山洲水岛。大者几十里，小者几里。总属不毛，为鲸鲵之所游息，虎豹之所徜徉。间或有人，非山贼即岛夷。"《明清时期澳门问题档案文献汇编》六，北京：人民出版社，1999年，第594页。香山县的地域，主要包括今广东省的中山市、珠海市、广州市番禺区的部分区域及澳门特别行政区。

[3] [清]孙承泽《春明梦余录·兵部二》："东莞当虎头门之正冲，东连惠州山海。"[清·康熙]顾祖禹《读史方舆纪要·广东一》引《海道考》："广州舶船往诸番，出虎头门，始入大洋，分东西二路，东洋差近，西洋差远。"[清·光绪]周广《广东考古辑要·海防》："虎山内外重洋，而门当其最深流处，番舶及内郡巨艚必由以入，经狮子洋达广州，海函谷关也。"[清·康熙]靳文谟《新安县志·艺文志》"初修新安志序"："如急水、佛堂、独鳌、小三门、大屿山诸隘，皆出海所必经也。"[清]魏源《魏源集·道光洋艘征抚记》："香港鼎峙，为粤海适中之地，环以尖沙嘴、裙带路二屿，藏风少浪。"张之洞则评价珠江口东岸香港一带的海域是"重关叠障，中外兵商轮船，自粤省往来闽沪者，海道必经于此，是为粤省东路咽喉，密迩省城最关要害。"（[清·光绪]张之洞《广东海图说·中路》"香港"）

91

位于珠江口东侧、今深圳市西南角的南头半岛[1]（也称蛇口半岛），是从海路进出广州的枢纽[2]，也是由海路入珠江后进入内陆深处商贸的必经之地[3]。历史时期南头半岛的形状一直变化不大，其基本的形态呈东北至西南走向的瘦长状，突兀地深入到珠江口的伶仃洋中（图十），就像探入珠江口的"鹰喙"，也像插进珠江口的一把"利剑"，具有很高的军事价值[4]。

南头半岛被称为"虎门之外卫"和"省会之门户"[5]，而南头古城则位于南头半岛西北部的濒海要冲之地，正好扼守在南头半岛的"脖颈"之处，在明代被称为"海道咽喉"和"襟喉之要隘"等[1]（图十一）。

---

[1] 南头半岛西北部紧接南头城，其沿西南方向伸出在珠江口的前海和后海之间，南北长8公里，东西宽2—7公里。（《南头风情》，深圳：海天出版社，1990年，第1页。）

[2] 位于南头半岛西南端的赤湾天妃庙，在明代是"辞沙"离岸之地。[清·嘉庆]舒懋官等《新安县志·艺文志》"黄谏新建赤湾天妃庙后殿记"："天妃行祠……赤湾南山下。凡使外国者，具太牢祭于海岸沙上，故谓'辞沙'。……永乐初，中贵张公源使暹罗国，先祀天妃，得吉兆，然后辞沙。天妃旧有庙，公复建殿宇于旧庙东南……去年冬，兵科给事中王公汝霖、行人刘公泰有占城之行，泊舟庙下，于神是祷，往返无虞。"南头半岛是海路贸易的重要节点，诸国商船来往广州贸易，一般必经甚至还要停泊赤湾。[清·嘉庆]舒懋官等《新安县志·艺文志》"孙海观重修赤湾天后庙引"："新安赤湾天后庙，为省会藩篱之地，扼外洋要害之冲，护卫虎门、澳门以作保障，汇东北诸海以为归宿；外而占城、爪哇、真腊、三佛齐番舶来赆，莫不经由于此，然后就岸。……舟船成市，车骑如流。……为洋泊往来之所必经。"16世纪初（明朝中叶）葡萄牙派往中国的第一位使者皮列士说："有一些岛屿，与陆地上的南头，被规定为各国的港口……南头的首领看见船只，便立即通知广州说船只已进入诸岛内；广州估价的人前去给商货估价，他们收取关税，带走所需数量的商品。"（[葡]皮列士《东方志：从红海到中国》，南京：江苏教育出版社，2005年，第98页。）

[3] "深圳地域北上的东江道，可以通过北江、章江、联通惠州、赣州；通过北江，联通韶州、连州，北上再经赣江、湘江、联通长江流域；通过西江，联通肇庆、梧州、柳州、邕州（今南宁），甚或联通西南的贵州、云南、四川地区，腹地范围广大。而对外，随着交流的扩大，屯门从唐代就成为海外贸易广州港的外港，不仅可以到达南海沿岸的东南亚、印度洋沿岸的南亚、西亚、东非，到明代，随着大帆船贸易进行，已经可以绕道好望角，到达西非、西欧，甚至越过太平洋，到达美洲。期间，深圳地域的交通地位是不可替代的。"（王元林《内联外接的商贸经济：岭南港口与腹地、海外交通关系研究》，北京：中国社会科学出版社，2012年；王元林、熊雪如《历史上深圳地域与海上丝绸之路渊源初探》，《深圳大学学报（人文社会科学版）》2016年5月第33卷第3期。）

[4] [明·崇祯]方孔炤《全边略记·两广略》："命平章廖永忠为征南将军，参政朱亮祖为副，率师由海道取广东。"[清·康熙]顾祖禹《读史方舆纪要·广东二》"广州府"："明初，分道取广东。廖永忠以海道之师，自福州先至广州，广州既下，而岭南郡县亦望风款服矣。"廖永忠率领的水师，自东向西由福州而来，其攻取广州所走的海道，必经珠江口东部的南头一带。

[5] [明·天启]陈仁锡《皇明世法录·各省海记》"岭海"："广东省会襟江带海，其东出海，由虎头门，而虎头门之东为南头，省会之门户也。[清·嘉庆]舒懋官等《新安县志·海防略》"防海形势"："南头一寨，则为虎门之外卫，即为省会之屏藩，尤为扼要。"

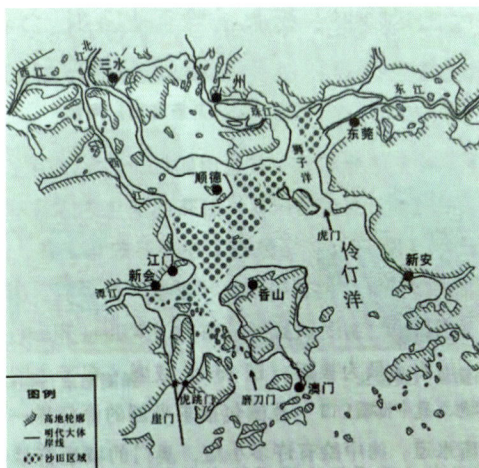

图十　明代珠江口岸线示意图[2]

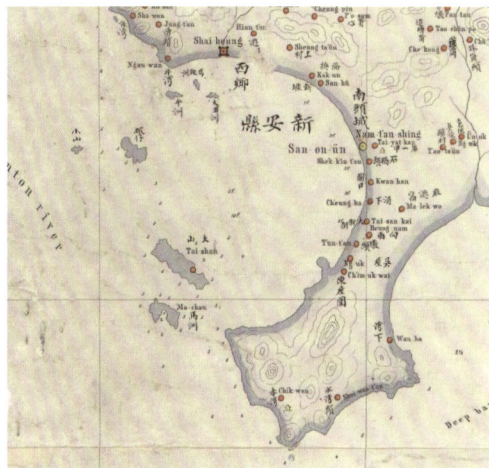

图十一　清同治五年（1866年）新安县
全图局面（南头城在右上部）

南头城及其附近一带区域的重要性和难以替代性，史料中也多有记载。

[清·嘉庆] 舒懋官《新安县志·海防略》"防海形势"："县治面俯大洋，如急水、佛堂、独鳌、小三门、大屿山诸隘，皆出海所必经也。其东则屯门、佃井，其西则鳌湾、茅洲。而南头一寨，则为虎门之外卫，即为省会之屏藩，尤为扼要。……明万历十四年，总督吴、御史汪会题：南头为全广门户，控制蛮倭，请以总兵移镇。盖番船固可直达澳门，而由澳门至省，则水浅不能行，必须由大屿山经南头，直入虎头门，以抵于珠江。此南头之所以为全广门户也。"

[清·道光]卢坤《广东海防汇览·舆地二》"中路"条："广东省会襟江带海，其东出海，则有虎头门；而虎头门之东则有南头，省会之门

---

[1] [明·嘉靖]戴璟《广东通志初稿·海寇》"议守险隘"："南头，海道咽喉也。昔年南头设有海道驻扎衙门。"
[明·嘉靖]应槚《苍梧总督军门志·奏议二》"请设海防参将疏"："……南头地方，内为省城门屏之巨防，外为海舶襟喉之要隘。当此镇而设大将，屯重兵，甲士连云，楼船碍日，则内可以固省城之樊屏，外可以为诸郡之声援，近可以杜里海小艇劫夺之奸，远可以防澳中番夷跳梁之渐。"明代在南头所设的海道驻扎衙门和参将府都在南头城内，下文详。
[2] 林宏《卫匡国〈中国新图志〉的绘制方法》，《全球地图中的澳门》（第二卷），北京：社会科学文献出版社，2017年。南头半岛和南头古城（即"新安"），在图的靠右侧中部。

户也。"又"新安县"条："盖番舶固可直达澳门,而由澳门至省,则水浅不能行。必须由大屿山经南头,直入虎头门,以抵于珠江。此南头所以为全广门户也。"

（二）东莞守御千户所的设置背景及其职责

有明一代,倭寇[1]、番彝（主要是葡萄牙人）、海盗等造成的沿海区域边患很严重。而中国古代的海防,其形成完整体系的时间就是在明代[2]。明代海防的基本措施有两条,一是设置沿海的卫、所、巡检司[3],修建卫城、所城、寨城、炮台及墩台等[4];二是建造战船,发展水军。

广东沿海区域的边患也是一直不断（图十二、十三）,特别是广、惠、潮三府尤甚[5]。所以,平定广东后,明朝政府以"沿海寇患频繁……置卫所,卫戍沿海要冲。"[6]

> [明·嘉靖]黄佐《广东通志·政事志四》："本朝洪武初,平章廖永忠、参政朱亮祖取广东,遂命亮祖镇守,建置诸卫所分布要害。十七年,又以岛夷之患,设没（沿）海诸卫所,筑墩台。"
>
> [明·万历]郭棐《粤大记·政事类》"海防"："（洪武）二十七

[1] "倭患"深层次的原因,主要是因为明王朝的国策与东南沿海地区居民生存之间存在的矛盾,即沿海区域海外贸易的需求与明政府对海上贸易限制之间的矛盾。从明太祖朱元璋开始就严厉实行海禁政策,"明祖定制,片板不许下海"（《明史·朱纨传》）,甚至"禁民入海捕渔"（《明太祖实录》卷一百五十九）。只要海禁政策存在,就会出现所谓的"倭寇"。成书于万历年间的官至户部尚书的谢杰所撰的《虔台倭纂》卷二中明确地说："寇与商同是人,市通则寇转为商,市禁则商转为寇,始之禁禁商,后之禁禁寇。禁之愈严而寇愈盛。片板不许下海,艨艟巨舰反蔽江而来;寸货不许入番,子女玉帛恒满载而去……于是海滨人人为贼,有诛之不可胜诛者。"《明史·日本传》说："大抵真倭十之三,从倭者十之七。"《嘉靖实录》也说："盖江南海警,倭居十三,而中国叛逆居十七也。"

[2] [明·天启]茅元仪《武备志·占度载》"海防一"："防海岂易言哉,海之有防,自本朝始也;海之严于防,自肃庙时始也。"[清·康熙]蔡方炳《广舆记·海防篇》："海之有防,历代不见于典册,有之,自明代始。而海严于防,自明之嘉靖始。"[清·乾隆]齐翀《南澳志》卷八："古有边防而无海防,海之有防自明始也。"

[3] [清·道光]梁廷枏《粤海关志·兵卫》："有明一代,惩倭之诈,缘海备御,大者为卫,次为所,又次为巡检司。"

[4] 萧国健《关城与炮台:明清两代广东海防》,中国香港:香港市政局,1997年。

[5] [明·嘉靖]应槚《苍梧总督军门志·奏议二》"请设海防参将疏"："照得广东省城迤东广、惠、潮三府,地方滨临大海,倭寇海贼出没无常。"

[6] [明·嘉靖]黄佐《广东通志·事纪五》。

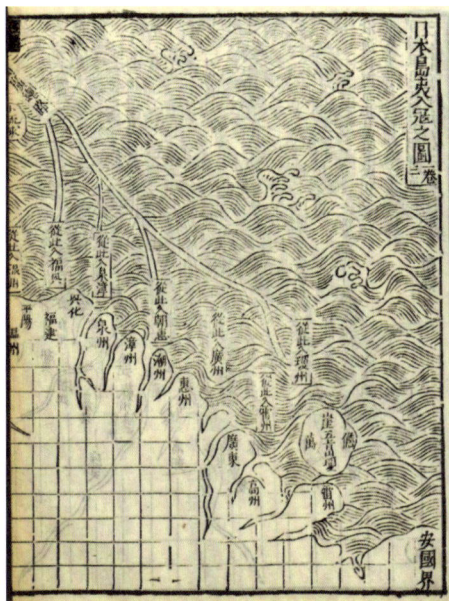

图十二　倭寇侵扰东南沿海区域的
海路示意图[1]

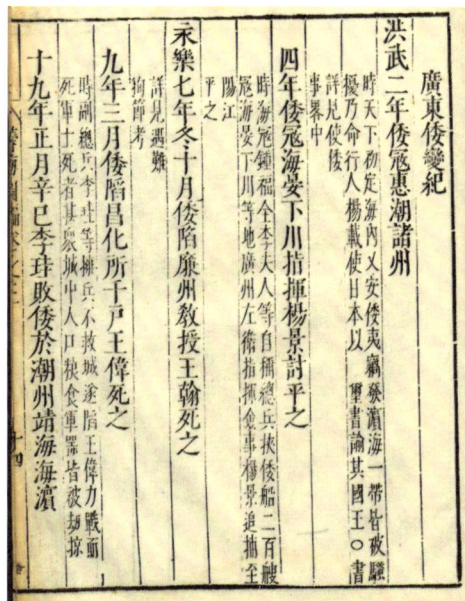

图十三　倭寇侵扰广东的文献记载[2]

年秋七月甲戌，始命广东防倭。命安陆侯吴杰、永定侯张铨等率各武官往广东，训练沿海卫所官军，以备倭寇。"

于是，洪武二十七年（1394年）就在海防重地南头修建了东莞守御千户所城，其隶属于广东海防中路[3]的广州督司下的南海卫管辖。

东莞守御千户所的海防任务较重，首先是抵御"倭寇"的侵扰。

[1] [明·嘉靖]郑若曾《筹海图编·日本岛夷入寇之图》，图中示意了"日本岛夷"由海路入寇明"温州""福兴""泉漳""朝（潮）惠""广州""雷州""琼州"等地的路线。又《筹海图编·广东事宜》："尝考之，三四月东南风汛，日本诸岛入寇多自闽趋广。柘林为东路第一关锁，使先会兵守此，则可以遏其冲而不得泊矣。其势必越于中路之屯门、鸡栖、佛堂门、冷水角、老万山、虎头门等澳，而南头为尤甚。或泊以寄潮，或据为巢穴，乃其所必由者。"

[2] [明·嘉靖]郑若曾《筹海图编·广东倭变记》。从书中这一页的记载可知，明朝早在洪武二年（1369年）就有倭寇侵扰广东沿海区域的事件；《广东倭变记》中还记载了永乐、嘉靖等朝倭寇对广东的侵扰。

[3] [明·嘉靖]郑若曾《筹海图编·广东事宜》"中路"："岭南滨海诸郡，左为惠、潮，右为高、雷、廉，而广州中处。"[清·康熙]顾祖禹《读史方舆纪要·广东一》："洪武、永乐间，倭夷入犯广东，屡为所扰。嘉靖中，倭靖闽、浙，滋漫亦及于广东，议者谓广东海防当分三路。三路者，左为惠、潮，右为高、雷、廉，而广州为中。"[清]顾炎武《天下郡国利病书·广东下》："东莞南头古之屯门镇，乃中路也。"

95

[明·嘉靖]黄佐《广东通志·政事志四》："备倭分三路：中路在广州府东莞县南头、屯门等澳。"

[明·万历]严从简《殊域周咨录·东夷》"广东海倭论"："海寇有三路，设巡海备倭官军以守之。春末夏初，风汛之时，督发兵船出海防御。中路自东莞县南头城，出佛堂门、十字门、冷水角诸海澳。"

[明·万历]《重建参将府记》碑："新安襟带滨海，倭酋凭险四出。汛期则籍督舟师，以捍出境；外暇则奠兹运筹，以坐哨不轨。卷舒呼吸，生灵安危攸仗甚矣。"

另外，东莞守御千户所还防卫来自西方国家"番彝"的入侵和追剿活跃于珠江口的众多海盗。

[清·康熙]靳文谟《新安县志·防省志》"寇盗"："明弘治六年，番彝入寇东莞（所），千户袁光捕剿于岑子澳，死之。正德十一年，番彝佛郎机入寇，占据屯门海澳。海道汪　讨之。……嘉靖三十年，海寇何亚八率彝人入寇东莞所。千户万里守南山烟墩，遇贼战死。后指挥使李茂材率官兵剿之。……天启三年，红毛彝阑入大船二只，其帆蔽空，由佛堂门入泊庵下。知县陶学修亲率乡兵，持兵器往溪西等处防守，乃去。"

[清·康熙]靳文谟《新安县志·人物志》"忠勇"："李茂材，东莞守御所正千户。……黄国相等流毒三省，茂材督水兵，一鼓擒之；节剿巨寇许老、何亚八、陈文伯、王朝宜等……番彝、海寇江老、陈阿旺等继起，茂材以次讨平获赏。……（嘉靖）四十四年，从征海寇吴平，突阵捣巢，馘不可胜计。"

---

[1] 有研究者认为"正德五年"应是正统五年（1440年）之误（暨远志等《明代前期广东海防建制的演变》，《明清海防研究论丛》第一辑，广州：广东人民出版社，2007年，第11页。）

[2] [明·嘉靖]黄佐《广东通志·政事四》："备倭府领，勅总督备倭指挥一员，以都指挥体统行事，驻劄南头城，即东莞守御千户所城。"[清·康熙]顾祖禹《读史方舆纪要·广东二》："东莞守御千户所……一名南头城，备倭指挥亦驻于此。"[清·康熙]靳文谟《新安县志·宫室志》"武署"："按《旧志》'总兵王德化备倭于此。正德五年，建总兵府于城内东南隅。嘉靖四十三年，罢备倭，改参将。又设备倭把总司署，在城西南，为备倭厂。'"[清·嘉庆]舒懋官《新安县志·建置略》"武署"："备倭总兵署，在城内东南隅，明正德五年总兵王德化建。嘉靖四十三年，罢备倭，改参将署。"

正德五年（1510年）^[1]，明政府在东莞守御千户所和大鹏守御千户所之上设立了一个备倭总兵府（署），府署就在东莞守御千户所城内^[2]。到了嘉靖年间，又取消了备倭总兵，改设参将，而参将府仍在东莞守御千户所城内；所设的参将，其一开始是督理广东"广、惠、潮海防"，万历四年之后则专管广州一府的海防^[1]。负责督察全广沿海地区海防等事务的海道副使^[2]，除了有时在广州驻扎外^[3]，多在南头城驻扎^[4]。嘉靖四十五年（1566年）在广东沿海区域设立了柘林、碣石、南头、白鸽门、乌兔、白沙港六个水寨^[5]，其中作为"虎门之外卫""省会之屏藩"^[6]的南头水寨的水军人数最多，有3000人，大小船只60艘。据考证，"南头水寨的总部设在南头古城，兵船停泊于现深圳前海。"^[7]

---

[1] [明·嘉靖]应槚《苍梧总督军门志·奏议二》"请设海防参将疏"："仍请乞特设参将一员总领，以威望素著，熟于水战者充之，名曰督理广州、惠、潮等处海防参将。……其居常驻扎南头地方，教演水战；有警督兵出海，剿捕海倭贼盗。"又同书《兵防一》："南头海防参将一员，嘉靖四十五年设，驻扎南头，兼理惠、潮。万历四年……止防守广州。"[明·万历]郭棐《广东通志·藩省志》"兵防总上"："南头海防参将一员，嘉靖四十五年设，驻扎南头，兼理惠、潮。"[明·万历]郭棐《粤大记·政事类》"兵职"："南头海防参将一员，嘉靖四十五年设，驻扎南头，兼理惠、潮。万历四年……今止防守广州。"[清·道光]卢坤等《广东海防汇览·舆地一》："嘉靖间，倭寇犯边，始专镇于东粤。又设雷廉参将一，驻雷州；水营参将驻南头。"韩虎泰《参将的设置与明代广东海防》，《明清海防研究》第七辑，广州：广东人民出版社，2013年。

[2] "海道副使"设置于明初（《大明会典·兵部》"镇戍"条；《皇明留台奏议》卷十四"参粤刍勾夷疏"），其全称为"提刑按察司巡视海道副使"，或称"巡察海道副使""巡视海道""巡视副使""海道"等。其开始设置时，是朝廷监察系统的省级"外台"长官，负责沿海地区海防等事务。嘉靖、万历间倭寇猖獗，海道副使在海防、海外贸易及外交方面发挥重要作用，变成了有职有权的省级海防和市舶长官（参见李庆新《明代海外贸易制度》，北京：社会科学文献出版社，2007年，第187—199页。）

[3] [明·嘉靖]应槚《苍梧总督军门志·兵防一》："巡视海道副使一员。……万历八年，总督侍郎刘尧诲奉部咨议题，兼管广州兵巡，驻扎省城。"[明·嘉靖]戴璟《广东通志初稿·公署》"广州府"："海道，在崇正书院西南。"

[4] [明·嘉靖]戴璟《广东通志初稿·海寇》"议守险隘"："南头，海道咽喉也。昔年南头设有海道驻扎衙门。"又《广东通志初稿·公署》"东莞县治"："海道，在县南头东莞所"。[明·万历]张居正等《明穆宗实录》卷六十七"隆庆六年闰二月乙卯"条："宜令广东巡视海道驻东莞南头城。"[明·天启]《兵部为广东巡视海道责任为监督香山等寨及驭澳防倭行稿》："差得本官责任，驻扎东莞南头城。"（见中国第一历史档案馆等《明清时期澳门问题档案文献汇编》一，北京：人民出版社，1999年。）[明·崇祯]张惟贤等《明神宗实录》卷四十三"万历十年十月丙寅"条："广东宜以副使一员巡视海道，驻扎东莞南头城，平时则操练稽察，有事督兵出海剿捕。"[清末民初]吴廷燮《明督抚年表·两广》："海道兼整饬广州兵备一员，驻扎东莞南头城，巡视海道一带地方，整搠船只，操演水战，监督南头、（白）鸽二寨。"（吴廷燮《明督抚年表》，北京：中华书局，1982年，第647页。）

[5] [明·嘉靖]应槚《苍梧总督军门志·奏议》"请设沿海水寨疏"。《明宣宗实录》卷八七"宣德七年二月庚寅"。

[6] [清·嘉庆]舒懋官等《新安县志·海防略》"防海形势"："而南头一寨，则为虎门之外卫，即为省会之屏藩，尤为扼要。"

[7] 暨远志等《明代后期广东海防与南头水寨》，《明清海防研究论丛》第一辑，广州：广东人民出版社，2007年，第40页。

万历元年（1573年）析东莞县南部设新安县，县治也在东莞守御千户所城内；而设立新安县的主要原因，也与加强海防有直接的关系[1]。

总之，从大量的文献记载可知，有明一代南头城一直是海防的前线要冲之地。

（三）壕沟功用的推测

由于百余年来持续不断的填海造地，现今的南头古城已经距离海边很远了。但是在古代，南头古城外的西南部就是海。对于来自海上的侵扰，古城的西南部没有天然的屏障可以据险而守；而其东、北、南三面则有山岗丘陵可依。所以，自明代建城以来，其西南部和西部既是防御的薄弱区域，也是军队布防的重点区域。

[明·万历]《重建参将府记》碑："将府之不能已于设也。旧府位城南……顷岁□秋风雨大作，圮颓无完宅。东望秦公经国……旋度城西善地，伟然阔布足观，间杂军营旷土。"

碑文说明南头城的城西有军营；而原来位于城南的参将府，因年久失修在大风雨中被毁坏，之后迁建到了城西。参将府由城南迁到城西，很可能有接近布防重点区域而便于指挥的考量。

[清·康熙]靳文谟《新安县志·宫室志》"武署"："嘉靖四十三年，罢备倭，改参将。又设备倭把总司，在城西南，为备倭厂。"

由上条记载可知，嘉靖时期所设置的"备倭把总司"就在城西南，可见对城外西南部防御的重视。

---

[1] [明·万历]郭棐《广东通志·郭棐序》："如析置罗定州、新安、普宁等九邑，各设守令抚绥之……崇墉新筑，以巩海邦，外寇突来，可恃无恐，是保障之卫也。"[清·康熙]靳文谟《新安县志·人物志》"刘稳"：（南头城）"离治百余里，倭彝海寇，往往为患；恶少啸聚，淫祠公行。"[清·嘉庆]舒懋官等《新安县志·艺文二》"新安儒学记"："地去县远，山海不轨者，时肆扰掠，编民罔克匡胥。"

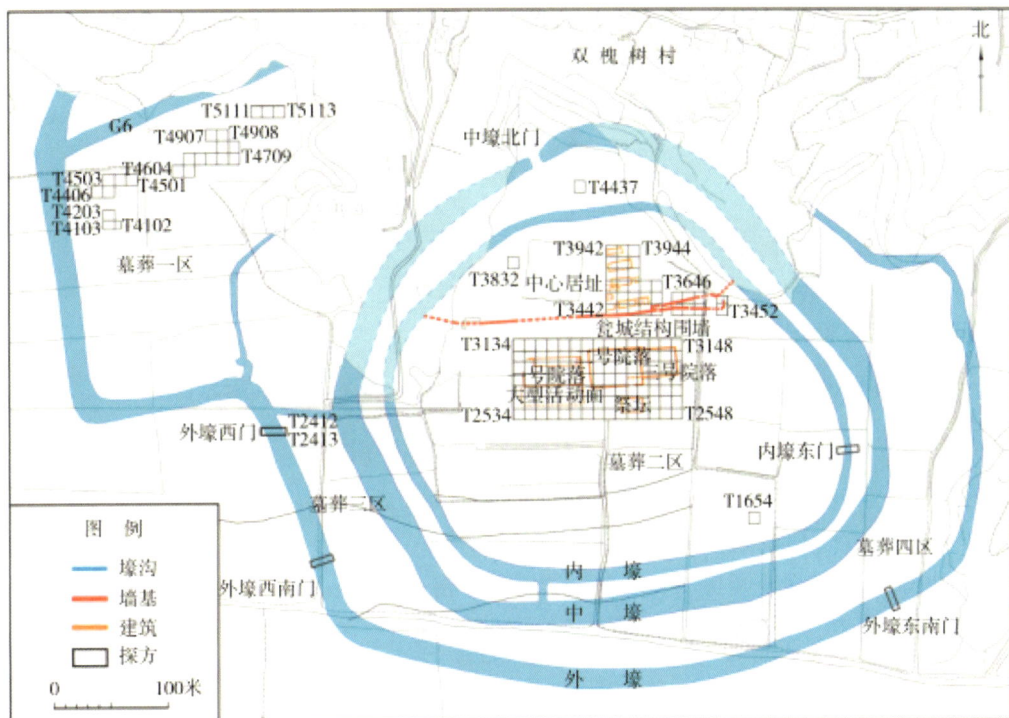

图十四　河南巩义市河洛镇双槐树遗址仰韶文化古城[1]（有三道壕沟）

　　中国古代成熟的城防设施体系，一般有三个子系统：一是城墙的防御子系统；二是城门（包括瓮城）的防御子系统；三是城垣之外的护城河等设施的防御子系统。

　　城外护城河等设施的防御子系统，有的是利用天然形成的河道，更多的是人工特意挖掘的护城河等壕沟。为了加强防御，有的城在城垣之外围绕城垣或者在防御的重点区域，人工挖掘的壕沟并不止一条，可以有两条甚至更多条，这在考古发现及文献所涉及城池的图像中都不鲜见（图十四—十六）。

[1] 郑州市文物考古研究院《河南巩义市双槐树新石器时代遗址》，《考古》2021年第7期。

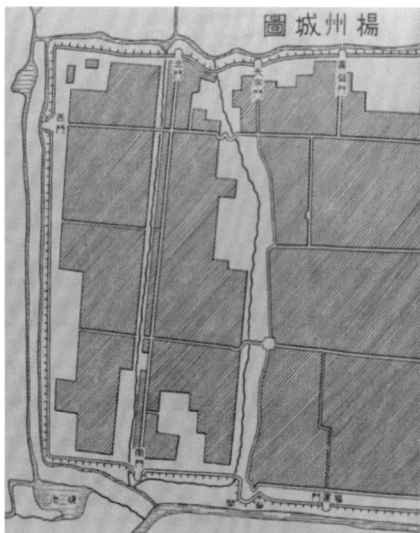

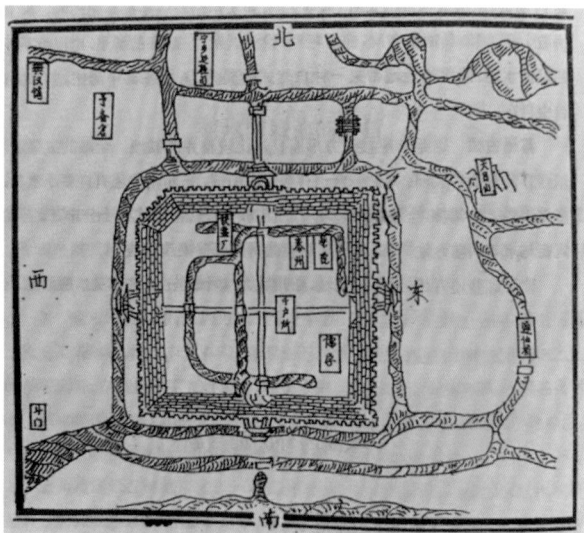

图十五　20世纪30年代日军实测的扬州
城图局部[1]（西城垣外有两道平行的壕沟）

图十六　泰州千户所城图[2]
（在护城河之外的东、南、北方向都加有水道）

　　前文依据考古和文献资料，推测壕沟的始建年代是在来自海上侵扰很严重的明代，而就建在海边的南头城的西南部又是防御的薄弱区域。那么有理由认为，当时在城外西南部再挖一条壕沟，就是为了辅助护城河以增强南头城布防的力量，当然也附带有排水的功能[3]。

　　在被护城河与曲尺形壕沟所围的区域内，还应该有军事防御设施甚至军营[4]。而在壕沟东西向一段的中部发现的所谓"长方形夯土台"，如果确实是与壕沟相关的"吊桥"遗迹残留[5]，那也应该是明代所挖的防御性壕沟的附属设施。

---

[1] [日]石割平造《中国城池图录》，上海：同济大学出版社，2018年，第206页。

[2] 张驭寰《中国城池史》，北京：中国友谊出版公司，2015年，第248页。

[3] 本文提到的2019年南头古城进行旧城改造工程中，于古城内的文化街和梧桐街发现的三段人工挖掘的沟，其应属于明代东莞守御千户所城城内的排水系统。待另文详论。

[4] 2001年的发掘中，在曲尺形壕沟的两旁发掘出有明代的水井，还有一些清代中晚期及其之后的房基（图一），这些房基没有被完全清理掉，所以其下有可能还残存有明代的遗迹。

[5] 《深圳市南头古城发现六朝护城河》，《新快报》2002年8月6日。

四、壕沟被填埋的背景

前文推测壕沟是在清代初期南头城毁坏殆尽后的重建过程中被彻底填埋掉的。那么，其背景则与当时的一件历史大事件"沿海迁界"不无关系。

清初为了防止占据台湾的郑成功联合沿海居民反清复明[1]，清政府严立通海之禁，并大规模地把东南沿海居民往内陆迁移。先是在顺治十二年（1655年）开始实行禁海政策，严禁商民船只私自出海，又在顺治十八年（1661年）正式颁布了《迁海令》，政府划出界限，强制沿海居民内迁数十里不等，甚至上百里。迁界期间，在界外不许百姓居住，房屋拆毁，不准耕种，不准出海，凡越界者杀无赦。这就造成了被迁地区百业凋零，房倒屋塌，田园荒芜，百姓流离失所，死亡者无数[2]。当时的广东著名学者屈大均就曾感叹地说："自有粤东以来，生灵之祸，莫惨于此。"[3]

据康熙《新安县志》、嘉庆《新安县志》等文献中有关的记载，可以把新安县迁界（亦称"迁海"）到复界的大致过程概括如下。

康熙元年（1662年）"驱民迁入五十里内地"，"邑地迁三分之二"。康熙二年（1663年）又"拟续立界，邑地将尽迁焉。"但是广东总督卢崇峻"以邑地初迁，人民困苦，会疏乞免尽迁，止迁东西二路，共二十四乡。"康熙三年（1664年）"城守蒋弘闰、知县张璞，逐东西二路二十四乡入界。"在迁界令实施后，新安县境内大部分地区的居民迁移他乡，新安县管辖的土地面积大缩而名存实亡，所以被并入了东莞三年。对于迁界，清政府内部一直有争议，特别是广东巡抚王来任、两广总督周有德多次上书，力陈迁界之害，请求展界。康熙八年

---

[1] 当时广东的情况是，"广东濒海地方，逼近贼巢，海逆不时侵犯，以致生民不获宁宇。"（《清圣祖实录》卷四"顺治十八年己未"条）。在这种情况下，清政府开始"因海氛未靖，将议迁民以避害。"（[清·嘉庆]《新安县志·防省志》"迁复"）。

[2] 李东珠《清初广东"迁海"的经过及其对社会经济的影响——清初广东"迁海"考实》，《中国社会经济史研究》1995年第1期；李龙潜等《清初"迁海"对广东社会经济的影响》，《暨南学报（哲学社会科学）》1999年第4期。

[3] [清·康熙]屈大均《广东新语》卷二"地语"。

(1669年)朝廷下令复界，新安县的建制又被恢复。

新安县沿海区域的迁界，虽然前后只有七八年的时间，但是造成的破坏却是极为惨重的。作为新安县治所在的南头一带也是迁海的区域[1]，而南头城几被毁光，也即"新安城池……往因迁徙，民人散亡，城垣颓塌。今当展复之会，虽云修葺，实同创兴。所谓四门、敌楼无有也，铳台、窝铺无有也，雉堞则半倾矣，垣墙则半卸矣，壕沟则尽淤矣。"[2]

复界后的次年，即康熙九年（1670年）到任的新安县知县李可成说："可成于复邑之次岁庚戌秋承乏于斯，计迁而复几十载矣。老幼委沟壑，壮者散四方。每登高一望，荒草颓垣，即欲闻泽雁之鸣，杳不可得。……于是资之牛种，辟莱开疆，教以鸠居，于茅撒土。……凡城垣、县治、台寨、营盘，靡不捐资修葺。"[3]

到了康熙二十七年（1688年），复界已经快二十年了，但是当时的知县靳文谟还说"四顾徘徊，荒烟蔓草，依稀如故。"[4]

具体对于南头城来说，不仅是迁界已对其造成了毁灭性的破坏，而且复界之后又有不断袭来的飓风、暴雨等自然灾害，更是雪上加霜，又多次造成了摧毁性的破坏。文献中对当时的惨景有不少比较详细的记载。

> [清·康熙]靳文谟《新安县志·防省志》"灾异"："康熙十年八月二十一日，飓风大作……城垣、学宫、衙宇、民房尽从吹颓毁，大树尽拔。……康熙十六年……八月二十一日，飓风大作……阖邑城垣、衙宇、庙寺暨民间房舍颓塌甚众，男女牛畜多压死焉。……康熙二十五年四月二十二日，大水。……亟开西、南二门放水，势犹未减；西南隅水深丈余，民居尽行颓塌，人民冒雨四散投生，上下汹汹。不得已，乃决城垛二处消水，水势始平，人心乃定。"

---

[1] [清·康熙]杜臻《粤闽巡视纪略》卷二："元年画界，自三角山历马鞍山等境，源泉山、河水口……新安县、崇镇铺……"

[2] [清·康熙]靳文谟《新安县志·艺文志》"知县李可成条议兴革事宜"。

[3] [清·康熙]靳文谟《新安县志·艺文志》"李可成重修新安县志序"。

[4] [清·康熙]靳文谟《新安县志·重修新安县志序》。

[清·康熙]靳文谟《新安县志·地理志》"城池"："国朝康熙十年八月二十一日，飓风大发，东、西、南、北城楼四座，窝铺十二间，铳斗八个，炮台二座，斗城小楼一间，俱被风吹倾塌。知县李可成措捐银六百两，及倡导大小文武官员，游击蔡昶捐银二十四两，守备陈登榜捐银八两一钱三分五厘，升任游击尹震捐银十两……至康熙十一年十二月竣工。……丙寅（康熙二十五年）孟夏，城楼、炮台、窝铺，复被飓风，倾塌如前。知县靳文谟于戊辰（康熙二十七年）冬倡捐庀材，申详重整。"

从文献记载看，复界后由于南头城已被毁坏殆尽，即"虽云修葺，实同创兴"，又加上飓风、大水等的不断破坏以及修建经费的短缺，南头城的重建根本不可能在短时间内完成，其过程比较长。复界后第二年上任的知县李可成和他的后任者，无不以筹资招民重建为急务，是经过了若干年的不懈努力，南头城才逐渐得以重建而成的。

[清·嘉庆]廖鸿藻等《重修大清一统志·广州府》："新安县城……明洪武二十七年建……本朝康熙十年修，四十三年、嘉庆二十二年重修。"

[清·嘉庆]舒懋官等《新安县志·建置略》"城池"："嘉庆十六年六月初八日，邑城因飓风吹毁东楼、南楼瓦面，倒塌城墙五幅。知县李维榆会营、勘明、修葺，十一月工竣。嘉庆二十一年三月，署知县孙海观同游击李耀扬，勘估陆续坏烂之南楼、西楼、北楼之三座，及城墙、马道、垛子等，议修，去任。十二月，署知县吴廷扬详请兴修，二十二年十二月工竣。"

复界后的康熙年间，对南头城进行了数次的重建、重修。到了嘉庆时期，由于飓风等自然灾害的破坏，以及年久失修等原因，又对南头城进行了大规模的重修。所以，现在在南头城内外发现的城垣内外壁砖墙及房基等建筑遗迹，基本都是清代中期以后的。

五、结语

　　南头古城西南部的壕沟修造于明代，其功能主要是为了辅助护城河以增强城西南薄弱区域的防御能力。壕沟被彻底填埋的时间为清代初期，背景是"沿海迁界"及复界后的古城重建。

　　从考古发现看，南头城外西北部有夏商时期的莺歌山遗址[1]，南头城内的南头城小学出土有春秋前后的夔纹陶片[2]，南头城外的南部有东周时期的红花园遗址[3]，所以先秦时期已有先民在南头一带生活。

---

[1] 杨耀林等《深圳市先秦遗址调查与试掘》，《深圳考古发现与研究》，北京：文物出版社，1994年；2019下半年至2020初又对莺歌山遗址进行过调查与试掘，资料未发表，现存南头古城博物馆。

[2] 深圳市文物考古鉴定所等《深圳市南山区南头城小学拆除重建工程考古调查结项简报》，未刊稿。

[3] 杨耀林等《深圳市先秦遗址调查与试掘》，《深圳考古发现与研究》，文物出版社，1994年。

[4] 广东省博物馆等《深圳市南头红花园汉墓发掘简报》，《文物》1990年第11期。

[5] 广东省博物馆等《深圳市南头红花园汉墓发掘简报》，《文物》1990年第11期；2020年在南头古城内春景北街发现一座东汉晚期墓，资料未发表，现存南头古城博物馆。

[6] 2019年在南头城外东部的义学街清理了一座西晋墓，资料未发表，现存南头古城博物馆。

[7] 古运泉等《深圳市南头东晋南朝隋墓发掘简报》，《深圳考古发现与研究》，北京：文物出版社，1994年；深圳市文物考古鉴定所等《深圳市南山区南头城小学拆除重建工程考古调查结项简报》，未刊稿；2001年在南头城内乐平街发掘了一座东晋墓，资料未发表，现存南头古城博物馆。2019年在南头城内春景北街发现了一座大约是东晋晚期至南朝早期的残墓，资料未发表，现存南头古城博物馆。

[8] 古运泉等《深圳市南头东晋南朝隋墓发掘简报》，《深圳考古发现与研究》，北京：文物出版社，1994年；深圳市文物考古鉴定所等《深圳市南山区南头城小学拆除重建工程考古调查结项简报》，未刊稿；2020年在中山东街发现一座南朝墓，资料未发表，现存南头古城博物馆。

[9] 古运泉等《深圳市南头东晋南朝隋墓发掘简报》，《深圳考古发现与研究》，北京：文物出版社，1994年。

[10] 杨耀林《深圳市唐至明清墓葬调查发掘简报》，《深圳考古发现与研究》，北京：文物出版社，1994年；深圳市文物管理委员会编《深圳文物志》北京：文物出版社，2005年，第90页2019年在南头古城内中山街发现有唐代墓葬，资料未发表，现存深圳市南头城博物馆。

[11] 杨耀林《深圳市唐至明清墓葬调查发掘简报》，《深圳考古发现与研究》，北京：文物出版社，1994年。

[12] 杨耀林《深圳市宋代砖瓦窑发掘简报》，《深圳考古发现与研究》，北京：文物出版社，1994年。

[13] 杨耀林《深圳市唐至明清墓葬调查发掘简报》，《深圳考古发现与研究》，北京：文物出版社，1994年。

[14] 杨耀林《深圳市唐至明清墓葬调查发掘简报》，《深圳考古发现与研究》，北京：文物出版社，1994年。

明代及其之前的历史时期的遗迹，在南头城内外的区域发现有西汉墓[4]、东汉墓[5]、西晋墓[6]、东晋墓[7]、南朝墓[8]、隋墓[9]、唐墓[10]、宋墓[11]、宋代砖瓦窑[12]、元墓[13]、明墓[14]等。这些遗迹说明，在修建东莞守御千户所城之前的历史时期，南头一带一直有人类的活动。

填埋壕沟的方式，自然营力（暴雨、飓风、激流冲刷、植物生长等）的填埋和人工主动的填埋都可能有。不过，因为沟内出有从汉代到明代的很多遗物，所以应以人工主动填埋为主，而沟内的填埋物则主要来自于附近的高地或岗丘。南头城附近的岗丘原来就有明代及其之前各个时期的墓葬和居址等，所以在人工挖土填沟的过程中，就不可避免地把不同时期的陶瓷器等遗物顺带挖来而埋入了壕沟。

清初复界后在持续若干年的对南头城的重建、重修过程中，要重新利用南门外西南部的那块场地，也即地方志中所记载的在南门外修建城外街，所以就干脆彻底地填埋了护城河之外的壕沟。

　　附记：2001—2002年南头古城南门外的考古，我参加了后期工作，但是没有参与壕沟的发掘。我当时认为，对壕沟的一些说法理由不充分，说服力不强。2019—2020年初，我主持了南头城小学拆除重建的考古调查与试掘，也参与了一部分南头城旧城改造工程的工作。为了尽量合理地解释所看到的遗存，对城外西南侧壕沟的年代及其功用的理解则至为重要。由于一些资料还未发表，我的一些看法是通过逻辑推理和经验常识所得，难免有错误。不过，如果文中的一些思路、观点和提到的若干问题能够引起他人的注意，本文的写作就还算有一些意义。

（作者单位：深圳市文物考古鉴定所）

张雄妻麴氏墓志铭跋

朱雷 田苏华

内容提要：

本文结合诸史传记载，对新疆出土张雄妻麴氏墓志铭中提到的若干问题进行了辨析，认为唐伐高昌时所举麴文泰的诸种罪状，大多可明确断定是发生在贞观七年之后，亦即在张雄死后。因此，此前高昌与唐之间的关系应属正常的藩属关系，张雄虽或已有"事大之心"，然麴文泰尚无"阻漠凭沙"之计。

1992年11月上海古籍出版社出版周绍良主编《唐代墓志汇编》上册第785—786页收录《唐故伪高昌左卫大将军张君夫人永安太郡君麴氏墓志铭并序》全文，该墓志铭记载：

> 君讳雄，字太欢，本南阳白水人也。天分翼轸之星，地列燉煌之郡，英宗得于高远，茂族擅其清华，西京之七叶貂蝉，东土之一门龙凤。则有寻源崐阆，倚柱凉城，跗萼散于前庭，波澜流于右地，因家遂久，避代不归，故为高昌人焉。祖务，伪朝左卫将军、缩曹郎中；父端，伪建义将军、缩曹郎中。并蒿莱巨雀，蹄浍尺鲤。文成七代，实相亡韩；右侯一身，惟忠伪赵。公天资孝友，神假聪明，爰自弱龄，袭居荣职。衣冠黼黻，不以地望高人；礼乐诗书，不以才优傲物。属奸臣作祸，伪祚将颠，公出乾侯，兵缠绛邑。君执奉羁靮，经始艰难，功冠却燕，勋隆复郓。伪王返国，宠命偏优，拜威远将军兼都官郎中，答勤劳也。寻迁左卫大将军兼兵部职。公以太妃之姪，外戚之家，惧梁冀之奢亡，诫霍山之侈灭，所寄逾重，所执惟谦。殚罄粟帛，散惠亲友。贞观

之初，圣人启旦，占云就景。公怀事大之谋，阻漠凭沙；国有偷安之望，规谏莫用。殷忧起疾，成都石折，智士其当，以伪延寿十年二月甲申卒于本郡，春秋五十。君主哀恸，归赠诔德，追赠南平太守护军大将，绾曹如故。夫人陇西金城麴氏，皇朝永安太郡君。祖愿，伪宁朔将军、左卫大将军、横截太守；父明，伪宁朔将军、横截太守。青楼甲第，盛轩冕于中京；赤坂荒区，徙邦家于下国。诞生英淑，作配仁贤，宾敬克申，卿亲益固。芝兰今胤，始植阶庭；胶漆良人，遽悲泉壤。广被断机之训，教子多方；靡他自誓之心，望夫何及！膏泽不御，五十余年，于嗟彼苍，莫恤茕独。以垂拱四年岁次戊子三月戊午朔廿八日景戌遘疾，终于高昌县之淳风里第，春秋八十有二。长子定和，前庭府折冲都尉，基构才隆，盛年早卒；次子怀寂，朝请大夫、行叠州长史、假右玉钤卫翊府右郎将。二闻渐诫，三徙承规，永怀资事之恩，载深创巨之痛。倚闾断望，入室增号，式备衣衾之举，以崇封树之制。粤以永昌元年十一月廿七日祔葬于高昌县之西原，礼也。呜呼哀哉！凤鸟楼前，昔年孤往；蛟龙匣裹，今此同归。辒车动而凉野愁，画翣移而寒泉闭。长松肃肃，渐生愚邻之枝；高垅嵬嵬，犹存若斧之熯。陈德音于不朽，俾泰山其如砺。铭曰：

白水英宗，朱门贵族，裘冕不坠，公侯载复。金运道销，沙场地福，虽邻赤坂，亦盗黄屋。其一。我家有子，君实相生，青囊晓术，白面知兵。神机俊爽，心镜虚明，忠申夙事，智若老成。其二。惟彼伐柯，求此灼实，于归百两，好合琴瑟。林鹤才双，镜鸾遄一，昔年分剑，今来共室。其三。生荣已矣，哀送何之？郊原漫漫，旌翣迟迟。霜晨惨，风杨暮悲，刻贞琰于兹日，传德音于几时？其四。

今以诸史传记载参证志文，顿觉是碑所记，间有一二可疑之处，试质其一于后。

根据上引志文所记，张雄因协助麴伯雅复辟王位而立殊勋，又因是"外戚之家"，故深受伯雅、文泰父子之重用。而张雄忠心于伯雅父子，如志所云"所寄逾重，所执惟谦"。然而到唐太宗登基后，张雄有了变化，据志云：

贞观之初，圣人启旦。占云就景，公怀事大之谋；阻漠凭沙，国有偷安之望。规谏莫用，殷忧起疾。成都石折，智士其当。以伪延寿十年二月甲申卒于本郡。[1]

若据此志所云，则在唐太宗贞观之初年，张雄就已占侯景云而知天命之所归，故有大事的谋划了。但麴文泰却不肯放弃割据称王，所谓"阻漠凭沙"，大意也就是后来麴文泰闻知唐兵即将进攻时所说"唐去我七千里，沙碛居其二千里，地无水草，寒风如刀，热风如烧，安能致大军呼！"[2]企图凭借地处险远，作为割据之保障。张雄规谏文泰放弃割据不被接受，因而忧愁病故。"成都石折，智士其当"句，是用的后汉任文公见成都武担山石折所发感慨的典故[3]。张雄卒于延寿十年，正相当于唐太宗贞观七年（633年）。

初看志文所述这段历史，似乎顺理成章，但若和史传所记对比，实有不少疑点。这个问题不仅涉及张雄之死因是否如志文所记，而且关系到这时候高昌王麴文泰对待唐与西突厥之间斗争的态度。限于命题所走的范围，也限于篇幅，此处所要解决的只是延寿十年以前，麴文泰是否已"阻漠凭沙"对抗唐王朝了。

据史所记，武德到贞观之初，高昌王国麴伯雅、麴文泰父子都曾多次遣使朝贡，"西域诸国所有动静，辄以奏闻"[4]。贞观四年（630年），唐太宗大破东突厥，擒颉利可汗，西北君长请上号"天可汗"[5]。麴文泰并亲自入朝，唐礼之亦甚厚。何时关系开始发生变化，史无明文。据魏征所云："陛下（唐太宗）初临天下，高昌王先来朝谒，自后数有商胡称其遏绝贡献，加之不礼大国诏使，遂使王诛载加。"[6]据此麴文泰未必有多大"叛逆"之罪，且事件发生年代不明。据

---

[1] 周绍良主编《唐代墓志汇编》（上册），上海：上海古籍出版社，1992年，第786页。

[2] 《资治通鉴》卷一九五《唐纪十一》，北京：中华书局，2011年，第6146页。

[3] 《后汉书》卷八十二上《方术列传·任文公传》云："公孙述时，蜀武担山石折，文公曰噫，西州知士死，我自当之。"国学基本丛书本《华阳国志》卷三《蜀志》作"西方智士死，吾其应之。"

[4] 《旧唐书》卷一九八《高昌传》，北京：中华书局，1975年，第5294页。

[5] 《旧唐书》卷一九八《太宗纪下》，第39—40页。

[6] ［唐］吴兢《贞观政要》卷九《安边第卅六》，上海：上海古籍出版社，1978年，第277页。

《高昌传》所记，在贞观四年麴文泰入朝之后，太宗曾数度"切责"高昌。史称："时西戎诸国来朝贡者，皆途经高昌，文泰后稍壅绝之。伊吾先臣西突厥，至是内属，文泰又与叶护连结，将击伊吾，太宗以其反覆，下书切让，征其大臣冠军阿史那矩入朝，将与议事。文泰竟不遣，仍遣其长史麴雍来谢罪。初，大业之乱，中国人多投于突厥。及颉利败，或有奔高昌者，文泰皆拘留不遣。太宗诏令括送，文泰尚隐蔽之。又寻与西突厥乙毗设击破焉耆三城，虏其男女而去，焉耆王上表诉之，太宗遣虞部郎中李道祐往问其状。"[1] 此数次"切责"，或为下诏书，或遣使，都没有明言在何年。《通鉴》则将此置于贞观十三年（639年）二月后四月前[2]。当因本于《旧唐书·高昌传》于太宗遣使问状后，即书贞观十三年"太宗谓其使曰：高昌数年来朝贡脱略，无藩臣礼，国中署置官号，准我百僚，称臣于人，岂得如此！今兹岁首，万国来朝，而文泰不至，增城深堑，预备讨伐。日者我使人至彼，文泰云：鹰飞于天，雉窜于蒿，猫游于堂，鼠安于穴，各得其所，岂不活耶？又西域使数来者，文泰悉拘留之。又遣使谓薛延陀云：既自为可汗，与汉天子敌也，何须拜谒其使？事人阙礼，离间邻好，恶而不诛，善者何劝？明年当发兵马以击尔。"[3]"事人阙礼，离间邻好"应该是麴文泰反对唐王朝的罪状了，而在贞观十三年十二月讨高昌诏中，则更其详尽罗列高昌王麴文泰之"叛逆罪"。今试据以上诸志传所记，归纳出若干条，笺其发生时代及影响，以窥贞观六年以前七年之后，麴氏高昌与唐关系之变化，从而判明志文所记张雄死因之真伪。

一、事人阙礼

前引《旧唐书·高昌传》记载，贞观十三年，"太宗谓其使曰：高昌数年来，朝贡脱略，无藩臣礼。"此处尚云"朝贡脱略"。而《新唐书·高昌传》直

---

[1]《旧唐书》卷一九八《高昌传》，第5294页。

[2]《资治通鉴》卷一九五《唐纪十一》"太宗贞观十三年条"，第6146页。

[3]《旧唐书》卷一百九十八《高昌传》，第5294—5295页。

书为"数年朝贡不入"。但都未明言此"数年"从何时算起。今据诸史所记贞观以来高昌王国朝贡时间和次数列如下。

贞观元年（627年）：自三月高昌遣使朝贡。[1]

贞观二年（628年）：未见记载。

贞观三年（629年）：二月高昌遣使朝贡。[2]

十一月高昌遣使朝贡。[3]

贞观四年（630年）：十二月甲寅，高昌王麴文泰来朝，礼之甚厚。[4]

贞观五年（631年）：正月甲戌，宴高昌王麴文泰及群臣。[5]

贞观六年（632年）：未见记载。

贞观七年（633年）：七月高昌遣使朝贡。[6]

贞观八年（634年）：十二月高昌遣使朝贡。[7]

贞观九年（635年）：未见记载。

贞观十年（636年）：未见记载。

贞观十一年（637年）：未见记载。

贞观十二年（638年）：未见记载。

贞观十三年（639年）：是岁高昌遣使朝贡。[8]

上表于贞观二年未见高昌国遣使朝贡，但贞观三年见有高昌国两度遣使朝贡。故疑是年年初二月之使，当即二年年末所派出，或因路途遥远，或因其他原因受阻滞，故延至次年始达。至于贞观五年，或因上年麴文泰入朝，受到荣宠，

---

[1]［宋］王钦若等《册府元龟》卷九七〇《外臣部·朝贡三》，第11397页。

[2]［宋］王钦若等《册府元龟》卷九七〇《外臣部·朝贡三》，第11397页。

[3]《旧唐书》卷二《太宗纪上》，第37页。

[4]《旧唐书》卷三《太宗纪下》，第41页。

[5]《资治通鉴》卷一九三《唐纪九》"太宗贞观五年"条，第6086页。

[6]［宋］王钦若等：《册府元龟》卷九七〇《外臣部·朝贡三》，第11398页。

[7]《旧唐书》卷三《太宗纪下》，第44页；又见《册府元龟》卷九七〇《外臣部·朝贡三》。

[8]《旧唐书》卷三《太宗纪下》，第51页。

逾年始归。故是年未再派出使臣。贞观六年或高昌王未派出贡使，或因史籍漏书。但麴文泰于贞观四年年末入朝，当与太宗灭东突厥擒颉利可汗、威震西域有关。而唐"礼之甚厚"，文泰"妻宇文氏请预宗亲、诏赐李氏，封常乐公主，下诏慰谕之。"[1] 如此，则未必逾年文泰即已割据对抗，况于贞观七—八年皆有遣使朝贡的记载。

如上所言，可见贞观八年以前，高昌王国基本上每年派出一次贡使朝唐。而九年以后，则相当长时期内不见高昌贡使记载，确是"数年朝贡不入"。据志，张雄已卒于贞观七年之初，当无由"规谏"麴文泰修藩臣之礼，遣使朝贡了。

二、封锁西域诸国朝贡、通商之道

《册府元龟·外臣部·征讨四》记载：

> 又伊吾之右，波斯以东，职贡不绝，商旅相继，琛赆遭其寇攘，道路由其壅塞。[2]

据史所记，贞观四年麴文泰入朝，"西域诸国咸欲因文泰遣使入朝，上遣文泰之臣厌怛纥干往迎之。"[3] 此处所云"西域诸国"当即上所言"伊吾之右，波斯以东"的地域范围内。当是麴文泰入朝向唐太宗报告了这个情况，故太宗派了麴文泰之臣厌怛纥干夫迎接西域使臣。当时魏征认为"中国始平，疮痍未复，若微有劳役，则不自安。往年文泰入朝，所经州县，犹不能供，况加于此辈。"由于魏征的坚决反对，在厌怛纥干成行后，太宗又"遽追止之"[4]。此处魏征云"往年文泰入朝"，则太宗遣使人厌怛纥然，最早亦当在贞观五年。

---

[1]《旧唐书》卷一九八《高昌传》，第5294页；又据《隋书》卷八三《高昌传》，称大业四年伯雅朝隋，尚华容公主宇文氏；又据《旧唐书·高昌传》，知文泰亦曾入隋朝贡，但未见有尚宇文氏之记载，故疑此处所云。

[2]《册府元龟》卷九八五《外臣部·征讨四》，第11567页。

[3]《资治通鉴》卷一五三《唐纪九》"太宗贞观四年"条，第6083页。

[4]《旧唐书》卷七十一《魏征传》，第2548页。

我们又看到史传记载。"贞观中，太宗遣折冲都尉、直中书译语揖怛然纥使西域，焉耆王突骑支因遣使朝贡。"[1]此揖怛然纥与上所云厌怛纥干疑即一人！在吐鲁番出土汉文文书中，不少与突厥贺族有关的官文书中皆记有"译语人"。在于阗出土的汉文文书中又见有"胡书典"。此类当即是通晓汉文及某种西域文字的人。《唐会要》记永徽元年监察御史韦仁约弹劾褚遂良抑买中书译语人史诃担宅一事[2]，可以互证。据《唐六典》所记中书侍郎职掌："凡四夷来朝，临轩则受其表疏，升于西阶而奏之，若献赘币则受之，以授于所司。"[3]当有译语人若干翻译有关语言文字。

这次成行的成果之一，就是焉耆王突骑支遣使入贡。史称焉耆使人于贞观六年秋七月丙辰入贡[4]，同年还有于阗国王遣使献玉带[5]。他们入贡所走路线，据前引，"自隋末罹乱，碛路遂闭，西域朝贡，皆由高昌。"[6]可见仍是道由高昌。亦足证此时此刻，麴文泰尚未阻止唐之使臣入西域，亦未阻拦西域使臣取道高昌入贡唐朝。要之，亦当在贞观七年之后，张雄亦无由"规谏"了。

至于商旅受阻事，当如魏征所云："自后数有商胡，称其遏绝贡献。"据《隋书》所记："伯雅先臣铁勒，而铁勒恒遣重臣在高昌国，有商胡往来者，则税之送于铁勒。"[7]铁勒衰败后，西突厥兴起，高昌国复又转隶西突厥。史无明言西突厥亦如铁勒"恒遣重臣在高昌国"；前引太宗切责高昌并"征其大臣冠军阿史那矩入朝"，阿史那矩当是西突厥王族，疑即西突厥所遣驻高昌的"重臣"。太宗指名征他入朝，"将与议事"，当即由此人掌握高昌大权之故。此时高昌亦必征收过境商人之税，大约除自留外，即作为对西突厥的贡纳。

---

[1]《册府元龟》卷一〇〇〇《外臣部·仇怨》，第11736页。

[2]《唐会要》卷六十一《弹劾》，北京：中华书局，1955年，第1067页。

[3] ［唐］李林甫等：《唐六典》卷九"中书侍郎"条，北京：中华书局，1992年，第275页。

[4]《册府元龟》卷九七〇《外臣部·朝贡三》，第11398页；《通鉴》亦同，唯《通典》作正月来。

[5]《旧唐书》卷一九八《于阗国传》作王尉迟屈密，第5305页；《册府元龟》卷九七〇《外臣部·朝贡三》作尉迟屈密。

[6]《旧唐书》卷一九八《焉耆传》，第5301页。

[7]《隋书》卷八十三《高昌传》，北京：中华书局，1973年，第1848页。

西域商胡为了牟利及旅途方便，往往冒充贡使，自汉已然。故魏征云："若任其商贾来往，边人则获其利，若为宾客，中国即受其弊矣。"[1]所以西域商贾为了获得种种之方便，并想籍唐王朝的声威，免除高昌王国的中间抽税而冒称贡使，是很可能的。但张雄未必就在麴伯雅自隋代即已税往来西域商胡以供铁勒、而今麴文泰税以供西突厥这一问题上，苦谏麴文泰，并发生冲突。

三、与西突勾结，袭击忠于唐之伊吾、焉耆

伊吾先臣西突厥，至是内属，文泰又与叶护连结，将击伊吾。[2]

伊吾在隋为伊吾郡。"隋乱，复没于胡。贞观四年，首领石万年率七城来降。"[3]《通鉴》将石万年入朝系于贞观四年九月戊辰下[4]，或许也与太宗平东突厥有关。据记，本年"置西伊州，六年去西字"[5]，而麴文泰入朝则在贞观四年十二月。此处但云"将击"而未见"击"，似与唐已改置州有关。

又焉耆之地，与之临接，文泰疾其尽节。轻肆凶威，城池有危亡之忧，士女婴却劫掠之酷。[6]

焉耆使臣于贞观六年七月入朝，即"复请开大碛路。及是，高昌大怒，遂与焉耆结怨。"[7]大碛路，即唐之大海道，素由焉耆向东偏南，直达敦煌之道。此

---

[1]《旧唐书》卷七十一《魏征传》，第2548页。

[2]《旧唐书》卷一九八《高昌传》，第5294页。

[3] 羽田亨《唐光启元年写本沙州伊州地志残卷考》，载万斯年辑译《唐代文献丛考》，上海：商务印书馆，1957年。

[4]《资治通鉴》卷一九五《唐纪九》"太宗贞观四年"条，第6082页。

[5]《旧唐书》卷四，《地理志》，第1643页。

[6]《册府元龟》卷九八五《外臣部·讨伐四》，第11568页。

[7]《旧唐书》卷一九八《焉耆传》，第5301页。

道设若重开，无疑会使高昌王国过去由于以西诸国使臣及商胡过境而获得的经济政治上的利益丧失掉。高昌"遣兵袭击焉耆，大掉而去。"[1]吕诚之先生认为"所谓高昌壅遏朝贡者，亦遏其出于新道耳，非欲使与中国绝也。"[2]但此次袭掠焉耆时间不明。要之，亦必在贞观六年之后。

另一次，麴文泰与西突厥勾结，于贞观十二年攻陷焉耆五城，"掠男女一千五百人，焚其庐舍而去。"[3]这一次，焉耆王上表唐朝，故太宗派李道裕去高昌，"往问其状"。

前次时间不明确，故未能知张雄态度如何，后次发生在贞观十二年，时张雄已死去多年。

四、离间邻好，间谍酋豪

贞观十三年，太宗责问高昌使云：

> 又遣使谓薛延陁云："即自为可汗，与汉天子敌也，何须拜谒其使。"

此即所谓"离间邻好"。

> 西蕃突厥，战争已久，朕愍其乱离，志务安辑，乃立咥利始可汗兄弟，庶令克复旧土，文泰反道败德，幸灾好祸，间谍酋豪，交乱种落，遂使毡裘之长，亟动干戈；引弓之人，重罹涂炭。[4]

此即所谓"间谍酋豪"。据《唐会要》，贞观八年十月，"西突厥咄陆可汗

---

[1]《册府元龟》卷一〇〇〇《外臣部·仇怨》，第11736页。

[2]参见吕思勉《隋唐五代史》第二章第六节唐初武功五。

[3]《旧唐书》卷一九八《焉耆传》，第5301页。

[4]《册府元龟》卷九八五《外臣部·征讨四》，第11567—11568页。

死，其弟沙钵罗咥利失立。"太宗曾派使人"往安抚之，仍册令咥利失可汗。"[1]

据贞观十三年薛延陀使人上言云："高昌虽貌事至尊，而翻覆不实，擅发兵与欲谷设击天子所立之国……乞发所部，为官军前驱以讨之。"[2]《通鉴》系此事于贞观十三年三月[3]。无疑，"离间邻国"与"间谍酋豪"皆发生在贞观七年之后，与张雄无涉。

五、其他

在切责、讨伐高昌的罪名中还有：

> 国中署置官号，准我百僚，称臣于人，岂得如此。[4]

但据吐鲁番出土的麹氏高昌时期墓志及官文书中所见麹朝官制，大体上在延寿十年（即贞观七年）前后也没有发现有任何变化。这些罪状，当只是一种借口。

另一条，则是指责麹文泰扣押汉人之事：

> 自隋季道消，天下沦丧，衣冠之族，疆场之人，或寄命诸戎，或见拘寇手，中州既定，皇风远肃，人怀首丘，途经彼境，皆被囚系，加之重役，忍苦遐外，控告无所。[5]

据《高昌传》所记，则是在东突厥颉利可汗败亡后，于大业末没于突厥的汉人乘此脱离突厥的奴役。"或有奔高昌者"，被拘留不遣，太宗"诏令括送"，

---

[1]《旧唐书》卷一九八《焉耆传》，第5301页。

[2]《册府元龟》卷九七三《外臣部》"助国讨伐"条，第11432页。

[3]《资治通鉴》卷一九五《唐纪十一》"太宗贞观十三年"条，第6146页。

[4]《旧唐书》卷一九八《高昌传》，第5294页。

[5]《册府元龟》卷九八五《外臣部·讨伐》，第11567页。

"文泰尚隐蔽之"[1]。颉利败亡在贞观四年，而五年太宗曾下令"以金帛购中国人因隋乱没突厥者男女八万人，尽还其家属。"[2]文泰于贞观四年入朝，五年还国，拘留不遣之事就发生于其归国之后。张雄是否由此进谏，志文不详。对此事之态度亦无据，不敢断言。

综上所述，可见唐伐高昌时所举麹文泰的诸种罪状，其中主要的都可明确断定发生在贞观七年之后，亦即在张雄死后，此前高昌与唐之关系应属正常之藩属关系。故张雄虽或已有"事大之心"，然麹文泰尚无"阻漠凭沙"之计。

（作者单位：武汉大学历史学院三至九世纪研究所）

---

[1]《旧唐书》卷一九八《高昌传》，第5295页。

[2]《旧唐书》卷三《太宗纪下》，第41页。

浅谈"南海I号"陶瓷整理研究中的困境与对策

肖达顺

内容提要:

"南海I号"成功被整体打捞并拖入"水晶宫"博物馆后又启动全面保护发掘,至今提取文物达18万件。其中陶瓷器数量最巨大,而且来自国内不同地区窑口,器型复杂多样,作不同商家船货时又有不同方式不同层次的捆扎装载。在现场保护发掘进入尾声之际,"南海I号"出土遗物中绝对数量的陶瓷器的考古整理工作显得尤其重要和紧迫。但是,无论如何艰巨和紧迫,有多发达的现代测绘手段和数据采集技术,"南海I号"陶瓷整理研究仍然需要坚持考古层位学和类型学基本方法,这也是所有沉船资料数据采集的必要手段和深入研究基础。笔者长期工作在"南海I号"保护发掘现场,对沉船整个发掘过程及将来的整理都有一定的认识,据此试图结合已出版发掘成果及笔者近年瓷器整理的实践经验,来探讨考古层位学和类型学在"南海I号"陶瓷整理研究中的重要性,也希望能为其整理研究工作发挥作用。

1987年"南海I号"南宋沉船发现后,历经多年的搜索探摸和水下调查试掘后,2007年成功被整体打捞并拖入为其特制的"水晶宫"(即广东海上丝绸之路博物馆)内。在博物馆内又经多年试掘和各方面预研究后,于2013年全面启动保护发掘,2015年基本完成沉船表面被扰乱堆积的清理提取工作,随后正式进入沉船船舱内原位摆放的船货堆积的清理(图一)。到2018年,"南海I号"的发掘工作以提取船舱内船货文物为主,仅该年度出土文物数量就达106000件。2019年底圆满完成了船内发掘清理,据最近公布的文物数据来看,出土(水)文物总数超过18万件,其中以陶瓷器为大宗,还包括各类金、银、铜、铁、铅、锡等金属器,还有

图一　2015年12月"南海I号"保护发掘现场暴露的船货堆积

竹木漆器、人类骨骼、海洋生物和其他陆生动植物等遗存，以及朱砂、玻璃等其他材料标本。沉船陶瓷器囊括了产自江西、福建和浙江等省当时大多数的外销瓷窑址产品。主要器形则包括壶、瓶、罐、碗、盘、碟、钵、粉盒、炉等，各大器形再细分又有各种丰富多样的样式。在现场保护发掘进入尾声之际，"南海I号"出土遗物中绝对数量的陶瓷器的考古整理工作显得尤其重要和紧迫。但是，无论如何艰巨和紧迫，有多发达的现代测绘手段和数据采集技术，"南海I号"陶瓷整理研究仍然需要坚持考古层位学和类型学基本方法，这也是所有沉船资料数据采集的必要手段和深入研究基础。

一、"南海I号"陶瓷整理的艰巨性和紧迫性

从1987年发现"南海I号"到历年水下考古调查，整体打捞，再到博物馆内的试掘及全面保护发掘过程，历时三十余年，不说工作人员来自全国多个不同单位，项目领队都经历几代人，各时期工作出水或出土的陶瓷器分存全国几个不同地方机构单位……不管是时间跨度大，还是出水出土遗物收藏单位众多，"南海I号"终究是一个整体，不管是陶瓷还是其他遗物都应该尽可能在一个整体中来整合所有文物数据。这也是当初力排众议耗费巨资进行整体打捞"南海I号"的初心

与使命。如何进一步贯彻和实现整体打捞以来,充分体现了"保护为主、抢救第一、合理利用、加强管理"的精神,贴近世界文化遗产保护公约"原始性""真实性"和"完整性"要求,做好"南海Ⅰ号"考古整理研究工作,梳理出更加完整、更加全面的文物标本及信息,为将来保护和展示提供必要的文物遗存、信息和学术支撑,也是当前"南海Ⅰ号"工作基本目标,也是必须正视和思考的问题[1]。因此,如何把"南海I号"装载的巨量陶瓷器全面、科学、系统整理表达出来是非常巨大的挑战!

2020年5月,"南海I号"南宋沉船考古发掘项目获评2019年全国十大考古新发现,6月入选《丝绸之路文化遗产年报2019》丝绸之路文化遗产2019年度十大考古发现榜单。同年,广东海上丝绸之路博物馆在"南海I号"考古队的支持和共同努力下获评国家一级博物馆。广东省博物馆主持的《大海道——"南海I号"沉船与南宋海贸》也荣获第十七届全国博物馆十大陈列展览精品推介,入选丝绸之路文化遗产2019年度十大陈列展览榜单。从博物馆建设和"南海I号"的考古发掘、展示利用及社会教育方面开展的品牌建设,"南海I号"在整个考古发掘过程都有效保持了对社会大众的吸引力。"南海I号"发掘工作已进入尾声,马上需要大规模的全体整理研究工作,"南海I号"出水出土文物展示利用的需求也随其知名度和曝光度加大与日俱增。但是我们应该清楚,考古整理研究是前提和基础,展示利用是目标和更高的追求。没有前者,后者就没有灵魂,前者止步不前后者亦难有生命力。"大海道"展览足够精彩,包揽各项荣誉,但是我们应该清楚该展览只是基于出土文物的丰富精美和初步认识,"南海I号"的文化内涵还能更加丰富、更有深度、更有影响力!广东海上丝绸之路博物馆在新华社发布的《2019年度全国博物馆(展览)海外影响力评估报告》专题类博物馆综合影响力榜单中排第三,在《2020年度全国博物馆(展览)海外影响力评估报告》中排名第八。从另外一个侧面来看,该项影响力的下降并非就是"南海I号"影响力的下降,而是随着"南海I号"发掘工作进入尾声,出土文物数量上和精美程度上下降而整理研究影响力

---

[1] 笔者在2019年在宁波举办的"中国考古学会水下考古专业委员会成立大会·暨水下考古青年论坛"上发表了《"南海I号"考古整理的个人构想》演讲,表达当时该如何客观、真实、准确、全面、科学和系统地整理"南海Ⅰ号"考古资产的个人思路和想法。

没跟上，必然有这么一个趋势。像大量陶瓷墨书，纵然有文字记述，却因没有更多具体出土情景信息和统计信息等而无法继续深入研究，其他陶瓷研究也同样止步不前，作为"南海I号"船货最丰富多彩、最具文化代表的文物大类，其进一步的展示利用也必然难为无米之炊。不可否认的是，"南海I号"船载陶瓷虽然窑口众多器型丰富，但十几万件的规模是成千上万的几乎无差别的个体产品重复，没有完整的考古发掘信息整理研究，再多的重复产品摆放在同一家博物馆内也是徒增数字而已。因此，"南海I号"陶瓷整理研究任务艰巨而迫切。

二、当前"南海I号"陶瓷研究的瓶颈与层位学对策

由于水下堆积埋藏的特殊性和水下工作时间的有限性决定"南海Ⅰ号"整体打捞前的水下调查发掘工作，像广东汕头"南澳I号"和韩国新安沉船等系统发掘的沉船一样，大多水下考古工作不是不需要层位学（考古地层学），只是没有条件，导致很多信息缺失或客观性大打折扣。"南海Ⅰ号"从整体打捞到博物馆内全面保护发掘，有条件像一般陆地田野考古工作一样，通过层位学和类型学来科学、全面、系统地获取一切能获取的信息——这也是最初整体打捞的目标！正如俞伟超所言"地层学是科学地取得考古资料的方法论，类型学则是科学地归纳、分析考古资料的方法论"[1]。考古学发展至今，各种新的方法、技术、理念频出，大数据信息科技高度发展的当今社会，对于作为瞬间定格的时间胶囊——"南海Ⅰ号"历史文化时空架构的重建依然需要层位学和类型学。正如李伯谦所言"现在科技方法的运用又代表了最新的瓷器研究方法，但传统的地层学与类型学方法是考古学研究的基础，是不能丢弃的。把科技手段更多地应用到瓷器研究中来，并与传统研究方法相结合，才是正确的研究思路。"[2]既肯定了传统研究方法，又为新方法的应用提供指导方向——其他新方法手段也必须在层位学与类型学方法基

---

[1] 俞伟超《关于"考古类型学"问题——为北京大学七七至七九级青海、湖北考古实习而讲》，《考古类型学的理论与实践》，北京：文物出版社，1989年5月，第2页。

[2] 故宫博物院考古研究所《"秘色瓷考古新发现及陶瓷考古理论与方法学术研讨会"述评》，《故宫博物院院刊》2017年第5期。

础上开展或延伸。近年出版的两套"南海I号"沉船的阶段性考古报告[1]（以下简称《调查报告》《发掘报告》）介绍出水出土的陶瓷器较多，也比较系统，基本能让读者了解到"南海I号"陶瓷大致种类和特点。然而，《调查报告》是没有地层或层位的，仅能让读者了解到"南海I号"陶瓷大致种类和特点，而无法深入探讨作为沉船里面数量最多、个类最复杂、最大宗的船货堆积背后的内涵。该报告后面第五章陶瓷科技考古内容也只能是辅助性的分析研究其产地，对沉船里面不同产地陶瓷之间的内在关系也无法探讨。以笔者经手的一个广东大埔余里窑址的科技考古分析研究成果为例[2]，虽然提供故宫博物院测试的标本数量不多，不可能准备完整发现问题和解决问题，但由于每件标本出土位置和层位信息清楚，各个窑炉的标本与废弃堆积地层出土的标本中胎釉原料的差异，氧化钙含量的差异等结果有助于遗址内部各不同遗迹和堆积间内在关系的探讨。

《发掘报告》是2014—2015年博物馆内全面保护发掘阶段性的成果，也有介绍大量的陶瓷器标本，从种类特点来看，没有多少突出的亮点，但由于发掘方式的先进性，考古测绘和数据采集技术的先进性，使得所有陶瓷器有清楚的位置及地层和层位信息。"由于数据采集工作的参与，目前"南海Ⅰ号"所有提取的文物和散落、拆除的隔板都有极为准确的三维坐标与相互位置关系记录，可以做到将数十万件文物通过数据模型客观真实地恢复到原始位置状态，既有利于全面保护的需要，也可以完成数字化展示、VR还原沉船各阶段状态。"[3]虽然这阶段清理的堆积主要是后期扰乱并非沉船沉没前原有堆积位置，但是发掘者对"南海Ⅰ号"的地层堆积信息非常重视，《发掘报告》专门用一章介绍沉船埋藏环境和沉积层位。尤其第五章陶瓷器专用一节介绍墨书，后面统计表列举了每件墨书陶瓷器的窑口、类型及出土位置和层位信息等。该报告出版当年，一直在现场发掘的林唐欧随即发表的《"南海I号"沉船陶瓷器墨书初步研究》敏锐捕捉到"该沉船中墨书瓷器的摆放位置和出土位置，较为原始，扰动较少，为墨书的综合分析和

[1] 国家文物局水下文化遗产保护中心等《南海Ⅰ号沉船考古报告之一——1989—2004年调查》《南海Ⅰ号沉船考古报告之二——2014—2015年发掘》，北京：文物出版社，2017年11月和2018年5月出版。

[2] 李合等《广东大埔余里窑青瓷的成分特征研究》，《南方文物》2020年第5期。

[3] 孙键《信息化测绘与数据采集在"南海Ⅰ号"沉船考古的应用》，《中国文化遗产》2019年第5期。

深入研究提供了准确丰富的新资料。"[1] 相比一同参加2011年"南海I号"试掘的陈波于2013年发表的《南海Ⅰ号墨书问题研究——兼论宋元海上贸易船的人员组织关系》[2]，林文更多的依托现场考古发现墨书陶瓷器的位置和大致层位信息来介绍种类和探讨墨书的作用和意义，因而在考古学界和海洋史学者引起反响较大。日本石黑ひさ子有感而发的《南海I号墨书陶磁器の"姓"と"花押"をめぐる问题》[3]，更细致深入探讨"南海I号"沉船瓷器墨书含义及其商品贸易性质等问题，不仅关注到当前考古发掘的位置和层位信息，石黑女士还在《发掘报告》统计数据的基础上，把《调查报告》及2011年试掘报告发表的墨书陶瓷器数据都整合在一起，做成统计表——更把"南海I号"所有材料当成一个整体来考量。但是，不管林文还是石黑文，限于当时的发掘进度和已发表的有限材料，仅就墨书的相对位置，以及墨书内容进行讨论，墨书陶瓷的具体器型和层位关系未能深入探讨。

其中，林文中说到"写有墨书的瓷器大部分在舱位中发现，并不是所有的瓷器上都书写有墨书，而是一摞瓷器最上面一件器物写有墨书。"这句话其实有误导，这只是其中一种情况，随着发掘工作的深入，有的舱位如C13的青瓷小碗，基本不见墨书，有的舱位是酱釉大罐里装满各个窑口各种类型的瓷器，或者青白瓷小罐里装着多件小瓶，有的全都写墨书，有的全无，有的个别有墨书。《发掘报告》介绍各个船舱刚暴露出来时船货就非常丰富复杂，瓷器窑口、类型及相关码放和捆绑方式就各有同，更不用说舱内船货最后清理提取完后所能见到的情况了。所以，未来"南海I号"出土陶瓷的报道肯定不能像2014—2015年的《发掘报告》如此简单地罗列了，必须把上述复杂不清的层位关系和层次关系表述清楚。2016年笔者在发掘过程中就曾提出最小堆积单位和堆积层次的问题[4]，而对数量

---

[1] 林唐欧《"南海I号"沉船瓷器墨书初步研究》，《南海学刊》2018年12月第4卷第4期。

[2] 陈波《南海Ⅰ号墨书问题研究——兼论宋元海上贸易船的人员组织关系》，《东南文化》2013年第3期总第233期。

[3] 石黑ひさ子《南海I号墨书陶磁器の"姓"と"花押"をめぐる问题》，《南岛史学会创立50周年纪念论集》，春风社，2021年6月10日。

[4] 2016年在韩国新安沉船发掘40周年纪念国际学术研讨会上笔者提交论文《"南海Ⅰ号"发掘的考古地层学与类型学思考》，提出"南海Ⅰ号"的发掘需要区分堆积层次和最小堆积单位。当年收录于《韩国新安沉船发掘四十周年纪念文集》。从最初参加"南海Ⅰ号"发掘工作开始，笔者就始终坚持层位学和类型学基本方法。

最庞大、器型最为丰富、装载又最为复杂多样的陶瓷器，更需要考虑这两个问题。解决了所有陶瓷器的堆积层位关系和层次关系后，再结合所有墨书所在陶瓷器窑口、器型，对"南海I号"如此大量的墨书的功能、意义才有更可靠的探讨依据，类型学才更能发挥作用，才能更充分地利用考古材料说话。

三、"南海I号"陶瓷器整理研究的类型学困境和对策

"现在在我们大量的考古学分析中，考古工作者常常忘记了为何要分类和为何采用类型学的问题。因此，类型学没有被教授来解决各种特定的问题，却被奉为撰写考古报告的圭臬。有的报告的分类纯粹是一张出土遗存的目录单，根本谈不上任何具体问题的探讨。"[1] 更为甚者以为类型学各有各的分法，就没有规律和规则可言，结果对遗物标本的基本描述也说不明白，或者同一本报告不同章节的执笔各有各的标准、各说各的，或者同一个遗址不同时期的报告也是各说各的，给读者对"南海I号"整体信息和出水陶瓷器整体面貌的了解造成极大的困难——"南海I号"各阶段的报告本身就有这个问题。这就是为什么严谨的学者做考古研究前都要把用到的考古报告按原来出土单位重新组合排列检验一下，或者根据自己的学术研究偏好做一次新的类型学分析。石黑女士在整理"南海I号"《调查报告》《发掘报告》和2011年试掘报告材料时必然深有体会。因此，作为一个水下文化遗产的整体，无论什么时期，哪些单位组织的工作，怎么样的成果，终究要在整合在统一的考古类型学体系下，才能更好地发掘出"南海I号"的整体文化内涵。

轰动一时的整体打捞的成功，以及沉船考古与陶瓷器产品本身的一些特点决定了对"南海I号"这一批文物需要尽可能保证全面性和完整性，不应先行筛选标本或只关注代表性器物及其本身特点。"南海I号"沉船就像一个巨大的商贸库房类的窖藏，各个船舱相当于"窖藏"的不同隔间。除了2014—2015年发掘的表层扰乱堆积，清理到船舱原位摆放的船货基本都是可复原的整个个体，而各个体携

[1] 陈淳编著《考古学理论》，上海：复旦大学出版社，2004年8月，第176页。

带的信息不仅仅是窑口产地这么简单，国内大小窑址发掘和出土陶瓷研究都已有相当积累，就算碎成瓷片也能断定大概窑口器型等。各个体从产地如何运送上船，上船时又如何包装组合，又从沉船去往何处，其过程中人与人间的社会关系又如何，这才是我们更应关注的。因而从全面性、完整性、有效性和目的性的角度考虑，应该把所有确定的个体都进行系统信息采集，不确定的残件及扰乱堆积可在完成传统的拼对修复工作之后再参考进行。

2017年，郑建明就表达了陶瓷考古的理论与方法在上林湖后司岙窑址发掘过程中的探索实践，采用三维化的技术手段记录了整个发掘过程的同时，强调"并对所有标本进行统计与分类，从而实现了发掘过程的三维化全记录和窑场废弃过程的三维化重建"[1]。信息化测绘与数据采集在"南海Ⅰ号"沉船考古的应用[2]，对这种发掘过程"三维化全记录"和沉船船货装载的整个过程的三维复原重建毫无压力，占据绝对数量的出水陶瓷器自然是整个过程重建的重要对象。鉴于作为船货的陶瓷器的巨量性，以及来源多样性、器型复杂性、同时有大量重复性等特点，我们不应该先入为主地先定窑口，随后分器型介绍，遇到不明窑口则归入其他待认定类型，而是需要把每个个体的文物信息化整为零，用数据库手段储存，在考古层位学和类型学原理指导下再整合分析。这样操作的优势不言而喻，既能最大程度保证全面性和完整性，又能把大量考古材料数据化，从而达到基本类型学的简化浓缩目的。其中关键是需要把非结构性的考古材料转化成适合数据库结构化的数据，如此，就涉及数据库建设的考古材料的数据化和标准统一问题了。上述近年出版的两套"南海Ⅰ号"沉船的阶段性考古报告虽然精彩纷呈，但对于"各有标准给读者对出土陶瓷器整体面貌的了解造成极大的困难"的问题也无法回避，都是同一条沉船的材料，两套报告对陶瓷器的介绍描述却各有特点（图二）。最基本的陶瓷器数据表达问题都不能统一，根本谈不上数据整合和深入研究。

---

[1] 故宫博物院考古研究所《"秘色瓷考古新发现及陶瓷考古理论与方法学术研讨会"述评》，《故宫博物院院刊》2017年第05期。

[2] 孙键《信息化测绘与数据采集在"南海Ⅰ号"沉船考古的应用》，《中国文化遗产》2019年第5期。

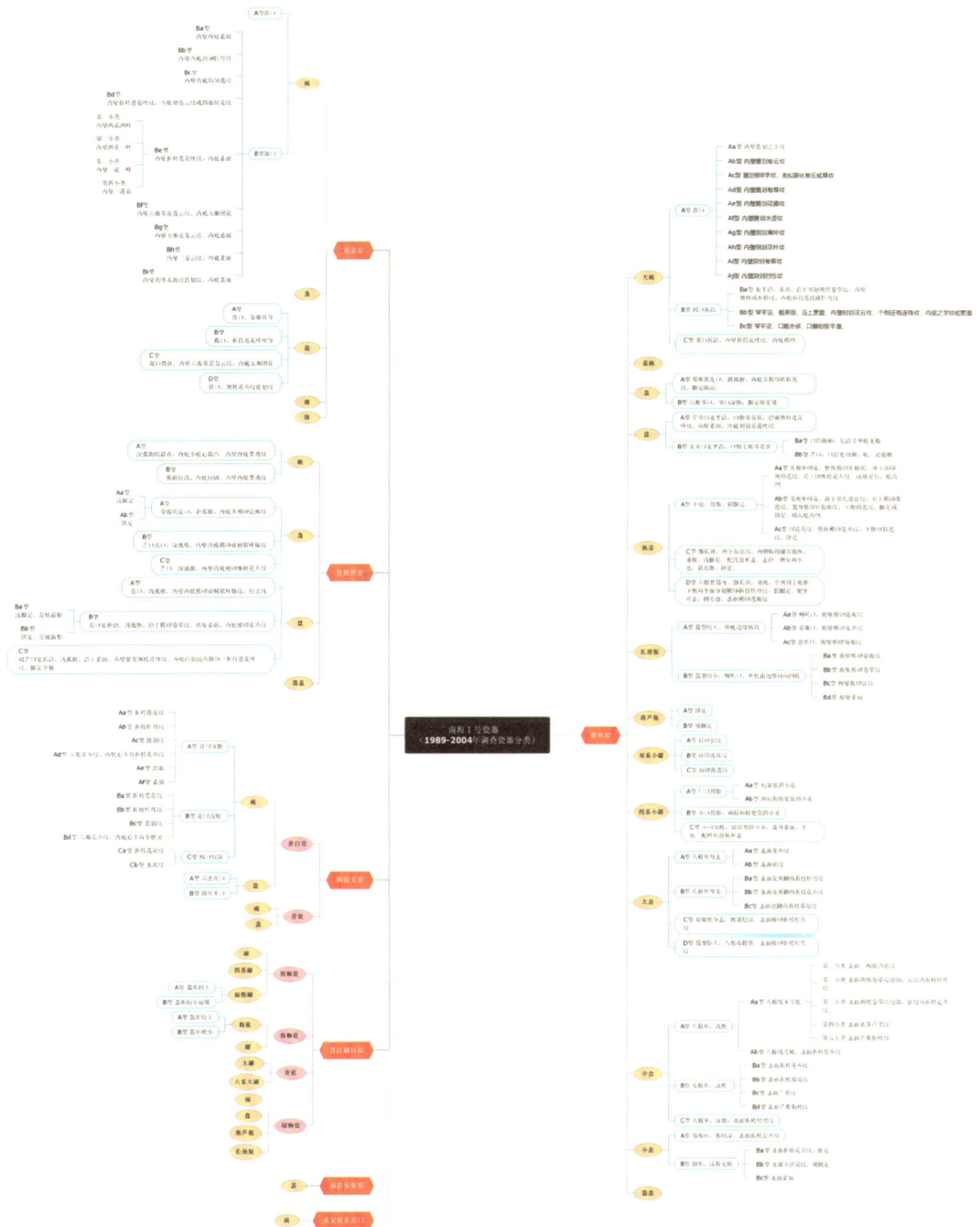

图二 "南海Ⅰ号"1989—2004年调查出水瓷器分类导图

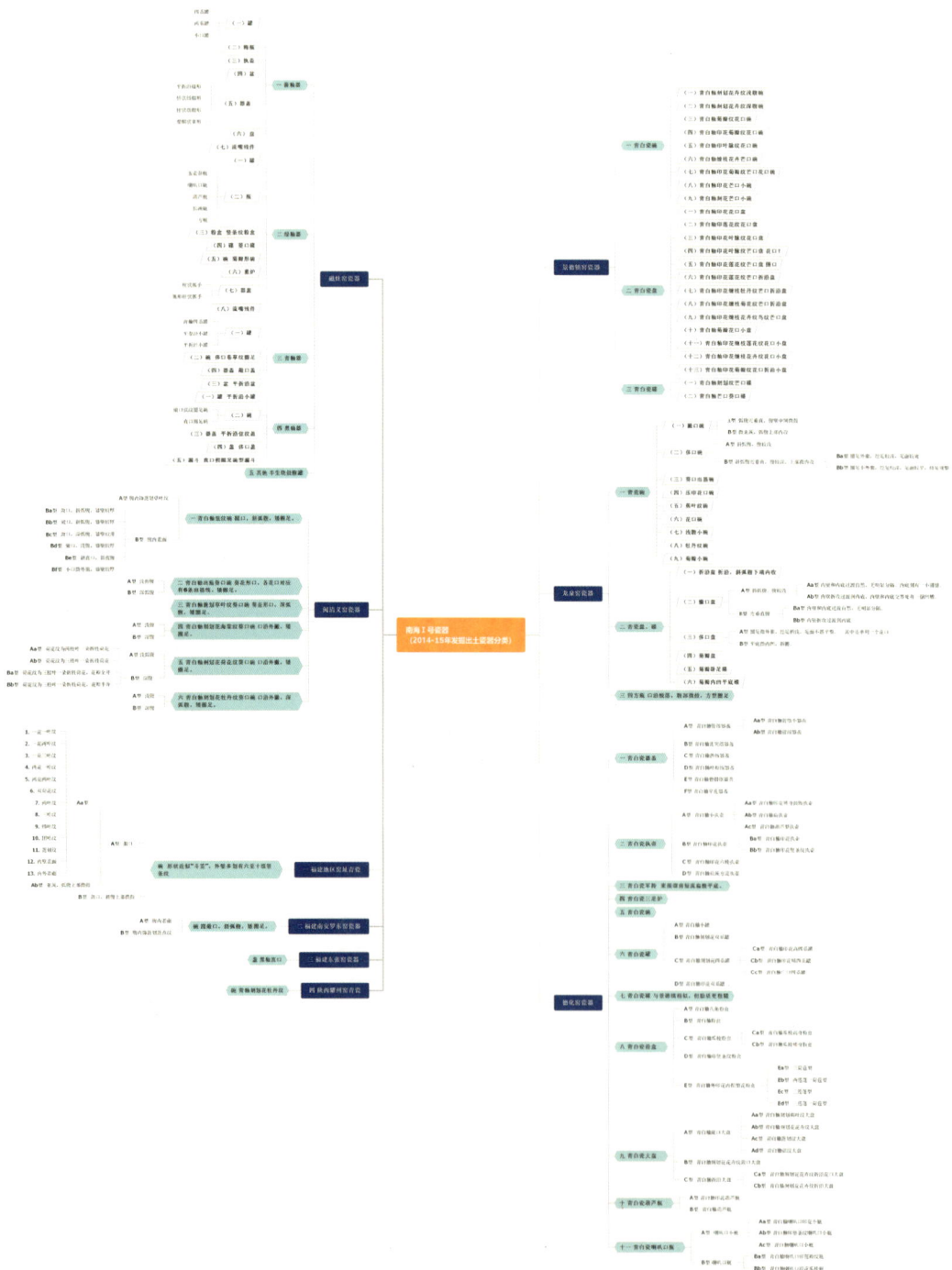

图三 "南海 I 号" 2014—2015年发掘出土瓷器分类导图

具体有以下四个方面值得注意。

其一，概念。这是个很基本却无法回避的话题。什么叫敞口、侈口、撇口，什么叫花口、葵口、菱口、芒口，什么叫鼓肩、鼓腹、垂腹，什么叫假矮圈足、饼足、平底内凹等。还有，没有数据支撑怎么分浅腹深腹、较大较小、较高较矮等问题，看似都清楚，实则各人操作起来则五花八门。因而，有些考古报告在综述里都有些标准定义或说明，以解决作者之间或作者与读者间的概念不统一问题。如《博罗横岭山——商周时期墓地2000年发掘报告》在介绍器类时，关于器物形制的描述，确定了一些关于口腹底等表述的范例[1]。因此，在"南海I号"陶瓷器个体信息采集前就有必要对一些基本概念做一些必需的统一或限定。

其二，器型。碗盏、盘碟或瓶壶等如区分或定义。如《调查报告》中的景德镇窑青白瓷A型菊瓣纹盏，德化窑青白瓷A型菊瓣纹盏，磁灶窑系绿釉菊瓣碗，《发掘报告》中的景德镇青白釉菊瓣碗，磁灶窑系绿釉菊瓣碗——都是一种器型。还有《调查报告》中景德镇窑青白瓷芒口盏，《发掘报告》的景德镇青白釉芒口碗等等其实都是一样的产品，不同的表述。所以，器型名称的定义也需要统一才有利于信息整合，同时也是深入探讨研究的基础。

其三，纹饰。各器型根据主要器型特征区分大型及亚型后，自然会进一步考虑最小类型下装饰特点的区分。《调查报告》中德化窑的A型侈口大碗，根据内壁纹饰又可以分10个亚型。《发掘报告》中福建窑口的Aa型斗笠状青瓷碗内壁纹饰又可以分13个小类型。"南海I号"陶瓷器纹饰丰富可见一斑。然而，与器型定名有同样问题，同一纹饰不同的人有不同表达，同一种名称，不同的看法代表不同的纹饰。

其四，尺寸。这个因素通常容易被忽视，甚至同一种器型就存在不同大小规格，这个明显表现在东汉日用陶器与事死如生的明器之间，有些明器就是日用陶器的具体而微。此外，尺寸数据固然重要，但采集哪些测量数据也是个问题。再

---

[1] 广东省文物考古研究所编著《博罗横岭山——商周时期墓地2000年发掘报告》，北京：科学出版社，2005年4月，第19页。

来看《调查报告》中景德镇婴戏纹碗，A型深弧腹略斜直，B型弧腹较浅。两型口径与圈足径都基本一致，就是通高差2厘米左右，深浅腹形态明显。《发掘报告》也不少以器腹深浅来区分型式，尤其是闽清义窑各种碗，深浅区别的器型同样也是通高差2厘米左右，深浅腹形态明显。但如果提供的是腹深数据，那就更一目了然了。像这些区别明显的器型自然肉眼可以区分，但像《发掘报告》中的龙泉窑A型青瓷撇口盘腹较浅，但也没见得B型相对应的较深，闽清义窑中的青白釉刻划花牡丹纹葵口碗整体来说"深弧腹"，但同时又分深腹和浅腹两型——如果做好各项尺寸数据采集及统计，自然不会出现这些描述混乱的问题了。因此，各种器型的测量要点也需要认真审视统一。

为了达到陶瓷器数据表达的统一，进而达到数据整合的基本要求，笔者认为应把窑口辨识押后，先进行每件器物个体基本要素的记录统计，进而再进行窑口产地、使用功能及社会性质等的辨识讨论。为此，笔者也为"南海I号"陶瓷整理做了一份器物个体需要记录统计的基本要素导图以供日后正式整理工作讨论引玉之用（图四）。

图四　未来整理"南海I号"瓷器标本需要记录的要素导图

四、"南海I号"陶瓷器数据整合与研究深度

"南海I号"陶瓷器以船货包装形式有序堆放,层位关系更加简单明确,考古数据整合更有利于分析解读每个层次的组合单位之间的特点与关系。《调查报告》和《发掘报告》采集的标本都是一些零散的材料,谈不上全面与整体,也没有地层关系,更谈不上考古类型学系统的统计分析。而已经结束发掘的船舱内的船货发掘,在信息化测绘与数据采集手段应用下资料丰富完备,再结合往年工作材料,必然能充分揭示"南海I号"的完整性。

日本《朝野群载》卷20记载的"公凭"允许一艘船可装载200"床"碗和100"床"小碟。曾凡所做的研究证明1"床"碗大约20件,1"床"小碟大约50件,因此总共9000件。"表明一条船可以运载多达9000件瓷碗和瓷盘到日本去。"[1]然而,笔者对这个结论有点疑问。首先,"公凭"所记"一人船货物。自己船只。"[2]一船瓷器仅有此9000件碗和碟,没有其他器形?相比"南海I号"十余万件器类繁多的陶瓷器,该船也太单薄了,笔者负责清理提取的第十三舱中的闽清义窑青釉弦纹碗有3万多件。除纲首李充外还有其他人——梢工林养,杂事庄权,部领吴弟(乘组员六十四名的姓名列记)[3]。因而这是别有公凭,还是完全只是李纲首的船货,或是曾凡对"床"的量化研究,有待商榷。没有更多文字或文献材料的话,那只能寄托于考古材料类型学数据的统计分析了。

从《发掘报告》第四章第二节"船货"与第四节"装货工艺"介绍来看,十几个船舱装有浙江龙泉窑青瓷、江西景德镇青白瓷,以及福建德化窑、晋江磁灶窑、闽清义窑各色釉瓷等,琳琅满目,大小相套或成组堆放,密密麻麻,确是"无少隙地"。如第十四舱右侧(C14b)发现4摞龙泉窑青瓷碗采用竹条包装,其中一摞47件。第11舱闽清义窑青瓷碗有5件、10件甚至20件一摞的。第8舱右段

[1] 朱莉叶·艾莫森等《瓷器贸易的曙光——白瓷与青白瓷》,《南方文物》2000年第4期,注19。

[2] 曾凡《再谈德化窑的问题》,载《德化窑》,北京:文物出版社,1990年,第147页转摘"公凭"全文。

[3] 曾凡《再谈德化窑的问题》,载《德化窑》,北京:文物出版社,1990年,第147页转摘"公凭"全文。

图五　第13舱右侧c舱第一提取层155组青瓷碗的编号图

（C8c）发现酱釉大罐里装置多件酱釉执壶，第6舱中段C6b等舱大罐里套装粉盒、瓶等，还有大瓷盒装小粉盒及器盖等等[1]。似乎更符合《萍洲可谈》卷二记"舶船深阔各数十丈，商人分占贮货，人得数尺许，下以贮物，夜卧其上，货多陶器，大小相套无少隙地。"李充"公凭"的信息太模糊了。那"南海I号"是"一人船货物。自己船只。"还是"商人分占贮货"。这一"床"表达实数的量词，还是像"摞""捆""筐""堆""片""层"等只是一个大致描述形态或状态的虚数量词而已。

　　"南海I号"尚未发现公凭等相关信息文书材料，无法确认。但是，通过对陶瓷器的信息采集后，可以依据各个形制、纹饰及墨书等客观要素进行数据整合分析，确定各器类具体类型，再通过各要素特征不同组合的统计数据检验各器类、各具体类型的合理性。这时候，再整合统计各个类型瓷器组合与各船舱的数量分布数据，几个一摞，分布在哪几个船舱或小舱，有几层分布，等等。甚至我们可

---

[1] 国家文物局水下文化遗产保护中心等《南海Ⅰ号沉船考古报告之二——2014—2015年发掘》，北京：文物出版社，2018年5月，第133—150页。

以知道，第13舱的10件一组的闽清义窑青釉弦纹碗一共有多少摞，三个小隔舱分别有多少，每小舱分别又有几层，每层各有几摞（图五）。"南海I号"十五个舱（残存十四个船舱）的数据出来后肯定也无法确定李充"公凭"的"床"是怎么一个数，只因为这就是一个虚数量词。甚至李充"公凭"也不是代表李纲首自己的船上所有货物，有可能是"分占贮货"的商人各自己报批，否则怎么养得起"大者数百人小者百余人"（《萍洲可谈》）一船船员。

此外，《调查报告》中的德化窑盖碗器底墨书都是同一字迹的字（难以辨识），各型执壶则都是同一字迹"吴□"，磁灶窑的黑釉扁腹罐则有大量"然"字，却不能说明什么问题。《发掘报告》第七节陶瓷器墨书更是丰富多彩，不仅各种姓氏单字多了，除了《调查报告》的"李大用"外，还有不少"郑知客记""十五哥记""李保长直""蔡火长直"等多字墨书（图六、七），似乎便是代表"分占贮货"的各位商人。前文已明述，由于发掘阶段的限制，墨书是指船主船员，还是商人，还是说有像"郑知客"等这样的官方人员参与[1]，是什么样的商业运营模式，又是什么样的运行机制，具体性质的探讨也仅能结合不同文献猜测，未能有更多的考古学数据支撑，只能期待未来的陶瓷数据整合。

图六　"李保长直"墨书[2]　　　　　图七　"郑知客记"墨书[3]

[1] 李岩《航行的聚落——南海1号沉船聚落考古视角的观察与反思》，《水下考古》第3辑，上海：上海古籍出版社，2021年12月。

[2] 国家文物局水下文化遗产保护中心等《南海Ⅰ号沉船考古报告之二——2014—2015年发掘》，北京：文物出版社，2018年5月，图版473。

[3] 国家文物局水下文化遗产保护中心等《南海Ⅰ号沉船考古报告之二——2014—2015年发掘》，北京：文物出版社，2018年5月，图版506。

　　然而，除了看到德化窑和磁灶窑产品墨书较多，龙泉窑及景德镇窑较少，其他窑口更少外，也说明不了更多问题。因为《发掘报告》还不具备足够的基本类型学数据。在我们完成相关数据采集后，再来看不同的墨书都出现在哪些窑口、哪些器型、分布在哪些船舱、哪些成摞的小单位小层位、是否整摞的瓷器都是同样的墨书，都有还是每摞仅一件有……这一过程近似于《洛阳烧沟汉墓》第三篇"器物类型"第一章"陶器"各器型介绍后构建的各器型与墓型的"共存之关系"表[1]，器物与遗迹关系自然跃然纸上，即可从基本类型学深入到工具类型学研究。或者是使用许永杰说的"情景分析"——就是观察考古遗存的出土环境，利用考古遗存间的种种共存关系，发现遗存联系形式的必然性，从而得出遗存性质与功能的认识，并进而重建历史[2]。又或者说是从陈胜前说的"微观考古学"的因果关系到"宏观考古学"探索考古遗存所意味的内涵[3]。总之都是从考古材料上升到历史探索的问题，但也只有在标准统一的基本类型学数据采集前提下，这些推理性的工具类型学数据才能开始分析和解决相关问题，以致最后跟相关文献记载如何对应甚至探讨更多的海洋贸易等问题。

　　在"南海I号"陶瓷器整理过程中，我们也要为日后相关沉船考古或陶瓷考古提供数据库建立范本，为更大范围数据库的建立提供经验与教训，也为日后更多更大范围的陶瓷数据的整合分析研究建立一个基点，至少使"南海I号"沉船考古资料与陆地窑址材料整合研究更加容易。考古层位学和类型学基本方法在沉船考古研究中同样有着非常重要的作用和意义。为此，必须把"南海I号"陶瓷器层位学和类型学数据采集工作基础做细做好，以求达到客观、真实、准确、全面、科学和系统。因此，只有考古材料在考古层位学和类型学指导下，建立统一数据采集标准进而充分整合，才能达到类型学开放性分类和深入研究以物论史的学科要求。这不仅是为"南海I号"中的陶瓷器考古整理中构建，更是要为"南海I号"内其他材质的遗物，以及"南海I号"以外的相关陶瓷器整理研究提供参考讨论的范例。

　　　　　　　　　　　　　　　　　　　　（作者单位：广东省文物考古研究院）

---

[1] 中国科学院考古研究所《洛阳烧沟汉墓》，北京：科学出版社，1959年12月。

[2] 许永杰《中国考古学研究中的情境分析》，《考古与文物》2011年第1期。

[3] 陈胜前介绍"考古推理"时说可以分成两类：微观考古学与宏观考古学；前者侧重于遗址层面上各种遗存之间因果关系的分析，而后者更强调解释遗存现象，探索考古遗存所意味的内涵。见陈胜前《考古推理的结构》，《考古》2007年第10期。

东莞出土明代御史罗亨信墓志铭考略

陈鸿钧

内容提要：

明代广府东莞罗亨信为一方历史文化名人，《明史》有载，肆坊有传，近年于东莞考古发掘的罗亨信家族三方墓圹志铭，对研究罗亨信其人其事提供了更为翔实的资料。本文即在辑释三方罗氏家族墓志的基础上，同时根据有关史籍对罗亨信出使安南、治理钞法、戍边抗蒙等事迹加以考略。

2014年夏月，笔者赴东莞市博物馆公务，事余寻访其馆碑廊。碑廊系新建不久，搜罗东莞地区古之石刻碑版，嵌诸壁间，森列周回，任人观览，其中有明代名臣罗亨信墓志铭、神道碑及其父母墓圹志铭三方（图1—3），系于1988年考古清理东莞南城麻地岭罗亨信家族墓时，连同一批墓中文物一并移至东莞博物馆收存。

罗亨信墓圹志铭（图一）。长70、宽52厘米，有盖。文曰：

故通议大夫都察院左副都御史罗公圹志铭

中宪大夫广西梧州府知府同邑袁衷撰文书篆。

通议大夫都察院左副都御史罗公既致仕之八年，寿八十有一，以天顺元年丁丑十月廿五日考终于家，讣闻远近，莫不哀悼。

上念公为国之大臣，有功于边境，命礼部遣官致祭，工部营治葬事其家，子泰以墓圹之石未有刻辞，遂具行实，属笔于□□，叙而铭之：

公讳亨信，字用实，其先南雄人，后徙东莞之英溪。代有闻人，祖德宽，父祖昌，俱不仕，而以公贵，皆累赠至又副督御史。公自幼颖敏，年十二丧其母，即能刻苦立志，读书守礼，年十七选为邑庠生，永乐癸未以艺经领乡荐，明年甲申登进士，改翰林庶吉士。是年五月，授工科给事中，命往浙江视水，奏免嘉兴、海盐、崇德三县粮税，以甦民困。丁继母冼氏忧，起复调吏科升右给事中，坐累谪交趾。公素位而行，虽远在荒服，亦怡然自得，未尝有愁抑之叹，因自号安素。久之用荐，起拜监察御史，尝命往通州，察仓庾之弊，巡按真、定等府，清军山西，所至有声。再丁继母何氏忧，命驰驿奔丧，即起服。大臣有言其堪任方面者，诏复旧任，食按察佥事俸。宣德乙卯升右佥都御史，赐褚币，命往平凉、庄浪，练兵以备边塞，公殚心力，夙夜不懈。上念边境苦寒，降敕勉劳，赐文绮二。公益感奋，丙辰与都督赵安率师巡边，赐红纻丝以行。戊午丁外艰，夺情赐事。明年珍虏功成，升俸一级，纻丝四表裹，白金四十两，命驰驿归葬父，易钞千缗，毕事还京。敕巡抚大同、宣府，督屯种，给军饷，兴利除害，为久安计。公悉心国事，劳徕措置，无不得宜，言听计行，信任惟允，戊辰冬十二月给正三品。诰命公进通议大夫都察院右副都御史，祖与父皆如其官。祖母王氏，母黄氏，继母何氏，妻刘氏，俱赠淑人。公在边年久，谙于地利之宜，战守之法、转输之方，每建白无不嘉纳。己巳秋九月，转左副都御史，赐白金二十两，纻丝二表裹。是时公年逾七十，且有疾，上章致仕不俞，复承白金、文绮之赐。庚午秋七月，上察公实老病，得俾致仕升辞，赐纻丝丝衣一袭。公还乡里，始营居室，建祠堂，治先垄，荣归越八年以寿终。其生则洪武丁巳十月廿八日也。配刘氏有贤德，先公二是二年卒，初封孺人，进恭人，再赠淑人。外娶黄氏，公在交趾，居京师，持家勤俭，多黄氏之力。子男二：长即泰，次宾，皆读书，克承其家。女七人，陈谆、邵瑄、封礼、陈琐、张与耕、翟谦、钟辕，其婿也。孙男二：珙、瓒，俱幼。泰等以天顺己卯十二月廿五日癸酉，奉公枢与刘夫人合葬于麻地岭祖茔之右乙向原也。呜呼！公之俊德伟烈。

朝廷任以腹心，用为耳目，忠诚体国四十余年，累承恩赐，晚岁归休，悠游乡曲，寿考令终。其殁也，复蒙圣恩，赐以葬祭，若公者可谓生荣死哀无憾也矣。铭曰：

图一 罗亨信墓志

得懋展也，位望显也。福全考终，世所尠也。

兹卜诸幽，山盘土厚，固葬铭圹，永利而后。

罗亨信神道碑铭（图二）。已残，兹据宣统三年《东莞县志》所辑志文录如下。

135

故通议大夫都察院左副都御史罗公神道碑铭

资政大夫吏部尚书泰和王直撰文。

资政大夫兵部尚书大梁马昂书丹。

资政大夫户部尚书丹阳沈固篆额。

公罗氏，讳亨信，字用实。其先南雄人，后徙东莞之英溪。高祖俊，曾祖应辰，祖德宽，父祖昌，俱不仕，而以公贵，祖考皆累赠至右副都御史，妣皆赠淑人。公自幼知学，喜读书，年十二丧其母，即能以礼服丧。选为学官弟子，业成。永乐癸未，以《诗经》领乡荐，明年取进士，授工科给事中，命往嘉兴视水灾，奏免嘉兴、海盐、崇德三县粮税，以苏民困。丁内艰，起复调吏科给事中，升右给事中。坐累谪为吏交趾。公虽贬降，而益勤于事，分所当为者无不为。久之，用荐起拜山西道监察御史，赐白金。命往通州，察仓库之弊，得老奸宿蠹若干人，皆伏法。巡按真定等府，旌廉黜贪，勉饬学校，人知劝沮。清军山西，凡阅五万余名，无枉漏者。丁继母何夫人忧，命驰驿奔丧，即起复。既至京，大臣有言其堪任方面者，诏复旧任，食正五品禄。宣德乙卯，升右佥都御使，赐楮币，命同武员往平凉、庄浪等八卫练兵以备边。公殚心尽力，夙夜不懈。上念边境寒苦，降敕勉劳，各赐文绮二副，公益感激自励。正统丙辰，仍与都督赵安率师巡边，赐红紵丝衣以行。正统戊午，丁外艰，有旨夺情视事。明年，殄虏功成，升俸一级，赐紵丝表里、白金四十两，始命驰驿归葬父。陛辞，赐钞千缗。公葬毕还京，敕赐钞一千贯，命往大同、宣府，督屯种务，兴利除害，为久安计。公自是在边者二十年，朝廷任之以腹心，用之为耳目，而公之志亦始终无间。于分屯之远近，道里之险夷，土壤之肥瘠，将校之设施，士卒之勤惰，地利之厚薄，饷运之难易缓急，迁腐巡守候望寒暖之宜，无不周知。有言于上，必思之精，议之孰无不当于人心。故所言无不听而行之，无不适其可。若公者，非忠诚体国之君子欤？公尝言，城临虏境，人心易摇，宜严失守之律，犯者必诛。上是其言，升左副都御史，赐白金二十两，紵丝二表里，自是人有固志。时公年逾七十，且有疾，上章乞骸骨，不许。而公在边，又以擒贼功受白金、文绮之赐。秋七月，上

图二 罗亨信神道碑铭

察公实老病，令佥都御使任宁代公还。俾致仕，凡有馈赠，皆不受。陛辞，赐红紵丝表一袭。公至乡里，始营居室，修祠堂，治先垅，建义斋，以训子孙及姻戚子弟，怡然自乐也。

　　盖归八年，至天顺丁丑十月廿五日以寿终，距其生洪武丁巳十月二十八日，享年八十一。配刘氏，初封孺人，再赠恭人，三赠淑人。子男泰，女六人。公在交趾，又娶黄氏，子男宾，女一人。其婿则陈谆、邵瑄、封礼、陈顼、张与耕、翟谦、钟辕也。孙男四，珙、瓒、璟、瑜。

137

讣闻，上念公有劳绩，命礼部赐祭，工部为治坟茔供葬事。子泰等以天顺己卯年十二月二十五日奉公柩与刘氏合葬于麻地岭祖茔巽向之原，而以行状来请铭。予与公同年取进士，又同官京师且久，而公先致其事以去。盖尝惜公不得相与从容于暮年，而今乃属笔铭公墓，奚可辞？铭曰：

于维南粤产此奇 山川清淑钟令仪 诗书礼乐当盛时 巍科峻擢登赤墀
黄门绣衣罔不宜 奉命出入扬恩威 经济实借文武资 声名赫奕纷四驰
臣心报国无穷期 臣身已老才力衰 乞骸幸得副恩祈 九重需泽流华滋
归来林下介寿祺 奈何仙去杳莫追 子孙孙子百世思 告坟峨峨葬有碑
后世考实徵吾诗

大明天顺三年岁次己卯十二月廿五日癸酉孝男泰、宾等立石。

罗亨信之父墓圹志铭（图三）。长66、宽44厘米，有盖。文曰：

赠中宪大夫都察院右佥都御史罗公圹志铭

嘉议大夫礼部左侍郎同邑陈琏撰并书。

公讳昌，字祖昌，先世南雄人，宋季始迁东莞之英溪。曾祖德秀、祖应辰、父善，俱潜德弗耀。公元季避患，圣朝平定，始归田里，自号英溪，耕隐闲居养素，善于教子，遂遣长子亨信，肄业邑庠，登永乐甲午进士，拜工科给事中，升吏科右给事中，进监察御史，宣德庚戌授，敕封公如其官。亨信又升都察院右佥都御史，出赞甘肃戎务，茂著劳绩，赐诰褒崇，赠公如今官。配黄氏，有淑德，初赠孺人，今赠恭人。二子，长即亨信，次胜瑶早世。女一，适梁彦义。孙男三：泰、宾、敬。孙女六，皆归名族。公生元甲午二月初五，卒正统丁巳六月十九，寿八十有四，卜己未闰二月二十二日合葬麻地岭祖茔之左。铭曰：

猗维中宪士之良子，孝友之行著于乡子。

严训谆谆皆义方子，子为宪臣勋名彰子。

推恩封赠沐宠光子，新阡峨峨固所藏子。

铭以焯德百世不忘子。

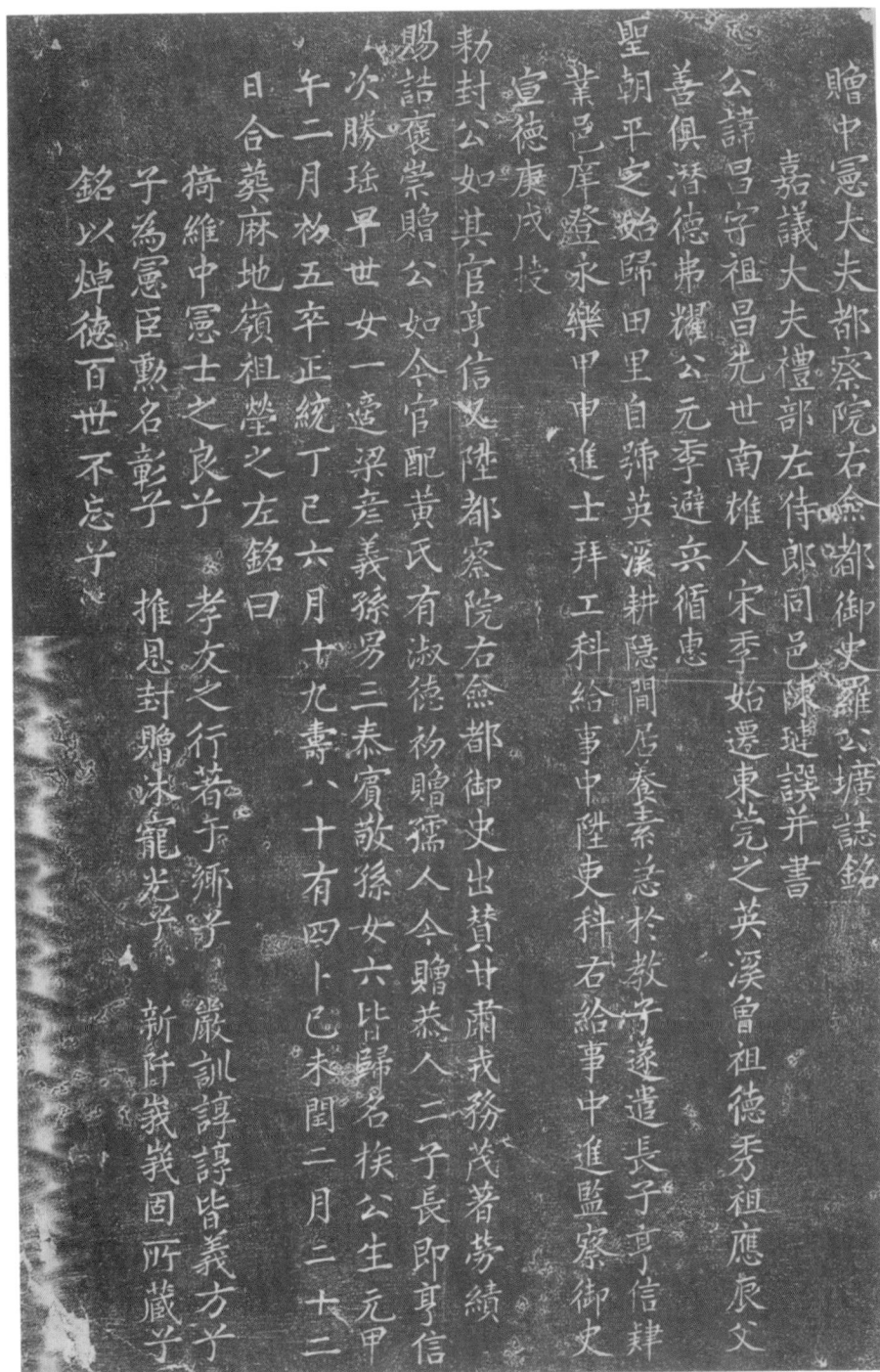

图三　罗亨信之父墓志

《明史》有罗亨信本传，但过于简略，已上碑铭则提供了更为翔实的资料。兹根据上列碑铭及有关史籍，将罗亨信生平事略勾勒如下

洪武十年（1377年），出生于东莞县英溪乡（今南城英联）。父罗昌，后因子贵敕封中宪大夫；母黄氏，封赠恭人。

永乐二年（1404年），登进士，授选翰林院庶吉士，任工科给事中。

永乐三年（1405年），奉命出视浙江水灾，奏请减免嘉兴、海盐（今浙江海宁）、崇德（今浙江桐乡）三县税粮凡五十余万石，并及时发粟赈济民众。

永乐七年（1409年），改授吏科给事中。

永乐九年（1411年），升任吏科右给事中。

永乐十年（1412年），因科内属下办理校勘关防文书贻误而受牵连，被贬黜交趾卫，一去九年。

洪熙元年（1425年），调回京师，任监察御史。巡视通州（今北京通州）等处仓廪，查处不法官吏。

宣德元年（1426年），出任真定（今河北正定）等府巡按，整肃山西军卫，惩治侵贪惰政官吏。

宣德四年（1429年），调回京师治理钞法，使发行之纸币得以逐渐在商贾中流通。

宣德九年（1434年），升任都察院右佥都御史，负责陕西、平凉、庄浪、河州、西宁、姚州、临姚、巩昌八卫所军务，督军备边。

正统元年（1436年），与副总兵都督赵安、都指挥使朱通率领洮州卫（治所在今甘肃临洮县）、岷州卫（治所在今甘肃岷县）等卫所驻军往凉州等处击杀蒙古阿台部。参劾违令怠误军机者都督蒋贵、都指挥使安敬，朝廷派兵部尚书王骥调查得实，处斩安敬，整肃军纪。

正统三年（1438年），率军从巩昌、西宁进军，蒋贵从甘州进军，东西夹击，大破敌兵，擒获敌酋都达花赤、朵尔忽等二十七将，斩获甚多。以功官升一级，并获赐金帛等。

正统五年（1440年），巡抚大同、宣府北漠重镇，屯田练兵，"汰冗官，省虚费，积边储，禁私役，修城堡，恤边军"。使阿台部不敢轻易犯边叩塞。

正统十四年（1449年）秋，也先犯境，塞外诸州县不守。英宗仓促率兵应战，酿成"土木之变"。英宗被俘，边城官兵多弃城逃遁，人心惶乱。亨信与总兵杨洪坚守宣城，以孤城阻敌进攻，外御强敌，内护京师。

景泰元年（1450年），代宗即位，论功行赏，升亨信为左副都御史，进三品。同年七月，依例返京议事，再向代宗请求归休，许之，并遣赐金帛。

天顺元年（1457年），亨信去世，时年81岁。讣闻京师，"举朝公卿士大夫莫不为之悲戚"，英宗也"为之辍朝"，以示哀悼，并命工部为其治坟茔东莞英溪麻地岭。天顺三年（1459年），与其妻刘氏合葬，广州知府李恕谕致祭文。

罗亨信在朝为良臣，在野为乡贤，非但《明史》有传，黄佐《广州人物传》、郭棐《粤大记》、陈洪谟《治世余闻》、谷应泰《明史纪事本末》及《广东通志》《东莞县志》等籍皆有或详或略的载记。

罗亨信在致仕前除两度返粤丁忧外，大部分时期在历官之任上，且多在巡抚北地边塞，纡谋筹策，勤于政事，卓著成效，而屡获升迁。

罗亨信初仕途正在永乐初年，27岁登进士，授工科给事中，再升吏科右给事中，正值官途飞腾之际，却于永乐十年（1412年）遭贬谪南疆边陲交趾省。原因是"适违误连坐，谪交趾胥吏九载"[1]，其实贬谪万里之外的交趾是较重的惩罚，应不会仅因下属迟报边防勘文而受牵连，至于因何事，史籍及碑铭均避而不谈，尚无法得知。但成祖死后不久，仁宗就立刻召亨信回京任御史一职，可见罗亨信的才干并非因贬谪交趾而受影响，以后愈来愈得到重用，其才干在循通州、察真定、练兵平凉，督军鱼儿海，都得以展现。及至"土木之变"，更显英雄本色。

明初，太祖即遣使告谕安南，并因其请，封授安南国王，建立了明朝与安南的宗藩关系。后因安南国叛服无常，侵扰边圉，永乐四年（1406年），成祖命成国公朱能为征夷将军，调兵八十万，出征平定安南，在安南依内地各省建置，改安南为交趾，将安南变成明朝的一个省。此后安南民众时常反抗，而明朝也随之镇压，战事不断。罗亨信正是在这种情形下被派出安南的一名官吏。

宣德四年（1429年），亨信调回京师治理钞法，就是推行明初以来发行的纸

---

[1]〔明〕黄佐《广州人物传》，广州：广东人民出版社，"岭南遗书"标点本，1991年。

币——大明通用宝钞。

明朝建立不久，政府遵照宋元以来的传统，欲发行纸币，作为"法币"流通。太祖遂于洪武七年（1374年），设立宝钞提举司，统筹发行纸币的有关事宜。洪武八年三月（1375年4月），明太祖下命中书省印造"大明宝钞"，以桑树皮所造的纸（穰）作为币材。明代钞票的外表青色，形制高一尺（33厘米），阔六寸（22厘米）。钞票的正上方有龙形花栏的横题，题为"大明通行宝钞"。栏内上方的两旁以篆文书写，一边写着"大明宝钞"，另一边则有"天下通行"的字样。"大明宝钞"的最下端写着"中书省奏准印造大明宝钞与铜钱相通行使用，伪造者斩，告捕者赏银二十百五两，仍给犯人财产。"宝钞的中央有钞贯的图案，有十串的钞贯图案，其面值为钞一贯（一贯等于一千文钱）。五百文则画有钱文五串，其余如此类推。宝钞分别有一贯（1000文）、500文、400文、300文、200文及100文钱，六种不同的面额[1]。

实际上，由于政府滥发钞票，致使纸币大幅贬值，认受度低，流通不广。宣德（1426—1435年）以后，宝钞贬值愈甚，商民拒用，《宣德实录》谓："比者民间交易，惟用金银，钞滞不行，请严禁约。"[2]于是亨信被调回京治理"钞法"，但人们早已对宝钞失去信心，市场上普遍不再使用宝钞交易，而选择金、银、铜作为交易媒介，宝钞纸币渐渐名存实亡。

正统元年（1436年）至三年（1438年），亨信率西北边地诸卫击杀蒙古阿台部之事，除碑记外，《明史·英宗本纪》亦载云：

> 是年冬十月甲子，镇守甘肃左副都御史总兵任礼充总兵官，都督蒋贵、都督同知赵安为左、右副总兵，兵部侍郎柴车、金都御史曹翼、罗亨信参赞军务，讨阿台、朵儿只伯。[3]

《明史》本传记曰：

---

[1] 俱见《明会典》《明史·食货志》《明实录》等籍。另见白寿彝总编《中国通史》第九卷《中古时代·明时期上》，上海：上海人民出版社，1999年。

[2] 《明实录》卷二十七《宣德实录》，上海：上海书店出版社，2007年。

[3] 《明史》卷十二《英宗本纪》，北京：中华书局，1977年。

正统二年，蒋贵讨阿台、朵儿只伯，亨信参其军务。至鱼儿海，贵等以刍饷不继，留十日引还。亨信让之曰："公等受国厚恩，敢临敌退缩耶！死法孰与死敌？"贵不从。亨信上章言贵等逗留状，帝以其示监督尚书王骥等。……明年进兵，大破之。亨信以参赞功，进秩一等。[1]

《广州人物传》记述更为生动：

正统丙辰，与都督赵安率洮岷等卫兵巡边，遇敌，安与都督蒋贵用、都指挥安敬议逗留不行，信至其营斥之曰："汝辈受国厚恩，临敌退缩，安用握重兵为？且汝特畏死耳。死三尺法，孰若死敌！"贵等色变，以粮刍不继为解。即上章劾贵等老师玩寇，敬怯懦不忠，侵尅军饷。上命兵部尚书王骥往询，皆如信言，置贵于法，斩敬以徇。自是将士股慄用命，出轵获逦西以宁，奏捷，晋秩赉金绮。[2]

罗亨信长期驰骋边塞，经验丰富，洞察战事，"土木之变"前一二年，邝埜、罗亨信、石亨等文武朝臣都一再提醒英宗，也先很可能会大举南侵，其中巡抚大同宣府右副都御史罗亨信奏："达贼也先自去秋抢兀良哈，得志回还累来窥探不绝，料必刲驻不远，决有伺隙为患之意。臣等深虑大同左右参将分守东西二路所统军马数少，乞将山西、河南操备下班官军暂留堤备，遇警分遣二路，并力杀贼。"俟二月，终无声息，放回。上曰："所言甚善，其已回还远去者，勿追。"[3]

《明史》本传亦载：

初，亨信尝奏言："也先专候衅端，以图入寇，宜预于直北要害增置城卫城为备。不然，恐贻大患。"兵部议，寝不行。[4]

---

[1]《明史》卷六十《罗亨信传》，北京：中华书局，1977年。

[2][明]黄佐《广州人物传》，广州：广东人民出版社，"岭南遗书"标点本，1991年。

[3]《明实录》卷二十九《英宗实录》卷一百五十"正统十二年二月乙未"条，上海：上海书店出版社，2007年。

[4]《明史》卷六十《罗亨信传》，北京：中华书局，1977年。

《明史纪事本末》卷三十二《土木之变》亦载：

> 正统十二年丁卯春正月，巡抚宣大佥都御史罗亨信上言："卫剌也先专候衅端，图入寇，宜预于直北要害增置城卫土城备之。不然，恐贻大患。"奏闻，兵部尚书邝埜畏王振，不敢主议。[1]

及至"土木之变"，亨信誓守宣府（今河北省张家口市宣化县），奋力御敌之事，《明史》本传载云：

> 及土木之变，人情汹惧，有议弃宣城者，官吏军民纷然争出。亨信仗剑坐城下，令曰："出城者斩！"又誓诸将为朝廷死守，人心始定。也先挟上皇至城南，传命启门。亨信登城语曰："奉命守城，不敢擅启。"也先遂逡巡引去。[2]

《广州人物传》记述更为生动：

> 明年己巳，会也先入寇，所至州县，文武官皆遁，英宗北狩，人心汹汹，信在宣府，孤城危甚，当国者议趣宣府，总兵官率兵入卫京师，或欲弃其城众，纷纷然争就道，信仗剑坐当门拒之，下令曰："敢有出城者斩！"众遂定，城中老稚欢呼曰："吾属生矣。"因设策捍御，将士誓死守，敌不敢南。[3]

《明史纪事本末》卷三十三《景帝登极守御》记载略同，不具引。

"土木之变"，英宗被俘，在于谦的筹谋下拥立景帝朱祁钰及时即位，稳定朝野，在安排京城防御的同时，还加强了北方重镇的防务。宣府、大同是明朝抵御蒙古进攻的最为重要的军镇，也是北京城的屏障，于谦十分重视这两处军镇的

---

[1]［清］谷应泰《明史纪事本末》卷三十二《土木之变》，北京：中华书局，1977年。

[2]《明史》卷六十《罗亨信传》，北京：中华书局，1977年。

[3]［明］黄佐《广州人物传》，广州：广东人民出版社，"岭南遗书"标点本，1991年。

防守，奏请景帝加封镇守宣府总兵杨洪为昌平伯，全权负责宣府的防务，谕奖宣府巡抚右副都御史罗亨信。当时宣府成为一座孤城，直接暴露在也先的兵锋之下，罗亨信不负众望，仗剑挺立，整饬军务，严阵以待，使敌人无懈可击，进退皆有所顾虑。他如罗亨信智擒汉奸太监喜宁之事，也体现其机智果敢之才干。

罗亨信坚守宣府，后人赞誉颇多，《明史》本传即云："当是时，车驾既北，寇骑日薄城下，关门左右皆战场，亨信与总兵杨洪以孤城当其冲，外御强寇，内屏京师。洪既入卫，又与朱谦共守，劳绩甚著。"又赞曰："罗亨信、侯琎诸人，保固封圻，诛虓禁乱，讨则有功，抚则信著，宣力封疆，无忝厥任矣。"[1]《皇明通记》云："幸亨信忠义誓死以守，不独一城蒙福，而京师实赖之。世谓亨信有安社稷之功，信矣。"[2]后来，宣府建功臣庙，塑亨信像于庙中，供人瞻仰。亨信事迹被广为传扬，成化年间，莞籍人布政司左参政祈顺记亨信事迹，写道："自公归老，边人思之弗忘，迄今二十余年而威德在。……吾在京师，闻之戴侍御缙尝在云中得之父老云。"[3]

坚守宣府，无疑是罗亨信一生事迹中最光辉的一页。可是，吏部尚书王直及礼部侍郎陈琏为其撰写的墓碑铭，却讳言此事。不难想象，那是因为英宗忌谈土木堡和宣府，所以王直等有意讳笔。而其后朝廷对亨信的奖赐，也很一般。《广东通志》中罗亨信传记有议论云："世谓亨信有安社稷功，而忌者仅循常例，有遗憾焉！"[4]明显为罗亨信鸣不平。所忌者何人？乃是暗指刚愎自用的正统皇帝及一些贪生怕死、临阵慌乱、弃城资敌的臣僚。

东莞罗亨信家族墓经考古发掘整理后，考古工作者遂撰《广东东莞罗亨信家族墓清理简报》一文[5]，罗亨信墓中出土了一枚石印章，方形，边长各2.5厘米，高2.1厘米，双面阴刻白文篆文，一面为"都御史章"，另一面为"永乐第一科进士"（图四），当为墓主罗氏生前所用印信，进而佐证墓主生平科名官衔。

---

[1]《明史》卷六十《罗亨信传》，北京：中华书局，1977年。

[2]［明］陈建《皇明通纪》，北京：中华书局，2008年。

[3]［明］罗亨信《觉非集》卷十附祈顺所作罗亨信传，北京：书目文献出版社，2007年，"北京图书馆古籍珍本丛刊"第103册《集部·明别集》。

[4] 同治《广东通志》，广州：广东人民出版社，"广州大典"影印本，2014年。

[5] 广东省博物馆、东莞市博物馆《广东东莞明罗亨信家族墓清理简报》，《文物》1991年第11期。

图四　罗亨信墓中出土印章印文

依前所述，墓主罗亨信生于洪武九年（1376年）；永乐二年（1406年）举进士，授工部给事中；宣德九年（1434年）升右佥都御史；正统十四年（1449年）进通议大夫右副都御史；景泰元年（1450年）因功进左副都御史，旋即辞官还乡；卒于天顺元年（1457年）年十月，享年81岁。

都御史，明朝都察院长官。洪武十四年（1381年）罢御史台置都察院，设左、右都御史各一人，俱正二品。掌纠劾百官，辨明冤枉，提督各道监察御史，为天子耳目风纪之司。后有以尚书、侍郎等官加都御史或副都御史、佥都御史衔出为总督、提督、巡抚者，其职多为总理一方军务，但终明之世皆系京官出差性质，非为正式的地方长官。清朝都察院只以左都御史为院长，设满、汉各一员，从一品，而以右都御史定为总督的加衔。

印文"永乐第一科进士"，指永乐二年（1406年）甲申科举进士。原广州府学有一方明天顺六年（1462年）刻立的《广州府学进士题名记》碑（该碑现遗置广州博物馆），辑录自洪武以来历代科举广东籍进士姓名，但在永乐二年甲申科未有"罗亨信"之名，显系误漏，可据以补正之。

附记：2018年8月10日记于越王台畔。

（作者单位：广州博物馆）

---

[1] 陈鸿钧《广州府学进士题名碑记考》，《广州文博》（柒），北京：文物出版社，2016年。

论16至19世纪欧洲人对中国外销瓷的
金属装饰与功能重塑

帅 倩

内容提要：

欧洲人对中国外销瓷器的金属镶嵌，不仅让瓷器在外形上拥有了新的面貌，也被赋予了新的功用与意义。本文以中、德、英、美部分博物馆藏被金属镶嵌的中国外销瓷器为中心，重点探讨16至19世纪欧洲人对中国外销瓷金属镶嵌的方式及中国外销瓷器上所承载的不同时代、不同地域背景下，东西方人民审美意趣的流变及文化的互相交融。

中国瓷器最早进入欧洲约在12至13世纪，但由于当时道阻且长，流入欧洲的中国瓷器主要经由东征的"十字军"[1]或远游西亚、印度、中国等地的欧洲人或经由阿拉伯商人通过转口贸易方式从西亚等地输入[2]，数量非常稀少。15世纪新航路开辟后，随着欧洲各国商船来华，荷兰东印度公司的成立[3]，特别是17世纪末清政府颁布解除海禁命令后，大量中国瓷器远销重洋，不仅拉开了中国瓷器向欧洲出口的时代大幕，也进入了欧洲对中国瓷器进行金属镶嵌的黄金时代。

一、惜物加固：欧洲人对中国外销瓷器装饰美观的金属镶嵌

甫入欧洲，欧洲人便对白如玉、明如镜、薄如纸、声如磬的中国瓷器趋之若

---

[1]［英］简·迪维斯《欧洲瓷器史》，杭州：浙江美术学院出版社，1991年，第7页。

[2] F. Lach. *Asi3a in the Making of Europe, vol2, Book one*, Chicago 1977, P.36.M.Beurdeley, *Porcelain of the East India Companies,p.32.*

[3] 阎崇年《御窑千年》，上海：生活·读书·新知三联书店，2017年，第287页。

鹜，法王太阳王路易十四、英国玛丽二世女王、普鲁士国王腓特烈·威廉一世的王后索菲亚·多萝西娅、波兰国王奥古斯都二世都是中国瓷器的狂热收藏者。此外在葡萄牙、西班牙的王室财产清单中，中国瓷器也都是极为重要的一部分。

英国文学家威廉·莎士比亚在其戏剧《一报还一报》中对一个水果盘这样描述到：

（庞贝说）一个三便士左右的盘子：先生您见过这种盘子，它们不是中国盘子，但也算得上是上好的盘子了。[1]

在16世纪末入华的意大利耶稣会士利玛窦和18世纪初英国人约翰·盖伊的著作中有两段关于中国瓷器的记载：

最细的瓷器是用江西所产的黏土制成，人们把它们用船不仅运到中国各地而且还运到欧洲最遥远的角落，在那里它们受到那些欣赏宴席上的风雅有甚于夸耀豪华的人们所珍爱。[2]

看着这些古瓷罐，或白或蓝或金镶。器物纯洁又精致，看起来如女人般。它们因美而价高，却太精致不实用。插花饰金天青色，装点家居添荣光。[3]

虽然莎士比亚并未说明中国盘子价值几何，但英国学者乔治·斯蒂文斯在注释中指出，庞贝把中国盘子排除在外，这表明在莎士比亚时代，一个中国盘子定是一件稀有之物。再结合利玛窦和盖伊的记述可知，18世纪以前，中国瓷器在欧洲社会是礼仪所需、生活情调、个人尊卑等级和身份的象征，其中有的瓷器甚至还"金镶"，即以贵金属镶嵌。

---

[1] Shakespeare, William. *The plays of William Shakespeare : In Twenty—one volumes* 6 Vols. Sanuel Johnson, George Steevens, eds.London:Printed for J.Nichols and Son, 1813.pp.236.

[2] ［意］利玛窦、金尼阁《利玛窦中国札记》第一卷第三章·中华帝国的富饶及其物产，北京：中华书局，2005年，第15页。

[3] Gay,John. *To a Lady on Her Passion for Old China*.Oxford:Clarendon Press,1925.pp.2—3.

中世纪至18世纪以前，中国瓷器在欧洲是如黄金般珍贵的异域奢侈品，而陶瓷的易碎性和高昂的价格，也促使欧洲贵族和瓷器商人本着惜物如金的心态采用金银等贵金属对其进行加固或修复，一方面突显瓷器的珍贵性，另一方面也借此提高瓷器的售卖价格。这一时期对中国瓷器出于惜物加固目的进行镶嵌的方式有以下几种。

（一）在瓷器外部用金银等贵金属由外箍住或包覆瓷体

18世纪前，欧洲对中国瓷器的金属镶嵌主要集中在德、英两国，据德国学者考证，第一件进入德国的瓷器是龙泉窑青瓷碗，这件瓷碗现藏于德国黑森国家博物馆，被称为"卡左雷恩杯（The Katzenelnbogen goblet）"（图一），为卡左雷恩伯爵菲利普（Count Philipp of Katzenelnbogen，1402—1479）于1432年在赴以色列朝圣途中所得，回到德国后由德国金匠给这件青瓷碗加装了银镀金支架底座和盖子，并在碗腹上方交错的金属饰件上镶嵌了一个彩色的珐琅家族纹章。

而据英国学者考证，第一件进入英国的瓷器是现藏于英国阿什莫林博物馆的被称为"渥兰碗（The Warham Bowl）"的龙泉窑青瓷碗（图二），这件瓷碗为时任坎特伯雷大主教威廉·渥兰（William Warham）（1450—1532）从印度购得，并于1500—1530年间在伦敦由金匠于青瓷碗的底部及碗壁、口沿上加装银镀金底座和金饰。

图一　卡左雷恩杯（约1432—1433年），
银镀金附件（约1434—1453年），德国
镶嵌，黑森国家博物馆藏

图二　渥兰碗（约1453—1532年），银镀金
附件（约1500—1530），英国伦敦镶嵌，
牛津大学阿什莫林博物馆藏

图三 特仑查德碗（约1522—1566年），银镀金附件
（约1599—1600年），英国伦敦镶嵌，V&A博物馆藏

图四 青花鹿纹碗（约1573—1585年），银镀金附件
（约1585年），英国伦敦镶嵌，大都会艺术博物馆藏

图五 青花凤戏牡丹纹碗（约1573—1585年），银镀金附
件（约1585年），英国伦敦镶嵌，大都会艺术博物馆藏

图六 青花八吉祥纹碗（约1585年），银质附件（约1585年），英国伦敦镶嵌，大都会艺术博物馆藏

图七 青花折枝花卉人物风景纹盘（约1573—1585年），银镀金附件（约1585年）英国伦敦镶嵌，大都会艺术博物馆藏

　　另一件较有代表性的早期英国镶嵌瓷器为现藏于V&A博物馆名为特伦查德碗（The Trenchard Bowl）的明嘉靖青花牡丹纹碗（图三），从这件瓷碗的金属镶嵌工艺推测，约在英女王伊丽莎白一世在位时期（1558—1603年）抵达英国，由伦敦金匠于1599—1600年间在碗足部镶嵌了逐层递减的双层银镀金金属底托，底托上浮雕线圈及与碗身相呼应的牡丹花纹；碗口沿以锯齿状银镀金金属包裹；底托于口沿通过碗壁上箍四条银镀金饰带固定相连，其中两条饰带上饰半裸人像及狮子面具，另两条饰带为人鱼状银镀金把手。据V&A博物馆记录这件镶嵌瓷器在金属附件上还有代表伦敦城市的皇冠豹子头（1599—1600年），代表金属年代的符号"B"（1595—1596年），代表银本位标志的行走的狮子（1595—1596年）及金银匠的标志"IH"，"IH"具体指伦敦哪位制造商虽尚未有明确记载，但这种标志在伊丽莎白一世的顾问伯利勋爵威廉·塞西尔（William Cecil, 1st Baron Burghley, 1520—1598年）的部分私人藏品上也有相同的标志。美国大都会艺术博物馆藏有多件伯利家族曾拥有的与此碗相似的银镀金或银镶嵌青花瓷碗（图四、五、六）及瓷盘（图七）。

　　进入18世纪后，欧洲镶嵌中国瓷器的中心由英、德逐渐转移至法国，这一时期出于保护性目的，对瓷器采用由外箍住或包覆瓷体的金属镶嵌方式（图八），较有代表性的有大都会艺术博物馆藏的清康熙螭虎瓶（图九）、清乾隆"寿"字青釉瓶（图十），保罗·盖蒂博物馆藏的清乾隆霁蓝釉罐（图十一）、仿哥窑罐（图十二）及摩瓦特美术馆藏的清乾隆青釉双鱼瓶（图十三）、清末蓝釉瓶

图八　中国花瓶镶嵌铜镀金附件设计图
（约18世纪），法国设计师，大都会艺术
博物馆藏

图九　仿哥窑螭虎纹瓶（约18世纪早期），
铜镀金附件（约1750年），法国巴黎镶嵌，
大都会艺术博物馆藏

图十　"寿"字青釉瓶（约18世纪中期），
铜镀金附件（约1750—1770年），法国巴
黎镶嵌，大都会艺术博物馆藏

图十一　蓝釉罐（约18世纪中期），铜镀
金附件（约1785年），法国巴黎镶嵌，
保罗·盖蒂博物馆藏

（图十四）。其中，图十与图十一的铜镀金附件分别为18世纪法国著名金匠让·克洛德·杜普雷斯·佩雷（Jean Claude Duplessispère，约1695—1774）和皮埃尔·菲利普·托米尔（Pierre Philippe Thomire，1751—1843）制作。在法国奢侈品经销商拉扎尔·杜沃（Lazare Duvaux）的瓷器销售账簿上，记载其曾于1750年9月以3000里弗的高昂价格将一对与图十类似的同样由杜普雷斯制作的镶嵌有铜镀金金属附件的中国青瓷花瓶卖给阿尔让松侯爵（marquis de Voyer d'Argenson）[1]，杜普雷斯本人也曾于1745年被法国洛可可风格的倡导者蓬巴杜夫人任命为文森纳窑厂的艺术总监，将洛可可艺术造型成功融入法国瓷器制作之中。而托米尔是继杜普雷斯后法国另一位著名的雕塑家与金匠大师，曾在法国皇家瓷器厂塞夫勒瓷器厂为瓷器制作铜镀金饰件，1789年法国大革命爆发前曾为路易十七的王后玛丽·安托瓦内特的纸牌屋制作过铜镀金灯具，这件镶嵌了古希腊神话里铜镀金山羊腿足底座和羊头人脸的牧神潘（萨蒂尔）及葡萄、藤蔓等铜镀金金属饰件的立式大罐（图十一）原应也为托米尔为法国皇室所制作，1794年凡尔赛宫物品拍卖时，被一位波兰公主收藏，而这位公主正是安托瓦内特王后的好友。

图十二　仿哥窑罐（约1740年），铜镀金附件（约1750—1755年），法国巴黎镶嵌，保罗·盖蒂博物馆藏

图十三　青釉双鱼瓶（约18世纪中期），铜镀金附件（约1750—1770年），法国巴黎镶嵌，摩瓦特美术馆藏

[1] Lazare Duvaux, Louis Charles J . Courajod. Livre—Journal De *Lazare Duvaux Marchand—Bijoutier Ordinaire Du Roy 1748—1758*. Pour La Societe Des Bibliophiles, 1873.

图十四　蓝釉花鸟纹瓜棱梅瓶（约19世纪早期），铜镀金附件约（1870—1880年），法国巴黎镶嵌，摩瓦特美术馆藏

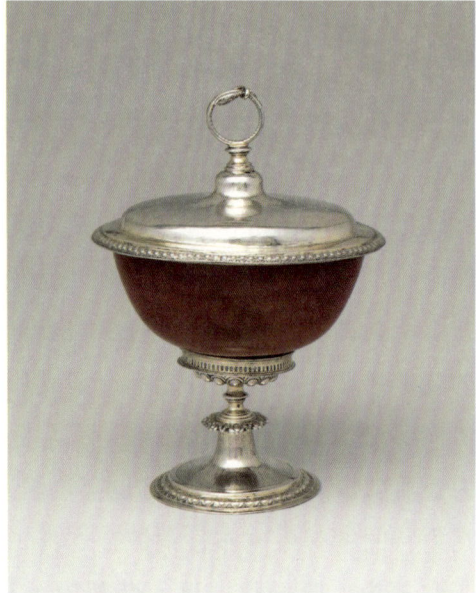

图十五　红釉碗（约1565年），银质附件（约1565年），英国伦敦镶嵌，大都会艺术博物馆藏

图十六　青花矾红描金缠枝莲纹碗（约1540—1566年），银镀金附件（约1583年），德国慕尼黑镶嵌，V&A博物馆藏

图十七　青花年年丰登纹八角杯（约1573—1585年），银镀金附件（约1585年），德国慕尼黑镶嵌，V&A博物馆藏

（二）在瓷器的足、口、流、柄等部位镶嵌金银等贵金属

18世纪前，在瓷器足部镶嵌金银等贵金属较有代表性的有大都会艺术博物馆、V&A博物馆藏的三件明嘉靖至万历年间中国外销瓷碗（杯），这三件瓷碗（杯）相同之处均在于足部由外箍住，并加装多层银质或镀金银质底座，其中大都会艺术博物馆藏的红釉碗（图十五）镶嵌的银质杯盖和托座由英女王伊丽莎白一世的私人御用金匠Affabel Partridge于1565年左右打造，在一份记录伊丽莎白一世给Affabel Partridge的镀金瓷器购买清单中显示，女王曾一次性以每盎司7先令6便士的价格，总价约1161英镑，购买了3098盎司的镀金瓷盘作为新年礼物[1]。V&A博物馆藏的青花矾红描金缠枝莲纹碗（图十六）与大都会艺术博物馆藏这件瓷碗均为矾红描金瓷碗，不同之处在于V&A博物馆藏的瓷杯未加装金属杯盖，底座采用银镀金镶嵌，是一只由德国金匠加装的瓷碗，约1583年在德国慕尼黑加装镀金银质托座。这件瓷碗为艾伯特·冯·曼德斯切特伯爵（Count Eberhart von Manderscheidt）于1583年从土耳其购置，镶嵌后用以纪念他的兄弟赫尔曼伯爵（Count Herman）。而V&A博物馆藏的另一件青花年年丰登纹八角杯为明末外销瓷器中销量最大的克拉克瓷杯（图十七），约在1585年在英国加装金属附件，其口沿镶嵌錾刻缠枝花卉纹银镀金附件，托座亦镶嵌多层次银镀金附件，将小型的中国传统青花酒杯通过加镶贵金属附件变为具有异域风情的欧式高脚酒杯。

在瓷器口、流、柄等部位镶嵌金银等贵金属，较有代表性的有V&A博物馆藏明万历青花婴戏图八角执壶（图十八）、青花莲纹六角执壶（图十九）和清康熙青花花卉纹双口调味瓶（图二十）。青花婴戏图八角执壶在口沿、流、U型把手及底座均加装以镂雕、浮雕、錾刻等手法制作的金属附件，附件上除雕刻花鸟纹外，还刻有代表年代的"H"字母、代表伦敦的皇冠豹头、代表银本位标志的行走的狮子，以及代表金匠标志的盾形三叶草，推测这件执壶为16世纪晚期在英国伦敦镶嵌；青花莲纹六角执壶则在口沿、流及底座加装金属附件，附件几为素面，推测为17世纪晚期德国镶嵌。而青花花卉纹双口调味瓶则较特殊，其器形非中国传统器形，为西方人根据自己的生活需要而特意来华定制，在比利时布鲁塞尔皇

---

[1] Hunt, L. B. *The Worshipful Company of Goldsmiths. Gold Bulletin, 11(3),* 1978.94-103.

图十八 青花婴戏图八角执壶（约1560—
1586年），银镀金附件（约1585—1586年），
英国伦敦镶嵌，V&A博物馆藏

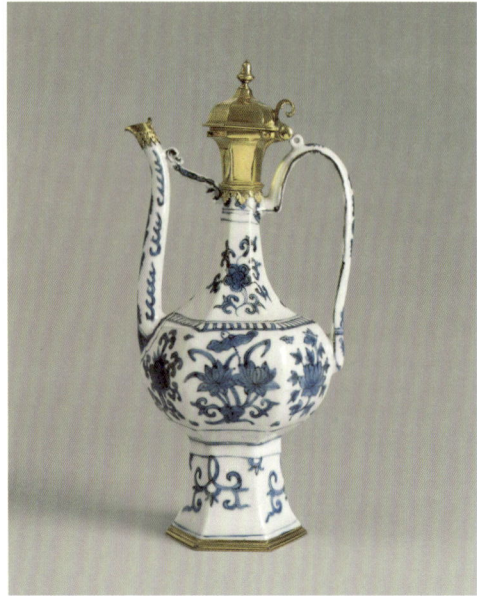

图十九 青花莲纹六角执壶（约1573—
1620年），银镀金附件（约1573—
1620年），德国镶嵌，V&A博物馆藏

图二十 青花花卉纹双口调味瓶（约1680
—1700年），银镀金附件（约1573—
1620年），德国镶嵌，V&A博物馆藏

图二十一 中国花瓶镶嵌铜镀金附件
设计图（约18世纪），法国设计师，
大都会艺术博物馆藏

图二十二 中国花瓶镶嵌铜镀金附件设计图
（约18世纪），法国设计师，大都会艺术
博物馆藏

图二十三 天蓝釉瓶（约1661—1722年），
铜镀金附件（约1760—1780年），
法国镶嵌，摩瓦特美术馆藏

图二十四 蓝釉暗花觚（约1662—1722年），
铜镀金附件（约1770年），法国镶嵌，
保罗·盖蒂博物馆藏

图二十五 仿钧窑蓝釉小罐
（约18世纪初），铜镀金附件（约1780—
1790年），法国镶嵌，摩瓦特美术馆藏

家艺术历史博物馆也收藏有类似景德镇生产的未在双流处加金属盖的青花花卉纹双口调味瓶，其原型为欧洲的一种玻璃器皿，最初可能专为荷兰市场所定制，这件双口调味瓶从金属附件工艺简约，应为18世纪前在英、德或荷兰等国镶嵌，1730年德国梅森瓷厂也开始生产类似的瓷质双口调味瓶。

图二十六　松石绿釉碗（约17世纪末18世纪初），
铜镀金附件（约1870—1880年），法国镶嵌，摩瓦特美术馆藏

图二十七　青绿釉竹笔筒（约1662—1722年），
铜镀金附件（约1780—1790年），法国镶嵌，V&A博物馆藏

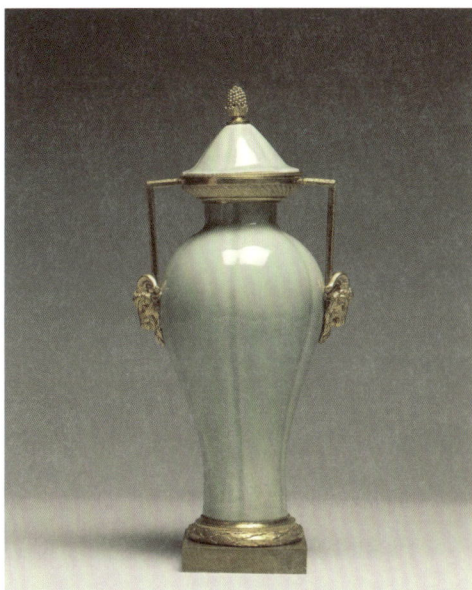

图二十八　青釉瓜棱盖瓷瓶
（约1775—1825年），铜镀金附件（约1870—
1880年），法国镶嵌，摩瓦特美术馆藏

图二十九　珊瑚红釉瓶（约1736—1795年），
铜镀金附件（约1800年），法国镶嵌，
摩瓦特美术馆藏

图三十　天蓝釉五管瓶（约1730—
1800年），铜镀金附件（约1800年），
法国镶嵌，摩瓦特美术馆藏

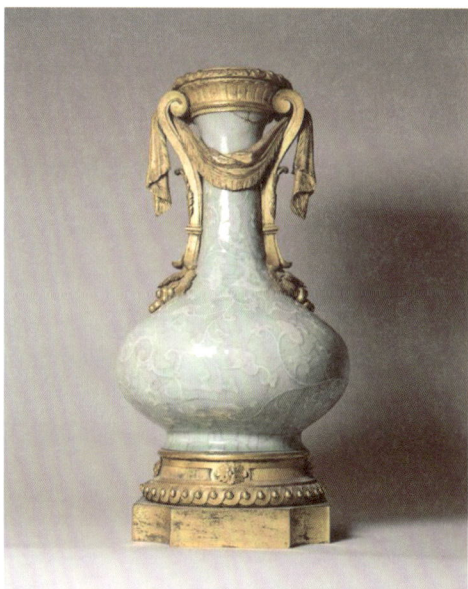

图三十一　青釉凸花天球瓶（约1662
—1722年）铜镀金附件（约1740—1750年），
法国镶嵌，V&A博物馆藏

18世纪后，欧洲人对中国瓷器在足、口、流、柄等部位的金属镶嵌在古希腊罗马新古典主义社会思潮及法国洛可可风格影响下，又呈现出另一番新气象（图二十一、二十二）。

古希腊罗马新古典主义风格主要体现在，铜镀金镶嵌中运用了许多古希腊罗马神话主题及建筑装饰图案。神话主题方面，较有代表性的有摩瓦特美术馆藏清康熙天蓝釉瓶（图二十三），其瓶身上部镶嵌有铜镀金海豚形金属饰件，此类金属饰件体现的是古希腊罗马神话中海皇波塞冬身边常伴随出现的形似海豚的鱼；保罗·盖蒂博物馆藏清康熙蓝釉暗花觚（图二十四）、摩瓦特美术馆藏清初仿钧窑蓝釉小罐（图二十五）、松石绿釉碗（图二十六）及V&A博物馆藏清康熙青绿釉竹笔筒（图二十七）均在足部镶嵌了羊蹄形金饰件，此类金属饰件体现的是拥有羊头、人脸、人身、羊蹄的牧神潘（萨蒂尔）形象；摩瓦特美术馆藏青釉瓜棱盖瓷瓶（图二十八）在瓶身两侧镶嵌的一对铜镀金羊头体现的则是古希腊时期献祭给天神，挂在神庙柱子上的羊头；摩瓦特美术馆藏珊瑚红釉瓶（图二十九）、浅蓝釉五管瓶（图三十）则主要镶嵌了古希腊罗马神话故事中常出现的葡萄藤蔓纹等铜镀金饰件。建筑装饰图案方面，主要有V&A博物馆藏清康熙青釉凸花天球瓶（图三十一）与黑釉葫芦瓶（图三十二），青釉凸花天球瓶在瓶口镶嵌了古希腊罗马建筑柱子上常用的卵锚式、卵形或杏仁形图案、足部镶嵌纽索饰图案；黑釉葫芦瓶在瓶颈部，镶嵌古希腊罗马建筑装饰中常用的莨苕纹及波浪涡卷纹。

法式洛可可风格主要体现在，对中国外销瓷器的金属镶嵌中喜用贝壳、旋涡、芦苇、波浪等自然元素，绵延盘曲的不对称构图。如V&A博物馆藏彩釉双鱼瓶（图三十三）分别在瓶口鲤鱼额顶及足部镶嵌由贝壳、芦苇、莨苕叶等相缠绕形成的旋涡形底座。

由上可见，16至17世纪英、德、荷等国的金属镶嵌风格相对低调朴素，而法国在18世纪前镶嵌的中国瓷器也延续这种风格，仅在瓷器口沿、底足等部分加镶金属附件进行保护处理，并通过箍在瓷体表面的金属饰件将口沿和底托相连固定，以此保护瓷器的完整性。18世纪后，欧洲人一方面醉心于古希腊与罗马艺术文化，另一方面欧洲社会的"中国趣味"日渐浓厚，"中国热"盛行，特别是法式洛可可艺术风格的确立，让这一阶段的中国外销瓷器的金属镶嵌无论在主题，还是形式

图三十二　黑釉葫芦瓶（约1662—1722年），铜镀金附件
（约1740—1775年），法国镶嵌，保罗·盖蒂博物馆藏

图三十三　彩釉双鱼瓶（约1730—1745年），
铜镀金附件（约1745—1749年），法国镶嵌，V&A博物馆藏

结构上均呈现出了强烈的古希腊罗马新古典主义及法式洛可可艺术风格，英、德、荷等国质朴低调的镶嵌风格，逐渐被古希腊罗马的古典及法式浪漫华丽的镶嵌风格所取代，成为18、19世纪镶嵌瓷器的主流代表。

二、同器异用：欧洲人对中国外销瓷器功能重塑的金属镶嵌

丰山瓶（Fonthill Vase）（图三十四），是有档案记载最早抵达欧洲的一件中国瓷器，其约1320至1340年间在景德镇制作，1381年到达欧洲。曾被添加底座、盖、流、把手等，并多易其主，后为英国收藏家威廉·贝克福德（1760—1844年）拥有。因贝克福德曾居住于"丰山堡"，艺术史家亦称这件元代青白釉玉壶春瓶为"丰山瓶"。法国学者盖涅于1713年左右绘制了一幅加装金属附件，被改造成带盖执壶的"丰山瓶"彩绘图（图三十八）。虽然丰山瓶在1882年入藏爱尔兰国家博物馆时，镶嵌其上的金属附件早已不复存在，但它颈部下方留下的圆孔仍可看出曾经金属附件镶嵌的痕迹，也让我们得以一窥欧洲人如何在功能上重塑中国外销瓷器的具体方法。

图三十四　丰山瓶（元代）
爱尔兰国家博物馆藏

图三十五　法国学者盖涅绘制的
加装金属配件的丰山瓶（约1713年）
法国国家图书馆藏

图三十六 青釉凤尾尊（约1662—1722年），铜镀金附件
（约1745—1749年），法国巴黎镶嵌，保罗·盖蒂博物馆藏

18世纪后，随着越来越多的中国瓷器外销到欧洲，中国瓷器的特殊性与珍贵性以不复从前，有的中国瓷器更是"便宜至2便士一件，只是当时农业或一般劳动力日薪的六分之一"[1]，越来越多的中国瓷器被欧洲人进行了大胆的"自由改造"，他们利用金属镶嵌技艺对中国外销瓷器的用途进行了改造，更加凸显瓷器的实用性而非珍贵性，以满足他们日常生活的使用需求，这种对中国瓷器功能重塑的金属镶嵌主要有以下几种方式。

（一）将罐、花瓶改造成执壶或盛水器

保罗盖蒂博物馆藏一件清康熙青釉凤尾尊（图三十六）原尊口沿被削去后，镶嵌金属制成的流、柄及底座改造成一件执壶，与其类似的还有V&A博物馆藏清康熙黄釉青花骏马苍松图纹瓶（图三十七）、清乾隆青釉瓜棱瓶（图三十八）、大都会艺术博物馆藏清乾隆洒蓝地开光五彩莲池花鸟葫芦瓶（图三十九）、广州博物馆藏清乾隆广彩课子图壶（图四十），都是将花瓶口沿削去，再加装洛可可风格金属附件改造成执壶。这种自口沿延伸出去，形成飘逸的C形手柄，线条蜿蜒富有动感，婉转延伸的金属附件繁复华丽，璀璨夺人。

---

[1] Jessica Hanser. *"Teatime in The North Country:Consumption of Chinese Imports in North—East England"*. Northern History, XLIX:1, March 2012.P.65.

图三十七 黄釉青花骏马苍松图纹瓶
（约1700—1720年），铜镀金附件
（约19世纪初），法国镶嵌，V&A博物馆藏

图三十八 青釉瓜棱瓶（约1736—1735年），
铜镀金附件（约1740—1760年），
法国镶嵌V&A博物馆藏

图三十九 洒蓝地开光五彩莲池花鸟葫
芦瓶（约18世纪），铜镀金附件（约18世
纪），法国镶嵌，大都会艺术博物馆藏

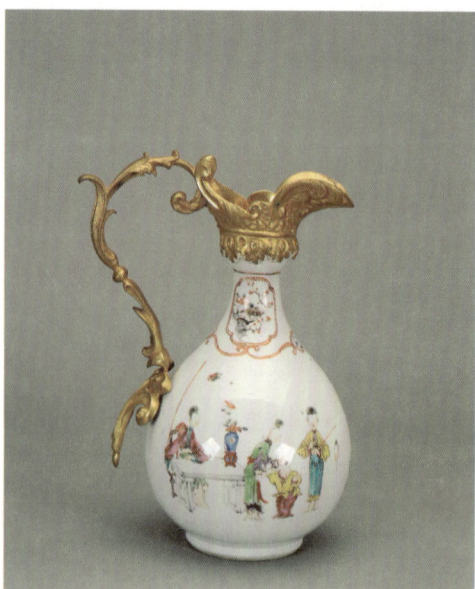

图四十 广彩课子图壶（约1736—1795年），
金属附件（约18世纪），法国镶嵌，
广州博物馆藏

除将原有瓷瓶镶嵌金属附件改装成执壶外，还有一种方式是如V&A博物馆藏清康熙青花矾红花卉纹罐（图四十一）及摩瓦特美术馆藏清乾隆红釉瓶（图四十二），将原瓷罐或瓷瓶颈部以上或口沿削掉在肩部及口沿加装芦苇、珊瑚、贝壳等造型金属附件做成握把或以古希腊罗马建筑上的横带式纹样金属附件镶嵌，瓶腹底部钻一小洞加装金属出水口，底部镶嵌洛可可贝壳水草纹或古希腊罗马风格海豚等造型金属底座，将原有的罐或瓶改装为日常生活中使用的盛水器。

（二）将罐、瓶、碗改造成扩香器（香薰）

盛放花香的容器最早出现在17世纪的法国，欧洲人喜用香薰、香水保持自己及生活空间的清新气味，因此扩香器（香薰）是他们日常生活中必不可少的物件

图四十一　青花矾红花卉纹罐（约1710—1730年），铜镀金附件（约18世纪），法国镶嵌，V&A博物馆藏

图四十二　红釉瓶（约1720—1750年），
铜镀金附件（约1760—1780年），
法国镶嵌，摩瓦特美术馆藏

图四十三　德化白釉盖罐（约1662—1700年），
银质及镀金附件（约1700—1715年），
法国镶嵌，V&A博物馆藏

图四十四　德化白釉双狮耳筒瓶（约1700年），
银质附件（约1722—1727年），法国镶嵌，保罗·盖蒂博物馆藏

图四十五　青釉八卦纹琮式瓶（约1725—1775年），
铜镀金附件（约1870—1880年），法国镶嵌，摩瓦特美术馆藏

之一。V&A博物馆及保罗·盖蒂博物馆藏有两件由清康熙年间德化白瓷器改装的扩香器，它们约18世纪在法国被加装银质及镀金附件，其中一件为盖罐（图四十三）、另一件为双狮耳筒瓶（图四十四），盖罐盖沿及罐口沿被削掉加装银质附件，盖上钻孔镶嵌银环扣，使罐中的香料通过罐顶的孔洞外散；双狮耳筒瓶则是将原瓶颈部削去，加装银质镂空盖，肩部钻孔镶嵌六瓣星形银扣，瓶中的香料通过镂空瓶盖和肩部的数个小孔散出。另一件摩瓦特美术馆藏清雍乾年间生产的青釉八卦纹琮式瓶（图四十五），则是分别在口沿及平底加装洛可可式玫瑰花纹金属附件，瓶中香料从顶部镀金镂空盖中散出，华丽又不失精巧。

　　除了在单件瓷器上进行改造外，欧洲人还利用多件瓷器重新设计组合改造成扩香器（香薰），大都会艺术博物馆收藏了一件18世纪法国人绘制的由两个瓷碗加装金属附件相扣而成的扩香气（香薰）设计图（图四十六），图中相扣的两个瓷碗均被削去底足及口沿，足部分别镶嵌洛可可风格卷草花卉纹盖顶及底座，两碗口沿相扣处加装镂空金属附件相连，使下方碗中盛放的香料可从镂空金属孔中散出。保罗·盖蒂博物馆及维多利亚与艾伯特博物馆藏有两件与此设计图相似的由两个青釉瓷碗通过镶嵌金属附件连接相扣改造而成的扩香器（香薰）（图四十七、四十八）。

图四十六 瓷碗加镶金属附件改制扩香器（香薰）设计图
（约1770—1785年），法国设计师，大都会艺术博物馆藏

图四十七 青釉瓷碗（约1720年），铜镀金附件
（约1745—1749年），法国镶嵌，保罗·盖蒂博物馆藏

图四十八 青釉瓷碗（约1736—1740年），
铜镀金附件（约1740年），法国镶嵌，V&A博物馆藏

（三）将瓷盘、树头杯改造成糖篮

欧洲人素喜甜食，常用银制提梁篮（图四十九）盛放面包、蛋糕、水果或糖等物品。18世纪，荷兰东印度公司将越来越多的中国瓷器作为餐具运至欧洲，促使欧洲人希望用更多的瓷器来取代金属制品，因此出现了如V&A博物馆藏这件德化白釉树头杯（图五十二）在花瓣式口沿上镶嵌金属边沿及提梁手柄，让其从酒（茶）杯摇身一变成为一个件贴近欧洲人日常生活的糖篮。

图四十九　银质糖篮（约1796年），大都会艺术博物馆藏

图五十　德化窑树头杯（约1680—1700年），
镀金附件（约18世纪），欧洲镶嵌，V&A博物馆藏

171

（四）将瓶或塑像改造成烛台

烛台的使用，在欧洲约始于10世纪。18世纪前，欧洲烛台多以银及镀金材料制作。18世纪后，一方面出于对中国瓷器的着迷，另一方面又为迎合自身的使用习惯，部分中国瓷瓶或塑像被欧洲人重新设计，加装镶嵌金属附件后改造成日常使用的烛台。大都会艺术博物馆藏一幅约19世纪欧洲人绘制的中式瓷烛台设计图（图五十一），从中可以清晰地看到这件烛台，是由一件广彩人物图大花瓶，被加装镶嵌以花卉、莨苕叶、小天使等图案点缀的洛可可风格镀金烛台、手柄及底座改造而成。与此风格类似的有，广州博物馆藏一对购买于英国的清末广彩开窗人物纹瓶（图五十二），瓶口沿被削去后镶嵌狮子造型金属烛台，瓶底镶嵌卷叶纹造型金属底座。

图五十一 中国花瓶镶嵌铜镀金附件烛台设计图
（约19世纪），法国画师绘制，大都会艺术博物馆藏

图五十二　广彩开窗人物纹瓶（约1821—1908年），
金属附件（约19世纪），欧洲镶嵌，广州博物馆藏

　　除单独利用中国瓷器加装金属附件改造外，欧洲人还将中国瓷器与欧洲当地生产的瓷器相结合加装金属附件，改装成令人耳目一新的器物。如V&A博物馆藏18世纪弥勒佛塑像烛台（图五十三）与大都会艺术博物馆藏鹦鹉瓷塑壁灯（图五十四），它们的主体分别是约清康熙年间景德镇产松石绿釉弥勒佛与鹦鹉塑像，作为蜡杯的金属附件等约18世纪分别在德国和法国镶嵌，金属附件上的瓷花则分别为18世纪德国梅森和法国本土产品。不同用途、不同地域、不同时期的瓷制与金属制部件通过工匠的奇巧构思，组合成了纤巧华丽的崭新烛台。

图五十三　松石绿釉弥勒塑像烛台（约18世纪）
铜镀金附件及瓷花（约18世纪初），德国镶嵌，V&A博物馆藏

图五十四　松石绿釉鹦鹉瓷塑壁灯（约1622—1722年），
铜镀金附件及瓷花（约1750年），法国镶嵌，大都会艺术博物馆藏

图五十五　三彩狮子瓷塑台灯（约19世纪）

金属附件（约19世纪），大都会艺术博物馆藏

（五）将动物塑像或花瓶改造成台灯

进入19世纪后，随着电灯的发明，欧洲人也将中国瓷器加装金属附件改装成电灯使用。大都会艺术博物馆藏有一对狮子瓷塑台灯（图五十五），主体为清末景德镇三彩狮子塑像，塑像底座四角镶嵌金属附件与台灯底座焊接相连，造型低调朴素。

欧洲人对中国瓷器的金属镶嵌除突出中国瓷器的贵重与美，他们更将自身的审美价值与文化精神融入其中，通过金、银、铜等金属将中国传统的瓶、碗、杯、盘、塑像等瓷制品重塑成符合自身使用价值和装饰风格的盛水器、扩香器、糖篮、烛台、壁灯、台灯等新器皿，让中国外销瓷器不仅在外形上拥有了新面貌，也被赋予了新功用与意义，焕发了新生机。

三、结 语

16至19世纪欧洲人对中国外销瓷器的金属镶嵌，不仅让我们看到了欧洲人的价值观、审美观及对艺术的不懈追求，也让我们感受到了东西方文化的完美融合。陶瓷以最简单的材质幻化出了最绚烂的色彩与艺术，让世人为之痴迷。无论是祭祀用的礼器、还是生活中的炊具，或文房里的雅玩，陶瓷不仅充斥于人们生活的各个角落，还丰富着人们的精神世界。中国外销瓷器作为人类贸易史上较早的全球化商品，因多元文化的交流与融合而有了更强的生命力。

（作者单位：广州博物馆）

民国广州金银器皿业发展初探

刘　斌

内容提要：

金银器是中国古代传统手工业门类，广州制作金银器的历史悠久，考古出土的西汉南越国时期的金银器可以看作该时期的代表作品。清代康熙开海禁和乾隆二十二年（1757年）对西洋"一口通商"政策，使广州的经济迅速发展，商贸的繁荣特别是对外贸易的不断扩大，促进了广州金银器皿业的发展，同时还促使广州率先诞生了以国外市场为主要销售对象的外销银器业。至迟在19世纪中晚期时，广州金银器皿业即已分为"唐装"和"洋装"两种，发展十分繁荣。但对于广州金银器皿业进入民国时期的发展情况如何，目前尚无专文讨论。本文主要以民国文献、报刊等材料为中心，对民国时期广州金银器皿业的发展规模、经营范围、店铺分布和行业组织等情况，作一初步探析。

一、民国广州金银器皿业的发展情况

（一）发展规模和经营范围

广州作为华南一大都会，历史上金银手工业一直十分发达。清代康熙开海禁和乾隆单口通商，使广州的经济迅速发展，进一步促进了金银首饰器皿业的繁荣。与其他城市不同，清代广州的金银首饰器皿业中还率先发展出外销市场，并把外销作为该业的主要业务。鸦片战争后，国门大开，外销银器业随之扩展到其他通商口岸城市，但广州金银器皿业仍获得持续发展。迨至清末民初，"广州全市有各行金铺门店多达240间，这些金铺只管销售。生产各类金银首饰器皿的作坊数量众多，从业人数超过万人。"[1]

---

[1] 陈志高《中国银楼与银器·华南卷》，北京：清华大学出版社，2015年，第93页。

民国初年至20世纪30年代中期，广州金银器皿业持续发展，店铺数量一直维持在500间以上[1]。1911年，广州有金铺32间，金（银）箔店33间，银器店470间，合计535间；1924年前后，广州有金铺57间，金银器店496间，合计553间；1928年，广州有金铺79间，金（银）箔店35间，金银首饰店440间，合计554间；1930年，广州有金铺231间，金（银）箔店18间，银器店279间，合计528间。这期间，广州的金铺数量激增，金（银）箔店和金银首饰店的数量则稳中有降。

1934年美国实施"白银法案"，大幅提升白银收购价格，受其影响，中国白银大量外流造成严重后果，南京国民政府遂于同年实施法币改革，颁布《南京公布法币兑换法及制银器用银规定》，要求"各地银钱行号商店，及其他公共团体，或个人持有银币、厂条、生银、银锭、银块，及其他银类者，应于民国十四年十一月起，三个月以内，就近交各地兑换机关，换取法币。"[2]加大对白银的管控，对于银制品用银则要求"凡制造银器、银饰，应以化学银为原料，其必须掺用纯银者，所含纯银量不得超过百分之卅"，同时"对银器每百元抽税卅余元，与民国十六年比较，增加廿余倍，致使大量金银首饰业店铺倒闭，仅广州一地失业人数达8000余人。"[3]不久抗战爆发，"许多匠人或逃避乡下，或奔走海外，到1945年全省首饰业匠人仅剩下400多人。"[4]抗日战争胜利后，广州的金银器皿业亦随着社会环境的稳定而逐步复苏，据《广州工商业指南》统计："1946年，全市共有金商业店铺241间。"[5]新中国成立后，广州的金银器皿业同其他手工业一样，经历了社会主义改造，该行业的个体商户分别组成金银制品厂、艺新首饰厂，许多从业人员逐步转业，只有少数从业人员继续从事金银首饰业务。

与全国其他许多地方不同，广东地区习惯称呼金银首饰店为"金铺"而非"银楼"。大约在19世纪，广州的金银器皿业即已分唐装和洋装两种。唐装是足金

---

[1] 笔者根据《香港华字日报》（1911年）、《广州市市政报告汇刊民国十三、十四年》（1926年）、《广州市政府统计年鉴》（1929年）、《工商半月刊·广州市商店种类调查》（1930年5卷23号）等民国报刊、文献资料统计而得。

[2]《南京公布法币兑换法及制银器用银规定》，香港华商月刊，1935年第一卷第9期，第67—68页。

[3] 国际劳动通讯，1935年第10期。

[4] 广东省二轻厅编志办公室《广东省志·二轻手工业志》，广州：广东人民出版社1995年，第3页。

[5] 广州博物馆藏《广州工商业指南》，广州：广州工商业指南出版社，1946年版，第209—210页。

首饰，包括传统造型的戒指、手镯、项链等内销产品；洋装是K金首饰，包括镶玉石、钻石、宝石等镶嵌首饰，大部分出口。而洋装中的外销银器业又是其中一大产品类型。1908年，日本驻中国广州领事上野专一，向日本外务省传回了一份业务报告，里面就提到了广州当地银器业的情况。除了说明广州外贸银制品分业经营外，他还进一步写道："唐行制造中国本来就有的银器品种，即首饰、镯子、中餐具之类，洋货行则侧重于生产西式器皿，包括西餐具、西洋茶具、酒杯、糖果容器、花瓶、烟盒、怀表附件、梳妆具、墨水台、名片盒、相架、餐巾环、笔架、手杖头、伞柄、烟灰缸，以及各种把玩品。"[1]迨至民国，广州的传统金银器皿业的制造除金银首饰产品外，日用器皿和社交礼品的制造逐渐成为大宗，这在当时受西方文化影响较深的沿海发达城市亦是如此。据载，上海"银楼业业务，传统以制造锁、圈、环、镯、簪、戒指、压发等妇女用金银首饰为主要。民元以降，因人民竞尚欧化，于是该业逐渐制造金银器皿等日用品。"[2]民国天津金银器皿业调查亦指出"查本业之营业方法，多以买卖首饰为主……近则因妇女剪发盛行，首饰渐趋衰落，因之应酬礼品与银杯银盾等，代之而兴。"[3]

同时，民国时期广州的金银器皿业自身的分工也较为细化、界限森严，"粤省金业，可略分之为两类：一为三益堂金铺行，以制造金饰器皿为主要营业。兼镕炼金叶金条发卖。二为兴利堂金银首饰行，以制造金饰器皿为主业，兼造纹银饰器。"[4]其中，广州的十足金叶提炼为一大特色，在国内外独享盛誉甚久，其他大城市如上海，金铺业尚未能炼成十足金叶，南洋各埠金铺曾自广州雇工匠前往如法熔炼，亦达不到十足成色。清朝时粤海关道曾奉"上谕"，每年向广州金业行中最享盛誉的"何西盛"采购十足金叶3000两进贡，"何西盛"亦例必按行内公价酌加利润银两换，清廷方面从未以索价过高见责。正因如此，民国时期广州以金叶、金条和金饰为主要业务的金铺数量亦是不断增长。此外，民国时期广州还衍生出与金银器皿密切相关的一些关联行业，如银质和珐琅徽章制作的行业以

[1] 李李、召苏《外贸史上的白银中国风》，《美术报》2017年11月4日，第011版。

[2]《商业月报》，1939年，上海商业特写之银楼业。

[3] 调查统计股《社会月刊（天津）》1931年复刊号卷之"天津市金银器皿业调查"，第1—22页。

[4]《工商半月刊》，1930年第6期之"广州金业"。

及铜镀金首饰业。

(二）分布范围

金银器皿历来属于贵重消费品，其店铺一般分布在城市的商业中心。鸦片战争后，以广州城内东南部为中心的政治文化中心和以城南、城西一带为中心的商业区域的城市布局逐步完成。其中，最重要变化又是西关地区的开发。史载："太平门外率称西关，同、光之间，绅富初辟新宝华坊等街，已极西关之西，其地距泮塘、南岸等乡尚隔数里。光绪中叶，绅富相率购地建屋，数十年来，甲第云连，鱼鳞栉比，菱塘莲渚，悉作民居，直与泮塘等处，壤地相接，仅隔一水，生齿日增，可谓盛矣。"[1] 当时许多来华的西方人在其游记中也大量记述了广州西关一带的繁华景象："工商业的发展，使西关一带成为新的城市中心，宝华街住宅区成为光绪年间富商云集之地。"[2] 清末民初，广州的金银器店铺尤其是以外销为主的银器店铺，如"吉星、新盛、浩昌、黄盛、其昌等，亦主要分布在西关的同文街、靖远街及河南花地一带。"[3]

1921年广州市市政厅成立，随即开始近代化的市政建设，拆城墙，建马路，广州的商业中心范围进一步向东、向南扩展至珠江沿岸的长堤、中华南路（后改名解放南路）一带。民国二十三年（1934年）出版的《广州指南》曾提出"商业区拟设于市内南部，及河南一带。因该处交通便利，商业发达，如长堤之东濠口，西濠口，老城之永汉路，惠爱路，西关之十八甫上下九甫，以及南关、河南等处，皆日中为市，繁盛异常。"[4] 据1936年省会（广州）警察局统计，全市共有各行商店总数37450间，其中"（永汉）2815间、靖海3481间、（太平）3767间、长寿2604间、宝华1675间、陈塘1986间……东堤1571间、贤思1246间、惠福1886间、黄沙1367间"[5]，而至抗日战争前，广州金铺曾多达60多家，其中50多家集中在小市街，其余十多家散于市内各地。抗战胜利后不久，广州市金铺业共

[1]［清］黄佛颐撰，仇江等点注《广州城坊志》，广州：广东人民出版社1994年，第534页。

[2] 蒋建国《晚清广州城市消费文化研究》，暨南大学2005年博士论文，第43页。

[3] 雷传远《清代走向世界的广货——十三行外销银器略说》，《学术研究》2004年第10期。

[4] 广州市政府编撰《广州指南》，民国二十三年（1934年）版二月初版，培英印务局印制，第5页。

[5]《国货月刊》，1937年3卷7期"调查与统计"。

有240余家，其中"上下九路店铺26间、第十甫路38家、中华南路61家，惠爱路24家、梯云路17家，长堤路7、汉民路6家……"[1]，可知，民国时期，广州的各类商店包括金银器店铺也主要集中上述地带。

（三）工人工资

工匠的工资水平，受到专业技术水平影响很大。同时，受市场行情的影响亦非常明显。一些行业对其从业人员要求很高，一般学徒在充当学徒期间，基本上不能得到工资收入，在其专业能力得到师父肯定之后，才可以得到较低的报酬。如清末民初的制造业收入情况为："凡制造匠收用徒弟，往往订明服役之期，以四年为限，不给工资，仅于年底给以银币若干，作为酬金，名曰鞋钱。第一年四圆，第二年五圆，第三年六圆，第四年七圆。工匠工钱，每月七圆或八圆不等。工徒饭食，一律每日两餐，由雇主供给。"[2]民国时期天津市针对金银器皿业的行业情况做了详细的调查，亦指出"（该业）工徒多系亲友介绍，或觅铺保，或觅人保，无工资，学徒期间多为4年，这四年期满，出师，始有工资。"[3]

民国时期广州从事金银器皿业制造的工人工资水平亦与上述情况类似，但其具体收入则因工种不同而有较大差距，据民国《统计会刊》所载："广州挑切金银簿工会，工资指数从1912年的100增长到1927年的432，增长指数达到4.32倍，而同样为金银器皿行业的"广州唐装金银首饰器皿兴和工会"的工资变动幅度则非常小，从1912年到1921年的工资指数都维持在100，1922年涨至105.4，1925年涨至118.5，1926年涨至143.5。另一份"广州唐装金银首饰器皿兴和工人工资指数表"列出了更为详细的数据，该行业包括 金器件工、银器长工、电金电银、铜器首饰、烧青五个类别，金器件工的月工值从1912年的20（元）/月涨至1926年的25/月（1927年维持该水平），银器长工月工值由1912年5/月涨至1921年的6.5元/月，此后至1927年一直维持该水平，电金电银工值6/月，涨至1926年12.5/月，1927年维持，铜器首饰5.5元每月工值自民国元年至十六年维持不变，烧青工值民国元年5

[1] 广州博物馆藏《广州工商业指南》，广州：工商业指南出版社，1946年，第209—210页。

[2] 孙毓棠编《中国近代手工业史资料》，北京：中华书局，1962年，第950页。

[3] 《商业月报》1939年，上海商业特写之银楼业，第1—22页。

月，至民国十三年涨至9/月，维持至17年未变，各工种1912—1927年的工值增长指数的几何平均与"指数统计"的一致[1]。差不多同时期的天津金银器皿业工人工资调查，亦反映出行业内不同工种待遇差别巨大，其"工友工资最高者每月60元，最低者每月5角。"[2]

二、民国广州金银器皿业的同业组织

中国传统手工业和商业的同业组织"行会"，一般亦称"会馆"或"公所"，而在两广地区则多称为"堂"，据京广货商帮的"仙城会馆简章"记载："本馆自重修后，初拟改用堂名，不欲用会馆二字，免与各省公立之会馆相同。"[3]行会作为工商业发展到一定阶段的产物，其功能与作用"主要体现在限制招收和使用帮工的数目，限制作坊开设地点和数目，划一手工业产品的规格、价格和原料的分配，规定统一的工资水平，维护同业利益，并举办迎神祭祀活动和公益救济事业。"[4]广州金银器皿的行会组织具体起源于何时，已难考证。但"广州的九善堂七十二行大约成立于光绪十一年（1885年），七十二行的堂名又称'西共堂'，是当时广州省城内外八九十个工商团体的联合组织，所列七十二行中就包括金行三益堂。"[5]日本人1907年对广州的七十二行做过调查，所列出的七十二行中亦包括"金行、金箔行"[6]，清宣统《番禺县续志·实业志》列有72行（实际列有71行），其中涉及金银器皿业的也有金行[7]。其行业内部又因经营的范围和生产销售模式的区分，而细分为"三益堂""兴仁堂""兴和堂"和"立本堂"等行会组织。

---

[1]《统计会刊》1928年第3期。

[2]《商业月报》1939年，上海商业特写之银楼业，第1—22页。

[3] 彭泽益主编《中国工商行会史料集·上册》，北京：中华书局1995年版，第17页。

[4] 刘永成、郝治清《论我国行会制度的形成和发展》，见南京大学历史系明清史研究室编《中国资本主义萌芽论文集》，第125—129页。

[5] 罗晃朝《清末民初广州的九善堂七十二行》，《岭南文史》1992年第2期。

[6]（日）外务省通商局编：《清国事情》第2辑，1907年刊印，第853—857页。

[7][清]宣统《番禺县续志》卷12·实业志。

从清末到民国初年，中国工商业组织经历了从行会向商会、同业公会的转变，同业公会扮演着协助政府推行经济政策，发挥着维护同行利益和维护市场秩序的角色。其转型的途径有二："一是行会向雇工组织转化，即行会工会化；二是行会向雇主组织转化，即行会商会化及同业公会化。"[1]民国时期广州金银器皿业行业组织的发展亦然。

一方面，广州金银器皿业中资本实力雄厚、以售卖金饰和熔炼金叶金条为主业的金铺行"三益堂"逐渐向以维护资方利益为主的同业公会演变。1918年，政府颁布了《工商同业公会规则》及《工商同业公会规则施行办法》，"首次在法律意义上承认了同业公会在行业经济管理方面的重要功能与作用，此后工商同业公会很快得以普及。南京国民政府成立后，于1929年8月将原《工商同业公会规则》修改为《工商同业公会法》及施行细则。"[2]尔后各地行会部分改组成同业公会，据1931年广州商会之调查"自奉令改组为同业公会后，各同业公会正式先后成立者，如雨后春笋，最近全市此项商业团体数目，及负责人姓名，应有调查之必要，并列出了长途汽车业公会、米业同业公会、银行业同业公会等几十个同业公会，也包括金业同业公会，但其主席未详。其中，银行业负责人邹殿邦亦为市商会会长。"[3]但其在商会中的地位并不突出，"其在广州市商会整理委员会所属52个同业公会选出的1100余名出席代表中，仅有代表数4人。"[4]1934年，广州市政统计亦列有该行，并指明会址位于中华南路五六号[5]。抗战期间，金银器皿行遭受沉重打击，据1944年《广东商统会报》之《广州市各业同业公会会务近况（上、下）》调查，金银器皿行业的同业组织未有出现[6]。1946年，该行的行业组织改名为"金商业公会，会长黄国焘，地址位于中华南路56号，为当时金铺最为集中之地。"[7]

[1] 霍新宾《清末民初广州的行会工会化》，《史学月刊》2005年第10期。

[2] 法规《工商同业公会法》，《广州民众》1929年第1期。

[3]《广州市商业团体之调查》，《新广州月刊》1931年第1卷第4期。

[4]《广州市商会整理委员会所属同业公会出席代表统计》，《商整会周刊》1933年第4期，第7页。

[5] 广州市政府编撰《广州指南》，民国二十三年（1934年）版二月初版，培英印务局印制，第418页。

[6]《广州市各业同业公会会务近况（上、下）》，《广东商统会报》第一卷1期，1944年第1卷第1期，第79—93页。

[7] 广州博物馆藏《广州工商业指南》，广州：工商业指南出版社，1946年，第209—210页。

另一方面，以制作金银首饰和器皿为主的行会如"兴仁堂"，唐装首饰"兴和堂"，洋装首饰"立本堂"，逐渐向以维护劳方利益为主的工会组织演变。广州地区的工会组织成立时间较早，"清光绪三十四年（1908年）香港的华籍机器工人成立了研机书塾，并在1909年由这个书塾派人来广州组织广州机器工会以后，广东——不，中国已开始有了工会了，开始有工人运动了。及'五四运动'开始，孙中山先生提倡民众运动，劝告工农阶级加入国民革命，广东的工会更为蓬勃了，工人运动更为有力量了。再至民国十四年，国民政府成立于广州，广东的工运又有一个绝大的发展机会，广东的各种工人，无一不有一个或几个工会的组织了，工人运动已成为全盛的时期了。"[1]民国十一年（1921年），广州已成立的金银器皿业工会有"广州西式唐装首饰工会，宗旨是联络感情交换智识，主任陈任馀，人数为212人，地址在三府前1号，立案机关为市政厅；洋庄金银器皿立本堂，宗旨是制造金银首饰，主任陈展云，人数700人，地址位于洪安里，立案机关为公安局。"[2]民国十五年（1926年），是广州工人运动蓬勃发展的一年，广州市成立的工会众多，其中涉及金银器皿业新成立的有广州唐装金银首饰器皿兴和工会，其成立日期为十五年六月（备案），人数为2100人[3]。

不久，国共合作破裂，广州的工人运动陷入低潮，各行工会纷纷被解散。1928年，"广州市唐装金银首饰器皿兴和工会、广州市唐装金银首饰互助俱乐部、广州市汉装金银器皿志一俱乐部、广东唐装金银首饰电金电银打磨俱乐部、广东唐装金银首饰工会等相继被广州市警察局各分署奉命解散。"[4]到1934年，又恢复成立了"广州市广州市金银器皿首饰业职业工会，会址安洪里22号"和"广州市挑切金银薄业职业工会，会址西关贤梓里锦贤里十号"[5]，1936年《华商月刊》统计"市内工会，民十六七年为最盛时代，自后，各行工会，多已解散，至近年来，立案成立者，迄今有五十个工会，其中就包括金银首饰器具职业工会和挑切金银薄工会。"[1]而广州金银首饰器皿业职工会由兴和堂、立本堂两

[1]《新广州》"十年来的广东工会统计"，第1卷，1931年。

[2]《新广州》"十年来的广东工会统计"，第1卷，1931年。

[3]《新广州》"十年来的广东工会统计"，第1卷，1931年。

[4]《广州市市政报告汇刊1927—1928年》之"广州市公安事项报告"，第65页。

[5]广州市政府编撰《广州指南》，民国二十三年（1934年）版二月初版，培英印务局印制，第422页。

[6]《华商月刊》，"东麟西爪之调查汇记"，1936年2卷2期。

行会联合组织成立，与香港、澳门行业工会联系，促进技艺交流[1]。

民国时期，广州的金银器皿业的同业组织取得了长足发展，其在维护行业利益如定价、招工和经营，促进技艺发展，承担社会职能等方面发挥了应有的作用。但行业团体的细分，也在某种程度上加剧了内部之间的竞争，一则1936年12月20日由广东省实业厅发的公报从侧面揭露了这种想象，"为布告事，照得本市金行三益堂与唐装金银器皿工会争执一案，兹据该金行代表何聪等呈称，唐装金银器皿工会工友督率纠察队数百余人越轨骚扰逼勒停业，四处寻衅，乞迅赐维持前来查纠察骚扰最易滋生事端，值此用兵后方，治安尤为重要，亟应严切查禁，除分别咨函请广属警备司令，广州市公安局，查照，嗣后如遇唐装金银器皿工人再向金行骚扰，即予严行究办外，合行布告，周知此布。"[2]

三、结　语

综上所述，民国初年至抗日战争爆发前，广州金银器皿业发展兴盛，店铺数量较为平稳。1935年，受"白银风潮"影响，金银器外销几乎全部停滞，大量人员失业。抗日战争时期，行业发展受到严重挫折。抗战胜利后，广州金银器皿业生意逐步恢复，和全国各地一样，行业短暂繁荣。这期间，广州金银器皿业的同业组织也得到了进一步发展，从传统的行会组织发展出同业公会和以劳方为主、维护雇工利益的职业工会，特别是各类工会团体。同时，民国时期广州的金银器皿业发展已较为细化，既有以专事售卖，兼开炉熔炼金叶为主的店铺，也有工贸一体的各类金银首饰店铺，还有许多专门承接生产的各类金银器生产的手工作坊，并且以出口为主的，其经营的业务范围既包括传统的金银首饰，也包括各种新式的金银器皿。店铺分布主要集中在城西和城南的商业中心地带。新中国成立后不久，该行从业者逐步转业，只有少数从业人员继续从事金银首饰业务，同时，国家对金银器个体从业者进行了改组，成立了国营的金银制品厂、艺新首饰厂，广州的金银器皿业迈入了新的发展阶段。

（作者单位：广州博物馆）

---

[1] 广东省工艺美术工业公司、广东省工艺美术学会编《广东工艺美术史料》，广州：广东省工艺美术工业公司，1981年，第406页。

[2]《广东实业厅公报》布告，民国十五年十月二十日。

高楼风雨感斯文

——新见李沧萍信函考释

程存洁

内容提要：

李沧萍教授是民国著名学者黄节、朱希祖的学生，中山大学中国语言文学系教授、岭南大学文学院教授。笔者在整理馆藏文物时，新发现李沧萍书信14封及信封11个。这批信函具有一定的学术价值。本文通过对这批信函及信封进行考证，不仅明确了这批信函的书写时间主要集中在20世纪30年代初期，而且揭示了国立中山大学初创时期的若干资讯及李沧萍的个人学术志向和生活情趣，从而丰富了中山大学校史资料。

1949年1月19日，受聘岭南大学的陈寅恪教授，乘船至广州珠江南岸康乐园岭南大学北门码头，受到校长陈序经及文学院师生的热烈欢迎。在场的欢迎人员当中，就有李沧萍教授。可是，意想不到的是，数月后的3月3日，李沧萍去世，年仅54岁。为此，陈寅恪作《挽李沧萍教授》："短梦兴亡，珠海魂归迷故国。高楼风雨，玉谿春尽感斯文。"表达了对李沧萍教授的无限思念及对其诗学成就的赞誉和个人独特的伤世忧时之感。

李沧萍，名李汉声，1897年出生，广东丰顺人，民国著名学者黄节、朱希祖的学生，毕业于北京大学国文系[1]，后留居北京继续读书问学。1927年返回广州，先后任教国立中山大学中国语言文学系[2]、岭南大学文学院，教授诗学，同

---

[1] 朱希祖《朱希祖日记》，北京：中华书局，2012年，上册第161页。

[2] 朱希祖《朱希祖日记》，北京：中华书局，2012年，上册第265页。

时担任教育部、广东省教厅、广东通志馆的秘书，著有《诗学大纲》《诗学通论》《楚词通论》等。

笔者在整理黄宝权及女罗德慈先生捐赠物品时，新见李沧萍信函14封及相关信封11个。这批信函、信封不仅记录了国立中山大学初创时期的若干资讯，而且反映了李沧萍的个人学术志向和情趣，为丰富中山大学校史资料及了解李沧萍的个人生平资料，具有一定的学术价值。

一、关于校长邹鲁聘请黄节任教中山大学的部分细节

邹鲁担任中山大学校长期间，曾积极向有关学者发出邀请，聘请他们到广州任教。广东顺德籍学者黄节就是被邀请的一名学者。

在这批新见李沧萍信函中，有3封信函披露了邹鲁聘请在北京任教的黄节南下中山大学任教的一些信息。

李沧萍是黄节最满意的学生之一。吴宓在《最近逝世之中国诗学宗师：黄节先生学述》一文中写道："黄先生在北京大学等处，授诗学十余年，著籍弟子极众。以宓所知，门弟子中，最切实用功，可望传先生之学，而为先生所喜者，凡二人（皆北京大学国文系毕业）。一曰李汉声，字沧萍，广东丰顺人。"[1]李沧萍"今为广州中山大学国文系教授，授诗学各门。黄先生有《岁暮示李沧萍》五古诗一首，载《学衡杂志》五十五期。沧萍之弟韶清，为黄先生婿。沧萍娶黄公度先生（遵宪）孙女。"[2]可知黄节和李沧萍不仅是师生，而且李沧萍的弟弟李韶清又是黄节的女婿。

第一封《李沧萍致罗原觉函》（图一）仅一页，横12.8、纵23厘米，共有文字8行（每行结束，以/为标识，下同）：

> 原觉道丈左右：违教又忽旬日，惟起居/万善。此番邹君聘请晦师南

---

[1] 载《大公报》1935年1月29日星期二第四版。
[2] 载《大公报》1935年1月29日星期二第四版。

来主讲，确极/诚意。本月九日邹君又专电敦请，为最后之求/请，兹将
原电录呈。闻/丈日间又赴港，何日返来，便求/示知，以便走候也。专
此敬候/道安。萍再拜。八月十七日。/黄夫人均此候安。/

该函使用"涵芬楼笺"。信中未署年款，只写了"八月十七日"。信中提到
"本月九日邹君又专电敦请，为最后之求请"及"此番邹君聘请晦师南来主讲，
确极诚意"，说明邹鲁聘请黄节是真心实意的。信中所言"邹君"即邹鲁，"晦
师"即黄节，"黄夫人"即罗原觉的妻子"黄宝权"。可知该信写于邹鲁作"最
后之求请"后不久。

庆幸的是，《邹鲁致黄晦闻函》（一页，横12.8、纵23厘米，图二）亦被保存
了下来，为进一步了解邹鲁聘请黄节一些细节，提供了珍贵的资料。信函共有文
字7行：

北平东城大羊宜宾胡同二十四号黄晦闻先生道鉴：/惠电奉悉。公海
内大师、儒林宗匠，且吾粤为桑梓之邦/，谊不可乱用，特再申恳款之
诚，为三拜之请，伏乞公仍赐俯允，惠然命驾，将见教泽所/被，学风丕
变，不特诸生有所遵式，而鲁亦拜承嘉惠，为/无家期矣。聘书另由邮
呈，并乞代为孟劬先生劝驾。弟/鲁叩佳。（八月九日发电）（尚未得
复）/同日并致孟劬先生一匜电，大致相同。/

该函也是写在"涵芬楼笺"上。笔者推测，此时中山大学公用信笺可能是
"涵芬楼笺"。信中透露，此时黄节正住在北平东城大羊宜宾胡同二十四号。邹
鲁在信中高度称赞黄节是"海内大师、儒林宗匠"，表示已行"三拜之请"，邀
请黄节回乡任教。信中写道，黄节如"俯允，惠然命驾，将见教泽所被，学风丕
变，不特诸生有所遵式，而鲁亦拜承嘉惠"。

信中还提到"孟劬"，即张尔田（1874—1945年），浙江钱塘（今杭州）人，
"清举人。先后任刑部主事、知县。辛亥革命后闲居。1913年参加孔教会。1914年
清史馆成立，任纂修。1915年曾应沈曾植邀请，参加编修《浙江通志》。1921年

188

起，先后在北京大学、北京师范大学、中国公学、光华大学、燕京大学等校任中国史和文学教授。后在燕京大学哈佛学社研究部任职。1945年2月15日在北平病逝。终年71岁。著有《史微》《钱大昕学案》《清史稿》中之《乐志》《刑法志》《地理志》江苏部分、《李之芳列传》《后妃列传》等。并有《蒙古源流笺证》《蛮书校补》《元朝秘史注》出版。"[1]

黄节和张尔田均是民国时期知名学者。邹鲁在信中还提到8月9日给黄节和张孟劬二人发出电文聘请任教中山大学一事。

第二封《李沧萍致罗原觉函》（图三、四），有3页，每页横10.6、纵28厘米，共有文字11行：

> 原觉仁丈先生：手教奉悉，晦/师近无示到，到时当奉告。/《翁唐碑目》、伊联二件，拟以港/纸五十元售去，千乞/丈惠神代售（如嫌昂，可以酌减）。/因舍弟在北平，近促款急，若/无以应，而学校又欠款三月/也。何日由港返，望便/示知，以便走候。手复求候/道安。萍再拜。十九日。/黄夫人均候。/

该函使用"国立中山大学用笺"。李沧萍在信中告诉罗原觉，他弟弟正在北平读书，已欠三个月的学费，急需补交，故请求罗帮忙卖掉《翁唐碑目》和伊联。笔者按《翁唐碑目》指《清翁覃谿唐碑选目》，"伊联"或指清代著名书法家伊秉绶（1754—1815年）的书法作品。信中还透露，"晦师近无示到，到时当奉告"，表明此时黄节尚未表示同意接受聘请，罗也很关心此事。该函与上述两函的书写时间相近。

拙稿《从新见信函谈国立中山大学初创时期的两件事》曾考订上述《邹鲁致黄晦闻函》的书写时间是1932年8月9日[2]，笔者据此推断，上述《李沧萍致罗原觉》两函书写时间分别是1932年8月17日和8月19日。同时，用毛笔竖写"西关宝源

---

[1] 徐友春主编《民国人物大辞典》，石家庄：河北人民出版社，1991年，第964页。

[2] 载涂成林主编《当代广州学评论》，2018年第1期，北京：社会科学文献出版社，2018年。

东街二十七号/敦复书室/罗原觉先生台启/东山李上"及刻印"校址广州市越秀山麓/广州市市立第一中学校缄/自动电话：壹〇〇三壹/"的信封（横10.6、纵22.6厘米，图五），因其邮戳上文字显示"东山/廿一年八月二十"即1932年8月20日，可知该信封是用来装上述第二封《李沧萍致罗原觉函》的。

第三封《李沧萍致罗原觉函》（图六、七），两页，每页横20、纵30.5厘米，共有文字11行：

原觉仁丈先生：昨得晤教，至快。/顷奉二日惠示，知翁册已代出去，/极感。该数请丈日间港回后/便中费神，交彬甫先生为幸。/今日晤邹君，适晦师与邹/君快函，略云尊意殷勤，且责/以大义，不能因乱惟至速，亦须/待本学期终了，寒假后方/能南归云。手复并颂/道祺，不一一。萍顿首。/九月三日夜。/

该函使用"广州市西湖路大中印国立中山大学用笺"。民国时期，广州西湖路一带聚集了许多印刷厂。信中谈及罗原觉已帮忙在香港将"翁册"（按指《清翁覃谿唐碑选目》）代售出去了，并请罗将钱交给"彬甫"。按"彬甫"即马彬甫，广州一藏家，《朱希祖日记》多次提及，如朱希祖1932年10月24日记录："至登云阁（笔者按：位于财政厅前）看旧书。遇马彬甫先生，马先生藏南明人诗文集颇多，拟一造其观焉"；1933年7月9日记录："十时半偕谢贞盘、李沧萍至西关马彬甫，本约谢君与余观彼藏书，因马与李有小嫌，竟托故改明日去观"，7月10日"十时半偕谢贞盘君至西关马彬甫家看书，无甚佳本，约择一二种，托谢君商购"，7月14日"十二时偕谢贞盘至登云阁书庄赴马彬甫之约，与李仲约文田先生之子及孙相会，马君实未切实约定，徒劳往反，屡次爽约，此人之无信用可知，此等人以后不可再与往来。"

信中透露，黄节受邹鲁"殷勤""责以大义"之影响，已有意南归，但需"待本学期终了，寒假后方能南归"。据此亦可判断该函当写于1932年9月3日夜。

虽然邹鲁三番五次盛情邀请，但黄节最终没有南下广州任教。黄节与中山大学失之交臂。

二、关于民国广州及李沧萍个人资讯问题

李沧萍在信中除披露民国广州市的相关资讯外，还谈到自己与相关学者的交往情况，以及中山大学部分任教老师近况，丰富了中山大学校史内容。

（一）岭南图书流通社

岭南图书流通社是由罗原觉创办，起初设在中山大学校园附近的广州市文明路145号，专售粤中刊本。[1]

《李沧萍致王秋斋函》（一页，横20、纵30.5厘米，图八）有文字8行：

> 秋斋丈左右：秋来惟/起居万福，造述日弘。此间原觉先/生近开设一岭南图籍流通社，专售/粤中刊本，流通乃处图书，亦行善也。/吴门各书坊，拟请/吾丈为一介绍，使其以后可直接接洽，/则感激高厚无已。时矣，手此特颂/道安。晚萍顿首。七日。/

该函使用"国立中山大学用笺"。信中所云"秋斋"即王秋湄（1884—1944年），广东番禺人，著名书法家，20世纪20年代初定居苏州。该函的信封（横10.6、纵22.1厘米，图九）被保存了下来，上面书写"苏州阊门外大马路四摆渡/六七二号半/王秋斋先生/李上/国立中山大学缄/"，可知此时王秋湄正住在"苏州阊门外大马路四摆渡六七二号半"。

李沧萍在信中极力向王秋湄推介岭南图书流通社，请他介绍"吴门各书坊"与罗原觉相识，以便两地图书能够流通起来。

信中写道"秋来惟起居万福"，显示该函应写于秋季，且在岭南图书流通社开办后不久，即20世纪30年代初。

---

[1] 拙文《古直与"读经风波"》，载《中国文物报》2018年12月11日第7版"收藏鉴赏周刊"。

（二）黄节《诗旨变雅》与李沧萍的个人处境

《李沧萍致罗原觉函》（图十），一页，横20、纵30.5厘米，共有9行文字：

> 原文：得书，惶悚无任，/尊款又逾时未奉/取，非其本怀。萍终年都在窘/乡，近三四日来尤窘，不可言状，/故尊款一再未奉取。未敢迟/也，盖有由也。兹再得/命，日间无论如何，必还上，乞/勿念。晦师所寄《变雅》，想已收到。/来候起居。萍再拜。四月廿五日。/

该函是写在"国立中山大学用笺"上的。信中所云"《变雅》"，是指黄节1929年出版的《诗旨变雅》[1]。李沧萍在信中不仅告诉罗原觉，黄节已向他寄来了《诗旨变雅》一书，而且说明自己终年都在窘乡，"近三四日来尤窘，不可言状"。笔者推测，有可能是因为罗原觉开办了岭南图书流通社，所以黄给罗寄来了《诗旨变雅》一书，以方便代售。这也表明该函应写于岭南图书流通社运行期间，即1933年或1934年的4月25日，此时正是李沧萍遭遇窘境的时期。

与此同时，我们还看到"广东通志馆缄"专用信封（横9.7、纵19.4厘米，图十一）正面用毛笔书写"本市西关逢源中约/三十八号敦复书室/罗原觉先生台启/东山萍上/"等文字，其邮戳虽残缺，但显示有"五"字。按邮戳格式，"五"字所处位置是指日期。从残存位置看，缺字部分有可能是"十"或"廿"字。据此可推测该信封是用来装这封书信的。

（三）熊闰同的大作"意境深邃"

《李沧萍致罗原觉函》（图十二），一页，横12.9、纵23厘米，共有8行文字：

> 原觉仁丈先生：手教奉悉，承代交彬甫/先生款，至感。校议中有妄者轻言，诚如尊论云云。/详情容日面告。昨日诣述丈，原欲顺诣左右，/因雨阻天晚不果，更于述丈许，得读闰兄大作，/意境深邃，全从六

---

[1] 刘斯奋选注《黄节诗选》，广州：广东人民出版社，1993年10月第1版，第321页。

一、半山之手。读竟，为之钦折／神王者。再异日，当与丈同造闰兄求
教，并一块论也。明／日赴澳，约二三日还省。顺奉上中文各课程表一
份，希／赐察为幸。手颂起居。萍再拜。十八夜。／

该函内容是写在"涵芬楼笺"上。信中所言"述丈"是指陈洵（1870—
1942年）；"闰同"即熊闰同（1899—1974年），又名熊润桐，广东东莞人，工诗
善文，兼擅书法，有"南园五子"之名，终生从事教育，著有《劝影斋诗》；
"六一"即欧阳修，"半山"即王安石。李沧萍在信中不仅提及中山大学"校议
中有妄者轻言"一事，而且认为熊闰同至大作"意境深邃"，有欧阳修、王安石
之遗风，评价甚高。遗憾的是，信中未指明是熊闰同哪一篇大作。信中还提及
"奉上中文各课程表一份"。

该函落款时间是18日夜。而在这批信封中，有一个信封（图十三），横
10.4、纵22.3厘米，上面书写"西关宝源东廿七号／罗原觉先生台启／国立中山大学
李缄／"等文字，其邮戳日期是"九月十九"。很显然，这个信封是用来装这封信
的。

据此可推断，该函应写于9月18日夜。

（四）朱希祖借阅《东林别乘》一书的情况

《李沧萍致罗原觉函》（图十四），一页，横21.2、纵30.3厘米，共有8行文
字：

原觉先生执事：奉／嗣教，敬承即遵／命为中大主任张逊之掤兄一
书，乞／转交千里先生。逊之为最熟之人，／有所托，当力为成之。《东
林别乘》当代／向逊先先生索回奉上。昨承同／千里先生枉遇。先迳函，
亦手复并候／起居。萍顿首。十三夜。／

该函写毕后，李沧萍觉得还有话要说，又补写了一页（横21.2、纵30.3厘
米，图十五）。该页有6行文字：

项又得手教，属即趋候/左右。原欲遵命，适明日上午有/课，后日星期日又有岭南之约，恐一二日/内未能趋/教矣。/原觉丈。萍顿首。十三夜半。/

这两页纸都是"文生号印国立中山大学用笺"。信中所提"张逊之"，此时正担任中山大学中国语言文学系主任，"逖先"即朱希祖。据《朱希祖日记》记载，1933年7月9日朱希祖曾向罗原觉借阅《东林别乘》一书。另据1933年10月19日《朱希祖致罗原觉函》记载，当日朱已向罗归还了《东林别乘》一书。故可知这封《李沧萍致罗原觉函》写于1933年7月9日至10月19日间的某日。

该函提到"后日星期日"又有岭南之约。在1933年7月至10月期间，从13日算起，后天是星期日的，只有10月15日这一天符合条件。由此判断该函写于1933年10月13日。

（五）李沧萍重播文史

《李沧萍致罗原觉函》（图十六），两页，每页横10.3、纵26.4厘米，共有文字8行：

原觉先生：违/教经年，思慕无已。前闻/台从去国，无从通/候，顷承枉过失迟尤罪。萍已谢民政事，/日间重文史，颇不辍业。晦师/想时有通讯，舍弟清已于昨日同韶/石赴江宁，或两月再行返粤。/

该函未署年款。信中所提"清"即指李韶清，是李沧萍的三弟；"韶石"指黄韶石，黄节之女，李韶清的妻子。信中云"台从去国"，指罗原觉赴日本一事。据考，罗原觉是在1929年2月中旬离开广州，启程前往日本，次年4月3日前回到国内[1]。据此推断该函应写于1930年罗回国后不久。

信中还提到，李沧萍已辞去民政厅一职，重文史，继续教书育人。

（六）李沧萍讲授元好问诗

---

[1] 程存洁《罗原觉日本之行考略》，《广州文博（拾）》，北京：文物出版社，2017年，第292—310页。

《李沧萍致罗原觉函》（图十七），一页，横8.4、纵25.8厘米，共有6行文字：

> 多日不晤教，极念。接示，顿慰饥渴。太炎/先生撰晦师墓志，萍处仅存十余张，兹以六张/奉上。如仍须用，他日再奉寄也。闰同兄处，萍亦有/寄去一张。尊印白纸《广元遗山年谱》尚有存否？/因萍近讲元遗山诗，欲一借读也，如何？复颂/原觉先生道安。制沧萍顿首。四、一日。/

信中所云"太炎"即章太炎，"闰同"即熊闰同，"《广元遗山年谱》"为李光廷著作。李光廷（1812—1880年），字著道，号恢垣，番禺人。清咸丰元年（1851年）举人，次年进士，曾主讲禺山书院。同治二年（1863年）补学海堂学长，嗣执掌端溪书院以终。工诗及骈散文，尤精研史学地理。晚年以抄书自娱，凡63种，各系以跋，成《守约篇丛书》160卷。另著有《汉西域图考》《北程考实》《宛湄书屋文钞》等。

另据吴宓《最近逝世之中国诗学宗师：黄节先生学述（续）》记载，黄节于1935年1月24日下午1时半在北平寓宅逝世[1]。可知该函应写于黄节去世后的1935年4月1日。

信中还透露，李沧萍为讲授元好问诗，特向罗原觉借阅《广元遗山年谱》一书。

三、李沧萍心系地方学者字画

李沧萍教书之余，喜欢收藏名人字画。下面几封信函充分反映李沧萍有爱好古物的情趣。

第一封《李沧萍致罗原觉函》（图十八），一页，横8.4、纵25.8厘米，共有6行文字：

---

[1] 见《大公报》1935年1月28日第一张。

原觉先生：孝臧来一书，今奉察廿四史，/何如？便示及，俾转孝/臧。昨晤丹铭先生，云已将/翁卷转告其后人。前所见九江先生卷，可割/让否。龚章字，可略减否。匡粲兄今日已入/中大第一医院，并及。手/候/起居。制沧萍顿首，二月二。/

信中所提"孝臧"即朱祖谋（1857—1931年），字古微，号沤尹，又号疆村，浙江归安人。光绪九年（1883年）进士，历官编修、侍讲学士、礼部侍郎。出为广东学政，因与总督龃龉，辞官，游览名山大川，吟咏自遣。后卒于上海。朱孝臧始以能诗名，为京官时，与王鹏运交，弃诗而专攻词。著有词集《疆村语业》二卷，身后其门人龙榆生为补刻一卷，收入《疆村遗书》。又校刻唐宋金元人词为《疆村丛书》，并辑有《湖州词征》《国朝湖州词》等。

信中还提及"丹铭"，即温丹铭（1869—1953年），"匡粲"即陆匡粲，龚章（1637—?），清代归善县（今惠州）人，康熙十二年（1673年）进士，工书法，尤善草书。信中向罗原觉提出，欲收藏朱九江先生卷和龚章字。

该函未署年份，只写了"二月二日"。据《朱希祖日记》记载，陆匡粲入中山大学第一医院是在1933年。故可推测，该函写于1933年2月2日。

第二封《李沧萍致罗原觉函》（图十九），一页，横13.2、纵23厘米，共有8行文字：

原觉道丈：岁暮略暇，拟约匡文（已函匡文，未约谭秋）、谭/秋趋访/高轩，敬观法藏。谭玉止先生字轴，清/超可嘉。萍收仰前辈学者文家（以僻冷无人注意者为上）字轴，如陈观/楼、胡金竹、彭春洲、曾勉士、吴石华及九江先生，皆见得之，/独缺玉生先生。拟即备价，求丈相割让。/不情之请，本恕其唐突也。言之先生东来，云/有画寄到（与萍书）。肃候起居。萍顿首。廿日。/

信中所提"匡文"即陆匡文（1891—1964年），广东信宜人，中国同盟会会员；"玉止"即谭莹（1800—1871年），字兆仁，号玉生，广东南海人，道光二十四年举人，历官化州训导，升琼州府学教授，加内阁中书衔，著有《乐志堂诗集》《乐志堂文集》，辑《岭南遗书》《粤东十三家诗集》《楚庭音旧遗诗》等。陈澧在《致郑小谷函》中评价"朋旧中谭玉生之浩博"[1]。"陈观楼"即陈昌齐（1743—1820年），字宾臣，号观楼，广东雷州人，清乾隆三十六年进士，精通天文、历算、地理、医学等。"胡金竹"，据陈垣1963年12月《跋胡金竹草书千字文》云："名方，字大灵，号信天翁，新会金竹冈人，学者称金竹先生。陈东塾序先生《鸿桷堂集》，有曰：'粤之先儒，自白沙先生后，越百余年而有金竹先生，粤人皆以金竹比白沙。'则金竹之时望可知也。"[2]该文又据李文藻《南涧集·金竹先生传》，考订胡金竹生于顺治十一年甲午，雍正五年丁未卒，享年74岁。陈垣约于1929年作《题胡金竹先生草书千字文》："棠下墟期三六九，先生故里幼常过。当年未读乡贤传，天地玄黄总咏歌。江村画跋年前见，朱草诗林今又闻。翰墨因缘真不浅，早从鸿桷诵遗文。（自注：余十七岁得读《鸿桷堂集》）"[3]"彭春洲"，韦泰来，字子大，号春洲，广东高要人，乾隆五十五年秋生，同治五年卒，享年77岁，幼有颖悟，15岁补邑庠生，24岁选拔萃科，入京会考，不录，遂绝意科举，家居以文籍自娱，著述颇多，有《彭泰来集》16册，收录有《昨梦斋文集》《诗义堂集》《诗义堂后集》《天问阁外集》《高要金石略》《南雪草堂诗钞》等。"曾勉士"即南海曾钊，"吴石华"即嘉应吴兰修，九江即朱九江。

信中所提人物，均属粤籍学人。李沧萍在信中还提示罗原觉，其个人收藏标准是"以僻冷无人注意"的"前辈学者文家"为上。

四、余论

从上述考释中，可知这批信函的写作时间主要集中在20世纪30年代初期，其内

[1] 陈垣《陈垣全集·跋陈东塾与郑小谷书墨迹》，合肥：安徽大学出版社，2009年，第7册第741页。

[2] 陈垣《陈垣全集》，合肥：安徽大学出版社，2009年，第7册第574页。

[3] 陈垣《陈垣全集》，合肥：安徽大学出版社，2009年，第22册第544页。

容主要涉及中山大学和李沧萍个人生活情趣、治学方向等。我们从中感受到李沧萍不仅交游较广，而且人缘好。从《容庚北平日记》《顾颉刚日记》《朱希祖日记》，我们均能读到相关记录。

如《容庚北平日记》记录，1925年"五月二十四日与陈宗圻、祖弟到李沧萍处"（第28页），"十二月二十四日星期四，四时李沧萍与闵孙奭来"。（第56页）1927年至1928年间，顾颉刚受聘广州中山大学任教期间，与李沧萍交往密切。《顾颉刚日记》卷二记录，1927年11月12日顾颉刚在广州晤李沧萍（第103页），11月16日李沧萍来（第104页），12月17日到沧萍家（第113页），12月18日到沧萍处（第113页），12月20日沧萍来（第114页）；1928年1月1日晤沧萍（第121页），1月2日沧萍来（第121页），1月8日到沧萍处，未遇（第123页），1月19日沧萍兄弟来（第125页），1月20日遇沧萍之弟（第126页），1月27日"予在粤固无甚意味，但为骝先，孟真友谊所困，无法决绝，非至万不得已不便易地耳"，2月6日沧萍来（第131页）。1932年10月至1934年2月，朱希祖受聘任教广州中山大学期间，也与李沧萍交往密切。朱希祖离开广州到南京任教后，与李沧萍仍保持着联系。《朱希祖书信集》中有两封书信提及李沧萍，一封是1936年12月14日致朱偰信函。

> 李沧萍托汝寄来《辽史拾遗补》五卷二本，今日始收到。此书为杨复吉撰，江苏书局已有刻本，与厉鹗《辽史拾遗》刻在一处，余皆有之，今仍由邮局将原书寄还。《陶诗汇注》李君如必欲得，可以南明人集择余所未有者交换。梁朝《钟喻园文集》余已得一钞本，四册，诗文皆全，李君处南明人集可开一目录来，如价值较陶集高者不妨找钱也。（第169页）

另一封是1937年2月3日致朱偰函：

> 李沧萍屡次要我《陶集汇注》，欲以原价二十四元让他，余曾去信拒绝，实为不情。今愿让与他，以慰他积想。盖此书，余数十年仅见此

本。（第172页）

黄、罗捐献物品中，还有两封《李沧萍致罗原觉函》。笔者目前暂无法判断其书写时间。这两封书信各为一页纸，其中一封横21.4、纵27.4厘米，有文字7行（图二十）：

> 白水《山水轴》，拟乞/假我一读，数日即奉还，必/不怀升庵之想也，但此事/亦求便中可耳。如不便，则/置之，无关紧要也。此上。/原觉先生。萍顿首。/十二日。/

该信使用"国立中山大学/NATIONAL SUN YAT—SEN UNIVERSITY/SHA—PEI. CANTON. CHINA/"信笺。信中提到向罗原觉借读"白水《山水轴》"。"白水"有可能是指林白水，中国报界先驱。在这批信封中，有一个信封（图二十一）横10.7、纵17厘米，上面用毛笔书写"敬上/原觉先生/萍斋简/"，信封左下角印制"国立中山大学/SUN YAT—SEN UNIVERSITY/CANTON. CHINA."从其形制判断，笔者怀疑该信封是用来套装这封书信的。

另一封书信横12.3、纵29.7厘米，上有文字5行（图二十二）：

> 原丈左右：手教，敬承/惠假之项，经年未奉璧，非其本怀，/日间当还上，祈为/原恕为幸。手候起居，不用。萍再行。廿三。/

该函使用"国立中山大学用笺"。信中提及"惠假之项"，似与上文提及借阅《山水轴》有关。如是，则这两封书信的书写时间较为接近。

在这批信封里，还有5个信封，未能判断是用于哪封书信。如：

信封一（图二十三），横12.2、纵23.8厘米，正面毛笔书写"求致/罗原觉先生/国立中山大学缄 萍上/"等文字。

信封二（图二十四），横10.7、纵22.2厘米，正面毛笔书写"西关宝源东街廿七号/罗原觉先生/国立中山大学缄李简/"等文字，有邮戳，残存"十月"二字。

　　信封三（图二十五），横10.4、纵22.6厘米，正面毛笔书写"西关宝源东二十七号/罗原觉先生台启/国立中山大学缄/"等文字，有邮戳，残存"番禺（广州）二□.十一月廿九PANYU(CANTON)"等文字。

　　信封四（图二十六），横9.9、纵20厘米，正面刻印"校址广州市越秀山麓/广州市市立第一中学校缄/自动电话:壹〇〇三壹/"等字，并有毛笔书写"西关宝源东街/二十七号敦复书室/罗原觉先生/东山龟岗/"等字。

　　信封五（图二十七），横7.6、纵18.5厘米，正面毛笔书写"百子路菜园北五号敦复书室/罗原觉先生/萍上/"等字。

　　我们虽然无法判断这些信封使用的具体时间，但可肯定它们都是李沧萍在中山大学任教期间使用的，这也表明李沧萍与罗原觉交往较多，二人因收藏名人书画而结缘。

（作者单位：孙中山大元帅府纪念馆）

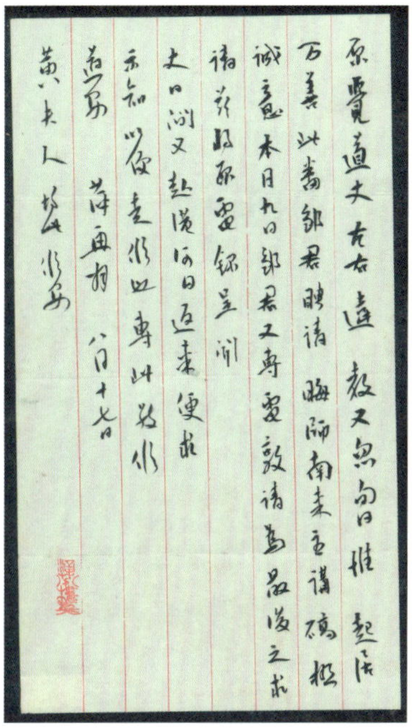

图一

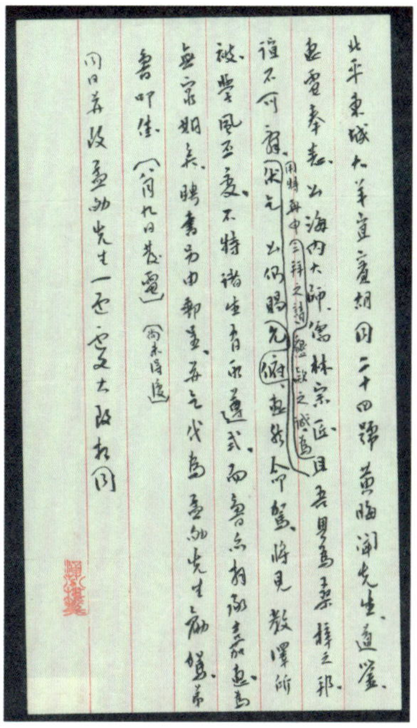

图二

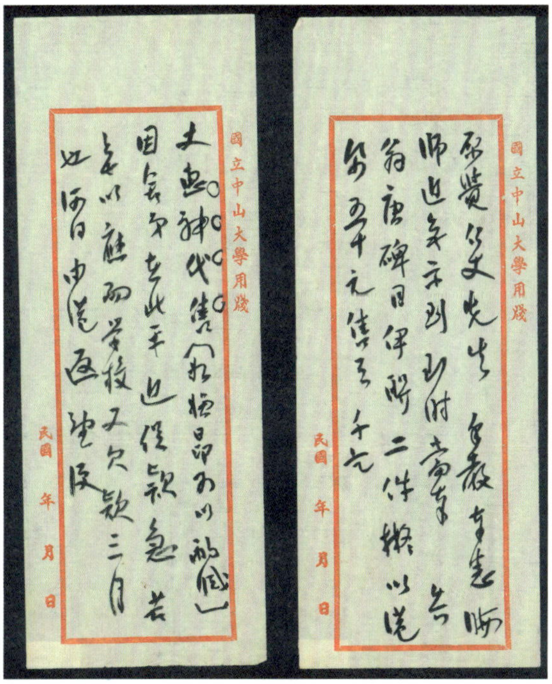

图三

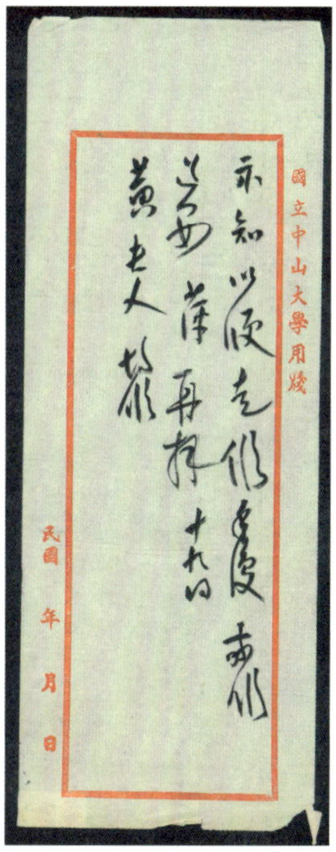

图四

图五

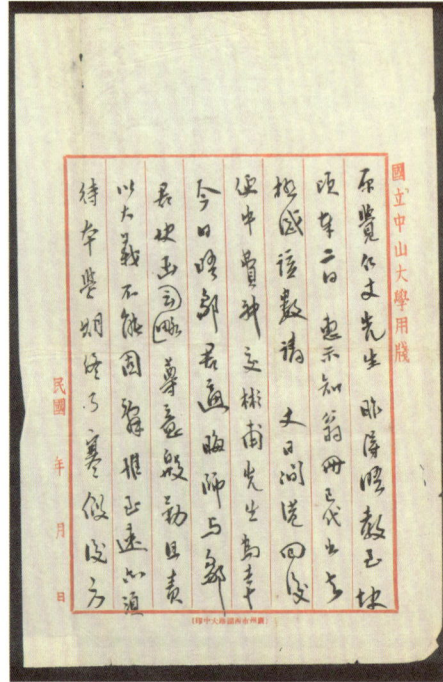

图六

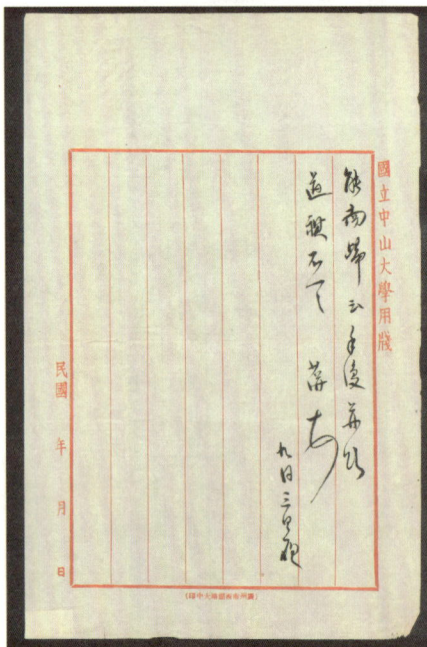

图七

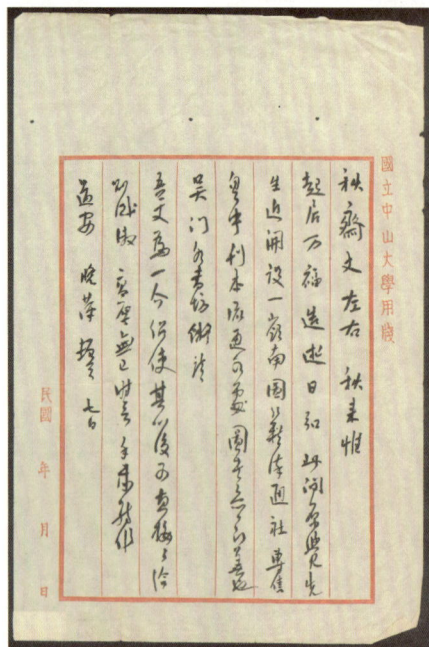

图八

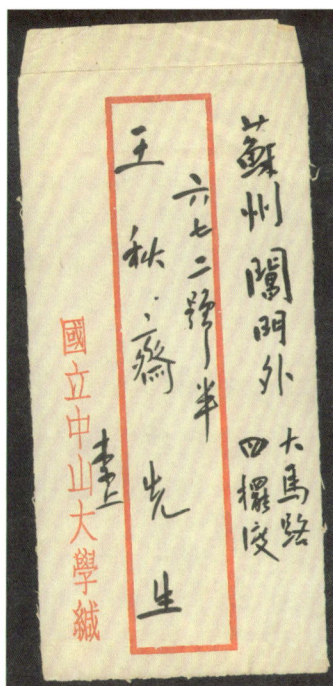

图九

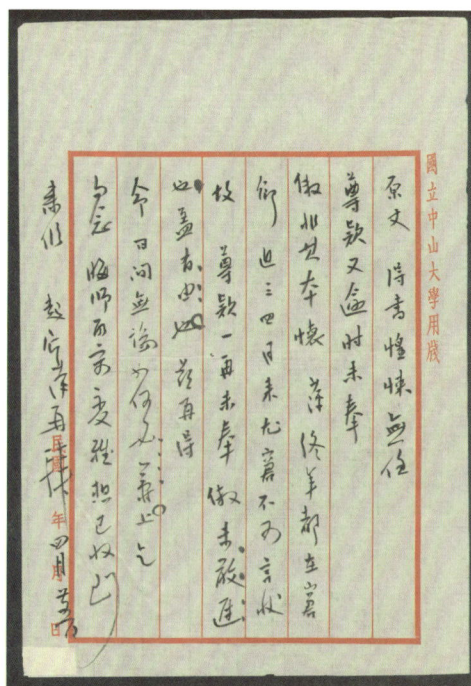

图十

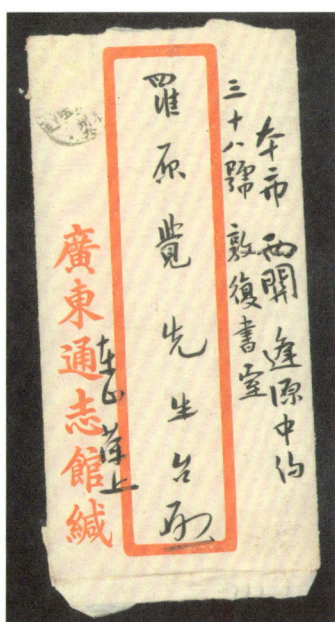

图十一

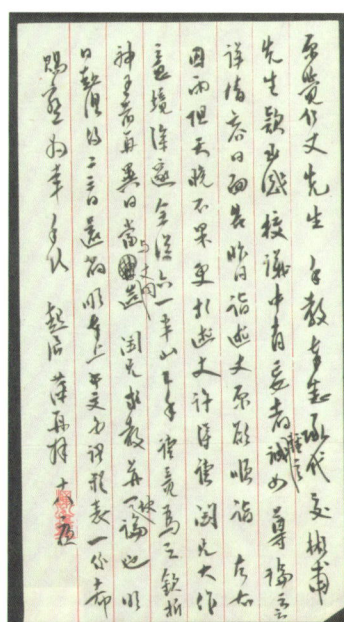

图十二

图十三

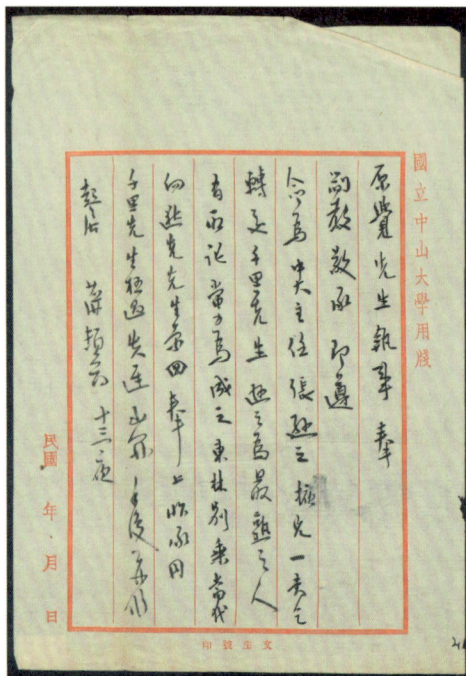

图十四

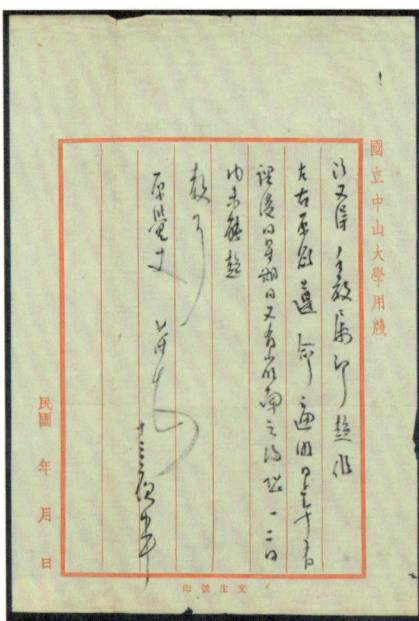

图十五

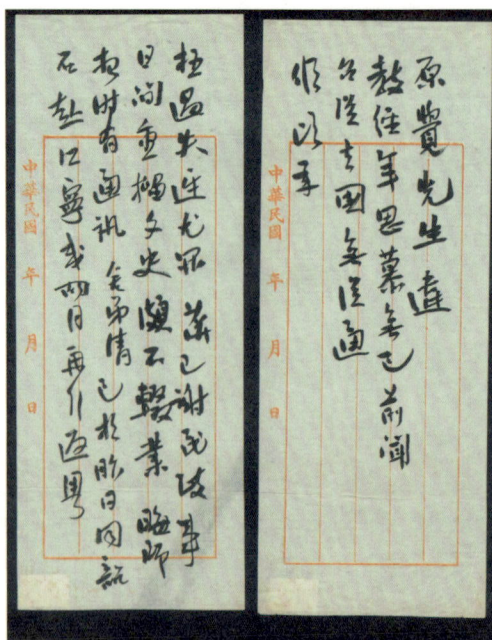

图十六

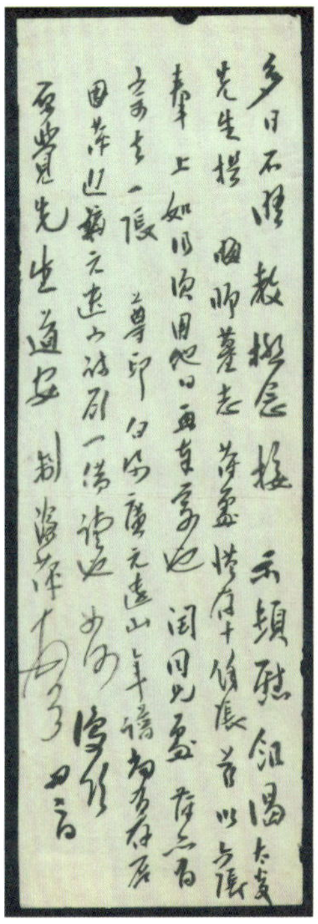

图十七

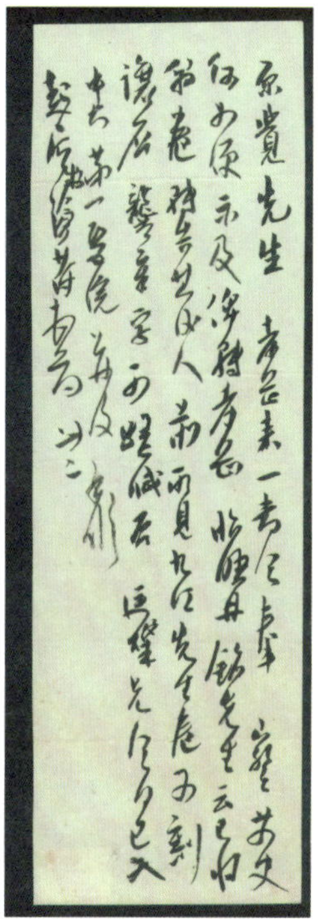

图十八

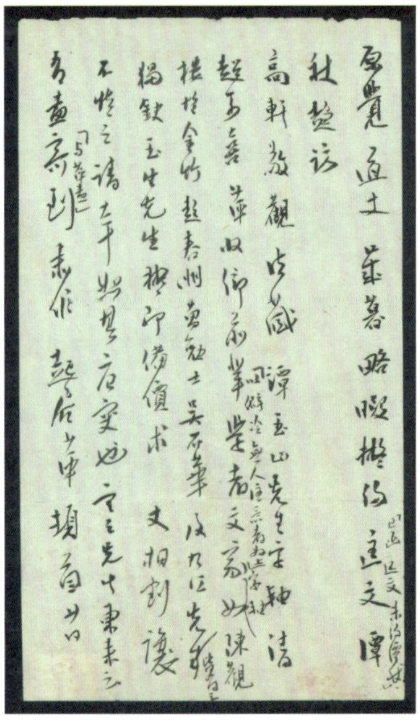

图十九

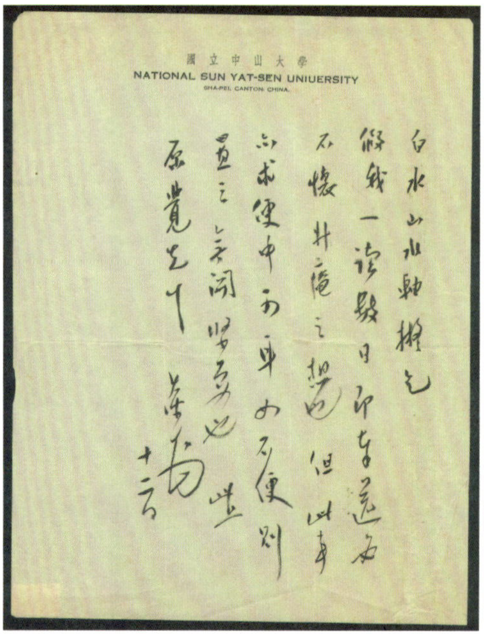

图二十

205

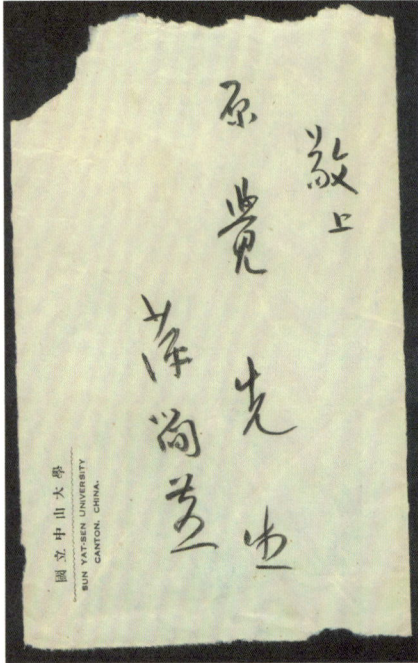

图二十一

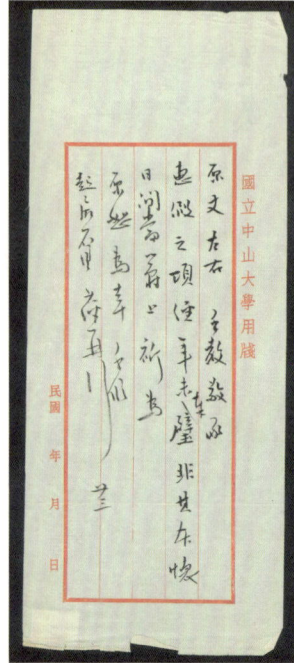

图二十二

图二十三

图二十四

图二十五

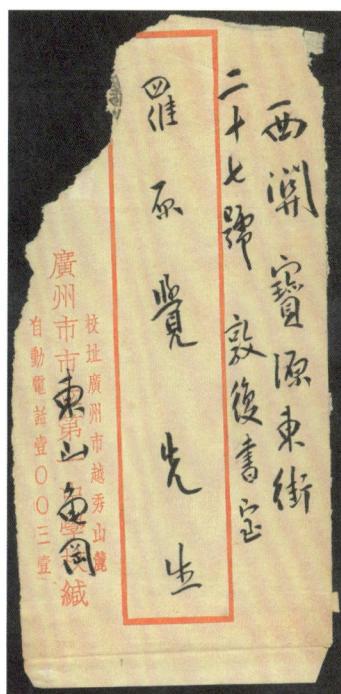

图二十六

图二十七

207

从"南海I号"发现的铁器
——沉船所见铁器资料制品

［日］石黑ひさ子　施梵 译

内容提要：

　　"铁"作为中国宋元时期南海贸易的商品，根据近年中国和东南亚的沉船调查，在沉船搭载的货物中发现了铁棒和铁器。日本中世的棒状铁素材作为用于流通、保存的铁原料，其来源可以能包括进口的铁原料。南宋沉船南海I号、华光礁一号所发现的铁条材，与日本的"棒状铁素材"极其相似。本稿梳理了南海I号铁器相关材料，并结合东南亚沉船的铁器材料和相关遗址进行论证，进而重新认识南海I号铁器资料的意义。

前 言

　　"铁"作为中国宋元时期南海贸易的商品。正如宫崎市定氏[1]、笹本重己氏[2]所述，南宋赵汝适《诸蕃志》、元代周达观《真腊风土记》、元代汪大渊《岛夷志略》中明确记载了"铁"存在于中国进口的南海贸易商品之中，其中除"铁""铁器""铁块"等铁原料，还有"铁鼎""铁锅"，以及"铁针""铁条"和"铁线"。由此可知，南海贸易的铁制品有两种，除了鼎、锅等，还有专门加工成铁条。而且根据近年中国和东南亚沉船调查，沉船搭载的货物中也有发现"铁

---

[1] ［日］宫崎市定《支那の鉄について》，《史林》第40卷6号，1957年，第441—454页。

[2] ［日］笹本重己《広東の鉄鍋について：明清代における内外販路》，《東洋史研究》第12卷2号，1952年，第131—144页，1952年。

锅"和"铁条材"。

日本中世时期已经存在"棒状铁素材",桃崎祐辅氏经过整理,将10—11世纪前后贡铁的形态确定为长约20厘米的条状铁料,把等质的规格品作为流通铁料,这种规格非常适合将收集到的古铁加工为铁料进行保存,此外还表明这些条状铁料中有部分是从中国和朝鲜进口的铁料,推测进口铁有铣铁块和条钢两种品类[1]。

从目前已知的20世纪末叶以来东南亚沉船出水的中国铁器来看,关于铁器的详细报告很少,很多问题尚未明确。同样从20世纪末以来,在水下考古迅速发展的中国,随着沉船的调查,报告相继公开。其中南宋时期沉船南海I号、华光礁一号发现的铁条材长约20厘米,与日本的"棒状铁素材"极其相似。

华光礁一号的船体仅存船底部分[2],随着南海I号整船发掘工作的推进,报告也相继刊行。在这些沉船中发现铁的存在,对于认识铁在中国宋元时期的南海贸易中的地位自不必说,对于研究日本的棒状铁料也很有帮助。

因此,本稿对南海I号出水的铁器进行梳理,并结合东南亚沉船出水的铁器和相关遗址,从而重新认识南海I号铁器的意义。

一、南海I号的发现与发掘

南海I号是1987年在中国广东省江门市、阳江市交界的海域发现发的南宋沉船。根据此前公开的发掘原委[3],发现的契机是英国的海洋探测学会根据荷兰古籍图书馆、航海图书馆的文献记载发现了1772年在广东阳江海域遭遇海难的荷兰东印度公司商船"莱茵堡号"(Rimsberg)(船长42米)。这次调查中国方面要求

[1] [日]桃崎祐辅《中世棒状铁素材に関する基礎的研究》,《七隈史学》,第10号,2008年第1—53页。

[2] 孟原召《华光礁一号沉船与宋代南海贸易》,《博物院》2018年第2期,第11—26页。华光礁一号船体的上部已经缺失,部分遗物堆在一起,推测船只失事时驶向华光礁避难,最终在该处沉没。孙键《南海沉船与宋代瓷器外销》,《中国文化遗产》2007年第4期,第32—45页。

[3] 发掘的经过根据国家文物局水下文化遗产保护中心、中国国家博物馆、广东省文物考古研究所、阳江市博物馆编《南海I号沉船考古报告之一——1989—2004年调查》,北京:文物出版社,2017;国家文物局水下文化遗产保护中心、广东省文物考古研究所、中国文化遗产研究院、广东省博物馆、广东海上丝绸之路博物馆编著《南海I号沉船考古报告之二——2014—2015年发掘》,北京:文物出版社,2018年,第一章绪论,第1—19页。

交通部广州打捞局参与打捞，1987年8月实施，在调查过程中发现了沉船。

但是，当中国方面发现那艘沉船不是"莱茵堡号"（Rimsberg）而是中国船只后，立即阻止英国方面继续打捞，调查随之中止。中国也从1986年开始认识到水下文化遗产、水下考古的重要性，聘请了日本水下考古的专家田边昭三氏，1989年在广州成立了由中国历史博物馆馆长俞伟超担任队长的中日联合南海沉船水下考古调查队，与日本方面共同启动水下考古发掘工作。"南海I号"由时任领队俞伟超命名。1993年4至9月，发掘成果以"中日南海沉船考古暨海上丝绸之路文物展"的形式在日本东京、大阪、名古屋、广岛巡回展出[1]。但是这次展览过后中国与日本的合作逐渐减少，南海I号的发掘也随之延期。

2001年，香港的民间组织"中国水下考古研究探索协会"提供资金、设备支持，调查发掘得以重启。这一时期中国也开始重视水下考古的人才培养[2]。2002年起中国政府对南海I号开展大规模调查，确定南海I号保存状态良好。随后2006年国家文物局确定"整体发掘、异地保护"的方针，批准将"南海I号"整体打捞，转移到陆地进行发掘。

打捞的方法是将长35.6、宽14.6、高12、厚1.2米的钢铁集装箱投向海底深处，上部6米的部分将南海I号的船体包住，下部6米切断后留在海底，上半部分打捞保存。这一重大打捞工作从2007年4月9日至12月22日历经264天，用大型起重机将总重量5500吨的集装箱从水中打捞起来，再从海上运到广东海上丝绸之路博物馆的展示保存设施"水晶宫"进行安置。打捞成功后在"水晶宫"进行试掘，最终确定边排水边发掘，2013年起在博物馆内进行正式展示发掘。

南海I号1989年至2004年在海上调查发掘阶段的报告于2017年发表[3]。2005年至2007年整体打捞作业，2009年、2011年试掘期间，2011年试掘的情况已经发

---

[1] "遥かなる陶磁の海路展—中国　南海沈船文物を中心とする—"展览的展期、展场、主办方如下：[展期、展场]1993年4月8日至4月20日在日本高桥高岛屋（东京）、同4月27日至5月30日出光美术馆（大阪）、7月3日至8月8日名古屋市博物馆、8月13日至9月15日广岛县立历史博物馆展出、[主办]朝日新闻社、中国历史博物馆、出光美术馆、名古屋市博物馆、广岛县立博物馆。图录由田边昭三监修、朝日新闻文化企画局东京企画第一部编集《中国·南海沈船を中心とする—はるかなる陶磁の海路展》，1993年，朝日新闻社刊行。

[2] 中国的水下考古以福建为代表，在澳大利亚外聘专家的指导下发展起来，20世纪90年代以来水下考古学的训练过程和研究成果参见赵嘉斌、吴春明《福建连江定海湾沉船考古》，北京：科学出版社，2011年。

[3] 上述《南海I号沉船考古报告之一——1989—2004年调查》。

表^[1]。2011年至2013年在保存设备"水晶宫"内开展水环境整备等工作，2014年正式进行发掘。发掘期间，2014年至2015年的发掘报告于2018年发表^[2]，2015年之后发掘仍在继续。

南海I号出土的铜钱揭示了沉船的年代。在全部成果公开之前，目前年代最晚的是绍兴元宝（1131—1162年），说明沉末年代为南宋早期^[3]。此后，陆续发现乾道元宝（1165—1173年）^[4]、淳熙元宝（1174—1189年）及墨书陶瓷器的记载"癸卯"，由此推断南海I号是1183年之后从中国出发的商船^[5]。船体残存全长22.1米、残存宽9.35米、纵向15个船舱，可确认为中国帆船。根据发掘报告，虽然无法完全窥探出土物的全貌，但是船上搭载了大量的陶瓷器，而且产地遍布多个地区，其中福建省烧造得最多。福建省泉州湾发现的泉州湾沉船^[6]被认为是前往南海贸易后返回中国的船只，船上发现了香料等产品，但南海I号到目前为止还没有发现大批量的香料等产品。从这点来看南海I号很可能是从福建泉州出发的中国商船。

此外，随着发掘的推进，南海I号发现了大量的铁器。2007年整体打捞作业之前收集到的含铁凝结物有129件^[7]，2013年12月至2014年5月发掘作业取出同样的凝结物60余吨，不是按出土数量而是以吨为单位来计算，截至2017年12月，共出土"铁器"80吨，加上此前出土的凝结物推断搭载了100吨以上的铁器^[8]。南海I号

[1] 广东省文物考古研究所编《"南海I号"的考古试掘》，北京：科学出版社，2011年。

[2] 上述《南海I号沉船考古报告之二——2014—2015年发掘》。

[3] 李庆新《南宋海外贸易中的外销瓷、钱币、金属制品及其他问题——基于"南海I号"沉船遗物的初步考察》，《学术月刊》第44卷9月号，2012年9月，第121—131页。

[4] 上述《南海I号沉船考古报告之二——2014—2015年发掘》第六章第三节《钱币》第4节《小结》，第444—461页。

[5] 淳熙元宝（1174—1189年）和"癸卯"墨书陶瓷器的出土情况引自媒体报道等公开信息（新华社每日通讯2020年6月5日。http://www.xinhuanet.com/mrdx/2020—06/05/c_139116232.htm。2021年12月16日阅览）。再者杨睿在《"南海I号"南宋沉船若干问题考辨》（《博物院》2018年第2期，第27—32页）提到发现"嘉定通宝（1208—1224）"，引用的事实有误。

[6] 福建省泉州海外交通史博物馆编《泉州湾宋代海船发掘与研究》，北京：海洋出版社，1987年。

[7] 林唐欧《"南海I号"沉船凝结物分析》，《中国文物科学研究》2016年第1期，第46—51页。

[8] 根据上述《"南海I号"船载铁器初探》。此外杨睿《"南海I号"南宋沉船若干问题考辨》（《博物院》，2018年第2期，第27—32页）中提到执笔时出土的铁器为90吨；席光兰、万鑫、林唐欧在《"南海I号"船搭载铁器与相关问题研究》（《海洋史研究》2019年4月第13期，第100—113页）中提到截至2017年12月发现60吨铁器，加上此前出土的凝结物，推断铁器的总量在80吨以上。

面向南海贸易，搭载大量的陶瓷器和铁器，这与南海贸易相关的文献记载相吻合。宋代中国海外出口铁器的规模竟然可以达到单艘船100吨以上，可见中国产铁器在对外贸易中的影响力之大，甚至超出此前的想象，因此有必要重新展开研究。

关于南海I号的铁器，目前已有部分数据发表。接下来试图对数据进行分析。

二 南海I号发现的铁器及其分析

南海I号整体打捞后进行保存处理，经过长期的发掘，由于铁器长期在海里与各种物质粘连，在沉船中形成凝结物。2014年至2015年的发掘报告披露了25件铁器和80件凝结物的分布情况。根据分布的情况，南海I号船内各舱都有搭载铁器，结合发掘报告，铁器放置在陶瓷器上方[1]。

对铁器的保护工作，首先要从凝结物中找到铁器，然后将铁器从中取出，脱盐处理后，进行除锈，最终才能对其展开研究（图一）[2]。2014年至2015年的发掘报告有介绍这批铁器处理后的数据（表一）[3]。

图一　南海I号铁器脱盐处理[4]

[1]上述《南海I号沉船考古报告之二——2014—2015年发掘》第7章第3节《铁器》，第496—502页。

[2]李乃胜、陈岳、沈大娲《南海I号沉船发掘现场保护研究（2014—2016）》，北京：科学出版社，2017年，5.1 铁器的现场保护，第161—170页。

[3]上述《南海I号沉船考古报告之二——2014—2015年发掘》第7章第3节《铁器》，第496—502页。

[4]李乃胜、陈岳、沈大娲：《南海I号沉船发掘现场保护研究（2014—2016）》，北京：科学出版社，2017年，5.1 铁器的现场保护，第164页。

铁器的形态可以加工成"棒状"和"锅状"。其中"棒状"物发现之初认为是"大型铁钉",因此也称之为"铁钉"或"铁条"。但是由于铁钉状的铁器大量存在,无法将其用途限定在钉子,随后采用汉语中带有"原料、半成品"之意的"坯件",将其称作"铁坯件"[1]。

表一　南海I号铁器数值

	遗物所属	重	长	最厚处	最薄处	最宽处	顶部—最宽	顶宽	宽厚
A型（条状）41件									
标本1	N28	402.87g	80.6cm	1.4cm	1.1cm	1.6cm	10cm	1cm	0.4cm
标本2	N15—43	281.1g	20cm	1.9cm	1.5cm	1.5cm	7.5cm	1.3cm	1.5cm
B型（片状）98件									
Ba型（弯曲）60件									
标本1	N28	309.91g	33.2cm	2.5cm（顶部）		上半部厚0.9cm			
标本4	N28	153.071g	22.87cm	1.7cm		上半部厚0.7cm			
Bb型（宽扁）38件									
标本1	N15—35	306.86g	25.9cm	3.8cm（中上部）		厚1cm			
标本2	N15—35	453.15g	26.5cm	3.3cm（中上部）		后1—1.3cm			
C型（楔形）18件									
标本1	N44	456.81g	24.8cm					3cm	2.4cm
标本2	N44	660.75g	23cm			3.4cm	厚2.5cm		
铁锅			口径	高	厚	柄长	柄宽		
铁锅A型	N28	3.56kg（2件合计）	22cm	7.3cm	0.2cm	7cm	4cm		
铁锅B型	N39	13.36kg（14件合计）	28.5cm	7.7cm	0.2cm				
铁锅C型	N58—29	71.86kg（21件合计）	40cm	14.3cm	0.4cm				

[1]杨睿《"南海I号"南宋沉船若干问题考辨》,《博物院》2018年第2期,第27—32页,注26。

南海I号的铁坯件有35件—45件用竹篾捆扎，再用席子包裹。根据形态可分为A型（图二）、B型（图三）、C型部宽底部细的楔形（图四）3类。截至2016年1月整理的157件中有8件的数据公开发表，长度20—33.2厘米，重量153.071—660.76千克。

此外，还有刀形铁器[1]（图五）。其刀形的部分与铁坯件相似，还有发现数件疑似是刀柄的木器（图六）。刀形铁器全长39.6、柄长12.5、刃最宽处5.2、刃厚

图二　南海I号出土铁器（条状）[1]

图三　南海I号出土铁器（弧形）[2]

图四　南海I号出土铁器（楔形）[3]

图五　南海I号出土铁器（刀形）[4]

---

[1] 国家文物局水下文化遗产保护中心、广东省文物考古研究所、中国文化遗产研究院、广东省博物馆、广东海上丝绸之路博物馆编著《南海I号沉船考古报告之二——2014—2015年发掘》，北京：文物出版社，2018年，第7章第3节图7—58，第498页。

[2] 《南海I号沉船考古报告之二——2014—2015年发掘》，北京：文物出版社，2018年，第7章第3节图7—58，第499页。

[3] 《南海I号沉船考古报告之二——2014—2015年发掘》，北京：文物出版社，2018年，第7章第3节图7—58，第500页。

[4] 林唐欧《"南海I号"船载铁器初探》，《遗产与保护研究》第3卷第8期，2018年8月，第66—71页，图11。

0.7厘米。疑似刀柄的木器长12厘米，与刀形铁器柄部的尺寸几乎相同，木器分为两段，下段握手，上段为椭圆形，头部留有插刀身的槽。这个凹槽长3、宽1、深3厘米。目前为止公布的8件铁坯件、刀型铁器无法确认其铁器部分及大小与刀柄是否匹配，但从发现的数件刀柄器来看，至少可以确认南海I号搭载了一定数量的刀刃半成品。

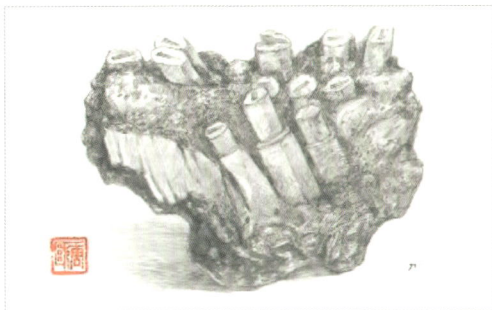

图六　南海I号出土刀形铁器
木柄（报告者手绘）[1]

图七　南海I号出土铁器（有柄铁锅）[2]

按照铁锅的形制可以分为A型有柄铁锅（图七）、B型无柄浅腹锅（直径约20厘米，图八）、C型无柄深腹锅（直径30厘米，图九）3种类型。

图八　南海I号出土铁器（无柄浅腹锅）[3]

图九　南海I号出土铁器（无柄深腹锅）[3]

[1] 林唐欧《"南海I号"船载铁器初探》，《遗产与保护研究》，第3卷第8期2018年8月，第66—71页。

[2] 林唐欧《"南海I号"船载铁器初探》，《遗产与保护研究》，第3卷第8期2018年8月，第66—71页，图9。

[3] 《南海I号沉船考古报告之二——2014—2015年发掘》，文物出版社，2018年，第7章第3节图7—64，第500页。

[4] 《南海I号沉船考古报告之二——2014—2015年发掘》，文物出版社，2018年，第7章第3节图7—65，第501页。

[5] 《南海I号沉船考古报告之二——2014—2015年发掘》，文物出版社，2018年，第7章第3节图7—66，第501页。

A—C型分别公开1件器物的数据，A型锅的直径22、柄长7、高7.3厘米，B型锅直径28.5、高7.7厘米，C型锅的直径40、高14.3厘米。这些铁器发现时均为凝结物的一部分，A型的数据样本发现时属于凝结物N28。这块N28凝结物整体尺寸长35、直径11厘米，重9千克，经过整体作业，N28共分离出35件锅状铁器，其中有29件完整器，6件残片。29件完整器中直径最长的24.5厘米，最短的16.5厘米，即便在各自所属的分类之中，锅的大小也有差别。

关于化学成分分析，正式发掘前的铁凝结物调查数据及南海I号发掘后整理的铁器数据业已公开。根据南海I号公开的数据推断，南海I号沉没地点的海水流动性极低，海水中有很多细微的颗粒物附着在沉船表面，形成凝结物的包裹层与周围的水环境隔绝开，生成一个局部低酸的环境，避免铁器被腐蚀[1]。

铁器的数据引自下述A—D4篇公开发表的论文，但数值不完全一致，且数据获取的过程和论文中引用的发掘报告关联性不清晰。数据获取方法的来源是《"南海I号"出水铁锅、铁钉分析研究》（2016）[2]，分析使用的样本处理步骤如下：1.用金刚砂切割机切割；2.用环氧树脂包裹研磨（观察用），另外再把没有包裹环氧树脂的样本依次用目数240、400、600、1000的砂纸打磨除锈（化学分析用）。使用的设备如下，金相显微镜：莱卡（Leica）DM4000M；拉曼光谱仪：法国JY公司HORIBA型拉曼光谱仪，搭配Olympus BX—41显微镜，激光波长532nm、638nm、785nm；扫描电子显微镜及能谱仪：日立（HITACHI）公司S—3600N电子显微镜（SEM）和EDAS公司Genesis 2000XMS X射线能谱仪（EDS）。化学成分分析：在中国国家钢铁材料检验中心完成，C元素、S元素采用国家标准GB/T 20123—2006，在高周波诱导感应熔炼炉燃烧后，再进行红外线检测，这种检测方法适用于C元素的含量在0.005%—0.43%、S元素的含量在0.0005%—0.33%。另外Si、Mn、P元素使用等离子体发射光谱仪Agilent725ICP—ES检测。

[1] 刘薇、张治国、李秀辉、马清林《中国南海三处古代沉船遗址出水铁器凝结物分析》，《中国国家博物馆馆刊》2011年第2期（总第91期），第145—156页。

[2] 万鑫、毛志平、张治国、李秀辉《"南海I号"沉船出水铁锅、铁钉分析研究》，《中国文物科学研究》2016年第2期，第46—51页。

　　调查使用的样本有7件，其中有1件铁坯件的顶端、中部、尾部被切成3件，因此调查样本有9件（以下9件样本编号A1—A9）（表二）。金属组织观察：A1—4、A6—8共7件（表三），化学成分分析：A2、3和A6—9共7件（表四）、采用SEM—EDS分析铁坯件A，每件做3次分析（表五）。SEM—EDS分析通过电子显微镜显示分析后的元素。每次测量的数值差距较大，具体原因不明。

表二　南海I号铁器样本分析[1]

	样本形态	样本名称	遗物编号	取出部分	金属观察	化学分析	电子显微镜
A1	铁锅（口径30cm）	30—003—6	2015NHIN.003/6	残片	○		
A2	铁锅（口径30cm）	30—054—14	2015NHIN054—14	残片	○	○	
A3	铁锅（口径40cm）	40—058—6	2015NHIN058/6	残片	○	○	
A4	铁锅（口径40cm）	40—003	2015NHIN003	残片	○		
A5	铁锅	NHITG	2015NHINTG	残片		○	
A6	铁钉	CI2TDs	2015NHIN:058 CI2	尖端部	○	○	○
A7	铁钉	CI2TDm	2015NHIN:058 CI2	中部	○	○	○
A8	铁钉	CI2TDe	2015NHIN:058 CI2	尾部	○	○	○
A9	铁钉	NHITD	2015NHINTD	残钉		○	

---

[1] 万鑫、毛志平、张治国、李秀辉《"南海I号"沉船出水铁锅、铁钉分析研究》，《中国文物科学研究》2016年第2期，第46—51页。

表三 南海I号铁器金属组织观察[1]

	样本名称	样本取出部分	金属组织	鉴定结果	加工方法
A1	铁锅 （30—003—6）	残片的切断部	过共晶白口铁（白铣）、莱氏体和一次渗碳体	过共晶白口铁	铸铁
A2	铁锅 （30—054—14）	残片的切断部	共晶白口铁（白铣）、莱氏体	共晶白口铁	铸铁
A3	铁锅 （40—058—6）	残片的切断部	过共晶白口铁（白铣）、莱氏体和一次渗碳体	过共晶白口铁	铸铁
A4	铁锅 （40—003）	残片的切断部	共晶白口铁、莱氏体	共晶白口铁	铸铁
A6	铁钉尖端部 （CI2TDs）	尖端部	铁素体的粒子大小不等、两侧的碳含量较高，有长条状夹杂	炒钢S打	锻铁
A7	铁钉中部 （CI2TDm）	中部	亚共析钢、铁素体+渗碳体	炒钢S打	锻铁
A8	铁钉尾部 （CI2TDe）	尾部	铁素体的粒子相当大，互相夹杂	炒钢S打	锻铁

---

[1] 万鑫、毛志平、张治国、李秀辉《"南海I号"沉船出水铁锅、铁钉分析研究》，《中国文物科学研究》2016年第2期，第46—51页。

表四 南海I号铁器化学成分分析[1]

样本名称		样本形态	分析元素和含量（Wt%）				
			C	Si	Mn	P	S
A2-A		口径30cm 铁锅	5.15	0.18	0.13	0.12	0.22
A2-B	30-054-14		5.07	0.082			0.23
			5.16	0.033	0.13	0.12	0.18
			5.15	0.33			0.30
			5.22	0.29			0.18
A3-A	40-058-6	口径38cm 铁锅	5.38	0.14	0.24	0.11	0.07
A3-B			5.38	0.14	0.24	0.11	0.071
A5-A		铁锅残片	6.18	0.29	0.11	0.08	0.42
A5-B	NHITG		6.30	0.25			0.35
			6.23	0.10	0.11	0.079	0.44
			6.01	0.51			0.48
A5-C			6.30	0.25			0.35
			6.23	0.10	0.11	0.079	0.44
			6.01	0.51			0.48

[1] （A）万鑫、毛志平、张治国、李秀辉《“南海I号”沉船出水铁锅、铁钉分析研究》，《中国文物科学研究》2016年第2期，第46—51页；（B）席光兰、万鑫、林唐欧《“南海I号”船搭载铁器与相关问题研究》，《海洋史研究》第13期，第100—113页，2019年4月；（C）李乃胜、陈岳、沈大娲《南海I号沉船发掘现场保护研究（2014—2016）》，北京：科学出版社，2017年，第161—170页。

续表

A6			0.08	0.07	0.03	0.038	0.002
A6–B	CI2TDs	铁钉尖部	0.076	0.074			0.0018
			0.088	0.074	0.03	0.038	0.002
			0.087	0.074			0.0027
A7–A	CI2TDm	铁钉中部	0.07	0.14	0.12		0.004
A7–B			0.065	0.12	0.13	0.053	0.0052
			0.069	0.11	0.0831		0.0041
			0.063	0.15	0.12		0.0039
				0.17	0.15		
A8–A	CI2TDe	铁钉尾部	0.05	0.10	0.05	0.06	0.004
A8–B							0.0039
			0.045	0.098	0.048	0.06	0.0029
							0.0057
A9–A	NHITD		0.22	0.10	<0.10	0.082	0.004
A9–C	NHITD1	铁钉残片	0.22				0.0034
			0.20	0.099	<0.10	0.082	0.0039
			0.21				0.0051
			0.24				0.0037

表五 南海I号铁器SEM—EDS分析[1]

铁钉样本采样位置		检测编号	Al	Si	P	K	Ca	Ti	V	Mn	Fe
A6	尖端部	1	1.9	10.5	0.5	0.8	1.2	0.5	0.1	1.1	83.4
		2	2	12	0.5	0.9	1.1	1.1	0.6	1.5	80.4
		3	2.5	10.5	1.1	0.8	1	1.4	11	2	79.6
A7	中部	1	2.4	2.3	0.3	0.2	0.2	13.2	23.1	2.9	55.4
		2	32	12.7	1.4	0.9	2.4	1.2	0.7	1.6	75.9
		3	5.8	12.9	0.5	2	1	0.9	0.6	1.8	76.3
A8	尾部	1	3.7	22.6	1.4	2.4	2.5	0.8	0.4	2.1	64.2
		2	2.1	13	1.7	1.1	1.1	1.4	0.6	2	77.1
		3	4.3	21.4	1.2	1.8	2.1	8	2	1.6	66.6

　　调查使用的样本有7件,其中有1件铁坯件的顶端、中部、尾部被切成3件,因此调查样本有9件(以下9件样本编号A1—A9)(表二)。金属组织观察:A1—4、A6—8共7件(表三),化学成分分析:A2、3和A6—9共7件(表四)、采用SEM—EDS分析铁坯件A,每件做3次分析(表五)。SEM—EDS分析通过电子显微镜显示分析后的元素。每次测量的数值差距较大,具体原因不明[2]。揭载了A2、A3、A5—8的数据(表四)、C《南海I号沉船发掘现场保护研究(2014—2016)》[3]中揭载了A5、A9的数据(表四)。此处展示出多次测量的数据。此外D《"南海I号"出土铁器及铁质凝结物分析》[4]也跟A—C一样,揭载;C、Si、Mn、P、S的分析数据。具体分析方法没有公开,与A—C的关系也不清楚(表六)。

[1] 万鑫、毛志平、张治国、李秀辉《"南海I号"沉船出水铁锅、铁钉分析研究》,《中国文物科学研究》2016年第2期,第46—51页。

[2] 席光兰、万鑫、林唐欧《"南海I号"船搭载铁器与相关问题研究》,《海洋史研究》,2019年第13辑,第100—113页。

[3] 李乃胜、陈岳、沈大娲《南海I号沉船发掘现场保护研究(2014—2016)》,北京:科学出版社,2017年,第161—170页。

[4] 张玄微《"南海I号"出土铁器及铁质凝结物分析》,《客家文博》2020年第1期,第27—33页。

表六 南海I号铁器化学成分分析[1]

样本名称	样本形态	分析元素和含量（Wt%）				
		C	Si	Mn	P	S
TT1	铁条	0.07	0.08	0.04	0.035	0.002
TT2	铁条	0.09	0.09	0.11	0.058	0.004
TT3	铁条	0.08	0.11	0.06	0.081	0.002
TG1	铁锅	5.32	0.27	0.12	0.09	0.38
TG2	铁锅	5.12	0.19	0.21	0.13	0.25
TG3	铁锅	6.11	0.36	0.18	0.11	0.29

　　根据报告A—D共同指摘的内容，从含碳量来看铁坯件为锻铁，铁锅为铸铁，从硫磺含量来看很可能用煤作为燃料。铁锅的碳含量全部都在5%—6%，且组织观察也可以确认是铸铁。根据上述4篇发掘报告所强调的煤炭铁制品化学成分分析，只有微量的硫磺，即便是锻造的铁坯件，也只有通过组织观察才能看到煤制品[2]。

　　关于硫磺含量与煤制铁的关系，从汉代至清代铁器材料的硫磺含量来看，唐代以前的铸铁只有木炭制铁，硫磺含量在0.1%以下，明清以降用煤来铸造的铁器硫磺含量在0.4%以上，因此可硫磺含量在0.1%以下的可以断定是用木炭来铸造，0.4%以上的是用煤来铸造，硫磺含量在0.1%—0.4%之间的无法判定是用煤还是炭来铸造。而且，宋代使用的铁钱为铸铁。因此分析宋代铁钱的硫磺含量，陕西使用煤炭，当地出土的铁钱主要以煤为燃料，四川地区出土的铁钱有用煤、木炭来铸造，这些数据有一定的参考价值[3]（表七）。

[1] 张玄微《"南海I号"出土铁器及铁质凝结物分析》，《客家文博》2020年第1期，第27—33页。

[2] 万鑫、毛志平、张治国、李秀辉《"南海I号"沉船出水铁锅、铁钉分析研究》，《中国文物科学研究》 2016年第2期，第46—51页。

[3] 黄维、李延祥、周卫荣、刘宇生《川陕出土宋代铁钱硫含量与用煤炼铁研究》，《中国钱币》，第91号， 2005年4月，第38—44页。

表七 铁钱硫磺含量[1]

年代	名称（资料编号）	硫含量（%）	燃料	出土地点
元祐（1086—1094）	元祐通宝（SC67）	0.53	煤	四川
	元祐通宝（S68C）	0.13	不明	四川
	元祐通宝（Y1）	0.24	不明	陕西
	元祐通宝（Y2）	0.052	不明	陕西
	元祐通宝（Y3）	0.82	煤	陕西
	元祐通宝（Y4）	1.14	煤	陕西
	元祐通宝（Y5）	0.088	木炭	陕西
	元祐通宝（Y6）	0.12	不明	陕西
	元祐通宝（Y7）	0.038	木炭	陕西
	元祐通宝（Y8）	0.12	不明	陕西
	元祐通宝（Y9）	1.53	煤	陕西
	元祐通宝（Y10）	0.048	木炭	陕西
绍圣（1095—1098）	绍圣元宝（SC21）	0.078	木炭	四川
	绍圣元宝（Z1）	0.59	煤	陕西
	绍圣元宝（Z2）	0.78	煤	陕西
	绍圣元宝（Z3）	0.9	煤	陕西
崇宁（1102—1106）	崇宁通宝（HYC1）	0.68	煤	陕西
	崇宁通宝（HYC2）	0.47	煤	陕西
	崇宁通宝（HYC3）	1.1	煤	陕西
	崇宁通宝（HYC4）	1.08	煤	陕西
	崇宁通宝（HYC5）	0.65	煤	陕西
	崇宁通宝（HYC6）	1.45	煤	陕西
	崇宁通宝（HYC7）	0.12	不明	陕西
	崇宁通宝（HYC8）	0.36	不明	陕西
	崇宁通宝（HYC9）	0.61	煤	陕西
	崇宁通宝（HYC10）	0.75	煤	陕西
	崇宁通宝（HYC11）	0.73	煤	陕西

[1] 黄维、李延祥、周卫荣、刘宇生《川陕出土宋代铁钱硫含量与用煤炼铁研究》，《中国钱币》，第91号，2005年4月，第38—44页。

223

续表

	大观通宝（HYD1）	0.64	煤	陕西
	大观通宝（HYD3）	0.12	不明	陕西
	大观通宝（HYD4）	0.029	木炭	陕西
	大观通宝（HYD5）	0.043	木炭	陕西
	大观通宝（HYD6）	0.56	煤	陕西
	大观通宝（HYD9）	0.045	木炭	陕西
大观（1107—1110）	大观通宝（HYD11）	0.95	煤	陕西
	大观通宝（HYD12）	1.94	煤	陕西
	大观通宝（HYD13）	0.018	木炭	陕西
	大观通宝（HYD14）	0.026	木炭	陕西
	大观通宝（HYD16）	1.7	煤	陕西
	大观通宝（HYD18）	0.024	木炭	陕西
	大观通宝（HYD20）	0.51	煤	陕西
	政和通宝（HYZ1）	0.63	煤	陕西
	政和通宝（HYZ2）	0.68	煤	陕西
	政和通宝（HYZ3）	0.55	煤	陕西
	政和通宝（HYZ4）	1.14	煤	陕西
	政和通宝（HYZ5）	1.02	煤	陕西
政和（1111—1118）	政和通宝（HYZ6）	0.83	煤	陕西
	政和通宝（HYZ9）	0.98	煤	陕西
	政和通宝（HYZ11）	1.35	煤	陕西
	政和通宝（HYZ12）	0.86	煤	陕西
	政和通宝（HYZ13）	0.69	煤	陕西
	政和通宝（HYZ14）	0.71	煤	陕西
绍兴（1131—1162）	绍兴通宝（SC32）	1.5	煤	四川
	绍兴通宝（SC57）	0.41	煤	四川
乾道（1165—1173）	乾道元宝（SC3）	1.64	煤	四川
	乾道元宝（SC1）	0.58	煤	四川

淳熙（1174—1189）	淳熙元宝（SC58）	0.87	煤	四川
	淳熙元宝（SC59）	0.092	木炭	四川
	淳熙元宝（SC46）	0.046	木炭	四川
	淳熙元宝（SC47）	0.03	木炭	四川
庆元（1195—1200）	庆元元宝（SC19）	0.096	木炭	四川
	庆元元宝（SC18）	0.046	木炭	四川
	庆元通宝（SC6）	0.61	煤	四川
	庆元通宝（SC7）	0.82	煤	四川
	庆元通宝（SC8）	0.93	煤	四川
	庆元通宝（SC9）	0.38	不明	四川
嘉泰（1201—1204）	嘉泰元宝（SC52）	1.15	煤	四川
	嘉泰元宝（SC55）	0.77	煤	四川
	嘉泰元宝（SC51）	0.99	煤	四川
开禧（1205—1207）	开禧通宝（SC10）	0.037	木炭	四川
圣宋（1208—1224）	圣宋重宝（SC65）	0.48	煤	四川
嘉定（1208—1224）	嘉定元宝（SC37）	0.94	煤	四川
	嘉定元宝（SC24）	1.15	煤	四川
	嘉定元宝（SC41）	0.62	煤	四川
	嘉定元宝（SC72）	0.1	木炭	四川
	嘉定元宝（SC5）	0.08	木炭	四川
	嘉定元宝（SC42）	0.64	煤	四川
宝庆（1225—1227）	大宋元宝（SC12）	0.65	煤	四川
	大宋元宝（SC14）	0.46	煤	四川
	大宋元宝（SC13）	0.49	煤	四川
	大宋元宝（SC16）	1.29	煤	四川
	大宋元宝（SC15）	0.27	不明	四川
	大宋元宝（SC11）	0.22	不明	四川

从硫磺含量来看，铁锅的材料中，A5的硫磺含量超过0.4%，A2为0.2%左右，无法确定是否以煤来铸造。A3的硫磺含量不到0.1%，以煤为燃料的可能性很低（表四）。发掘报告的化学成分分析没有提到这方面的差异。此外需要说明的是，铁坯件的硫磺含量都不满0.1%，是因为在锻铁的加工过程中硫磺被析出。

A5的硫磺含量，从上述中国各时期铁器、铁钱的硫磺含量来看，可以断定用煤来铸造。为此，南海I号搭载的部分铁器可以说是煤炼铁制品，但是A2的数值无法判定是否用煤来铸造，A3与上述铁钱等的硫磺含量进行比对，应该是用木炭来铸造。根据3件铸造铁锅的检测结果来看，南海I号搭载的铁器既有煤铸铁也有木炭铸铁。此外像A2这种硫磺含量不明的材料，无法判断是用煤还是木炭来锻造。

根据南海I号铁器的分析结果，南海I号铁器既有煤炭制品，也有木炭制品。关于陶瓷器，随着近年各个瓷窑研究的进展，可以确定南海I号搭载的陶瓷器来自多个产地[1]。同样的，铁器也可见多种制铁方式，说明来自多个产地。

中国宋代使用煤炭（焦炭）来制铁[2]，但煤炭的主要产地在中国北方，南方仍继续使用木炭制铁[3]。南海I号是南宋时期的贸易船，而此时产煤的北方地区已经被金占领。宋代中国南方没有对煤炭进行大规模开发利用，但在庐山、袁州、丰城、赣州、荆州、兴国、徐州等南宋领域内也存在煤炭[4]。用煤炭来制造铁制品也并非不可能。

一方面，根据与泉州青阳铁场相当的下草埔遗址的报告，可以确认有木炭铸铁，没有发现煤或焦炭的铁制品[5]。A3根据硫磺含量数值应为木炭铸铁制品，报告书中说产地可能是没有发现煤相关遗物的安溪下草埔遗址。

---

[1] ［日］发掘报告中列举的窑名有景德镇窑、龙泉窑、德化窑、磁灶窑、闽清义窑、其他（福建地区青瓷、福建南安路罗东窑、福建东张窑、陕西耀州窑）。上述《南海I号沉船考古报告之二——2014—2015年发掘》，第五张陶瓷器，第157—419页。

[2] 宫崎市定《宋代における石炭と铁》，《东方学》第13辑，1957年，第11—28页。

[3] 杨宽《中国古代冶铁技术发展史》，上海：上海人民出版社，2019年，第180页。

[4] 许惠民《南宋时期煤炭的开发利用——兼对两宋煤炭开采的总结》，《云南社会科学》1994年第6期，第68—76页。

[5] 北京大学考古文博学院、泉州市文化广电和旅游局、安溪县人民政府、北京大学考古文博学院（安溪）研究中心编《安溪下草埔遗址2019—2020年度考古发掘报告》，北京：文物出版社，2021年，第444—446页。

三、沉船材料所见铁器

南海I号的大部分铁器长期处于低酸状态，全船打捞后在室内同时进行发掘与保存处理。其他沉船没有同样的出土条件，沉船的铁器材料另行调查。

对鹰岛海底遗址的木碇所使用的铁钉进行分析。通过显微镜组织观察，木炭中的铁混入置换后的石墨化木炭、带有环孔性的散孔材、石墨化木炭的组织，根据CMA的调查，可以确认有硫化铁（FeS），因此圆头铁钉的原料可能是黄铁矿（FeS_2）或磁硫铁矿（Fe_7S_8），结合化学成分分析，由于受到污染物的影响，无法确认原料究竟是黄铁矿还是磁硫铁矿（表八）[1]。

此外，新安沉船也对船体板残存的铁钉进行X射线和CT扫描。根据X射线调查和CT扫描的情况来确认铁钉的位置，再对船材进行切割，对铁钉露出的部分展开调查，但露出的铁钉已经完全氧化，金属组织已经完全丧失，无法作为铁器来进行研究[2]。鹰岛海底遗址、新安沉船的情况表明铁器在海里很难保存。

表八 鹰岛海底遗址出土木碇铁钉分析

资料编号	试料	出土位置	测量值		化学成分分析						
			大小（cm）	重（g）	全铁 Total Fe	金属铁 Metallic Fe	氧化铁 FeO	二氧化铁 Fe₂O₂	二氧化硅 SiO₂	氧化铝 Al₂O₃	氧化钙 CaO
TKS-1	圆形头钉	神崎地区大型木制碇3号	4.25×5.8×4.8	122	25.15	4.41	18.83	8.73	7.62	1.02	14.77
氧化镁 MgO	氧化钾 K₂O	氧化钠 Na₂O	氧化锰 MnO	二氧化钛 TiO₂	钒 V	五氧化二磷 P₂O₅	氧化铬 Cr₂O₃	碳 C	硫磺 S	铜 Cu	玻璃成分
0.34	0.20	0.20	0.02	0.07	<0.01	0.12	0.01	3.44	17.4	0.005	24.15

---

[1]［日］鹰岛町教育委员会《鹰岛海底遗跡Ⅲ》，1996年，大泽正己《七 鹰岛海底遗跡出土木製碇使用円形頭釘の金属学調査》，第97—103页。

[2] Jun Kimura ed，"Shipwreck ASIA:Thematic Studies in East Asian Maritime Archacology"，*Maritime Archacology Program Flinders* University, 4 Iron nails recovered from the plank of the Shinan shipwreck,2010,pp.50—55.

类似南海I号这种搭载大量铁器的贸易船在东南亚地区也有不少。根据王添顺（Derek Heng）梳理的东南亚沉船一览表[1]，船货中存在铁器的沉船有井里汶沉船（10世纪晚期）、印坦沉船（10世纪晚期）、鳄鱼岛沉船（12—13世纪）、爪哇海号沉船（13世纪初期）、文莱沉船（15—16世纪初期）、头顿沉船（17世纪90年代）、金瓯沉船（18世纪30年代）（表九）。虽然王添顺的一览表中没有确认船货中的铁器，但也指出北宋（960—1127年）时期的丹戎新邦沉船中有发现铁锅[2]。

表九　鹰岛海底遗址出土木碇铁钉分析[3]

船名	时期	船体类型	船货中的铁器
井里汶沉船	10世纪晚期	东南亚 （暗榫和销钉固定）	150吨铁器制品
印坦沉船	10世纪晚期	东南亚 （捆扎）	中国铁条和铁板
鳄鱼岛沉船	12—13世纪	未知	铁块和铁锅
爪哇海号沉船	13世纪初期	东南亚 （婆罗洲铁木钉；捆扎）	200吨中国铁器
文莱沉船	15世纪—16世纪初期	东南亚混合	铁块
头顿沉船	1690年代	中国式三桅帆船 （中欧混合；在中国修造）	铁盘和大锅
金瓯沉船	1730年代	可能是东南亚混合 （船壳由龙脑香属木材建造）	铁盘

[1] Derek Heng, "Ships.Shipwreeks and Archaeological Recoveries as Sources of Southeast Asian History", in David Ludden（ed.），*Oxford Research Encyclopedia of Asian History*，New York:Oxford University Press，Online Publication Date:Sep 2018.

[2] 孟原召《华光礁一号沉船与宋代南海贸易》，《博物院》2018年第2期，第11—26页。

[3] Derek Heng：《Ships.Shipwreeks and Archaeological Recoveries as Sources of Southeast Asian History》，in David Ludden（ed.），Oxford Research Encylopedia of Asian History（New York:Oxford University Press）Online Publication Date:Sep 2018.

　　由于铁器在海里凝结物化，在打捞的过程中存在很多困难，即便是东南亚的沉船也有不少疑点。目前已知的情况，10世纪至15世纪中国宋元时期到明代初期的沉船已经发现有上百吨的铁器。但这些数据是调查时所确认的，只是推测的大体数量。南海I号根据目前发掘的情况可以确认是南宋后期（12世纪后半）的沉船，在以上的东南亚沉船里面，与中国宋元时期相当的有印坦沉船、鳄鱼岛沉船、爪哇海号沉船可以作为比较对象。这些沉船都是在东南亚地区的爪哇海域发现的。

　　井里汶沉船除了铁条还有发现铁锅。这些铁器的产地可能来自数个不同的地区。此外关于铁条，50根左右为一捆，用藤捆扎，与南海I号铁条的捆扎方法相似。作为船货的铁器多位于船体下部，其上放置中国产的陶瓷器[1]。

　　印坦沉船的铁器根据报告产自中国，有30厘米左右的圆锥形捆包铁条（图十），是刀的形状，有40厘米左右的圆筒形捆包铁条，此外还有直径21厘米的铁锅等铸铁器（图十一）。

图十　印坦沉船出土铁条[2]

图十一　印坦沉船出土铁锅[3]

　　根据铁的化学成分分析，考虑到腐蚀所导致的酸化，铁条的铁占85.5%、盐9 5%、硅1.5%、硫磺0.8%及其他微量元素，铸铁中铁占51%、碳40%、硫磺4.4%、盐1.7%、锰0.8%及其他微量元素，由于测定条件等很难进行比较，很难与南海I号铁器的成分分析进行比对[4]。但是刀形铁条的捆包方法与南海I号的铁条类似。

[1] Horst Hubertus Liebner, "The Siren of Cirebon A Tenth—Century Trading Vessel Lost in the Jave Sea", PhD dissertation, University of Leeds, 2014.

[2] Flecker and Michael, "The Archaeological Excavation of the 10th Century：Intan Shipwreck", *British Archaeological Reports*, vol.1047, 2002, fig5.122, p.86.

[3] Flecker and Michael, "The Archaeological Excavation of the 10th Century：Intan Shipwreck", *British Archaeological Reports*, vol.1047, 2002, fig5.125, p.86.

[4] Flecker and Michael, "The Archaeological Excavation of the 10th Century：Intan Shipwreck", *British Archaeological Reports*, vol.1047, 2002.

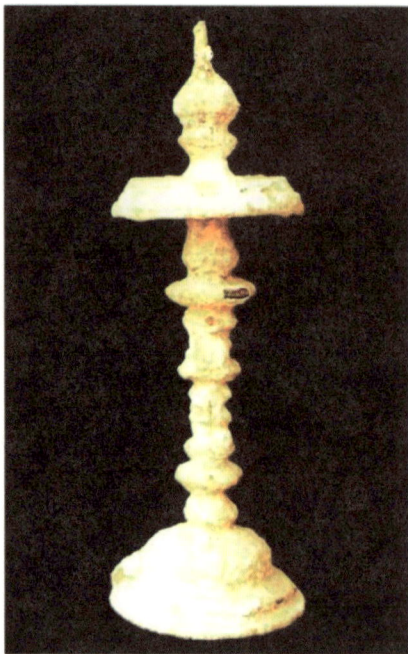

图十三　鳄鱼岛沉船出土铁锅[3]

图十二　鳄鱼岛沉船出土铁煤油灯[2]

图十四　鳄鱼岛沉船出土铁条（捆包）[4]

　　鳄鱼岛沉船上还有印度产的铁煤油灯（图十二），直径29厘米的铁锅（图十三），东南亚风格像矛一样的刀，长40、最宽处6厘米，捆包（图十四），这批铁刀的形态与南海I号的铁条类似[1]。

　　爪哇海号沉船也有发现铁条和铁锅，应为中国产铁。同样的，井里汶沉船也在船体下部发现大量作为船货的铁器。铁条用藤纽和麻布等织物捆包（图十五），也有捆包成40厘米长的圆锥体，捆包成圆锥体的器物表明包裹了一层白色石灰化合物（图十六）。

[1] Ridho,Abu and E.Edwards McKinnon, "The Paulau Buaya Wreck：Finds from the Song Period"，*Jakarta：Ceramic Society of Indonesia*,1998.

[2] Ridho,Abu and E.Edwards McKinnon, "The Paulau Buaya Wreck：Finds from the Song Period"，*Jakarta：Ceramic Society of Indonesia*,1998,plate 66,p.87.

[3] Ridho,Abu and E.Edwards McKinnon, "The Paulau Buaya Wreck：Finds from the Song Period"，*Jakarta：Ceramic Society of Indonesia*,1998,plate 64,p.85.

[4] Ridho,Abu and E.Edwards McKinnon, "The Paulau Buaya Wreck：Finds from the Song Period"，*Jakarta：Ceramic Society of Indonesia*,1998,plate 65,p.85.

图十五　爪哇海号沉船出土铁条（捆包）[1]

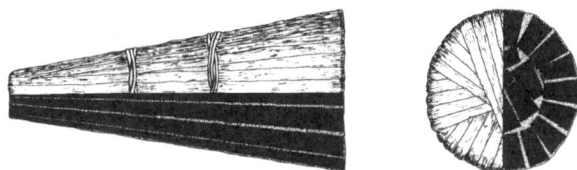

图十六　爪哇海号沉船出土铁条[2]

图十七　爪哇海号沉船出土铁锅[3]

---

[1] William M.Mathers Michael Flecker, "Archaeological Recovery of the JAVA SEA WRECK", *Pacific Sea Resources* *1997,7.1* Iron,p.80.

[2] William M.Mathers Michael Flecker, "Archaeological Recovery of the JAVA SEA WRECK", *Pacific Sea Resources* *1997,7.1* Iron,p.80.

[3] William M.Mathers Michael Flecker, "Archaeological Recovery of the JAVA SEA WRECK", *Pacific Sea Resources* *1997,7.1* Iron,p.77.

虽然包扎的方式相似，但是南海I号的铁器至今尚未发现有附着石灰化合物。爪哇海号沉船的铁锅（图十七）有直径约32厘米、51厘米、70厘米3个规格。爪哇海在近代以前铁原料依赖进口，铁的产地可能来自东南亚、印度或中国，但中国在铸铁生产方面技术领先，因此铸铁制造的铁锅应该是中国生产的[1]。以煤来铸造的中国铁器，即使经过锻造也会有硫磺残留。因此东南亚、印度生产的锻铁在铁的功能性方面更优。一方面，爪哇海号沉船在船货配置中，可以确认陶瓷器的下层为铁锅和铁条。在此处与中国产的陶瓷器并存，加之位于下层，因此爪哇海号沉船搭载的铸铁、锻铁的始发国毫无疑问就是中国。

根据印坦沉船和爪哇海号沉船的报告，这两艘沉船均出水了南海I号沉船至今仍未发现的圆锥体捆包铁条。但是西沙群岛海域发现的华光礁一号也有发现圆锥体捆包的铁条（图十八）。该沉船的年代为南宋早期（12世纪前半），根据水下考古调查，船体仅存船底部分。从该船发现大量中国产陶瓷器船货来看，可以推断该船系中国始发的南海贸易船，具体情况不明[2]。

图十八　华光礁I号铁条[3]

---

[1] William M.Mathers Michael Flecker, "Archaeological Recovery of the JAVA SEA WRECK", *Pacific Sea Resources 1997,7.1* Iron/8.0 The Iron Industry and Trade（Bennet Bronson）,p77—79,p.95—102.

[2] 孟原召《华光礁一号沉船与宋代南海贸易》《博物院》，2018年第2期，第11—26页。

[3] 孟原召《华光礁一号沉船与宋代南海贸易》《博物院》，2018年第2期，第11—26页，图13—b。

此外，中国国内的绥中三道岗元代沉船也有发现铁器。这艘船在渤海湾发现，与磁州窑瓷器一同出水的还有大量的铁锅和铁制农具。磁州既生产陶瓷，也生产铁器。因此这艘船的铁制品可能是磁州生产的。绥中三道岗元代沉船的铁锅样本也做了成分分析（表十）。

表十　绥中三道岗元代沉船铁锅成分分析[1]

遗物编号（铁锅）	成分含量													
	Fe	Fe^{2+}	Fe^{3+}	FeO	Fe_2O_3	Cl^-	S	Al^{3+}	Al_2O_3	P	SiO_2	CaO	MgO	K2O
93SZT1	2.33	—	—	39.48	18.89	—	—	—	6.04	—	25.64	2.64	0.24	3.19
93SZT2（表层、褐色腐蚀）	39.51	16.9	68.11	—	—	4.56	0.43	2.06	—	—	—	—	—	—
93SZT2（中间层、黑色）	47.54	20.35	3.72	—	—	—	—	—	—	3.25	—	—	—	—
93SZT2（内层、光泽）	68.12	3.72	2.01	—	—	—	—	—	—	3.04	—	—	—	—

除此之外，明代沉船南澳I号出水的铁器也有发现凝结物[2]，宋元时期的沉船白礁一号同样有发现铁器含凝结物[3]，但目前这两艘沉船的铁器都没有详细的报告。

从中国始发的南海贸易船南海I号的铁器有铁条和铁锅，考古材料已经证实铁条、铁锅是宋代中国的出口商品。东南亚特别是爪哇海域发现的多艘10世纪至13世纪的沉船搭载的大量铁器也主要以铁条和铁锅为主。铁锅在铸铁制品中技术含量较高。因此东南亚沉船发现的铸铁制品通常认为是中国产品，但与南海I号的铁器进行比较，铁条、铁锅产自中国的可能性很高。

从南海I号铁器的分析来看，南海I号发现的铁锅属于铸铁，铁条属于锻铁。中国始发的商品中有锻造的铁条，因此东南亚发现的铁条很可能也是中国产锻铁。再者，南海I号和爪哇海域的沉船还有一个共同点，就是铁条按照一定的数量用植

---

[1] 孟原召《华光礁一号沉船与宋代南海贸易》，《博物院》2018年第2期，第11—26页，附表3.6、3.7。

[2] 刘薇、张治国、李秀辉、马清林《中国南海三处古代沉船遗址出水铁器凝结物分析》，《中国国家博物馆馆刊》2011年第2期，第145—156页。

[3] 赵嘉斌、吴春明《福建连江定海湾沉船考古》，北京：科学出版社，2011年，第101—182页。

物纤维编织的席、绳进行包装。基于南海I号有发现刀形的握持铁器，以及一定数量的木柄，因此可以推断有一部分铁条是刀具的半成品。关于这一点，印坦沉船、鳄鱼岛沉船的刀状铁制品都有这个共同点。

虽然目前在南海I号尚未发现铁条捆扎成圆锥体的案例，但是南海I号中发现的铁条中C型的两端粗细不同，细头和粗头都进行捆包，最终包装成圆锥体。同样从中国始发的华光礁一号也有发现不少捆包成圆锥体的铁条。爪哇海号沉船虽然不清楚包裹的石灰化合物，但是这种捆包方法可能就是中国始发的南海贸易船的特征。

关于铁器放置的位置，南海I号是在船货的中间层，铁器之下放置陶瓷器。爪哇海域的沉船，井里汶沉船、爪哇海号沉船的铁器放在最下部，其上是中国的陶瓷。南海I号的船体是中国式帆船，井里汶沉船、爪哇海号沉船是东南亚船。从陶瓷器和铁器的位置变化来看，爪哇海域的贸易船装载的中国商品，很可能是从中国商船转运过来的。

四、沉船所见铁器资料及展望

关于南海I号的始发港，从目前的陶瓷构成来看，很可能是当时拥有市舶司的福建泉州。这是一艘13世纪前半从泉州出发到驶向南海贸易的途中，在广东海域沉没的贸易船。南海I号的铁器与宋元时期在爪哇海域10世纪至14世纪宋元时期的沉船所发现的铁器进行比较，铁条的捆包大小及方法都一样，由此推断可能是中国生产的商品。中国出口的铁制品有加工成锅状的铸铁制品，也有加工成条状的铁材。条状的铁材作为贸易商品，在《诸蕃志》《真腊风土记》《岛夷志略》等文献中有记载，南海I号及爪哇海域的沉船则出水了实物资料。

日本出土的铁条应是加工成年贡用铁，与南海I号的铁条形状相似。根据桃崎氏的梳理，日本出土的铁条只有少数能够查到确切的年代和尺寸，例如福冈县朝仓市的才田遗址有12件20厘米的錾刀形完整铁器，形状与南海I号的铁条相似。

爪哇海域的沉船有出水与爪哇岛贸易相关的器物。爪哇岛缺乏铁矿资源，铁料依靠进口。此外，作为火山岛，有生产硫黄。日本国内制铁的原料以砂铁为主，铁矿资源谈不上丰富。在日宋贸易中硫黄也是重要的出口商品。在硫黄产地爪哇进行铁器贸易，可能日本也有类似的情况存在。

一方面，驶向日本的新安沉船无法确认有铁条存在。另一方面，船体使用的铁钉也由于腐蚀无法做化学成分分析。南海I号使用的铁钉目前尚无具体情况，很难进行比较。此外，文献中也找不到中国出口铁料到日本的记载。

南海I号存在100吨级别的铁器，表明南宋时期的中国生产了大量的铸铁铁锅和锻铁铁条用于出口。爪哇海域的沉船也有发现大量的铁器。因此有必要通过比较南海I号始发的中国南海贸易中的铁器材料来探讨这些铁料是作为南海贸易专用，还是在与日本的对外贸易中也有出口。

南海I号的铁器还有另外一个问题，那就是产地和生产方式。南海I号发现的铁锅中有1件煤制铁测了硫磺含量。因此含硫磺极低的铁锅应该是木炭制铁。

宋代福建路泉州的制铁场有永春县倚洋铁场、清溪县青阳铁场[1]，青阳铁场所在的安溪下草埔遗址已有发掘报告。安溪下草埔遗址除了制铁遗址外，还有发现开采铁矿和制作木炭的遗迹，由此推断这个铁场是采用木炭制铁。

南宋也有采用煤制铁的案例，广东省新会（今江门市新会区）宋代的制铁遗址有发现煤炭。这是南宋末代皇帝赵昺从福建撤退到广东期间建设的，详细情况不明[2]。虽说广东是否存在煤炭制铁遗址还需进一步考证，但新会地处阴峪河下游沿岸，距离海岸线不远。如果确实存在制铁遗址，则在选址布局上与地处内陆的安溪下草埔遗址有明显的区别。新会可能存在制铁遗址，因为这里靠近海边，运输方便，可能在此处对贸易铁器进行加工。

反映宋代铁器生产状况的《淳熙三山志》记载了与铁有关的"炉户"。三山是福州的别名，《淳熙三山志》是南宋淳熙年间（1174—1189年）编撰的福州地方志。《淳熙三山志》卷十四版籍五炉户中汇总了福州各县与坑冶业相关的"炉户"数量和坑场。其他地方志没有找到关于炉户的类似记载。至于坑场的地点在何处，福州福清的坑场中，东窑场、玉据场有"江阴里铁砂场"，南匪场有"临

[1]《元丰九域志》卷九福建路坑冶。
[2] 许惠民《南宋时期煤炭的开发利用——兼对两宋煤炭开采的总结》，《云南社会科学》1994年第6期，第68—76页。新会的遗址引用《南方日报》1961年10月20日第三版的报道。

江里铁砂场"，练木屿有"安夷南里铁砂场"，高远有"南匿里铁砂场"，福清的坑场全都是铁砂场，也就是生产砂铁的地方。关于这些地名所在的位置，江阴里、临江里、南匿里位于福清南二十五里的孝义乡，安夷南里位于福清东南五十里的崇德乡。福清现场的南侧靠海[1]，可见铁砂场都设置在海边[2]。

虽然砂铁可能用于制铁，但也可能是用作加工铁料的除碳物[3]。临近海边可以从方便其他地区运来铁原料和煤炭。中国北方地区在北宋时期利用煤炭来冶炼铁器[4]，甚至还使用铁钱，但仅限部分地区流通。根据文献记载，金代占领宋朝北部的领土之后，停止使用铁钱并进行回收，但大部分铁钱流向蒙古，并用来铸造兵器[5]。近年来，三宅俊彦氏根据考古发掘对铁钱进行研究，发现铁钱大量埋藏的案例，主要分布在陕西省南部、甘肃省东部、江苏省、安徽省、四川省等使用铁钱的地区，这些地区在战乱时期将铁钱埋入地下。但是，另一方面，没有使用铁钱的福建省也有一处发现铁钱，多达5吨[6]。

关于铁钱，据记载民间把优质的铁钱进行重铸，制成比面额价格更高的铁制品[7]。山东省胶州市的板桥镇遗址是北宋时期密州板桥镇市舶司的所在，从出土的宋元时期中国各地的窑制品来看，北宋以降依然是海上交通的物资集散地。这个遗址发现多达数十吨凝结的铁钱。这些铁钱虽然用途不明，但是考虑到板桥镇

---

[1]《淳熙三山志》卷三叙县福清

[2] 福清县南部东港的海边现今仍有"临江""江阴"这两个地名。

[3] 佐佐木稔《鉄の時代史》，雄山阁，2008年，第三章，第71页。

[4]［日］杨宽《中国古代冶铁技术发展史》，上海：上海人民出版社，2019年，第180页。

[5] 宫崎市定《宋代における石炭と鉄》，《东方学》第13辑，1957年，第11—28页。《大金志》卷一三"市场在云中西北、过腰带、上石、梯坡、天德、云内、银瓮口数处有之。契丹时亦置市场。唯铁禁甚严禁、不得夹带交易。至大金则不然。唯利是视。铁禁遂驰。又宋时河东素使夹锡铁钱地分。自为大金得之、不用铁钱。尽拘之入官、官中每铁钱两贯伍百作一秤、每秤以铜钱五百五十、货于民间。北地贵钱。百姓多、由火山军、武州、八馆之天德、云内、货贱于北方。今河东铁钱殆尽。自废（刘）豫后、至于陕西铁钱、亦流而过北矣。北方得之。多作军器。甚而有以坚甲利兵与之回易者。爪牙既成、殆不易制矣。"

[6]［日］三宅俊彦《10—13世纪の東アジアにおける鉄銭の流通》，《日本考古学》第20号12卷，2005年第93—100页。福建的这个案例在福建省建宁靠近江西省的省界的地方被发现。杨琮、陈子文、郑辉《福建建宁古钱窖藏清理简报》，《东南文化》1994年第5期，第100—102页；赖俊哲《建宁出土古钱币初探》，《福建文博》，1991年第1、2期，第172—174页。

[7]［日］古林森广《製鉄業と鉄加工業》，《宋代产业经济史研究》第3章，国书刊行会，昭和62（1987）年，第226—260页。《续资治通鉴长篇》卷八二·大中祥符七年乙亥"西川用景德新铸铁钱将十年，以铁重，民多熔为器，每一千得铁二十五斤，鬻之直二千。"

作为物资的集散地，铁钱可能也是作为铁料为了供给其他地区而在此处集中[1]。

既然可以推断福建省福州、山东省胶州的贸易据点有生产铁器，那么这些铁器有可能销往与这两个地方相邻的日本和琉球。至少日本出土的铁条在形态上与南海I号的铁条相似。而且有必要考量福州的铁器生产对琉球弧特别是地理上邻近福建的八重山列岛在铁器传播方面所产生的影响。波照间岛大泊兵贝塚、西表岛上村遗址的铁条也在形态上与南海I号的铁条相似。再者，根据福建福清利用砂铁制铁的记录，从福建出发的船只，如果经由台湾则非大型船只，可能到达八重山诸岛，虽然贸易规模不大，但也有可能带去铁器和加工技术。

五、结　语

以南海I号为代表的南海贸易沉船存在大量作为原料的铁器。泉州作为南海I号的始发港，虽然目前发现安溪下草埔遗址生产铁矿石和木炭，但是南海I号铁器根据化学分析数据表明是煤制铁，而且南海I号的铁器是从多个产地聚集的船货。

爪哇海域发现的与中国宋元同时期沉船船货中的铁器与南海I号的铁器形态类似，可以确定宋元时期中国大量生产外销铁器。但是在中国与日本的贸易中没有发现这种半成品铁器作为原料进行流通。但是日本发现的棒状铁素材与南海I号和爪哇海域沉船发现的铁条形态相似。此外结合宋代铁钱相关的史料，宋代福州存在砂铁制铁。爪哇海域的沉船与爪哇岛的贸易有关，爪哇岛缺乏铁矿资源的同时盛产硫黄，与日本的情况相同。目前已知南海I号至少存在100吨的铁器，但公开的资料只是冰山一角。此外日本的棒状铁素材与东南亚沉船的资料数据尚不充足，期待日后资料增加再做比较。

附记：原载于福冈大学人文学部考古学研究室编《アジアを　え　た　》，2022年3月，第43—55页。本文征得明治大学日本古代学研究所客员研究员石黑ひさ子女士同意，授予翻译。鸣谢！

（作者单位：明治大学；译者单位：南越王博物院）

---

[1] 青岛市文物保护考古研究所《胶州板桥镇遗址考古文物图集》，北京：科学出版社，2014年，板桥镇遗址历年考古工作概况，第4—5页，钱币，第165—191页。发掘负责人推测这么多铁钱所在的地方可能是铸钱或者熔钱的设备的遗迹。

我们需要一场以文化遗产自觉为核心的中国式文艺复兴

——符合国情的文物保护利用之路课题结题与文集编后记感

曹兵武

内容提要：

中国文化遗产研究院"符合国情的文物保护利用研究"系列文集共三本，分别是《他山之石——国际文物保护理论与实践》《中国观察——中国文物保护利用理论与实践》《析情探路——中国文物事业改革与发展》，本文为编者对符合国情的文物保护利用之路课题结题与文集编后记感。

一

"符合国情的文物保护利用之路研究"课题是中国文化遗产研究院牵头申报并获批的三年期国家社科基金特别委托项目（课题编号17@ZH018）。课题希望通过较为系统的调查研究，厘清中国文博界的物人事理，中国社会与文化氛围下文物和文化遗产与人关系的特色，以物人关系的合理建构为切入点，从历史与现实中提炼出一条符合国情和未来需求的文物保护利用和文化遗产传承创新的科学发展之路来。

自2018年起到2020年底的三年间，课题组对国内外的相关文献资料进行了系统收集和分析，开展了一系列的走访调研和访谈、座谈，并召开了全国性三次学术研讨会，顺利完成了课题设计任务书中的各项调研和研究分析工作，在报刊网上发表一系列文章（其中课题组子课题负责人以上成员发表文章40余篇），编辑出版了《他山之石——国际文物保护利用理论与实践》《中国观察——中国文物保护利用理论与实践》《析情探路——符合国情的文物保护利用与改革发展》3本文集，并在上述学术研究基础上，集体撰写了80余万字的调查研究报告和两份专门的对策建议——新时期符合国情的文物保护利用之路的四梁八柱一枢纽，以及关于完善文物登录制度、落实文物保、用、管主体责任的建议。2021年5月，课题顺利通过基金办的验收结项。

课题的提出源于2016年4月全国文物工作会议前夕中共中央总书记习近平对文物工作作出的重要指示。为此次会议的召开，习近平专门致信祝贺。信中强调，文物承载灿烂文明，传承历史文化，维系民族精神，是老祖宗留给我们的宝贵遗产，是加强社会主义精神文明建设的深厚滋养。信中指出，保护文物功在当代、利在千秋。各级党委和政府要增强对历史文物的敬畏之心，树立保护文物也是政绩的科学理念，统筹好文物保护与经济社会发展，全面贯彻"保护为主、抢救第一、合理利用、加强管理"的工作方针，切实加大文物保护力度，推进文物合理适度利用，使文物保护成果更多惠及人民群众。信中要求，各级文物部门要不辱使命，守土尽责，提高素质能力和依法管理水平，广泛动员社会力量参与，努力走出一条符合国情的文物保护利用之路，为实现"两个一百年"奋斗目标、实现中华民族伟大复兴的中国梦作出更大贡献[1]。

国家文物局会后即要求中国文化遗产研究院当年就设立了院级课题"符合国情的文物保护利用之路研究"，并以此为基础筹划申报国家社科基金课题，并于2017年下半年成功获批。因此，我们认为课题设立及其开展是增强历史自觉和文化自信、助推中华民族复兴伟业国家战略的组成部分，甚至是基础性支撑性的部分。民族复兴当然应该以科学认识和盘点历史为起点，文化自信也不是盲目的自大自信，而是建基于对历史文化与现实需求、中华民族与人类命运共同体未来发展方向的深刻认识与科学把握基础之上的。总之，这个课题是新时期继往开来、探索传统文化现代化这个时代命题的必不可少的组成部分。

课题设计时立足大国情和时代大趋势，全面评析了我国文物资源及相关从业人员、利益相关者状况（子课题一：物情·人情——文物资源国情，负责人刘爱

---

[1] 习近平《努力走出一条符合国情的文物保护利用之路》，新华社，2016年04月12日。

河），我国文物保护利用的发展历史与经验教训，特别是当下需求与约束性问题等（子课题二：政情·事情——文物形势国情，负责人余建立），并对国际文物保护理念理论与相关实践进行了比较系统的介绍讨论，揭示其对中国的启迪和借鉴意义（子课题三：世情·舆情——文物比较国情，负责人赵夏），同时在互联网和新媒体的背景下探析了文物信息知识传播共享、讲好中国故事、吸引更多人关注支持中国文物保护利用事业的关键问题（子课题四：世情·舆情——互联网背景下的文物认知、保护、利用与传播研究——典型案例与热点分析，负责人燕海鸣）。课题还专题研究了我国文物相关财政与支撑政策（子课题五：新形势下文物与财政、国土、生态补偿等政策及体制机制的专题研究，负责人郑子良），我国文物保护管理的传统路径形成及其依赖性，以及创新和突破的可能性与关键环节等，为改革发展提供方向和路径及相关的政策依据（子课题六：路径依赖和路径创新——文物工作改革发展综合研究，负责人于冰）。课题以时任中国文化遗产研究院总工程师曹兵武研究员为课题组长和首席专家，中国文物研究所何流副研究员为秘书长和联络员。

课题报告及相关建议提出，探索符合国情的文物保护利用之路，要顺应时代要求与呼声，在历史大趋势和可持续发展的生态文明建设新背景下，系统分析文物价值与人的需求，理顺文物与人的关系，以及相关利益格局，处理好祖宗遗产的不同权属尤其是其公共性与责权利的关系，充分发掘并共享文物相关价值与信息，创新文物保护利用管理的体制机制，营造全社会参与文物保护利用的环境氛围，同时要加快文物行业的改革与发展步伐，以发挥保护、利用、管理的枢纽性支撑作用，以及国有文物的示范和引领效应。在具体的实践层面，应进一步强化基础工作，从政策和法规上明确文物保护利用的主体责任及其他相关责任，推动业内与业外、事业与产业、公有与私有及本体与信息、实体与虚拟的良性互动，让文物融入人民群众的生产与生活，构建业态—生态—心态相匹配的新的文物与人关系新形态，从而实现历史文物在现代社会的理性再脉络化与未来时代的永续保用。

课题提出了提升文物的价值认知、落实文物保护利用责任义务、创新文物保用管体制机制、依法依规严格科学管理文物保用社会实践的新时期符合国情的文物保护利用之路的四大桁梁，建议应以此架通和理顺与文物保用密切相关的利益相关者及其各种关系，整合宝贵的保用资源和力量，同时提出支撑四大桁梁的八项急需强化的业务工作：1.加强文物调查、考古发掘与研究、文物资源（包括档案资料与信息等）的科学管理与共享传播；2.加强文物抢救保护，无论文物所有权属、级别，努力做到能保尽保，能用尽用，科学保用；3.发展博物馆事业，加强可移动文物的征集抢救、研究展示、利用传播与社会服务；4.启动文物登录制度，无论可移动与不可移动文物，对其所有权、使用者、本体状态及其变化和其他基础信息，包括保用原则和要求等，予以及时必要的登录更新和公开共享，服务文物科研及保用管的规划与实施，方便跟踪监管；5.加强人才培养与合理使用，完善文物和文化遗产相关学科体系、培训体系、行业资质体系，加强相关机构和队伍建设；6.加强信息化等新技术新材料在文物保用管中的应用；7.完善法规体系、行业标准、体制机制，创造全社会参与文物保护利用背景氛围，既激发参与活力，又严格规范保用实践；8.加大投入，在责权利合理明晰的基础上，探索多元化文物保用投入补偿机制，进一步提高保用效益。

上述内容简称为新时期符合国情的文物保护利用之路的"四梁八柱"[1]。

课题同时建议，以加快文物行业的改革发展和能力建设作为走出符合国情的文物保护利用的关键枢纽，尽快探索和完善以确物、确权、确责、确则为中心内容的文物登录制度及文物相关信息的动态跟踪、精准管理和即时性服务，作为新时期各项文物保护利用基本制度与基础保障的核心内容，促进文物的保护利用全面纳入新时期经济社会发展和文化强国建设。

二

作为举世仅存的未曾中断的文明古国和文化遗产大国，中国的历史曾经很辉煌，但是在鸦片战争以来的中西交互中我们却一度被列强打蒙了，乃至于逐步丧失了自己的文化自信，全盘西化一度成为主流意识形态和努力目标。经过无数仁

---

[1] 曹兵武《符合国情文物保护利用之路的框架体系与四梁八柱》，《中国文物报》2021年6月12日3版。

人志士百余年的上求下索，流血流汗，救亡图存，近些年中国又渐渐康复、崛起，迎来民族复兴之路的重要关头。此时，头脑更清醒一些，对历史、现在与未来有更好的认识和把握，则显得弥足珍贵。

我们的民族复兴，不仅仅是要简单追求经济的腾飞，回复往日的荣耀，而是既要国富，也要民强，更要方向正确，道路正确，体魄健全，文化健康，有利于全面协调可持续发展和人类命运共同体的和谐共荣。那么，首先就应该有一个发自内心的文化自觉、自强和自信，这里边当然也应该包括有一个历史自觉和遗产自觉，有一个类似于欧洲文艺复兴的中国式文艺复兴，客观认识我们身上留存的祖先血脉与文化基因，站在历史紧要关头回望历史起点，汲取前人的经验教训，调整参照原点，阶段性盘点历史遗产，才能扎扎实实而今迈步从头越。人是学习型和历史积累性动物，这是每一个伟大时代开启之时必不可少的历史功课。

所谓的中国式文艺复兴，与西方曾经的文艺复兴既相似又不完全相同，也不仅仅是古典文学与艺术、传统民俗与技艺等的复兴，更不是传统文化的全面复活。旧文化解决不了当下复杂的新问题，但是激活必要的历史记忆，对历史遗存的有形与无形遗产进行全盘清点，对其价值与作用在新的时代需求与科学认知的基础上进行全面评估，对其在现代与未来社会中如何保护利用和传承创新进行全面谋划，让其融入现代与未来世代的可持续发展大业，既意识到自我之根，群我异同，知自所来，又知欲往何去，道在何方，则必不可少。无论人们觉得祖宗留下的遗产是多是少，是好是坏，是经验还是教训，它们毕竟是祖传，是亲历，是我们往前打拼的立足点、基本盘。这个基本盘不能丢掉，只能去粗取精，扬长补短，在传承中创造性转化，对其优秀内涵予以弘扬光大。

同时，我们也必须不断进行现代启蒙，探索科学发展的路径和空间。所有民族文化，都应始终坚持立足现实，不畏艰难，不断探索，不断调整，去追寻适合自身和全人类、全生态的新时代的科学可持续发展之路，自觉融入新的人类命运共同体，以及不断更新的共享共荣的文化人格和文明形态中。在此过程中，当然也必须要虚心学习借鉴其他文化、文明的成果，推动文明互鉴、交流，用费孝通先生的话说，是各美其美之后，也要美人之美，实现美美与共，追求天下大同。各个文化和文明，都是人类在特定历史环境中求生存求适应求发展的结果，包括当下与中华文明相互作用的主要对象西方文明，其能够在工商时代之后引领世界前行数百年，也是继承了罗马、希腊并上溯至古埃及、美索不达米亚等古典文明的主要成果和汲取同时期的伊斯兰及包括中华文明在内的东方文明的精华，经过文艺复兴、宗教革命、启蒙运动、工业革命之后，不断解放思想，创新科技与社会制度，激发人的主体精神与学习创造能力，才熔铸成浩荡的历史潮流，有很强的自我突破和自我完善机制，有很多优秀内涵与品质值得其他文明学习、吸收、消化、借鉴。学习别人的长处，弥补自己的不足，这是健康的民族文化应有之态度，"美人之美"是通往"美美与共，天下大同"的通途之一[1]，也是避免亨廷顿预言的文明冲突论陷阱的不二法门[2]。

近百年来，我们学过西方，既有中学为体西学为用的坚守，也有全盘西化的迷茫；我们也清算过历史，既有疑古探古这样的科学求索，也有砸烂孔家店、文化大革命这样矫枉过正的社会运动。其实，民族复兴的中国道路、中国理论和中国制度首先必须根植于中国的历史、现实与文化之中，文化自觉、自醒、自强才是更基础、更广泛、更深厚的自信，才是一个国家、一个民族也是全人类发展中更基本、更深沉、更持久的力量。但文化自信绝非盲目自信，更非夜郎自大，而是建立在对历史与现实的客观认识与自省，对未来的合理期许与理性追求的文化自觉当中，是建立在文化比较、文明互鉴和历史遗产的科学传承与创新的正确理路之上的。

三

经过近20年的中华文明探源工程及上百年的中国考古学的探索研究，今天我们已经认识到中华文明作为人类唯一未曾中断、持续演进的文明体系，具有超过5000年的发展历史，上万年的文化起步，以及超百万年的早期人类融合探索所奠

[1] 李娅琳《全球治理背景下费孝通"十六字箴言"的现实意义》，《荆楚学术》2018年7月（总第二十一期）。
[2] 汤一介《"文明的冲突"与"文明的共存"》，《中国文化》2004年第21期。

定的深远根系[1]。这个文明由形成于华北的以粟黍为主要作物的旱作和华南以水稻为主要作物的水作两大农业体系融汇之后在黄河中下游的中原地区率先定鼎；当农牧分化以后，又以自己长期演进过程中形成的开放包容精神和坚韧不拔毅力，通过国家的建设、长城的修筑、运河的开凿、丝路的联通等，对内巩固整合，对外拓殖融合，并努力与其他文明体系保持和平交往交流，较好地处理了农牧二元互动的关系，保持了帝国的长期统一和文明的持续兴盛，以及中华民族滚雪球般地融合壮大和不断发展总体趋势。同时，我们也应该看到，形成于东亚的农耕文化不仅是中华文明的早期基础，也是超越一般文明体系意义的人类早期根系文明和根脉文化之一。华北旱作农业的早期农人及其先人不仅是后来包括蒙古、通古斯、韩语、日语和突厥等泛欧亚语系与文化的重要源头之一[2]，也是跨越白令海峡最早探索拓荒美洲的印第安人的祖先；华南稻作的南方人群的不断南下，不仅构成了东南亚文化的重要源头，也是史前波澜壮阔的南岛语系人群拓殖太平洋和印度洋岛屿的重要文化源头[3]。可以说整个东亚——包括东北亚、东南亚及大洋诸岛的现代人群、文化和文明，都与中国早期农业中心的深远根系具有不可分割的联系。而以近东农业中心为主要源头的诸西方文明，经过两河和古埃及文明、希腊和罗马，以及文艺复兴之后的西方和大航海时代之后的美西文明，如同一群接力赛手不断扩张、突破，在工商文明阶段更是越过大西洋征服美洲、殖民太平洋和印度洋诸岛，最终实现了人类两大最重要文明体系相向而行后的相遇交叠，并与古老而又力图现代化的东方文明跨越太平洋展开了根系文明之间艰难并至今仍不平等的高峰对话。

这是原本四海一家的人类文明之间对人类共同命运具有决定性影响的文明间对话。

在东西方的交流与互动中，中华文明对西方文明曾长期存在严重的误判，并采取不完全平等与理性的互动姿态。最初仅仅是把他们当作历史上不断遭遇的又

[1] 王巍《勾勒中华文明起源形成发展图景——简述中华文明探源工程的成果与意义》，《人民日报》（海外版）2022年6月21日 第7版。

[2] 记者晋浩天、通讯员韩芳《史前泛欧亚语系起源于中国北方种植粟黍农民》，《光明日报》2021年11月15日08版。

[3] 彼得·贝尔伍德、李果《南岛语系的扩展与南岛诸语的由来》，《民族译丛》1994年第3期。

一类夷人，试图闭关锁国拒之门外；渐渐承认他们坚船利炮的巨大威力却仍然保持"天朝"高傲的文化优越感，希望师夷长技以制夷；然后是见贤思齐变法维新自我革命，以求救亡图存并跻身于世界民族和强国之林……在此过程中，仁人志士们一直注意竭力呵护民族之魂，守护民族之根，保存文物古迹。与当下的全面小康与全面复兴相应，新时代的新需求则促成了普罗大众普遍觉醒的精神文化需求和文化遗产时代的到来，文化遗产被全社会视为继往开来的宝贵发展资源[1]。

党的十八大以来，党中央、国务院审时度势，把文物保护利用、优秀传统文化传承创新摆在了更加突出的地位，据不完全统计，习近平总书记曾经30余次出席文博领域重要活动，40余次考察文博单位，对文物保护利用作出重要指示批示70余次，就坚定文化自信、加强文物保护、传承中华优秀传统文化发表了一系列重要论述。特别是在2016年全国文物工作会上，习近平总书记专门发来贺信，明确提出要"努力走出一条符合国情的文物保护利用之路"。这是党中央在审时度势之后赋予文物工作者的新要求、新任务，是新时期文物事业改革发展的目标和方向，也是在实现民族伟大复兴、探索科学发展的中国特色社会主义道路中全国文物系统必须要回答和解决的重大课题。这也要求我们要把有形与无形文化遗产的保护利用工作做得更好，不断探索继承与发展的内在联系，完善遗产与人民的新型关系，提升对遗产价值与作用的科学认识，理顺保用的责任权利和义务关系，加强保用的体制机制探索与理论方法科学技术供给，以及政策法规与经费、人才保障。

"符合国情的文物保护利用之路研究"作为一项课题虽然顺利结项，《他山之石——国际文物保护利用理论与实践》《中国观察——中国文物保护理论与实践》《析情探路——中国文物保护利用与改革发展》几本课题文集和课题组成员的数十篇文章也已经公开发表，其中"他山之石"放眼国际趋势挖掘国际经验，"中国观察"着重于把脉中国的理论与实践问题，"析情探路"则比较集中地探讨文博领域的相关问题与改革发展思路。这些初步的成果希望集国内外遗产保护和利用的历史经验和智慧，将中国文物保护与利用置于历史、现实与未来的语境

---

[1] 傅斌《江山破碎 圆明梦醒 寻望近世中国文化的背影》，《中国文化遗产》2010年第5期。

和脉络之下，思考和探索文物、遗产与人应有的社会、经济、文化等关联，从而探讨适合当下与未来中国的理论模式与实践范式，提出合适的对策化建议。然而，"符合国情的文物保护利用之路研究"这样一个课题，涉及面广，研究内容丰富，难度大，目标高，时间短，若干文章和几本文集的出版，以及尚嫌粗糙的调查研究报告不可能一劳永逸地永久性描画出一条文物保用的康庄大道，只能是为不断进步的文物保用的理论与实践探索、为复兴之路增添块砖片瓦，让我们的足下更为坚实而已。

进入新世纪以来，考古、博物馆与文物保护利用等工作的重要性不断提升，经过中华文明探源工程、博物馆免费开放等举措，行业经费投入与人员编制陆续翻番。就我自己来说，在国情之路课题之外，还曾经先后组织过博物馆"三贴近"（贴近实际、贴近生活、贴近群众）为中心的"博物馆展示宣传与社会服务研究"（2004—2005）[1]、以习近平新时代中国特色理论为指归的"中国特色文物保护理论体系预研究"（2014—2015）等数个国家级委托课题，但基本上都属于政策咨询类的临时性课题，理论深度不够，尤其是缺乏对于包括文物在内的文化遗产及相关社会实践的系统深入的学理性审视。而祖宗遗产的保用、历史文化的传承、科学发展的启蒙，以及民族的复兴、人类的进步与休戚与共的命运共同体建设，都是需要一代一代人时时反省和永在路上的持续接力。文物保护需要持续不断地遏止各种自然与人为因素的干扰破坏，文物利用更需要不断提升对文化遗产的价值认知和功能创新。技术方法、体制机制可以在实践中去探索和提炼，然而更为关键和紧迫的是，应该尽快建立与文物和文化遗产本体的丰富博大、社会需求的广泛深刻相适应的文化遗产相关理论体系与学科体系，以科学的学术理论指导合理的社会实践。

文物学或者更广义的文化遗产学某种程度上和高度成熟并把握时代主流话语系统的商品学、经济学有些相通，它们不应简单地仅仅依靠官方或者行业的权威来界定什么是文物或者遗产，来主导保护和利用的社会实践，而应该也像经济学包括政治经济学那样，对包括遗产的形成、传承和利用，以及如何以之来经世致

---

[1] 曹兵武、李文昌《博物馆观察：博物馆展示宣传与社会服务工作调查研究》，北京：学苑出版社，2005年。

用的责任权利义务划分等，做出系统的科学研究和理论探讨，而且因为其所特有的浓厚的公共性和意识形态属性等，它们显然比经济学、政治经济学还要复杂得多。然而，关注文物和遗产作为学术资料价值以外的经济、社会、审美和文化价值并进行研究的人太少了，因此尽管我们培养了一些考古专家、文物鉴定和保护专家，甚至也产生了一批博物馆专家等已被社会高度认可的行业专家，然而可以说我们还没有真正的文物学家和文化遗产学家，缺乏关注文物和文化遗产的理论家与思想家，因此，关于遗产的相关理论与方法过于贫瘠，甚至无法引起应有的关注和适当的对话、讨论。当然，这种状况也与计划经济意识在遗产界长期残存及遗产界长期秉持的浓厚的精英意识有关，其结果是让文物、遗产和遗产的相关业务成为高高在上的精英主义操弄，和遗产的真正主人及社会和时代的内在需求基本上被割裂开来。

文化遗产的传承是人类文明的基本特征，也是人类文化多样性的保证。在全球化的今天，民族文化身份遭到了前所未有的危机和挑战，人类共同命运和文明的前景模糊不清，正是在这样的背景之下，文化遗产已经从战略的角度引起国际社会和各个国家的高度重视，二战以后文化遗产保护利用运动不断深入和普及，人们迫切地希望基于自己全部的历史创造，在新的时代背景下来关照"我们是谁，从哪里来，到哪里去"。由于前述的中华文明的连续不断、中华文化的博大精深等独特特点，中国的考古、遗产诠释与保护利用，以及跨文化与文明的比较研究和交流互鉴，完全可以走出一条独具特色的中国道路并为人类命运共同体的建设做出中国贡献。中国的文化遗产学可以吸收借鉴西方先进国家和人类文明一切相关的历史智慧与科技手段，但是中国历史、文物与遗产的独特性、连续性及广阔的跨时空特性，让中国的文化遗产学从事着一种独特的内视角的研究与反省，中国丰富的历史文献记载对于文化遗产研究不是包袱而是启迪，中国丰富的民间习俗赋予我们理解各种有形与无形遗产无与伦比的丰富参照，中国汉字的书写与相关资料留下了大量丰富的古人思维与传承遗产的内在心路……因此，中国的文化遗产学大有可为，应加快构建整合遗产调查、发掘、登录、研究，科技与社会化保护、价值挖掘，博物馆化与文旅融合的展示传播共享，创意化功能创新与创造性转化利用传承等不同业务模块，以及既包括考古学、博物馆学、科技文保、遗产管理等传统学科，也包括环境、资源、规划、设计、创意、信息、传媒、经济、政治、伦理等关联学科，形成统一的文化遗产学或者系统的文化遗产学科体系，并优先加强以下领域的研究。

文物和遗产本体研究。基于本体的真实性、整体性、系统性，以及信息的正确性，尽可能完整地揭示文物与遗产从材料到工艺，从性质到功能，从产生到流转至今的历史过程与物理形态，以及相关的物人事理。

遗产价值研究。成为文物和文化遗产，必然会使其脱离——至少是部分地脱离其原生态的社会文化背景，而在当代与未来又需要寻找的新的安身立命的合理位置。这个过程中，应系统研究并不断挖掘它们对于人类认知历史、完善记忆、提升素质、培养情感、凝聚心力等方面的历史、科学、审美等社会文化价值，包括经济价值等。

功能创新研究。除了其原有功能及作为历史文化记忆的符号与信息传播功能，系统研究、发掘文物和文化遗产新功能、衍生延伸功能等，合理规划其功能发挥与创造性转化利用途径，使其合理套嵌于在当今时代和未来世代的社会文化需求和物人关系之中。

总之，作为具有广泛社会实践特征的文物和文化遗产的保护利用有赖于一种新型的遗产与人的合理、可持续关系的建立与完善，而符合中国国情并希望对人类命运共同体建设有所贡献的文物保护利用之路的构建也有赖于在中国历史与社会文化背景性下科学、可持续的物人关系的不断探索和完善。

（作者单位：中国文化遗产研究院）

浅谈运河沿线城市——常州的"龙文化与龙传说"

张宣逸

内容提要：

为提升"龙文化"文旅品牌价值，丰富运河城市文化内涵，讲好常州龙城故事，现从"龙城溯源""龙文化遗存"及"龙文化习俗"方面，浅谈常州的"龙文化与龙传说"。

常州是大运河沿线重要的历史文化名城。京杭大运河在常州穿城而过，千百年来，古老的运河是常州的母亲河，它承载着人文更迭、时代变迁和城市发展的轨迹，是历史的见证者。流淌的运河水，将龙文化、吴文化、园林文化、江南水乡文化、近代民族工商业文化等串联起来，形成了兼收并蓄、包容多样、独具魅力的运河文化。

大运河常州城区段作为世界遗产大运河的27段河道之一，具有独特的历史意义、水系脉络和文化价值。就历史意义而言，它是中国大运河中最早的开凿河段，是连接长江与太湖水系的重要河段，是在运河城市中穿越府城的唯一河段[1]，也即是古城发展的历史轴线[2]。就水系脉络而言，运河自西向东贯穿全境，南有扁担河、西蠡河连通滆湖、东去太湖，北有老孟河、新孟河、剩银河、德胜河、澡港河、北塘河、舜河交接长江，运河水系遍布常州全境，逐步形成了现在"三河四城"的基本城市格局。就文化价值而言，大运河常州段沿线分布有水工遗

---

[1] 汪春义《坚持"三好"原则全局谋划大运河文化带建设》，《常州市文物保护管理中心学术论文集》(内部资料)，2018年，转引自《开创》杂志。

[2] 朱芸芸《论后申遗时代中国大运河常州段的保护利用》，《常州市文物保护管理中心学术论文集》(内部资料)，2018年，转引自"市委研究室汇编"。

产、聚落遗产、非物质文化遗产等；常州城内保存的三片历史文化街区、四片历史地段，在形成发展过程中都曾经与运河有着密切联系。可以说，它既是沟通长江、太湖两大水系的枢纽性水利工程，也是江南军事征伐、交通运输、经济发展和文化交流所不可替代的大动脉[1]。因此，在活态保护运河文化遗产，打造"常州运河文化长廊"，保护城市水资源、水文化，塑造常州城市精神[2]的进程中，我们浅谈一下常州的"龙文化与龙传说"。

《说苑·奉使篇》中说，吴越先人"剪发文身，烂然成章以像龙子者，将避水神也。"可见，水神蛟龙曾是吴越先民的原始图腾信仰[3]。为何人们会将龙视为水神呢？吴大琨在《中国人为什么崇拜龙》讲道："中国是农业社会，农业生产在很大程度上依赖雨水，而龙恰恰是水神，直接左右着农业生产，因而受到崇拜。"常州属于江南鱼米之乡，先民崇拜龙，可能与稻作文明所依赖的水息息相关。作为"龙城"古都，目前常州不仅发现有龙形象的文化遗存，亦有与龙有关的传说和习俗，现略做介绍，以期起到抛砖引玉之效。

一、"龙城溯源"

（一）常州"三河四城"的城垣构造，是常州称为"龙城"的依据

吴振祥和陈冬期在《常州概览》[4]中记录："常州从晋太康年间筑城起到明洪武二年的1080余年中，先后修筑过四道城垣……却十分像龟形。""而1369年所筑的新城，更像一只昂首爬行的乌龟。"由此可知，常州龙城的由来很可能与城垣的造型像龟有关[5]。在常州民间还曾流传着这样的歌谣："里罗城、外罗

---

[1] 吴晓、王艳红、高军军等《大运河申遗背景下河道类遗产保护的价值判研初探———以大运河(常州段)为例》，《现代城市研究》2011年第9期。

[2] 韦庆明、钟冠宇、盛前《杭大运河常州段水文化遗产的传承开发和当代价值》，《水资源开发与管理》2018年第11期。

[3] 陈馨《日本神话中的「鳄」与吴越水神》，《日语学习与研究》2020年第5期。

[4] 吴振祥、陈冬期《常州概览》，北京：中国城市出版社，1996年。

[5] 马文涛《诸地"龙城"辑考》，辽宁省博物馆馆刊，2019年。

城，中间方形紫禁城，三套环河四套城"。依据文献和民间口传，常州是西晋太康年间始筑内子城，唐景福元年（892年）固筑成形，五代杨吴顺义元年（921年）重修外子城，天祚元年（935年）扩建罗城，明洪武二年（1369年）改建新城。后虽经多次整修，城形基本维持明代新城格局，没有大的变化。这种独特的城垣构造与龟的形状相似，故有学者认为："常州龙城的由来可能与城垣形状有关，因为四道城墙中，罗城、新城都十分像龟形。"古有"龟为龙子"之意，龟为龙种，所以常州古人不直称龟城而称"龙城"。又据清光绪《武阳志余》载："吾郡古号龙城"。此为常州"地有龙形，故曰龙城"之说。

（二）"金钟覆六龙"之字体，是常州称为"龙城"的依据

有学者认为："六龙城"的名号源自南唐时徐铉为常州内子城南门所题的篆书门额"常州"两大字形如"金钟罩六龙"，故城有"六龙"美誉。[1] 按《咸淳毗陵志》卷5"官寺、州治"：谯楼，在内子城南。"常州"二大字，徐铉所篆。占相者谓："笔势雄伟，如金钟覆群龙，乃抢魁接踵之谶。"熙宁、崇宁、嘉定已三应矣！[2]《洪武常州府志》卷2"叙州"，亦引《大德毗陵志》：散骑常侍徐铉篆"常州"二大字，人称为"金钟罩六龙"之体，至今见在儒学。[3] 又据《泰定毗陵志》载："'常州'二大篆，南唐散骑常侍徐铉书，宋太守王安石立。相传有'金钟覆六龙'之体。"即是说，王安石任常州知州时，为常州城城门更换了一块匾额，上书徐铉所写的"常州"二字，因其字形像一口金钟把六条龙罩住，故民间流传出"金钟罩六龙"的说法。因此常州被称为"六龙城"。而后各代文人在诗词歌赋中对常州别称"六龙城"的说法多有记载，例如元末明初谢应芳在其诗词中也多次提到"六龙城"，如《和临寒食有感》之二中："六龙城郭春如画，那得旌旗带雨扬。"又如明代诗人王立道在《送吕别驾还毗陵》中有"春帆遥指六龙城"的诗句，晚明郑鄤有"秋风云起六龙城"的诗句，清代史学家洪亮吉《云溪竞渡词》中则有"自古兰陵号六龙"之句，清乾隆时期文人褚邦庆在《常州赋》中也有"而况城号六龙，恰值六龙频降"之句。可见，常州雅称

---

[1] 王继宗《文献中"六龙城"指常州出典考》，《江苏地方志》2012年第2期。

[2] [宋]史能之《咸淳毗陵志》宋元方志丛刊，北京：中华书局，1990年，第3册。

[3] [明]佚名《洪武常州府志》嘉庆抄本，上海图书馆藏。

"六龙城"是有文献依据的。

（三）帝王之城，亦是常州称为"龙城"的依据

南北朝时期常州出了齐、梁两代皇帝。龙是皇帝的象征，传说常州古有龙气，因而出了这么多皇帝，所以被称为"龙城"。有学者认为：常州别称"六龙城"，最初出自梁武帝萧衍，载于《南史·梁本纪中·第七》[1]。也有学者依据《南史·齐高帝本纪》《南齐书·列传》等文献中的新发现，佐证"六龙城"的根源早于梁武帝萧衍一个朝代，首出于南朝齐开国皇帝萧道成[2]。并进一步认为萧道成用《周易》中的"六龙"为自己造势，登上皇位；继齐高帝萧道成"六龙御天"之后，梁武帝萧衍又借"六龙"成说代齐立梁。由于南北朝时期常州出了齐梁两朝出"十八帝王"，武进便成为"两朝飞龙地"，民众于是依齐高帝"时乘之梦"有"六龙出"和梁武帝"六龙俱在帝所寝斋"双双成为开国皇帝的史说，将武进古城(万绥)称为"六龙城"[3]。唐代后随着武进与常州郡县治所同城，"六龙城"名亦随之成为"常州"雅称。据史料记载，明隆庆六年（1572年），常州知府施观民建"龙城书院"，"龙城"也指"常州"。清乾隆皇帝六次下江南，曾三次到常州天宁寺拈拜，第三次御笔题写了"龙城象教"四个大字，乾隆皇帝亦将常州雅称为"龙城"。直到现在，常州地名中涉及"龙"名的还有很多，诸如龙泉山、龙虎塘、化龙巷、顺龙桥、石龙嘴、龙兴寺、仙龙山等等。

二、常州现存的"龙文化遗存"

龙文化与水文化、运河文化有着密切的联系。龙作为水神，在常州园林、古庙中受到崇拜。

---

[1] 参见张戬炜《六龙瑞色》，北京：团结出版社，2021年。张戬炜先生认为:常州自古以来就被称为"六龙城"，这最早可以追溯到南朝时期。《南史·梁本纪中·第七》中有相关记述，梁武帝萧衍还未当皇帝时，其寝室就有六龙盘踞，所以萧衍又被称为"六龙皇帝"。萧衍晚年曾回家乡常州祭祖，并作《还旧乡》诗，"史称六龙回驭"。这是目前可查证的最早把常州与"六龙"联系起来的史书记载。

[2] 谢达茂《周易·帝王·龙城——常州"龙城"考》，《江苏地方志》2020年第1期。

[3] 谢达茂《周易·帝王·龙城——常州"龙城"考》，《江苏地方志》2020年第1期。

（一）以常州园林——"约园"为例

"约园"中的龙文化元素主要表现在园中的奇石和浮雕画像上。"约园"又名赵家花园，位于常州市区兴隆巷市第二人民医院内，占地约19亩。约园始建于明，最初为官府的养鹿苑。清乾隆年间，成为中丞谢旻的别业，也称"谢园"。道光年间，赵翼之孙赵起购得此园，即为赵家花园，目前为市级文物保护单位。约园中以奇石见长，旧时约园内有灵岩、邹碧、玉芙蓉、独秀、巫峡、仙人掌、昆山片影、玉屏、朵云、舞仙、驼峰、飞来一角等奇石，是为"约园十二峰"，闻名江南。这些奇石或立于水中，或立于岛上，或并列，或层叠，或独峰，其间青松翠柳、清流环抱、形态各异。在现存奇石中，有一块被命名为"巨龙出水"的奇石颇具特色（图一、二）。此奇石位于水池中，上半部分露出水面。露出水面的龙首、龙身呈现S型，很像一条昂首出水，飞腾升起的"巨龙"。"龙"在古代人民的神话传说中，能潜渊，亦可升天。它是精灵之首，四灵之长。当大地久旱，禾秧焦枯时，人们希望有龙那样的神物出现，兴注云雨以济苍生。[1]我们在历史文献中发现：龙常常和云雾、雨水相伴相随，水是龙的属性之一，亦有辰龙为水库的说法，因此龙被视为"水神"。林耀华先生就认为："在我国古代神话中，龙是雨水之神"[2]。如《管子·形势篇》："蛟龙，水虫之神者也。"《山海经·大荒东经》："旱而为应龙之状，乃得大雨。"又据《周礼·考工记》载："水以龙"；又《左传·昭二十九年》言："龙，水物也"；又《管子·水地》云："龙生于水"；《吕氏春秋·有始览》："龙致雨"；再有《淮南子·坠形训》："土龙致雨"。高诱注："汤遭旱，作土龙以象龙，云从龙，故致雨也"。与龙有关的星宿"龙星"，亦与雨水有关。如《左传·桓公五年》载有"龙见而雩"，汉服虔注："龙，角、亢也，谓四月昏龙星体见，万物始盛，待雨而大，故雩祭以求雨也。"此外，文献中还有诸如"乘龙车浮于水""乘龙升仙"的相关记载。《楚辞·九歌·河伯》云："乘水车兮荷盖，驾两龙兮骖螭。"《淮南子·览冥训》记载："乘雷车，服应龙，骖青虬。"《庄子·逍遥游》中也说：

---

[1] 肖红《龙与远古图腾》，《河海大学学报》（社会科学版）1984年第5期，

[2] 林耀华《荷花·扶桑·墨西哥》，活页文史丛刊第7号，1980年。

"不食五谷，吸风饮露，乘云气，御飞龙，而游乎四海之外。"结合约园中的"祥龙出水"的造型，我们可以看出"龙生于水，为水物的属性"，这与文献中的记载相吻合。约园中，山、水、桥、亭和绿植融为一体，形成了现代城市中独

图一　约园中的奇石"巨龙出水"（远距离拍摄）

图二　约园中的奇石"巨龙出水"（近距离拍摄）

图三 约园一景

除了奇石中的"巨龙出水",约园中还藏有"龙珠双狮戏球"画像石(图四、五)。该画像石刻呈横条型,横条两端各有一龙首"口吐龙珠",横条中部则有"双狮戏球"图案。学界普遍认为:见"龙口吐珠"之象,是为天降祥瑞。依据文献记载,龙口中所含之珠很可能是"珍珠"或"玉珠",因而又称"龙珠"。这与一个历史悠久的神话传说有关,早在庄子、尸佼所生活的先秦时就很流行。如《庄子·列御寇》云:"夫千金之珠,必在九重之渊而骊龙颔下。"又《尸子》卷下所言:"玉渊之中,骊龙蟠焉,颔下有珠。"可知神话中的骊龙潜渊之处又叫"玉渊",其位置在何处,史书缺载。葛洪《抱朴子·祛惑》讲得更加具体:"凡探明珠,不于合浦之渊,不得骊龙之夜光也。采美玉,不于荆山之岫,不得连城之尺璧也。""合浦"即是汉代所置郡名,地点在今广西壮族自治区合浦县东北,县东南有珍珠城,又名白龙城,以产珍珠而知名天下。因此,叶舒宪先生认为:"龙珠的神话想象原型之一是海中特产的珍珠。"此说可信。中国本土的龙吐珠多与水有关,因为珍珠产于水中,玉中籽料玉珠也出于水中;而在印度神话中,龙珠则产生于太阳之火。我们在一些"双龙戏珠"文物中可以发现,带有火焰纹的龙珠,大多是受印度神话传入的影响。约园中的"龙珠双狮戏球"画像石,龙珠并非呈现火焰状,其口中之珠应视为"珍珠"或"玉珠",此"龙珠"是为水中"宝珠"。而此画像中双狮戏球图案,则与外域文化的传入有关。据《尔雅·释兽》曰:"狻麑如虦猫,食虎豹。"郭璞注:"即师子也,出西域。"狮子原产地不在中国而是非洲、印度、南美等地。汉武帝时，张骞出使西域，打通中国与西域各国的交往，狮子引入中国，从此与中国文化结下不解之缘，其图像在我国儒、释、道和民间社会得到了广泛的应用。狮子在佛教中有很重要的地位，在佛教的许多经论中，都用狮子来比喻佛陀的无畏与伟大。可见，狮子是祥瑞之兽。在民间，狮子被视为百兽之王，具凶猛、威武特征，民众多用之驱邪镇宅。"绣球"亦为祥瑞之物，又称"绣球锦"或"绣球纹"。因此，"双狮戏球"图案也是吉祥图案。由于"狮"与"师"谐音，而古时太师、少师都是高级官员，狮子也就被象征为官爵。"龙珠双狮戏球"画像石，雕工精细、布局美观，瑞狮、祥龙形象生动，栩栩如生；对称的构图，使画面左右呼应，充满生气。

除上述四例龙文化元素外，约园中的岛上还有一"真善亭"（图六），"亭"的正脊两头为龙，呈S形，垂脊亦为龙形。"亭"正脊上的龙身和尾部向高空翘起，呈跳跃状，其形象更似鱼身和鱼尾。这一形象让我们想起了史书中所载的"鱼化龙"和"鱼龙幻化"。在古代，鱼化龙、龙变鱼、鱼龙互化是一种比较普遍的文化认知[1]。我们在历代文物资料中也可以看到"鱼化龙"例证。较早的

图四 约园中的"龙珠双狮戏球"1号画像石

图五 约园中的"龙珠双狮戏球"2号画像石

---

[1] 宁波、刘顺、何琳《中国古代鱼文化的隐喻意象与历史演化》，《中国渔业经济》2017年第4期。

图六　饰有龙纹的"真善亭"

鱼龙形象，当属岔河口新石器时代遗址的鱼龙夯土雕塑[1]，河南殷商妇好墓中的玉鱼也有早期鱼化龙的特征[2]，东晋以后发现的大量摩羯纹亦是鱼龙文化[3]。有学者就认为："中国古代建筑房屋屋脊两端常用的一种装饰附件——鸱尾（亦称'鸱吻'），其原型来自佛教中的摩羯造型。"[4]，由此可见，"真善亭"上的龙纹乃是"鱼化龙"鸱吻艺术造型。文献中关于"鱼化龙"的记载则更多，且寓意吉祥。如《山海经》中记载："鲧死三年不腐，剖之的吴刀，化为黄龙。"汉代《三秦记》就记载了相对完整的"鱼化龙"故事："河津一名龙门，水险不通，鱼鳖之属莫能上。海江大鱼薄集龙门下数千，不得上，上则为龙也。"又《太平广记》卷四六六引《三秦记》载："龙门山，在河东界。禹凿山断门一里余，黄河自中流下，两岸不通车马。每岁季春，有黄鲤鱼，自海及诸川，争来赴之。一

---

[1] 王大方《岔河口遗址的鱼龙夯土雕塑》，《实践》1999年第3期；王大方、吉平《内蒙古清水河县出土巨型鱼龙状夯土雕塑及大批文物》，《内蒙古社会科学》1998年第6期。

[2] 周连华《古代鱼图像的信仰内涵与表现形态研究》山东艺术学院，2013年。

[3] 王飞《摩羯纹饰的中国化进程及演变规律——以考古发现之文物为例》，内蒙古大学，2013年。

[4] 臧丽娜《鸱尾考略》，《东南大学学报》（社会科学版）1999年第4期。

岁中，登龙门者，不过七十二。初登龙门，即有云雨随之，天火自后烧其尾，乃化为龙矣。"又据唐朝段成式《酉阳杂俎》中言："鱼满三百六十年则为蛟龙，引飞而去。"另外，唐朝方干的《漳州阳亭言事寄于使君》、清李元《蠕范·物体》也有此类记述[1]。后来，"鱼化龙"逐渐被视为拼搏进取、改变命运的象征。如《埤雅·释鱼》："俗说鱼跃龙门，过而为龙，唯鲤或然。"李白诗《赠崔侍御》云："黄河三尺鲤，本在孟津居，点额不成龙，归来伴凡鱼。"又《琵琶记》载："孩儿出去在今日中，爹爹妈妈来相送，但愿得鱼化龙，青云直上。"因此，"鲤鱼跳龙门"也比喻中举、高升等飞黄腾达之事。

历史上还有"鱼龙幻化"[2]之戏，乃是一种鱼能幻化成龙的表演。在汉代，"鱼龙幻化"是百戏表演的一部分。据《汉书·西域传》载："孝武之世，图制匈奴。……设酒池、肉林以飨四夷之客，作《巴俞》都卢、海中《砀极》、漫衍、鱼龙、角抵之戏以观视之。"对此，唐人颜师古作注有云："鱼龙者，为舍利之兽，先戏于庭极，毕，乃入殿前激水，化成比目鱼，跳跃漱水，作雾障日。毕，化成黄龙八丈，出水敖戏于庭，炫耀日光。《西京赋》云'海鳞变而成龙'，即为此色也。"[3]又据李尤《平乐观赋》云："乃设平乐之显观，章秘玮之奇珍。……方曲既设，秘戏连叙，逍遥俯仰，节以鞀鼓。戏车高橦，驰骋百马；连翩九仞，离合上下。……侏儒巨人，戏谑为耦。禽鹿六驳，白象朱首。鱼龙曼延，巤延山阜。"而后的魏、晋、隋、唐、宋、明、清也都有"鱼龙幻化"相关的表演[4]。除上述文献中记载的"鱼化龙""鱼龙幻化"外，古代文物中亦有诸多"鱼龙"图像。如商代后期就发现有鱼龙幻化之玉器（图七）、汉代画像中也有鱼化龙的图案（图八、九）、清代三足鱼化龙端砚（图十）、清代玉鱼龙形花插（图十一）。

---

[1] 李雪玲《中国古代青花"鱼化龙"纹饰考》，《装饰》2010年第7期。

[2] 黎国韬《"鱼龙幻化"新考及其戏剧史意义发微》，《文学遗产》2017年第4期;李雪《汉代"鱼龙之戏"文、图、俗的三重印证》，《舞蹈》2020年第2期。

[3] 班固著，颜师古注《汉书》，北京：中华书局，1965年，第3928—3930页。

[4] 李雪《汉代"鱼龙之戏"文、图、俗的三重印证》，《舞蹈》2020年第2期。

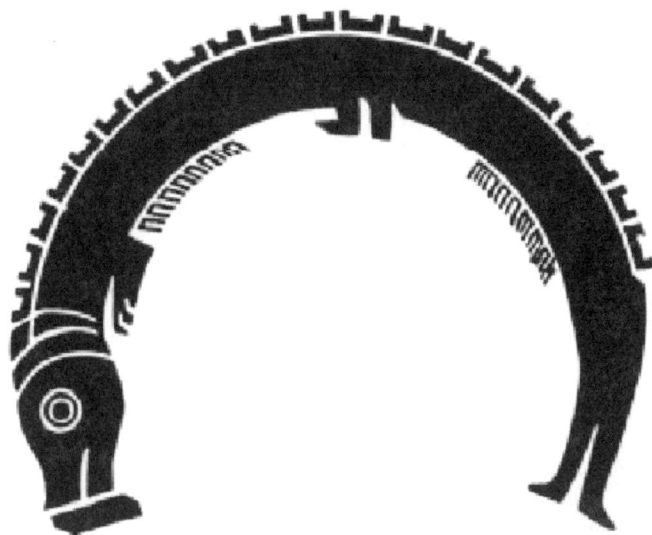

图七　商代后期鱼龙幻化玉器（图片来源：周连华
《古代鱼图像的信仰内涵与表现形态研究》）

图八　鱼龙车（图片来源：《中国画像石全集2山东汉画像石》图七八）

图九　鱼化龙、钱币、梳（原图为浙江农林大学杨絮飞老师提供）

图十　清代三足鱼化龙端砚（采自瑞霖《古砚上的龙纹》）

图十一　清代玉鱼龙形花插（图片来源：2017年《中国国家博物馆馆刊》）

图十二　石桥石墩上的龙头石雕

约园中的石桥石墩上亦有雕刻的龙头（图十二）。龙头雕刻风格古拙，龙头呈扁平型，头顶生二角，嘴中含龙珠，用线条简单刻画龙鳞。此龙头神兽形似"蚣蝮"，传说是龙的九子之一。据《诸神由来》载："蚣蝮，好立，站桥柱"。传说由于"蚣蝮"嘴大，肚子能容纳很多水，又称"吸水兽"。也有传说"蚣蝮"能吞江吐雨，会调节水量，负责排去雨水，被视为"镇水兽"。所以"蚣蝮"常被装饰在桥头柱，桥洞，桥墩上，或饰石桥顶端及建筑滴水上。用"蚣蝮"装饰石桥，也寓意能镇住河水，防止水灾侵袭，保护四方安宁。

（二）以"龙珠山"东岳庙遗址为例

常州市罗溪镇汤庄镇东北四华里处有龙珠山，与孟河黄山一脉相承，古迹甚多。此地原为20余亩、高约丈余的土丘，两边有水沟四支（现称庙沟）肖龙四足，自南北迤逦至此，皆旁出一支，环绕丘阜，浑似双龙双珠，因以得名。龙珠山寺始建于唐，原为道教庙堂，至明代初年，改建为东岳庙。

据《武进县汤庄乡志》（第二章古迹、古碑、古墓）所记：原山上东岳庙断碑残碣中有"于唐，历元明迄今"等文字。《龙珠山碑记》（残存）中有"……仅唐以来，四方士民……庙旧名龙珠山者，东建……巍峨县东……"该庙始建于东晋或南北朝。龙珠山寺全盛时，有殿宇九十九间半，天井内银杏古木参天，大到需五人合抱。清雍正、乾隆及道光年间，龙珠山东岳庙几番重修。清乾隆皇帝幸巡江南至此，有御书匾额："敕建龙珠山"，并免一方赋税，赐田百余亩以作香火之资。清咸丰年间，太平军曾驻军山上，清军攻占时，战火焚毁庙宇。1949年后，龙珠山寺改建为龙珠山小学，后小学撤并停办，转让龙珠山村委管辖。1994年由龙珠山村委申报，市宗教管理部门批准，复建龙珠山寺，作为宗教活动及供人游览场所，1996年7月经政府批准，复建龙珠山寺，作为佛教活动场所。乾隆御赐匾额"敕建龙珠山"，现仍保存在寺内。

除"龙珠山"外，常州市西北处还有一座以山势造型、九龙传说故事而闻名的"九龙禅寺"。该寺庙位于江苏省常州市新北区孟河镇境内黄山玉皇峰南麓的小河九龙村。始建于南朝梁武帝天监年间（503—519年），距今已有1500年历史。因黄山有九峰，自西向东，蜿蜒起伏，故又名"九龙山"。

（三）以供奉传说中白龙娘娘的白龙庙为例

白龙庙位于常州市武进区横山桥镇的横山紫霞峰南坡黄猫岭之东，西南距常州市区约10公里。白龙庙始建于宋绍兴年间，名为潜灵观（俗称龙母庙、白龙庙）。相传有项女误食仙桃而孕，含羞自尽，胎化为龙，因此建庙奉祀，供奉白龙娘娘。明成化七年（1471年）重建，嘉靖十年（1531年）重修，后毁于战火。清乾隆十八年（1752年）重建，道光十二年（1832年）重修，咸丰十年（1860年）又毁于兵火，光绪四年由当地集资重建，建有玉皇殿、东岳殿、十王殿、圣母殿、斗姥殿、戏楼等殿堂楼阁。圣母殿前还有"白龙井"，此井与大林寺龙母井同为明嘉靖进士周山所建，均建有石亭，石亭柱刻有联："有龙则灵、一水潜通过分左右"；"如鸟斯革，两亭兀崎定东西"和"井养飞龙，神胎天赋；峰移出震，圣迹地传"。

白龙娘娘传说始于宋。宋绍兴年间（1131年），山脚项家村（现名观前村）凤秀小姐，误食仙桃孕二龙，从大林寺旁（黄猫岭之西）投井（现称龙母井），自东井（现观内龙井）而出，胎化二龙，后即称凤秀为"白龙娘娘"。据说，每年八月初一至初三，龙子必回横山白龙观探母，方圆几十里，热闹非凡，庙内唱戏三天以示庆祝，也就是现在横山桥的庙会。明朝《重建浅灵庙》碑文记载了"龙母应求显灵，降雨灭蝗之奇事"。清朝乾隆十八年（1754年），常州知府胡文伯记有取龙井之水，求雨得雨、祛病延年的碑文。1985年《横山乡志》亦有《白龙娘娘》传说记载，横山桥镇境内至今依然流传着"白龙娘娘的传说故事"。

（五）以常州地区出土的典型龙形文物为例

1.**史前"龙首纹玉饰"**。江苏省青城墩遗址联合考古队发现的新石器时代"龙首纹玉饰"（图十三），被誉为"江南第一龙"。此玉龙为崧泽文化晚期遗物，距今5300—5500年，玉龙为环形，直径1.2厘米，外周雕龙首，以玉环为龙身，是环太湖地区崧泽文化最具审美价值、制作工艺最为高超的艺术品之一，对于研究中国龙文化起源具有重要价值。

2.**南朝"龙纹画像砖"**（图十四）。现藏于常州市博物馆。这是由七块并列的长方体砖的侧面分段模印，组合成的飞龙图案，整体呈大"S"形。龙大张口，细长颈，身体弯曲，尾端上扬，身躯四肢雄健有力，做凌空腾飞状，展示出与众不同的瑞兽气势。

3.**清代"龙纹罐"**。我们在考古调查勘探中经常会发现一些釉陶罐（图十五），罐身饰以"飞龙"，通常龙纹呈大"S"形，周围饰祥云。

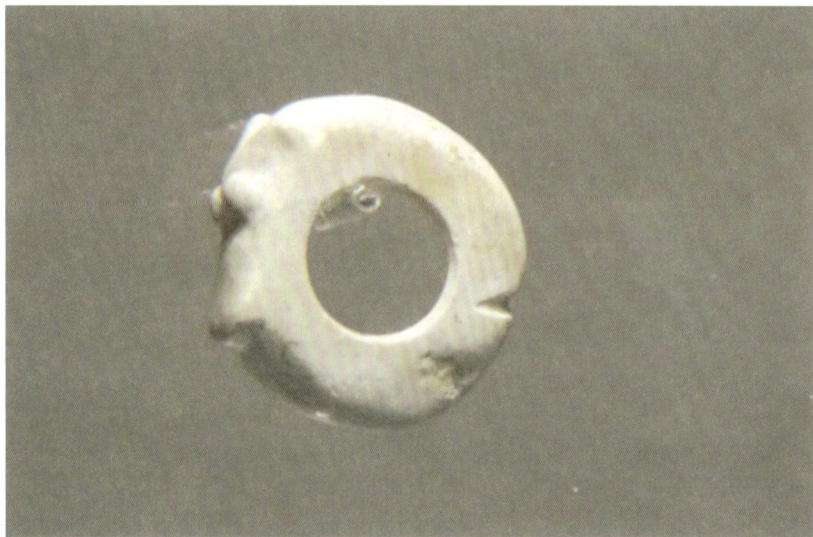

图十三　史前"龙首纹玉饰"（笔者拍摄）

263

图十四 南朝"龙纹画像砖"（笔者拍摄）

图十五 清代"龙纹罐"（笔者拍摄）

三、常州龙文化习俗"龙舟竞渡" [1]

端午节时"龙舟竞渡"活动。农历五月初五端阳节，俗称"端午节""重午节""五月节"等，家家户户门楣上插艾条菖蒲，拒秽避邪。"端"，顾名思义就是"开始""开端"，与"初"同意。旧时五月古称"午月"，五日即称"午日"，所以五月五日称为"重午"即"端午"，而且"午"为"阳辰"，于是就有"端阳"之说。原始先民在"端阳"，以划龙舟敬神而自娱，舞龙灯祭拜而自乐。因而古代又称端午节为"龙日"。

常州雅称为"龙城"，划龙舟、龙舟赛是常州运河文化和端午节文化的重要组成部分。清代常州的端午节，有个盛大活动，就是白云渡赛龙舟。常州诗人洪亮吉在《外家记闻》里记载了旧时常州城内端阳赛龙舟的盛况："端阳云溪竞渡有龙舟六艘，城内是五色龙，东门的大小青龙、西门是金龙、南门是白龙、北门是乌龙"。"清晨，故城四方民众划着六龙舟，汇聚城内子城河白云渡东端的白云古渡，争相竞渡。夜以继日，挑灯竞渡，一条条光灿灿的火龙舟游于溪中。"详细描述了"白云溪竞渡"的盛况。

按照常州传统习惯，端午节早上吃了粽子，人们就去白云渡看赛龙舟了。据《武进县志》记载："夜龙舟之戏四面各垂小灯，竞渡如白量。""参差台榭白云头，雨过溪湾翠色添""渡头垂柳抽丝细，水面微风织浪恬"。人们站在两岸观竞渡，特别是"望云水榭"上，各路名流观瞻"龙舟竞渡"，为吴地之最盛。古诗又云："龙舟处处有，毗陵最为盛，舟广不逾步，金鼓振鸟飞，火龙似出海，云溪不夜天。"又据《武进、阳湖合志》记载：旧时，每年五月初五端午节，常州白荡河内都要开展龙舟竞渡活动，参加竞渡的龙舟，一般舟长24、宽8尺，船头船尾刻上龙头龙尾，中间龙腹结上彩带、彩绸、插上旌旗，下面有熟悉

---

[1] 该段内容主要引自常州市武进区文化局《江苏省非物质文化遗产普查　常州市武进区资料汇编》，2009年，第448页。

水性的人执桨划舟，参加者每人手中执桨，分坐船身两舷，每边人数相等，龙头两旁置大锣大鼓，中舱楼台中坐着管弦乐队[1]。比赛时按锣鼓响声统一划桨，动作整齐，时而锣鼓喧天，时而管弦齐奏，声闻数里，在船尾上还有十三四岁的男女儿童，时而翻滚、跌、扑，做各种杂技动作，时而随着管弦乐声轻歌曼舞。夜晚也有人乘龙舟在河中游览，两岸尽是看客，有的龙舟上还有歌舞表演，这种龙舟又叫花船，当时花船都集中在白云渡最热闹的地方，两岸的亭台楼阁挂满了彩灯，设置了酒席，来客可以一边豪饮，一边欣赏歌舞表演，一直到天亮，这样的活动要整整一个月才结束[2]。

农历五月划龙舟的活动曾停止多年，改革开放以来，武进恢复了这项活动。2008年国家体育总局、社会体育指导中心授予太湖湾为"全国龙舟竞赛基地"，并申办了首届中国（武进）国际龙舟邀请赛。现在常州每年都会举办龙舟竞赛，在锣鼓震天中传承千年的端午文化，感受别样的端午情怀[3]。

关于端午节"龙舟竞渡"的习俗的由来，与"六龙阴聚于毗陵"之说有关。据明代邹忠颖《高山志序》载："六龙阴聚于毗陵。右以铁瓮诸山，若东西户屏。"从地形上说，常州是藏龙之地，而"六龙阴聚于毗陵"，又出自常州民间流传的一则神话（此神话可参考《常州古今》之《常州为啥有"龙城"的别称》[1]和《常州名胜古迹》[2]中相关记载）。传说孟河西北的九龙山上有一古庙，庙里的当家和尚叫弘智[3]。一天，弘智和尚梦见一山神对他说："我是九龙山的山神，是东海龙王的九太子，与八位兄长镇守这一带群山。最近，八位兄长要来侵占我的山头，将有一场恶战，请你率全庙僧众，鸣金击鼓，助我取胜。"弘智一惊，睁开眼睛，才知刚才做了一场梦。尽管梦中山神的话仍然记得清清楚楚，心想是做梦嘛，何必当真，便熄灯安息，一宿无话。次日，又是平安无事，他就更加不把此事放在心上了。第三天，正是五月初五，风和日丽，万里无云，九龙山上百花齐放、景色宜人。弘智和尚吃过中饭，山下山上、山前山后，四处转了一

---

[1]该段内容主要引自常州市武进区文化局《江苏省非物质文化遗产普查 常州市武进区资料汇编》，2009年，第448页。
[2]该段内容主要引自常州市武进区文化局《江苏省非物质文化遗产普查 常州市武进区资料汇编》，2009年，第448页。
[3]该段内容主要引自常州市武进区文化局《江苏省非物质文化遗产普查 常州市武进区资料汇编》，2009年，第448页。

圈，一时感到有些倦意，正想回庙里午睡，突然看到天空乌云骤起，狂风大作，顷刻间暴雨倾盆而下。弘智见此光景，当即想起那天梦中山神的嘱托，心想莫非真的群龙来夺山了[4]随即率僧众齐声念佛诵经，击鼓撞钟。约莫半个时辰，风停云散，恢复了往日的宁静。当晚，弘智和尚又梦见山神对他说："多亏你金鼓相助，今已得胜。现在两条为首的恶龙已逃亡宜兴山里，其他六条龙已逃去郡城。我今天来除了感谢你，还请你前往郡城安抚我的六位兄长。尽管他们无理，我却还是有情，希望他们在城里安居乐业，为民造福，切勿无事生非、自相残杀，每年五月初五，可在云溪相聚……"说着又化作一条黄龙腾空而飞了。弘智睁开眼睛，觉得似梦非梦，却又不敢怠慢。第二天一清早，他便急急忙忙来到郡城，一面化缘一面寻访六龙踪迹……日复一日，夏去冬来，眼看将近一年，虽然没有寻到"龙迹"，却在老百姓中间散布了六条天龙降临常州的消息[5]。郡城百姓得知六条天龙降临常州的消息后，就于每年端午节建造六色龙船，在白云溪竞渡，观看六色龙船的百姓众多。清洪亮吉《云溪竞渡词》中有"自古兰陵号六龙"之句。五月初五划龙船之俗延续了两千多年之久，常州被称为"六龙城"由此而来，也就有了"龙城"的美称。

除"龙舟竞渡"外，常州民间还有"舞龙舞狮比赛""肖巷太平龙灯""常州灯会"（图十六）、"二月二 龙抬头"等主题系列活动。

四、结语

龙是中华民族发祥和文化肇端的象征，也是我们民族精神精髓的所在。深度挖掘常州龙文化遗存和龙文化传说，既有利于探索常州"何以龙城"的形成过

[1]《常州史话》编写组《常州古今》（内部刊物），1980年。

[2] 钱焕根、贺忠贤《常州名胜古迹》，南京：南京出版社，1993年，第18页。

[3] 该段内容主要引自常州市武进区文化局《江苏省非物质文化遗产普查 常州市武进区资料汇编》，2009年，第448页。

[4] 该段内容主要引自常州市武进区文化局《江苏省非物质文化遗产普查 常州市武进区资料汇编》，2009年，第448页。

[5] 该段内容主要引自常州市武进区文化局《江苏省非物质文化遗产普查 常州市武进区资料汇编》，2009年，第448页。

图十六　常州灯会中的龙元素（2023年1月摄于常州淹城）

程，又有利于更好地提升"龙文化"文旅品牌价值，丰富城市文化发展内涵。近年来，常州文旅部门将龙文化提炼为历史文化名城常州的旅游要素，通过挖掘常州关于龙的传说，策划龙文化主题活动，提升天宁禅寺、孟河小黄山九龙禅寺等龙文化文旅品牌价值，讲好龙城故事，叫响龙城龙文化[1]。这些举措，旨在充分保护、利用和发展好龙文化资源和运河水文化资源，不断地将龙文化、水文化、运河文化精髓融入城市建设，更好地展示运河沿线城市的龙文化魅力，让龙文化千年永续。

（作者单位：常州市考古研究所）

---

[1] 董逸、刘懿等《常州博物馆身处常州城每个角落，都能品味"龙文化"情韵》，《常州晚报》2019年10月9日。

广州城址之谜探析

陈泽泓

内容提要：

广州是一座两千多年城址不变的古城，规模偏小与其地位似不相称。为何选址于此及城址不变，既是广州城建史重要问题，也关涉现代广州城市定位及规划建设，素为人所关注研讨。本文结合对古籍文献诠释及考古新发现佐证，对此问题作进一步探讨。

学者关注和讨论较多的是，广州古城规模之小与其地位不相称，何以南下秦军选定这么一个地点为广州（番禺）城址，并能保持两千多年城址不迁移。本文结合文献考证与考古发现佐证，作进一步思考。

一、弹丸之地的两千年都会

岭南沿海平原没有北方那样一马平川的开阔大平原，广州城址在岭南也不算最开阔之平地。城址狭隘，对城市规模有很大限制。潘安的《商都往事——广州城市历史研究手记》（下称《手记》）对广州、西安两地做过比较。

"西安地区可容纳秦、汉、隋唐三个巨型都城的建设，都城之间互不交叉，而且还有大量余地。

广州城市两千年来，只能在原地滚打，而且还在靠珠江江岸线的不断南移和东西水网的逐渐淤塞，才能腾出一点点城市建设空间。"[1]

---

[1] 潘安《商都往事——广州城市历史研究手记》，北京：中国建筑工业出版社，2010年，第28页。

这个自汉就跻身于全国都会之一的城市，是如何"原地滚打"的呢？

广州建城，是秦南海郡尉任嚣草创番禺县治兼南海郡治，当称番禺城，后世称任嚣城。"《唐坰纪略》说：'旧有城，在州之东，规模近隘，仅能藩离官舍暨中人数百余家。'这个城可能即'任嚣城'。"[1] 南宋方信孺《南海百咏·任嚣城》诗序："《番禺杂志》云：'在今城东二百步，小城也。始嚣所理，后呼东城。今为盐仓，即旧番禺县也。'以今考之，东城即其地。"[2]《番禺杂志》为北宋初郑熊撰，已佚。《宋会要稿》载，吕居简任广州知州时，见"本州子城东有旧古城一所见存，与今来城基址连接，欲乞通作一城。"[3]

元大德《南海志》载："东城，熙宁初。经略吕居简得郡治之东古城遗址，始谋增筑……袤四里，壕其外，为门三。"[4] 由此可证，宋东城即系任嚣城址修起来的。从"袤四里"推算其面积极小。

任嚣城北倚越秀山，但未与山连体，其间有广阔水面，成天然城濠，在今豪贤路一线。任嚣城地扼文溪下游出"海"（古珠江称海）口，位置险要，又有水路之便。文溪岸后曾建有盐仓，今存旧仓巷地名。曾昭璇《广州历史地理》一书有图，清晰描绘了宋东城夹文溪而建的状况。因图名《文溪穿城入濠简示图》（图一），鲜为研究任嚣城者注意引用[5]。

任嚣城之后，历代广州城四向扩展，固然有当时的社会背景，而拓展程度从根本上说仍受到地理条件制约。

广州城西面最具宜居宜商发展优势。南越国都赵佗城是紧贴秦任嚣城西界建起来的。赵佗城西，西江、北江带下的沙泥不断淤合成沙洲，渐而联成一大片平地，成为聚居区。广州城对内地的交通主要依靠北江、西江水路，城西的口岸码头，更促进了商业发展。唐代，在城西外侧形成热闹繁华的蕃坊及商业区，城墙未及拓宽，是由于淤积层"土疏恶不可筑"[6]。宋代克成其事，扩成西城，将蕃

[1] 曾昭璇著《广州历史地理》，广州：广东人民出版社，1991年，第207页。

[2] 方信孺《南海百咏·任嚣城》，广州：广东人民出版社，2010年，第7页。

[3]《宋会要稿》8130卷，"方域八九"。

[4] 元大德《南海志》卷第八，"城"。

[5] 曾昭璇著《广州历史地理》，广州：广东人民出版社，1991年，第67页。

[6]《宋史·程师孟传》。

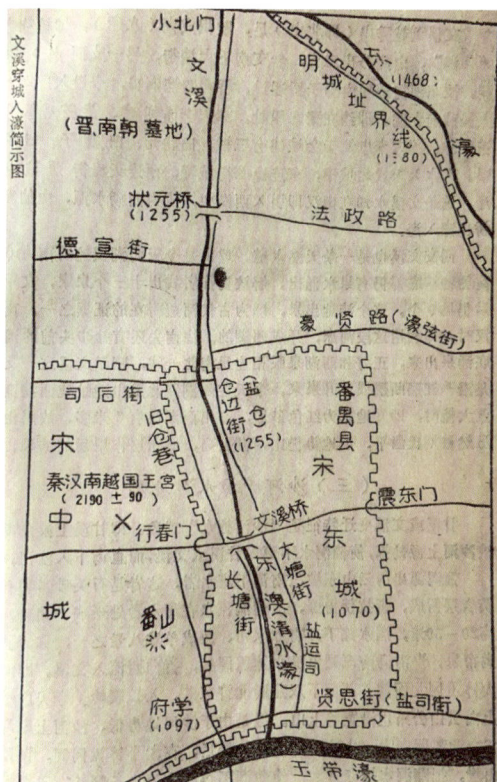

图一　文溪穿城入濠简示图

坊围入城中，西城面积近乎子城及东城之和，这是广州城市规模扩大和活力提升一个里程碑式。城西界自此固定。

　　北界，经历了从以濠到以山为界的演进。南越国番禺城四面环水，北城濠在今越华路，东连任嚣城北界的今豪贤路为一线。"从现今中山纪念堂到今小北一带洼地水面，即宋代菊湖所在。元代淤失，部分遗留成为清代'八大鱼塘'。该处水面只是当时集广州东北部山水的天然积水区，但因为有水道向西经古兰湖通珠江，潮汐所及"[1]。城北洼地日渐淤积成陆，明初将宋三城连一时，"拓北城八百余丈，建立五层楼，为会城壮观"[2]。北界扩至观音山（越秀山）东北麓，使广州城池更显其负山阻海特色，正式形成了"青山半入城"格局，从四面环水

[1] 卓稚雄《广州历史地理拾零》，广州：广东人民出版社，2018年，第27页。
[2] 万历《广东通志》卷十五，"城池"。

271

演变为三面环水，一面为山，城墙北界固定下来。镇海楼屹立800多年，说明了越秀山是城北可依赖的屏障。

东界扩展有限。明代扩至东濠而固定下来。东濠以西为起伏的基岩岗地，不利农业开垦，也不方便通行。河涌枝杈很少，东濠易生洪水，居住环境不理想。

南界随珠江江岸南移而扩展。赵佗城南界至今光明广场下方水闸。唐末，凿平禺山扩为南城区，构成"州城三重"格局。宋代在南城外凿玉带濠，濠岸成为繁华的商业街市，遂在宋三城东、西端向南延辟城垣如雁翅张开，称雁翅城。明代，雁翅城建南城墙，正式形成新南城。清初，在雁翅城东、西端向南伸筑出城墙至江边，规模小于雁翅城，称鸡翼城。此后不再出现新的临江城墙，代之以江心小岛上的东炮台、海珠炮台拱卫城池。

广州城至清初定型。城内面积史志未见载。曾新"据清代古城墙界线在地图上测算，内城面积约4.8平方公里，新南城与鸡翼城面积合计约1平方公里"[1]，即为5.9平方公里。许瑞生据清末1907年德国人舒乐测绘的《广东省城内外全图》量度测算出"旧城（内城）建设面积为4.3平方公里……新城的面积为1平方公里"[2]，即为5.3平方公里。许瑞生对鸡翼城不计入城内，故两处数据实无出入。

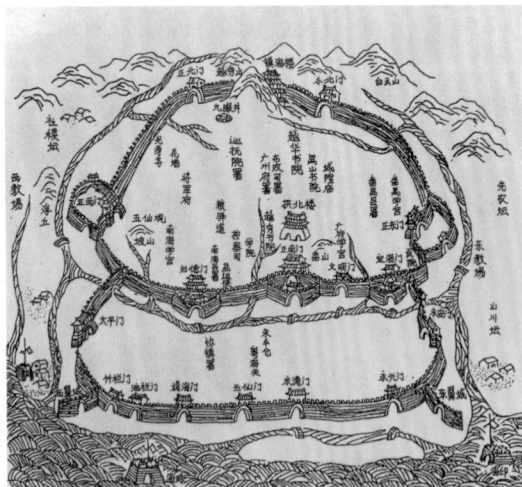

图二 清初广州城廓示意图

---

[1] 曾新《明清广州城及方志城图研究》，广州：广东人民出版社，2013年，第17页。

[2] 许瑞生著《广州近代市政制度与城市空间》，广州：广东人民出版社，2010年，第173页。

综上所述，广州城的西墙在宋代，东、北墙在明代，南墙在清初分别固定下来。城内面积，任嚣城按"城周四里"折算为0.25平方公里，至鼎盛的清代为5.3平方公里。1960年越秀区划界时面积为8.9平方公里，古城已尽括其中。

将清代广州城与春秋战国时期都会相比，仍显逼仄。考古发掘表明，赵都邯郸为19平方公里，齐都临淄为20平方公里，楚都寿春为26平方公里[1]，而规模不大的番禺城，居然自西汉时期就是全国知名都会之一[2]，广州长盛不衰，今时是国家中心城市和综合性门户城市。

秦为何在地域广袤的岭南选取这样一处弹丸之地为岭南都会，广州（番禺）城为何能够经受两千多年考验而城址不移？这是接下来要讨论的问题。

二、考古证实先秦珠江口地区是大型聚居地

古代征伐，离不开掠地虏民，大型民众聚居地，必定是军事征服的重点地区。

秦平岭南之初，姑不论对"一军驻番禺之都"如何理解，至少已显示了"番禺"地名之闻名遐迩。"以周边的考古发现，辅以秦在岭南设初郡时立番禺县及定南海郡治，以此处设'东南一尉'统辖岭南三郡的史实，说明番禺在秦兵入粤之前已是人口密集有相当规模的聚居地，其形成城市很可能早于秦平南越。"[3]考古发现，特别是近年来新的重大考古发现所反映先秦珠江口地区的先民聚居情况，是对上述推测的实证。

（一）对广州市境内广州古城周边先秦遗址的检点

北面。

白云区有新市镇葵涌贝丘遗址，钟落潭镇、太和镇、同和镇有十余处文化遗存，新石器时期遗址密集。

---

[1] 许宏《城市考古学研究》，北京：北京燕山出版社，2000年，第146—159页"春秋战国城址一览表"。

[2] ［汉］司马迁《史记·货殖列传》。

[3] 陈泽泓《广州古代史丛考》，北京：中央编译出版社，2017年，第13页。

天河区龙洞有包括距今约4000年前飞鹅岭遗址的20多处新石器遗址[1]。

从化区流溪河上游考古发掘调查，在吕田、良口、温泉三镇发现先秦、两汉遗址220多处[2]。温泉镇横岭遗址有距今约4000年新石器晚期完整有序的墓葬。

东面。

先秦遗址较多且价值很高。在黄埔区，陂头岭遗址中距今7000年新石器晚期窖穴、房址和墓葬的数量、规模为岭南同期遗存罕见；战国晚期至西汉早期墓"是目前岭南地区发现的数量最多、规模最大、封土保存最完整的高等级越人墓地"[3]。甘草岭新石器时期遗址出土玉琮。大贤墩遗址发现新石器晚期至战国住宅、墓地。榄园岭遗址墓葬中，西周至春秋时期墓葬有103座，西周时期墓葬出土的"有领玉镯"。暹岗苏园山春秋至战国期间遗址出土石器及青铜戈、短剑、刀、角形饰件，从纹样看应是本地所铸[4]。距今4500—4200年的茶岭新石器晚期遗址，检测到珠三角地区出土明确年代最早的栽培稻实物遗存[5]。

在增城区，石滩金兰寺贝丘遗址，发现距今6千多年新石器时代晚期至战国时期墓葬及居处、水井等遗迹。出土陶鼎、陶纺轮、骨镞、石镞、石钺、石矛、玉芯等物[6]，约4000年前彩陶遗存[7]。浮扶岭墓葬以西周至春秋时期为主，出土原始瓷杯、玻璃管饰、玉器。围岭遗址早期遗存为新石器末期向青铜文化过渡阶段。西瓜岭战国龙窑遗址出土陶鼎等器物、动物塑像及制陶工具。墨依山遗址有商时期墓葬76座，出土玉牙璋[8]。还有石滩围岭新石器末期至东汉遗址，新塘老虎岭先秦至汉代遗址等。

---

[1] 陈建华主编《广州市文物普查汇编·天河卷》，广州：广州出版社，2008年。

[2] 《先秦、两汉遗址220多处现身流溪河上游》，《广州日报》2015年6月9日。

[3] 《黄埔陂头岭遗址——"最大"新石器时代晚期窖穴说明广州先民"很能屯"》，《广州日报》2021年4月13日。

[4] 陈建华主编《广州文物普查资料汇编 萝岗区卷》，广州出版社，2008年，第21页。

[5] 《2018年五大考古发现揭秘数千年广州社会生活图景——广州4400年前就有水稻栽培了》，《广州日报》2019年3月4日。

[6] 《增城金兰寺遗址——30具古人类遗骸助力研究中国古老型智人演化》，《广州日报》2021年4月13日。

[7] 广东省文物局、广东省文物考古研究所编著《广东重要考古发现概览》，北京：科学出版社，2021年，第37页。

[8] 广州市考古文物研究院《广州增城墨依山出土牙璋的商代墓葬》，《东南文化》2018年第3期。

南面。

在海珠区，有中山大学红土岗新石器时期遗址。

在南沙区，有鹿颈村距今三四千年新石器晚期沙丘遗址，金洲山新石器晚期至商代遗址，果园村、鸡公头商代晚期遗址，合成村商周时期遗址，白藤滘村西周遗址。

西面。

在荔湾区位于环市西路的广雅中学莲韬馆复建工程发掘出先秦遗存41座墓葬和一眼水井。出土陶豆，青铜匕首、剑、斧及玉玦。墓葬年代初步判断为战国时期。是迄今考古发现离广州古城最近的先秦遗存[1]。

在周边遗址包围中的广州古城区，未发现成规模的先秦遗址，可能是因其地貌是由三个小岛，再为两个半岛演变成陆的进程造成聚居晚于上述周边地区[2]，也可能由于城市考古的特殊性和局限性而未被发现。

（二）对广州古城外珠江三角洲及环珠江口地区先秦考古发现的检点

距今6000年前后，海平面急剧上升，形成珠江三角洲现代海岸线格局。沙丘堆积逐步形成，人类群体开始走出洞穴，来到靠近海河岸边活动，留下了文化遗迹。

李平日等著《珠江三角洲一万年来环境演变》一书根据考古发现及田野调查，将史前时期珠江三角洲滨线的演进按三个阶段分述。

距今6000年前后。西、北江三角洲滨线"定在南海县的九江—灶岗—西樵山东麓—大岸—罗村镇务岗—寨边村—河宕—深村—梁边—奇槎—雅瑶—坦边—颖水—广州新市葵涌一线"。广州及其以东滨线"在广州越秀山—白云山南麓—黄埔白沙市沙堤—墩头基北面丘陵的坡麓"。东江三角洲滨线"大体在赤岭峡西口以下，北在礼村—翟屋—河屋岗—金兰寺—塘洲—上境—久裕—白江一线，东江口北岸在墩头基北面坡麓；南面为东岸村—万福庵—横沥—茶山—峡口—东莞城—赤岭—厚街—虎门"。距今5000—6000年珠江口伶仃洋东岸"海岸线大概在

[1] 羊城晚报金羊网，2020年10月14日。

[2] 卓稚雄《南越国时期广州水陆状况探讨》，《羊城今古》2013年第4期。

虎门村头—松岗—南头—白石洲—旧石厦—福田—罗湖一线"。南部五桂山、黄杨山等地在"数千年前这些地方仍为海岛，与北、中部平原以海相隔，山麓线就是它们的海岸线"。

距今4000年前后，即新石器晚期。"经过约二千年的淤积，西、北三角洲的滨线已推进至顺德龙江、都宁、西海，番禺县紫泥、沙湾、市桥、石楼、莲花山、化龙，广州东郊南岗一带"。

距今约2200年的汉代。西、北江三角洲滨线推断在杏坛、大良、紫坭、沙湾、茭塘一线附近，当时关于东江三角洲滨线资料较少，暂定在潢涌—莞城一线略东[1]。

以上结论，均从考古发现得到印证。

广州东面。

在东莞发现古遗址20多处。距今6000—5500年的蚝岗遗址、距今5000年的万福庵遗址，以彩陶为特征；距今4000多年的石排圆洲遗址、龙眼岗遗址；虎门村头遗址有相当于商时期的居住区、类似广场的公共活动场所、垃圾区遗址[2]。还有周代至战国时期遗址。

在博罗曾屋岭遗址春秋墓葬出土鼎、剑等各类青铜器[3]；梅花墩先秦龙窑址出土普遍刻划符号或文字的原始瓷器，陶器[4]；银岗战国时期龙窑遗址具有先进的制陶工艺和庞大的生产规模；公庄窖藏春秋时期成套青铜编钟。

广州西南面。

在深圳距今7000—6000年的咸头岭遗址出土大量陶器，说明这是一处有众多人口聚居，具备较强生产能力，对周围遗址有较强辐射力或者控制力的一个中心

[1] 李平日、乔彭年、郑洪汉、方国祥、黄光庆著《珠江三角洲一万年来环境演变》，北京：海洋出版社，1991年，第四章"六千年来滨线演进"整理。

[2] 邱立诚、刘成基《东莞村头遗址发掘的初步收获》，《广东省博物馆馆刊》1991年第2期；广东省文物考古研究所、东莞博物馆《东莞村头遗址第二次发掘简报》，《文物》2000年第9期。

[3] 冯孟钦《广东博罗曾屋岭春秋时期墓地》，中国文物信息网，2011年4月18日。

[4] 广东省文物考古研究所、博罗县博物馆《广东博罗县园洲梅花墩窑址的发掘》，《考古》1998年第7期。

性聚落遗址[1]；距今约6000年至战国早期的大梅沙遗址，出土大量陶器和原始瓷豆、青铜镞和戈；距今五六千年的大黄沙新石器中期遗址；距今3000年的商代至战国时期的屋背岭遗址；距今2千多年的战国中后期叠石山遗址出土青铜器和铁器[2]。

在香港西贡区黄地峒发现旧石器时代晚期石器制造场遗址，估计其从距今39000年前出现，使用至新石器时代中期，石器种类与东南亚发现的相似，有学者认为其印证了智人由非洲经东南亚迁徙至中原的迁徙路线[3]。

香港新石器时代沙丘遗址已发现近百处，其中不少属6000—4000年前的新石器时代遗址。这段时期的文化以新石器时期至青铜时期的南丫岛大湾遗址命名为"大湾文化"[4]。香港大学考古队在大屿山、赤鱲角和南丫岛发掘出陶器、石制和青铜的捕鱼工具和兵器，风格与珠三角一带的大湾文化相似。在马湾岛东湾仔北考古遗址墓葬发现的人骨，与华南地区特别是珠江流域新石器时代时期人骨体质特征有明显共性；在头骨上发现拔齿痕迹，与佛山河宕贝丘遗址新石器时代人骨中普遍存在的拔齿风俗相似。说明香港与珠江三角洲地区的先民为同一种属。香港与广东地区出土的青铜时代铜器特点相同，大屿山石壁出土一件人面纹铜剑，和清远三坑东周墓、曲江石峡遗址上层出土铜剑几乎一模一样[5]。

广州西面。

佛山西樵山是一处分布面积广、石器丰富、延续年代长的以新石器时代为主的采石场和石器加工场遗址。西樵山细石器在许多方面与华北的风格相同，说明中国远古文化发展的共同性[6]。河宕遗址、高明古椰遗址、三水银洲遗址是新石器时期土墩型贝丘遗址。距今5800-5500年的佛山高明古椰遗址，出土大量人工制品和丰富的动植物遗存，水田区遗存丰富，在岭南地区史前遗存中首次发现未碳

[1] 深圳市文物考古鉴定所、深圳市博物馆《广东深圳市咸头岭新石器时代遗址》，《考古》2007年第7期；深圳市文物考古鉴定所《深圳咸头岭——2006发掘报告》，北京：文物出版社，2013年。

[2] 深圳博物馆《深圳市叠石山遗址发掘简报》，《文物》1990年第11期。

[3] 张森水《西贡黄地峒旧石器时代晚期遗址》，中国香港：中国评论学术出版社，2010年。

[4] 香港地方志中心编纂《香港志·总述》，中国香港：中华书局（香港）有限公司，2020年，第18页。

[5] 香港地方志中心编纂《香港志·总述》，中国香港：中华书局（香港）有限公司，2020年，第18、19页。

[6] 曾骐著《珠江文明的灯塔——南海西樵山遗址》，广州：中山大学出版社，1995年。

化的稻谷，首次发现木质工具。动植物类型多样[1]。对银洲遗址研究表明，先民最早居住位置以岗顶为中心，稍靠斜坡分布；中期新建房屋在岗坡东部和西部；晚期遗迹主要位于岗下鱼塘附近。居住地由高处向低处走的倾向，可能与周边泥沙沉积，海岸线后退有关，周边地貌逐渐从河流入海口变成湖泊纵横的三角洲平原。古椰遗址、银洲遗址的研究对了解广州地区先民迁移聚居历史有普遍意义。南海鱿鱼岗新石器晚期至商周时期遗址，人骨有拔牙习俗。四会鸟旦山战国墓址出土有鼎、铎、戈、剑、矛、镞及人首柱形器等青铜器[2]。

广州南面。

中山龙穴遗址包括新石器中期彩陶遗址和新石器晚期至春秋战国时期生活遗址。

珠海，1983年—1986年文物普查发现了新石器时期至商周之际的一批遗址，在海岸约20处，在海岛15处，出土有铜剑、铜斧[3]。距今4500—4000年的宝镜湾遗址出土陶、石、玉器，还有岩画。1994年发掘的棠下环自新石器晚期至商代遗址，其商时期遗迹有广东首次出土具有地层依据的铸铜石范。

澳门黑沙沙丘遗址是距今6千多年的新石器时期遗址。

广州北面。

在清远西周末至春秋时期马头岗遗址，出土青铜器有鼎、簋、罍、钲、甬钟、钺、戚、矛、匕首、车饰等[4]。

广州市及周边的珠三角及环珠江口星罗棋布的先秦遗址，说明这一地区在史前及先秦时期已是一处地域广阔、规模庞大的先民聚居地。综合分析珠三角及环珠江口地区各处的考古发现，表明：

第一，除香港黄地垌在约4万年前之外，各地遗址年代最早大多在距今约六七千年，其后在约4000年、2000多年，与各个时期形成的海岸线基本重叠。多数为

---

[1] 崔勇《佛山市古椰贝丘遗址》，《中国考古学年鉴·2007》，北京：文物出版社，2008年，第362页。

[2] 广东省博物馆《广东四会鸟旦山战国墓》，《考古》1975年第2期。

[3] 珠海市博物馆、广东省文物考古研究所、广东省博物馆等《珠海考古发现与研究》，广州：广东人民出版社，1991年。

[4] 广东省文物管理委员会《广东清远的东周墓葬》，《考古》1964年第3期。

贝丘遗址，少数为沙丘遗址。说明与沿海之地陆进同时，即有人类迁移聚居，其生态优良，食物品种丰富充足，渔猎转为稻作农业，圈养动物，培植水稻。珠三角地区及环珠江口是适宜人类生活的环境。

第二，东南的良渚文化、中原的青铜文化在广州周边地区先秦遗址中都有发现，表明岭南与北方地区的文化交流不仅在史前已开始，而且交流面极大，这种文化交流是长期的、广泛的、大量的，并深刻地影响着先民的社会形态和生活方式。黄埔榄园岭出土"有领玉镯"一类文物，在粤东北、珠三角北缘、粤北等地先秦遗址均有发现，起源于豫西晋南的陶寺文化和河南龙山文化有密切关系。黄埔甘草岭遗址出土玉琮，"说明良渚玉琮南传已抵达南海沿岸"[1]。"有学者认为，大湾文化中的圈足盘、彩陶和白陶三者是从长江流域中游大溪文化辗转传到环珠江口沿岸的地域"[2]。香港的"考古证据显示，先民曾受长江下游良渚文化影响。考古学者指出，屯门涌浪遗址出土的石玦、钺、镯三者的渊源可确定来自长江流域，其中石镯是迄今所知良渚玉镯最南的代表"[3]。香港常见的春秋时期夔纹和云雷纹陶器及战国时期的米字纹陶器，不仅和广东的先秦遗址及墓葬出土文物相似，远在广西、福建、湖南、江西等省也有类似发现。南丫岛遗址商时期墓葬出土的玉牙璋，与二里头及商时期墓葬出土牙璋微刻风格一致。[4]

第三，广州古城四面都分布有新石器时代至青铜时代遗址，一些遗址在六七千年前即为大型聚居地。先民迁居经历从山岗遗址、贝丘遗址、沙丘遗址的过程，生活环境及生产方式多元化，新石器晚期有明确功能分区的大型聚居点、水稻生产达到相当水平并出现藏有稻谷的窖藏、商周时期等级分明的墓葬、源于内地而有本地制造特征的礼器、兵器，尤其是表明部落组织发展到较高阶段的人首柱形器。展示了这一带生产力水平和社会形态。

将珠江三角及环珠江口地区考古发现的远古各个时期遗址分布点连线，与地

[1]《广州黄埔榄园岭遗址又现58座先秦时期墓葬》，《广州日报》2021年8月28日；《数千年前，良渚"同款"玉琮已现广州，相隔1200公里的文明交流早就开始》，《新快报》2021年9月26日。

[2] 香港地方志中心编纂《香港志·总述》，中国香港：中华书局（香港）有限公司，2020年，第18页。

[3] 广东省文物局、广东省文物考古研究所编著《广东重要考古发现概览》，北京：科学出版社，2021年，第45页。

[4] 香港地方志中心编纂《香港志·总述》，中国香港：中华书局（香港）有限公司，2020年，第18、19页。

理学家考证出来的海岸演变线重合，不是巧合，而是必然和互证。复原历史图景，说明秦平岭南前夕这一带是一个聚居点星罗棋布且不乏大型聚居点的地区，与北方早已有着广泛的文化交流，具备一定文明形态和社会组织，突显出其在岭南地区中作为珠江流域江海相汇处特殊的区位魅力。这一情况，既印证了中华民族起源多元，珠江流域是其中之一的论点，而对于长期以来关于秦平岭南之前，岭南偏处一隅的蛮荒之地的说法也近乎颠覆。在这样一个地域中，一个在历史舞台上的岭南地域中心的城市呼之欲出。

三、如何理解广州城址之"负山险阻南海"

接下来要讨论的是，为何在珠三角及环珠江口的广阔地域选中番禺城这么一处城址。

见于历史文献，倚山面海是番禺被选中为岭南郡治城址的首要理由。《史记》载任嚣对赵佗语："番禺负山险阻南海，东西数千里，颇有中国人相辅，此亦一州之主也，可以立国。"[1]研究者对此句有各种诠释，潘安的看法：

"任嚣为什么要选址广州呢？

除了广州曾经是秦人大本营的因素之外，任嚣在临终前才道出他选址广州的真正原因：'番禺负山险，阻南海，东西数千里，颇有中国人相辅，此亦一州之主也，可立国也。'

原来任嚣志不在郡，而在国。其中奥妙在于：任嚣所说的山险，不是广州城背后的白云山，而是指的五岭，所以才有山险之说；任嚣所说的南海，是南海水域，而不是广州城前面的珠江，所以才有'东西数千里'之说。"[2]

这是从现代人角度去诠释古人的语言。任嚣任南海郡尉离秦亡尚有8年，没有证据表明他在番禺建城时已有"立国"之意。此段诠释值得商榷。

---

[1] ［汉］司马迁《史记》卷一一三，"南越尉佗传"。

[2] 潘安《商都往事——广州城市历史研究手记》，北京：中国建筑工业出版社，2010年，第29页。

其一，所谓番禺城"负山险"之"奥妙"，在于山不是城背的白云山（越秀山），而是指远离广州的五岭。然而五岭之险属全岭南共有，并非番禺一家独有。

其二，所谓任嚣口中的"南海"是南海水域，不是广州城前面的珠江，所以才有"东西数千里"之说。古人对浩瀚无际的大海了解不多，未见古籍用"数千里"形容海域。"东西数千里"当指珠江支流的西、北、江更为贴切。任嚣这段话中三次出现"南海"一词，前两次显然指南海郡，"阻南海"不是指南海郡，但也不能释为今之南海。"南海"一词，上古时或泛指南方的海，如："导黑水至于三危，入于南海。"[1] 或专指东海："上会稽，祭大禹，望于南海，而立石刻颂秦德。"[2] 古珠江水面广阔，又有海潮涌入，得称"珠海""小海"。汉代流经广州城的珠江河面宽约1700—2000米[3]，浩渺若海。唐代《进岭南王馆市舶使院图表》称："近得海阳旧馆，前临广江。"[4] 由王馆改设的市舶使院，前临广阔大江，江北称为"海阳"，表明唐时仍称江为海。宋代称广州城珠江河段为"小海"，城内河涌注入江谓"六脉皆通海"。宋代《萍洲可谈》说："广州市舶亭枕水有海山楼，正对五洲，其下谓之小海。"又说："广州自小海至溽洲七百里。"[5] 溽洲，又称溽城，在今江门台山市广海镇一带。从杨万里诗"大海更在小海东"，可知狮子洋一带称为"大海"。元《南海志》记载，清水濠"穴城而达于海"[6]。将文溪注入珠江称为"达于海"，也可为"阻南海"之注脚。

其三，所谓"东西数千里"为南海水域。其实当为珠江水域，以广州为中心，东有东江，西有西江、北江，通达数千里。古岭南以江河运输为交通主要手段，此为择城址之出发点。

---

[1]《书·禹贡》。

[2]［汉］司马迁《史记·秦始皇本纪》。

[3] 曾新著《明清广州城及方志城图研究》，广州：广东人民出版社，2013年，第9页。

[4]《全唐文》卷515"进岭南王馆市舶使院图表"。此表原署王虔休撰，据黄楼《进岭南王馆市舶使院图表撰者及制作年代考——兼论唐代市舶使职掌及其演变等问题》（载《中山大学学报（社会科学版）》2009年第2期）考撰者为韦光闰。

[5] 朱彧《萍洲可谈》卷二。

[6] 大德《南海志》卷八，"濠"。

《手记》绘有"任嚣城"图，将城置于古文溪两支流之间，临江一面有陆地隔开[1]，与宋东城情况相差较大。周四里的任嚣城与城周十里的赵佗城大小悬殊，此图所绘任嚣城显然过大。任嚣城后为宋东城，城中官署在文溪之东，即后代番禺县衙之地。此图将任嚣城划在文溪之西，不符史实[2]。

还有对"一州之主"的诠释。州在汉代才演化为一级行政区划，秦尉任嚣不可能以州指说一级行政区划。"州"在上古有作民户编制单位之释，然五花八门，不足为据[3]。也有释为划地以治："昔者明主之治民有法，必别地以州之，分属而治之。"[4]任嚣的话直译应是"番禺城背后有山险屏障，南面有水面阻

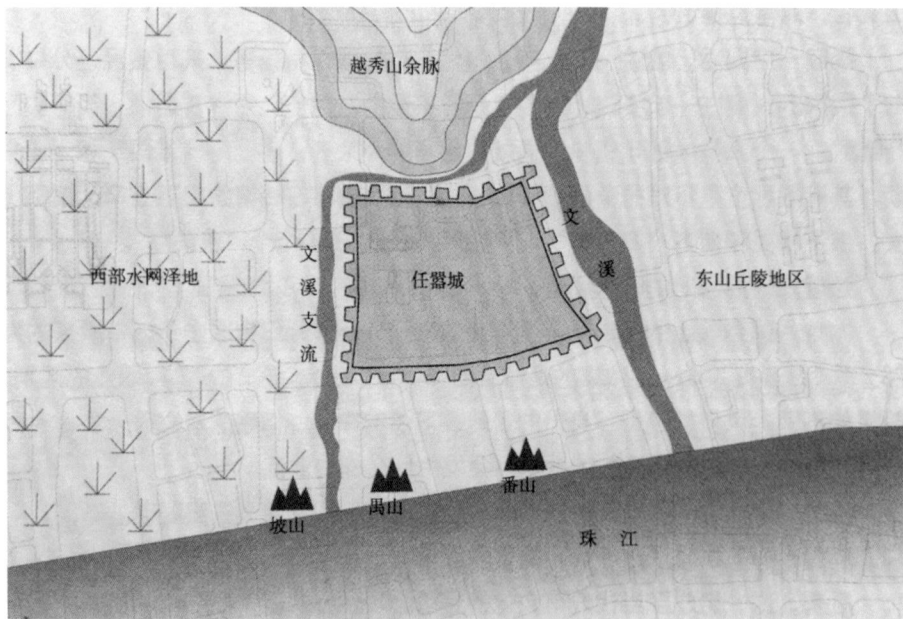

图三　任嚣城

---

[1] 潘安《商都往事——广州城市历史研究手记》，北京：中国建筑工业出版社，2010年，第31页。

[2] 杜佑《通典》卷184；顾炎武《天下郡县利病书》卷97。

[3] 《周礼·地官·大司徒》"五州为乡，使之相宾"，贾公彦疏："二千五百家为州"；《尚书大传》卷四："州"《礼记·王制》："二百一十国以为州，州有伯"；《管子·度地》："百家为里，里十为术，术十为州，州十为都"。

[4] 《大戴礼记·主言》。

挡，东西可通达数千里。这里颇有中国（秦时称中原为中国）人辅佐，是划疆而治的中心之地，可仗此立国。"

对任嚣这段话的理解可找到互证。三国吴时，步骘将交州州治迁回番禺。"骘到南海，见土地形势，观尉佗旧治处，负山带海，博敞渺目，高则桑土，下则沃衍，林麓鸟兽，于何不有"。"骘登高远望，睹巨海之浩茫，观原薮之殷阜。乃曰：斯诚海岛膏腴之地，宜为都邑"[1]。步骘与任嚣异口同声强调番禺城负山带海之特征。

任嚣是秦平南越军队统帅，战事甫定，以郡尉之职行"东南一尉"事，建城当以防卫条件为首要考虑。其后，步骘则除了观察地形，已着眼于经济，强调其为"膏腴之地"。从长远看，广州城址之所以不变，除了具备军事防卫条件之外，作为岭南中心城市地位的确立，根本原因还是经济，即港城、商城的功能。

广州城特殊的经济因素，从秦平岭南就已显示出来。秦始皇用兵岭南的理由，是物质原因。《淮南子》称秦王"又利越之犀角、象齿、翡翠、珠玑"[2]，绝非臆说。《南越先贤志》记述战国时，周赧王三年（即公元前312年）粤人公师隅相越王无疆，"越往与魏通好，使隅复往南海，求犀角、象齿以修献"[3]。黄佐《广东通志》引《竹书纪年》所载：魏襄王七年（公元前312年），"越王使公师隅来献舟三百、箭五百万及犀角、象牙"。黄志注："犀角、象齿，扬粤之琛也。"[4]公师隅其人其事，学界未予确认，这段记述中值得注意之处，一是此事发生时间在秦平岭南之前的战国时期，二是越（粤）地与内地通好修献之物就是秦始皇所"利"者，传递了先秦时期，岭南特产（包括从海外引进）为内地统治者垂涎的信息。岭南因其海外贸易的优势及由此带来的经济利益，被称为"天子南库"，是广州得以长盛不衰地保持在各大都会中特殊地位的重要原因。《史记》将番禺列为"都会"，因其是"珠玑、犀、瑇瑁、果布之凑"[5]。《汉书》

[1] 郦道元原注，陈桥驿注释《水经注·浪水》，杭州：浙江古籍出版社，2001年，第582页。

[2] ［汉］司马迁《淮南子》卷18，"人间训"。

[3] 欧大任《百越先贤志·公师隅传》。

[4] 嘉靖《广东通志》卷三，"事纪一"。

[5] ［汉］司马迁《史记·货殖列传》。

称：番禺"处近海，多犀象、瑇瑁、珠玑、银铜、果布之凑。中国往商贾者多取富焉。"[1]历朝对广州外贸的重视，从最早设市舶使、市舶司、海关，以至对西洋一口通商，得到充分反映。广州城的区位优势就与贸易经济密切相关。

论者常说广州"地处西、北、东三江出海的汇合处"[2]。如何汇合，则较为笼统。曾昭璇《广州历史地理》说"广州位于古代'三江总汇'地点，正当珠江三角洲顶点"[3]，是将广州城址作为一个点来描述。准确地说，广州城选址之奥妙，位于三江汇海的重要地段，且与城北坐落山麓这两点相辅相成，体现了任嚣、步骘所强调的负山带海。山是军事条件，水则除了军事条件，更有交通与经济作用，随着对经济需求的增长显示其重要性。

"负山险"为选定城址两大条件之一，日后发展至"青山半入城"，成为得天独厚的防卫条件。山不可能移动，城址也就不会移动。

山麓为先民提供了聚居条件。"背负山险的地理条件使广州成陆较早和开发较早。广州地处珠江三角洲的北缘，北枕白云山，海拔高382米，主要由花岗岩、片磨岩、变质岩等坚硬岩石组成，具有极强的抗侵蚀能力。市内有越秀山（海拔高78米）、番山、坡山（海拔高20—30米）等岗地。这些山丘岗地对广州开发早至关重要。因为珠江三角洲原来是一个由地层下陷而成的浅湾，海水向内陆涌伸。但早于地势高，海水只能流到广州的南端，使广州成陆最早。而白云山文溪和越秀山的流花泉水涓涓又给广州带来淡水甘源，使古时的越族初民得以在此定居繁衍。"任嚣建城之际，上海还未完全成陆，建城比广州迟了1500多年。"可见，成陆早和开发早，是促使广州在古代能凌驾于上海和其他沿海港口城市之上，而成为全国最大的外贸港市的重要条件"[4]。

负山险更成为广州城天然的防卫条件。越秀山北面陡峭而南麓坡缓，古代未闻有越山攻城的军事行动，直至近代的鸦片战争，始有使用先进火器的英军进占

---

[1] ［汉］班固《汉书·地理志》。

[2] 陈柏坚、黄启臣编著《广州外贸史（上）》，广州：广州出版社，1995年，第9页。

[3] 曾昭璇著《广州历史地理》，广州：广东人民出版社，1991年，第1页。

[4] 陈柏坚、黄启臣编著《广州外贸史（上）》，广州：广州出版社，1995年，第10、11页。

越秀山北面四方炮台的情况。明初形成"青山半入城"的格局，在中国古代大城市中是孤例。建于岗顶的镇海楼，俯瞰着左右侧大北、小北城门，一夫当关之雄姿凛然。

再看"三江汇合"，既非汇于一点，汇合处也不在广州城内，而是分开在城外东、西百里之遥。对比黄河、长江出海的一口向东，珠江是由南向北八个出海口，称为"八门出海"，造成珠三角港口多、城镇分布密集的特点。由于径流不一，淤积、深度不一样，各门的通航作用和地位也不一。位于广州东侧的虎门水道最为深广，东江口与流经广州城的珠江汇合于狮子洋，下接虎门水道注入伶仃洋，成为珠江口出海最主要的航道。

西江、北江汇合于广州城西佛山市三水区之河口；东江与南海汇合在广州城东的狮子洋（其顶端在黄埔区之庙头）。东西相距二百余里，通过流经广州城的珠江河段连接起来，使三江汇海得以实现。这一河段在三江汇海中地位之重要不言而喻。何以在两百余里的河段选中约400米的这一处为广州城址[1]，环顾全线，应在于其独有的北倚兀立之山，河涌环绕的地形。隋朝在城东百里之地的扶胥建南海神庙，位于狮子洋顶端的江海汇合出海口。这一地点早在晋代就已被锁定。晋人《广州记》载："广州东百里有村，号曰古斗，自此出海，溟渺无际。"[2]着眼在于"自此出海，溟渺无际"。宋代为祭祀、市舶之便，在城西建南海神庙西庙，而南海神庙主庙却始终屹立于黄埔，广州城也并未迁至扶胥。这种城、庙相隔百里的状况存在千余年，关键在于发挥城、庙各自的作用。广州城址之得天独厚，正在于其联结江、海交通而又充分得亨江、海对内对外各自作用，自身则据有负山阻海之险。历史证明了选定广州（番禺）城址的卓识远见。

（作者单位：广州市人民政府文史研究馆、广州市地方志研究馆）

---

[1] 据万历《广东通志》所载《广东新筑子城记》，明筑新南城"自东徂西，延袤共计一千二百有二丈"，换算。
[2] ［晋］裴渊《广州记》。

东莞市塘厦镇盘古信仰的调查与研究

尧鑫　黄凤琼

内容提要：

　　塘厦镇盘古庙在东莞辖区及周边地市拥有相当数量的信众，盘古信仰是东莞乃至岭南民间信仰文化的一种折射。本文拟从文学人类学的考察角度，以田野调查为主要研究方法，分析盘古庙重建、兴盛的原因，了解当地人盘古信仰的仪式过程，从而深入解读当地盘古信仰文化。

一、研究背景及意义

　　塘厦镇是广东省东莞市辖区内的32个镇街之一，位于东莞市东南方，因地理位置优势，紧邻深圳市观澜镇、公明镇，被称为"深圳后花园""东莞市副中心"，是深莞一小时经济圈的重要腹地，经济产值靠前，一度位居"中国百强镇"第五名，经济上的地位也在相当程度上影响了其文化地位。近年来，东莞市致力于文化名城打造，深入发掘其历史文化根源，关于东莞市城市文化研究的专著迭出，如中山大学谢有顺教授和袁敦卫博士合著的《地方文化的守望》[1]从岭南文化的角度俯瞰东莞市桥头镇的莞香文化、荷花文化和地方节庆文化，探究当地民俗底蕴；另有东莞理工学院文学院院长田根胜教授《东莞历史文化研究》[2]，广东省社会科学院研究员周薇等人合著的《铸就城市之魂：东莞软实力文化研究》[3]，中共市委党校林举英教授的《东莞历史文化刍论——精神·人物·遗

---

[1] 谢有顺、袁敦卫《地方文化的守望》，北京：中国戏剧出版社，2011年

[2] 田根胜《东莞历史文化研究》，广州：广东高等教育出版社，2008年

[3] 周薇、田根胜等《铸就城市之魂：东莞软实力文化研究》，广州：广东人民出版社，2008年。

产》[1]等，都为东莞市历史文化根源的探究做出了探索，具有开拓性意义。

在我国社科文化研究领域，相当漫长的一段时间内，学院式的由精英掌控的上层文化被视为文化大传统，大众化的由民俗承接的下层文化被视为文化小传统，武断评之，即人们常说的"阳春白雪"和"下里巴人"。近些年，以探寻中国文化大传统为目的，以不局限于文学文本的文化文本为研究对象，以田野调查为主要研究方法从比较文学研究领域脱离出来的新兴学科——文学人类学的出现，彻底颠覆了这种大小传统的文化观。在文学人类学的研究视野内，有文字记录的传统成了小传统，先于文字的口传文化和外于文字的无文字文化成了大传统。于是，我们不难理解，倘若天坛这一建筑物都可以成为文化文本，被文学人类学家们认为是大中华文化传统中的核心价值观的符号编码，代表着华夏天人合一的风水观、宇宙观，那么，盘古庙这一建筑实体及与之相关的一系列口传文化和活态文化，也能作为一类文化编码，纳入我们的视野，其价值意义在于代表着中国大汉民族千百年来的盘古神话传说历史。

基于以上几点——研究的时代、地域背景及知识背景，笔者针对东莞塘厦盘古庙信仰进行田野调查，并提出本课题，研究意义如下。

第一，为东莞历史文化研究，尤其是本土非物质文化遗产研究领域提供新的研究视角和借鉴方法，即以文学人类学为参照，对盘古信仰这一非物质文化遗产予以解读；

第二，发掘文学人类学的实际研究新对象，充实研究资料，即通过对东莞市塘厦镇盘古庙及与之相关的文化大传统（包括民间传说、祭祀仪式等）的调研，以期为盘古神话研究有所补充。

二、盘古庙

俗语有云："先有盘古，后有天。"盘古庙，顾名思义，即纪念和祀奉传说中开天辟地的神——盘古的庙宇。关于盘古的文字记载，目前所记最早见于三国时

---

[1] 林举英《东莞历史文化刍论——精神·人物·遗产》，成都：四川大学出版社，2009年

东吴徐整的《三五历纪》，记载关于盘古开天辟地的经过和牺牲自我创生"天地日月"等万物的传说。"盘古氏，人祖也。……盖自是而人极始立，人道始明，人文始著。"[1]可见，在庞杂的中国民间神话谱系中，盘古是人们在关于始祖神的想象域中首当其冲的神灵，加之传说广泛流衍，因而至今民间仍有祭祀。

塘厦盘古庙是东莞市辖区内为数不多的以祭祀盘古神为目的的庙宇，位于镇内的沙湖管理区。据一位81岁的老干部说，该庙于"立围时便兴建"，意即有沙湖村时，便有了"盘古庙"（当地人称"村"为"围"）。据《塘厦镇志》记载："沙湖村位于塘厦镇西南部，面积4.6平方公里。赵天俊约于明洪武二十七年（1394年）携族人从东莞城区迁此定居立村……因村面向大沙河，故名'沙湖'。"以此可推测，塘厦盘古庙当首建于明代。

六百多年前建的那间旧庙，并不在现在这个新庙所在的位置。令人惊奇的是，据沙湖当地人回忆，晚上在旧盘古庙附近可以看见"神火"在半空中飘，能够看见"神火"的人就能心想事成，非常灵验。甚至有好几个老人说，小时候也曾看见几次，那时候的人们都十分相信盘古庙中的盘古。东莞各个镇区都有许多信众，影响及至香港、深圳、广州等地，盘古庙香火鼎盛，日夜均有许多人在庙内向神灵祈求、许愿。

然而，由于历史因素和自然因素对建筑物的损坏，最严重的莫过于"文化大革命"的人为破坏，导致旧盘古庙陷入无人管理、无人维修的处境，庙宇遂最终沦落为倒塌坍圮的命运，徒留断壁残垣。"文革"不仅使建筑物被破坏，更阻断了人们对盘古庙的祭祀，这无疑是对传统文化、宗教信仰的重创。但是，仍有少数笃信的老人会去旧盘古庙址偷偷祭拜。

随着改革开放的深入，文化思想的开放，民间信仰逐渐多元化，人们开始对盘古庙进行了自觉或不自觉的祭拜，一些人的祭拜行为也就逐渐被大多数人认同。旧盘古庙虽然坍圮，但仍有部分建筑遗存，这给予了当地人神灵崇拜的想象，加之世代相传的信仰事件和南粤大地浓厚的民间信仰氛围，促使了盘古庙的重建。

---

[1] 马政撰《盘古碑记》，明弘治十七年。

　　事实上，塘厦还有四间其他建于明清年间的寺庙，均处于失修倒塌的状态。当地人却选择了首先重修盘古庙，这与其深厚的盘古信仰传统是分不开的。南梁任昉《述异记》[1]云："南海中有盘古国，今人皆以盘古为姓"。同书又注曰："今南海有盘古氏墓，亘三百余里。俗云，后人追葬盘古之魂也。桂林有盘古氏庙，今人祝祀。南海国中有盘古国，今人皆以盘古为姓。"上述文献所称"南海"，当指古南海郡，泛指整个岭南地区。至少，珠江水系之西江、北江和东江地区是盘古神祭祀圈主要范围。塘厦，正处在这一范围内。也可以这样推测，与佛教中诸佛相比，人们或许认为，盘古这一神祇更为本土，又是开天辟地之始祖，所以，修盘古庙，当为首选。

　　于是，沙湖本村民众自发组织和活动，并发动其他地区的信众捐赠金钱重新兴建盘古庙。而这期间，发生了一件奇怪的事情。人们开始是选定了旧庙的位置来重新兴建庙宇的，并择了"吉日"，要进行一项祭祀仪式，以一头生猪祭祀。然而，当宰猪者欲将刀刺向猪时，它却挣脱了绳子，跑了……人们一直追至现在盘古庙的所在位置，这头猪却突然不跑了，还四脚张开趴在地面。人们便认为这是上天的安排，这是一块"福地"，选择了猪停留的位置兴建新盘古庙。又令人觉得巧合的是，新庙的位置就在沙湖村得名的那一个湖面前，该湖深不见底，且底部有大量的泥沙。村民认为庙宇的新址选在湖前面，必定能"旺风水"。这一定程度上折射了传统风水观念在当地的留痕。事实上，在宗教信仰视野中的水，以及与水相关的湖泊河川等，都具有相对稳定的象征意义——净化、超脱等含义，由此，水也一定程度地被赋予了神圣之性[2]。因而，湖前的新址的确定，实际上是符合人们的传统信仰心理的。

　　新盘古庙的修建在2006年7月完成。庙宇为二进间，庙的门联的横幅为"千秋鼎盛"，对联为"庙貌庄严千古威灵扶社稷，神界普照万家灯火保康宁"。庙旁边有座"康寿亭"，是同期新建的。庙和亭均为琉璃瓦顶，有龙凤等吉祥陶像，庙外有几个陶制的大香炉和焚烧纸钱等的石炉，也有麒麟、龙等吉祥物的雕刻。

---

[1] 任昉撰，程荣校《述异记》，明万历二十年新安程氏刻本，民国14年，影印版。

[2] 张辉2010年4月在《河北省社会主义学院学报》第2期发表的《试论宗教仪式中水的象征意义》一文，对水在宗教视野中的象征意义有较为具体的阐述。

庙内有大大小小的神像几十个，如车公、文昌、华光、朱雀、太岁、玄坛、保寿及此庙有名的"十二奶娘"：一袁、二徐、三关、四甄、五马、六刘、七祁、八丁、九彭、十何、十一蒋、十二张。因为名为"盘古庙"，当然以供奉盘古先帝为主，以及盘古奶、盘古公。

令笔者产生兴趣的是，为何明明是盘古庙，怎么会有这么多其他的神？怎么"十二奶娘"会这么有名呢？而且，从来都是认定盘古是一名男性，何以还有盘古奶呢？且看前七位神，都是易学、道学（阴阳风水之术）视野中的神，这似乎是告诉我们，凡事要符合阴阳和谐之理，拜祭这几位神，万事和合大吉也。如此一想，就不难理解"十二奶娘"和"盘古奶"的出现，既有盘古这样一位始祖之神在，自然要有女神出现了，这才符合阴阳之理。另外，这在一定程度上也反映了原始的女神崇拜文化基因在当地民间信仰中的遗存。

当地人抱有"入屋叫人，入庙拜神"的原则性思想。除非你是深信某一个神灵，此行专程为它而来，否则就须拿着已经点燃的香，每个神像必拜。拜神要讲求顺序，一般人们持香进入了庙内，就从正堂的右手边开始参拜。这与"广东人所拜的神，几乎无所不有，凡想得出来的都要拜上一拜，好像生怕少拜一个，就会因不敬虔而被上天怪罪一样"[1]的思想观念是一致的，也反映了岭南之地深厚的民间信仰基础。

三、盘古庙的祭祀仪礼

盘古信仰是我国古代神话信仰体系的重要组成部分，每年一度的盘古诞及其参拜仪式成为人们公认的"遵从规定"，并成为当地盘古信仰的传统。人们崇信盘古这一类神祇的法力与权威，完全是人们试图实现天（神）人之间关系整合与心理适应过程，这是中国人共通的宇宙认识系统决定的宗教文化现象。在人们看来，祭祀是通神的主要手段，是祈神、通神的基本形式，其用意在于防灾、求好

---

[1] 叶曙明《其实你不懂广东人》，广州：广东教育出版社，2005年。

运，满足其心理；同时，通过祭祀也能加强家族或氏族内部的团结，增强凝聚力。

2007年春节期间，在盘古庙举行的开光仪式，反映了人们对于盘古信仰的虔诚度。在举行开光仪式前，由三个男巫在神台前"唱歌跳舞"——其中以一男巫为主，口中念念有词，时进时退，手执纸符或桃木剑或一个令牌，众信众围在附近，手持着点燃的香，每当男巫跳完一支舞或者烧完一张符，他们便会诚心地拜几拜。神台上除了拜神用的水果、食品、咸汤圆，还有一些纸扎的像，在开光前有一纸扎的红马及大量的纸钱等；马上有一纸人，民众说神灵会骑着马降临此庙。这仪式一直到正午12点，是以焚化红马、纸钱为止；同时，在焚烧过后，信众将手中的香全都插进大香炉，名为"添香"。庙内要开光的神像均有红布遮盖住，故仅知道其名而不知道其样貌。从12点开始，即进行神像的开光仪式。这时，要将庙内的妇女全都驱赶出庙，女人是不得留在庙内的。然后闭上庙的大门，剩下男巫和男人于庙中，仪式大约需要半小时。开光仪式过后，每个前来参拜的信众均可获得一块红布，是带回家中"睇门（保平安）"的。并且给前来参拜的民众每人一纸符，符上有类似人貌的图（即盘古神像）和一些字如"盘古先皇，赐福康宁"，寓意保佑家宅平安。在这个开光或参拜过程中，大家并不对这些鬼神之说多做评论，只是虔诚地对着神像许愿，把自己的一些美好愿望表达出来。

笔者向庙宇管理员请教，为何在正式开光过程中要将女人赶走。他解释：女人是阴，并有月经等被视为不干净的生理情况，当遮盖神像的红布掀开时一看见女人，会生气；男人是阳，代表龙，是"正气"的代言人，故可以与神接触。也许有人认为不让女性在场是对她们的歧视，但从他们的角度说，这只是他们心理畏惧的一种表现，具有历史性。为了信众甚至整个村落的利益，女信众也是很乐意暂且回避的。

"四个开光的神像都是很厉害的"，庙宇管理员认真地对笔者说。"判官"有一支神笔，所有人的生死都由他掌握；"千里眼"可以看到很远的事情，甚至可以窥见这村的未来；"顺风耳"能够听见几千里外的动静……这些相关的传说故事，很多人都耳熟能详，因为在很多关于天神鬼怪的书籍或影视作品均有这些神灵的人物化形象。

通过以上调查，可发现，盘古信仰在当地有着悠久的历史渊源和深厚的社会基础，体现了传统民间神偶信仰在时间与空间领域上的传承，其仪式和活动都已经融入人们的日常生活中，并渗进各种行为和思想规范里。

四、小结

东莞市塘厦镇盘古庙的重建和盘古信仰的兴盛，体现了民间信仰文化的强大力量。无论历史如何更迭，作为人类始祖之一的盘古，始终留存在人类文化的密码中，并将成为我国古代神话系统中源源不断的发掘源泉。盘古庙中的多神偶像作为图像编码，以及人们对于盘古的祭祀仪礼作为活态文化，也在多方面反映了我国民间信仰中的古代传统文化因素——如阴阳和谐、女神崇拜、巫觋通神等，是文学人类学必不可少的研究对象。

另外，作为城乡历史文化的重要组成部分，塘厦盘古庙及其相关文化形态，是值得东莞历史文化研究者关注的，盘古庙中的各类文化编码的解读，更待人们去探究。如盘古开天辟地的精神，与东莞作为改革开放前沿阵地之一所应具有的"开拓创新，锐意进取"的大无畏精神是不谋而合的；又如盘古庙中的多神崇拜与东莞"海纳百川"的城市形象都以"和而不同，求同存异"的中国传统文化为指向。而从文学人类学的视角去重新观照盘古信仰文化，并对与之相类的、过去被研究者看似原始落后的"小传统"加以诊断，发挥这些文化编码的积极意义，是构建和谐的城市文化理念的重要之措。

（作者单位：尧鑫，东莞市松山湖第一小学；黄凤琼，东莞市文化馆）

气候变化条件下南沙虎门炮台旧址的预防性保护

栾 成

内容提要：

预防性保护是提升文物保护利用水平的重要基础手段。虎门炮台具有极高的价值，为了更好地保护传承利用该革命遗址，需建立完善预防性保护体系，通过文物保存环境监测和调控，抑制各种不利环境因素对文物的危害，利用现代信息技术，系统完整保存文物及相关信息，以达到多渠道推广和传播文物资源。本文希望从气候条件下，南沙虎门炮台旧址的预防性保护方面进行阐述，力求探求革命遗址预防性保护的经验。

虎门炮台是我国近代史的主战场，鸦片战争第一炮就在这打响，从此中国进入了积贫积弱的半殖民地半封建社会，虎门炮台具有极高的历史、艺术和社会价值。随着时代的变化，现在的炮台已失去原有功能，历史积淀的人文和自然意义，更加凸显其价值。但由于历史的原因，再加上遗址分布面积大，且多分布于临海的山上和岛屿之上，给南沙虎门炮台旧址保存带来较大影响，旧址损毁现象呈现出频率增多、程度增强的鲜明特点。在新气候条件下，加强预防性保护理念在南沙虎门炮台旧址管理保护中的应用，是提升炮台旧址抵御自然灾害能力，确保文物安全的有效方法。

一、预防性保护的概念

预防性保护最早应用于可移动文物保护，20世纪90年代起，预防性保护才在不可移动文物保护领域开始了探索和应用。其是指防止文物价值丧失和结构破损的所有行动，是基于信息收集、精密勘查、价值评估和风险评估等来确定文物面临的风险因素，通过定期检测和系统监测等方法分析掌握文物结构的损毁变化规律，通过灾害预防、日常维护、科学管理等措施及时降低或消除各种风险，使文物一直处于良好的状态以避免盲目的保护工程，最终实现文物的全面保护。

二、南沙虎门炮台旧址现状分析

虎门是珠江主要的出海口，是历史上广州城的出海口，是广州的南大门历史上的广州人是通过一段百余里长的珠江出虎门入大海的，"南海之门最多，从广州而出者曰虎头门"[1]。"虎门不是一个点位的概念，而是指外濒伶仃洋，内联狮子洋，长约8公里的一段珠江江面及附近两岸的地区，具有重要的战略地位"[2]。

虎门炮台分布在珠江口的两岸和江中的三个岛屿之上，其中半数以上的炮台分布在今天的广州市南沙区境内。在第一次鸦片战争前南沙有大角、横档、永安、巩固、大虎和蕉门台；在第二次鸦片战争前有大角、上横档、下横档、大虎、蕉门及南、北台。1982年被公布为第二批全国重点文物保护单位。南沙虎门炮台是鸦片战争发端于广东的历史见证，它的炮声拉开了中国近代史的序幕，也是中华民族惨痛和屈辱历史的见证。

（一）南沙虎门炮台旧址价值分析

第一，历史价值方面。虎门炮台旧址是鸦片战争的主战场，"沙角、大角之战前清军已做了充分的战斗准备，而且在战斗中也表现出高昂的士气和非凡的牺牲精神。清军共战死227人，另伤重而死5人，受伤462人，共计744人。在鸦片战争中，除镇江之战外，我们还找不到何地清军能有如此的拼死抵抗"[3]。我国社会性质由封建社会转变为半殖民地半封建社会的开端，是我国近代史的开端，是研究中国近代史和鸦片战争历史的重要研究例证。

---

[1]　［清］道光《广东历史方志集成》，《广东通志》卷一二三，广州：岭南美术出版社，2006年。

[2]　茅海建《天朝的崩溃》，北京：中华书局，2005年，第219页。

[3]　茅海建《天朝的崩溃》，北京：中华书局，2005年，第227页。

第二，科学价值方面。虎门炮台旧址反映了我国近代海防战略战术思想发展演变，是我国明代建立的以防倭为主要目的沿海卫所制度逐步转变为以抵御西方殖民侵略为目的的清代海防系统。虎门炮台是我国保存最为完整的、防御纵深最大的特大型近代海防要塞，是近代中国海防体系的重要组成部分，对研究中国近代海防和海防史具有十分重要的意义。

第三，艺术价值方面。南沙虎门炮台旧址依山靠海，附山就势，高低错落，张弛有度。炮台之间有呼，有主次，体现空间美，与自然环境的完美融合造就了具有强烈艺术魅力的特色景观，具有独特的审美价值。南沙虎门炮台旧址的炮，无论是前期的前膛炮还是后期的德国克虏伯后膛炮，其硬朗的形象一直延续至今。炮台、炮池建筑用材以石、砖、土为主材料，建筑风格与炮台主体统一，颜色以黑色、大地色为主，与周边环境融为一体，起到保护作用。附属建筑运用当地的红砂岩，体现材料之美，色彩之美。炮台门楼等建筑形式借鉴西方建筑形式特征，并融合中国传统建筑三段式结构，形成具有时代特征的建筑美。

第四，社会价值方面。《粤港澳大湾区发展规划纲要》中提到，要加强多元文化交流融合，建设生态安全、环境优美、社会安定、文化繁荣的美丽湾区。各类资源要素流动更加便捷高效，文化交流活动更加活跃。高标准推进广州南沙城市规划建设，强化生态核心竞争力，彰显岭南文化、水乡文化和海洋文化特色，建设国际化城市。南沙虎门炮台旧址的保护和利用，对于培养弘扬中华民族的爱国精神，培育民族自信、自强、自立等方面具有显著的社会教育意义，同时还可以提升南沙区的文化软实力，对南沙区乃至广州市的文化遗产保护工作都有重要的示范作用。

（二）南沙虎门炮台旧址风险分析

炮台旧址面临着人为破坏、自然破坏两种因素影响。

第一，人为破坏风险：一是挖沙取土。在旧址旁及珠江入海口处，均有取土及开采沙石现象，直接破坏旧址所处区域海岸线与地貌，加大山体滑坡发生概率，加强海水侵蚀程度。二是城市建设。随着经济建设和城市发展对旧址造成损害，蕉门炮台旧址位于城市主干道—凤凰大道旁，极易遭到人为破坏。三是刻画涂写。旧址各遗存人为乱写、乱刻现象严重，直接影响到旧址的整体性与艺术性。四是采石活动。城市发展过程中，采石活动已对蕉门炮台和巩固炮台造成不可逆转的破坏，炮台依附的山体已经不存在。在大角山遗址中，采石活动严重扰动山体，对旧址稳定性造成破坏。

第二，自然破坏风险：一是风蚀、盐蚀。由于旧址全部位于临海入海口附近区域，海风带来的盐碱，对夯土和水泥的保存构成一定威胁。多年受到海风的影响，旧址本体均有出现风蚀现象。同时受到海水涨落侵蚀，周边土壤的盐碱化程度较高，对旧址的保存形成威胁。海浪及潮水的涨落对沿海横档月台形成冲刷和撞击，有较大影响。二是山体滑坡。由于部分旧址位于临海山中，且地区降水丰富，地形地貌多有大角度倾斜，岩土类型多为黏土与板岩，易引起山体滑坡，直接导致旧址本体遭到大规模的破坏。三是海洋气候对古炮的腐蚀。由于上横档岛矗立在江水之中，横档月台保存的两门前膛古炮受到酸雨、海洋盐雾和潮湿气候的侵蚀，铁炮出现锈蚀情况，且锈层极厚，点蚀情况严重。四是植被根系影响。部分林木植物生长，其根系对文物本体具有缓慢破坏作用。榕树是岭南乡土树种，优缺点都很明显，优点是比较粗生，遮阴效果好。缺点是根系发达，容易对地面甚至是炮台及附属设施造成破坏。

（三）南沙虎门炮台旧址保存现状

南沙虎门炮台旧址除巩固炮台与蕉门炮台外，其他本体均已进行过本体保护加固工程，从1984年起，一共进行了四次修缮保护工作。整体效果较好，有利于维护文物本体的延续。

1984年，复原维修下横档岛炮台旧址；1996年，修补横档岛光绪时期炮台的炮池、炮巷，恢复部分炮台山体；2002年，修复上横档岛官厅、火药库、兵房；2004年，修缮上横档岛的横档月台。

南沙虎门炮台旧址进行了多次旧址本体保护加固工程，缓解了旧址的破坏状况，但对南沙虎目前开展的保护措施尚不能完全满足文物本体及其历史环境的保护要求，造成了旧址完整性、稳定性仍在受到破坏。

综上，南沙虎门炮台旧址具有价值高、数量多、规模大、跨度长、级别高、内容丰富的特点，做好南沙虎门炮台旧址的保护对于弘扬中国人民不畏强敌抵抗外敌入侵的大无畏精神、赓续红色血脉具有重要意义。但受旧址本身结构及建筑材料特点、旧址管理能力特别是气候变化等多方面因素的影响，南沙虎门炮台旧址的保护管理面临越来越大的挑战。

三、南沙虎门炮台旧址预防性保护的思考

南沙虎门炮台旧址的预防性保护要坚持系统思维，重点是要将预防性保护理念渗透在炮台旧址保护管理运用的各个环节及要素中。为推动预防性保护理念在南沙虎门炮台旧址保护中的应用，应从以下5个方面着手实施。

（一）转变保护理念

预防性保护注重从科学管理、系统化保护的角度对文物进行管理，将病害消弭于初始状态，延长文物病害发生周期，减轻病害程度。其对于提升文物管护水平、节省文物保护专项资金投入具有重要意义。预防性保护是文物保护理念的一次革新，但受制于管理人员知识水平、技术能力等因素影响，目前预防性保护理念在革命旧址保护中的应用并不广泛。为推动预防性保护理念在南沙虎门炮台旧址保护中的应用，可从以下两方面着手。

第一，制定《南沙虎门炮台旧址预防性保护办法》。明确预防性保护的定义及框架，明确信息收集、精密勘查、价值评估和风险评估等环节的概念及操作方法。采取自上而下逐级推进的方法，推动《办法》的贯通落实，更新炮台文物管理人员保护理念。

第二，加大对预防性保护项目支持力度。发挥项目导向作用，建议在国保及省保项目审批环节，加大对预防性保护项目支持力度。每个革命旧址在建筑形制、材料、周边环境等方面千差万别，应以一批典型革命旧址为试点，针对其特点制定符合其实际需求的《南沙虎门炮台旧址预防性保护工作方案》并试行，规范风险评估、监测、巡查、保养维护、保护维修等环节的工作内容及流程，总结形成经验后逐步推广。

（二）加强关键技术研究

建立南沙虎门炮台旧址病害评价及稳定性评估标准。总结分析炮台旧址类文物病害类型、分布特点，构建南沙虎门炮台旧址病害评价及稳定性评估标准，为炮台旧址保护提供科学合理的理论基础。

开展南沙虎门炮台旧址本体保护关键技术研究。以炮台旧址典型病害为研究对象，结合旧址自身特点及价值，开展炮台旧址本体保护关键技术研究。重点加强三合土防潮阻水防渗、土质山体加固等技术的研究。

开展炮台旧址类文物灾害预警及防治关键技术研究。开展炮台旧址类文物灾害监测、预警及防治技术研究，主要针对南方地区常见的暴雨、滑坡、坍塌等地质灾害及台风、暴雨等严重影响炮台旧址安全的因素，进行监测预警及防治技术研究、应急预案研究，编制《南沙虎门炮台旧址防灾规划》，确保重大灾害情况下炮台旧址类文物的损失减到最低。

（三）规范保养维护

保养维护是炮台旧址管理的基础性工作，能及时消除影响文物古迹安全的隐患，是防止文物病害发生及扩大的重要手段，是预防性保护工作的重要内容。应根据每个革命旧址的特点，制定《炮台旧址保养维护规程》，明确保养维护的基本操作内容、实施程序、工作标准、保障措施，规范炮台旧址管理单位保养维护工作。保养维护实施难度较小的炮台旧址，可由文物管理单位人员按照规程自行组织实施；建筑结构及周边环境复杂的旧址，保养维护实施难度较大，可通过购买第三方服务的方式实施，推动保养维护水平的提升。

（四）加强人员培训

按照分级、分类、重点突出的原则，对炮台旧址管理人员进行预防性保护理念的培训，提升对预防性保护工作重要性的认识，熟悉预防性保护工作的基本理论、框架、工作内容、技术方法。特别是对于炮台旧址管理单位工作人员，要从预防性保护项目申报管理及实际操作层面加强指导，提升工作人员在旧址监测、病害发现、风险评估、保养维护及项目申报管理等方面的工作能力。

（五）构建预防性保护体系

统筹南沙虎门炮台旧址预防性保护相关工作，合理规划南沙区89处不可移动文物预防性保护工作的实施路径；文物行政管理部门要加强预防性保护相关人员、项目、资金的保障，为预防性保护理念的落地提供宽松环境支持；以本节前五方面工作为基础，形成包含南沙虎门炮台旧址价值评估、保存现状评估、风险评估、灾害防治、保养维护、本体保护维修、日常管理等方面的标准规范，构建科学化、系统化的南沙不可移动文物预防性保护体系。

四、结语

文物承载着灿烂的文明，是宝贵的文化遗产，是文化自信的源泉，对于提高国民素质和社会文明程度、推动社会经济发展具有极其重要的作用。预防胜于治疗，文物的预防性保护是将被动保护变为主动保护，预防性保护是一项责任重大且需要长期坚持的工作，新形势下注重文物的预防性保护可以避免因保护不力而导致的文物损害所付出的惨重代价。文物预防性保护工作的不断完善、不断深化、不断创新，可以使文物保护成果更好地为人类共享。只有不断加强文物的预防性保护工作，加强文物保护管理队伍建设，才能更好地为文物的安全和健康保驾护航。

（作者单位：广州市南沙区虎门炮台管理所）

晚清民国番禺沙湾的鲁班后人

黄利平

内容提要：

晚清以来广州沙湾是建筑工匠云集的地方，在沙湾紫坭和三善两个紧邻的村子里今天还各有一座鲁班古庙，这在广府地区是极少见的。由于工匠社会地位低下，相关信息很少，我们以往对工匠群体了解很少。近年来随着对广府传统建筑资料的整理，从壁画等装饰中识别出一批能描善画的沙湾工匠，给我们认识这个群体提供了重要信息。

　　"鲁班"是广府建筑工匠的师祖，今天广州番禺沙湾的紫坭和三善这两个相邻村子里各自的百年鲁班庙透露出这里建筑业曾经的辉煌。晚清民国时期这里工匠众多，在广府地区颇有影响。传说沙湾的工匠黎文源入京修过皇宫；三善村工匠靳耀生被众口一词地封为唯一的灰塑状元，紫坭村工匠杨瑞石绘制的壁画建筑现存的数量远超任何一个广府画师。但由于工匠的社会地位低下，相关资料缺乏，长期以来我们对这个工匠群体了解甚少，仅知的一星半点也多有缺陷，如广为传播的杨瑞石卒于1908年的说法[1]就与现存沙湾紫坭村梁氏大宗祠1911年杨瑞石壁画[2]相左。这种状况在经过多次文物普查的今天，已有了改善的可能。本文旨在对广府传统建筑"三雕两塑一画"上署名的画师、雕刻和灰塑艺人资料整理的基础上，分析沙湾籍工匠所制作的建筑装饰，对这个群体进行初步的探索。不妥之处，敬祈指正。

---

[1] 番禺市地方志办公室编《番禺县志》，广州：广东人民出版社，1995年，第1009页。

[2] 广州市番禺区文物管理委员会办公室编《番禺古建壁画》，广州：华南理工大学出版社，2016年，第142页。

一、壁画、砖雕和灰塑上的沙湾工匠

对壁画上沙湾工匠的辨识主要从以下三个方面：一、沙湾的"青萝山"是沙湾籍工匠在壁画落款中常用的籍贯符号。"青萝山"也称青萝嶂，是番禺沙湾地标性山岭。"大夫山亦称大乌岗，迤北土名红罗嶂，迤南土名青罗嶂。陈村河经其南东分为沙湾河出蕉门归海。"[1] 沙湾工匠常常在壁画上自己的名款前刻意署上"青萝峰"等。二、沙湾紫坭、三善村中有"鳌山"，村中有坊名"南阳"，因此凡壁画署名"紫溪南阳""南阳"或"鳌峰""鳌山"的即是沙湾紫坭、三善村人。三、现代村落民间调查。比如广府著名画师杨瑞石，据现代编纂的《番禺县志》就是沙湾紫坭村人。据此从现存壁画落款中发现16位沙湾籍的工匠，其中韩氏七人、黎氏两人、靳氏两人、张、杨、钟、老、何氏等各一人（详见附表），他们各自绘画的风格、技法通过这批数量不菲的壁画得到充分的体现，无须赘言。但从壁画上透露出的这个群体之间的关系及其他们的多才多艺值得给予重视。

（一）人才荟萃

晚清沙湾工匠中最有名的当属同治、光绪时期的杨瑞石，在珠三角广大区域内，今天还可见到他画的祠堂、书院、庙宇、民居等达到惊人的39座，远超其他同时代的广府画师。广州陈家祠中署名杨瑞石的壁画虽是后人新作，但已充分说明他在广府壁画界头把交椅的地位。另外沙湾工匠中同时精通"三雕两塑一画"中数种技艺的不在少数。这种跨界高手如沙湾北村的黎浦生，他在北帝祠上不但有黎蒲生的壁画，还有他署名的灰塑。这幅灰塑虽经过后世的维修，但按习俗原作出于黎氏之手应无疑义。另外，民国时期专擅"灰塑状元"的三善村靳耀生，广州荔湾区梯云路广安钱庄现存他1933年的四幅精美灰塑（图一）与沙湾三善村鳌山古庙和花都区雅瑶镇旧村伯球邓公祠壁画。这不但证实了他的"灰塑状元"绝非

---

[1] [清]佚名《广东全省海图总说》（不分卷），《广州大典》，广州：广州出版社，2017年，34辑29册第155页。

徒有虚名，而且显示了他在壁画上的深厚功力。此外，还有如沙湾紫坭村南阳里的韩炎珊，既在沙湾紫坭村北城侯庙有1926年大型署名壁画[1]，也有沙湾北村怀德堂墀头上的署名砖雕。

（二）乡党合作

从署名壁画可知，多数广府建筑其上的壁画是由一个工匠来绘制。而同一座

图一　靳耀生灰塑

---

[1]广州市番禺区文物管理委员会办公室编《番禺古建壁画》，广州：华南理工大学出版社，2016年，第149页。

建筑上出现二人或以上共同署名的壁画，这些画师应该非同乡、即师徒，现存建筑壁画证实了这种推测。比如广州市天河区黄村街江夏社区仁可潘公祠的众多幅壁画就是1914年分别由韩炽山与同乡韩柱石所画。在这里韩炽山画了头门正中《梅溪六逸》组画及左边《携柑送酒》《柳燕》；韩柱石画了右边《松芝益寿》《牡丹》。韩炽山是晚清民国著名工匠，现存有10座祠堂、书院上有韩炽山署名的壁画，其数量仅次于杨瑞石。相较之下，存世的韩柱石壁画较韩炽山数量既少、时间也晚。与此类同的还有，韩柱石与另一位沙湾工匠韩子平1930年共同画过广州市番禺区钟村镇谢村延载马公祠壁画。在这里是由韩柱石画头门上方正中《携柑送酒》，韩子平画旁边的画。

另外，沙湾黎蒲生不但经常使用"青萝峰居士"为号，更在广州市番禺区沙头街横江村永佳黎公祠头门上的光绪二十三年（1897年）《五桂联芳》落款"沙湾房二十一传孙蒲生画"[1]。他在广府地区有着广泛的影响。甚至在粤西地区今天都可以看到他的画作。他与杨瑞石合作了沙湾北帝祠壁画，堪称强强联合的精品，头门正中的组合画是其代表，画右边是杨瑞石《高山流水》和花鸟、书法；左边是黎蒲生《嵇琴阮啸》和花鸟、书法，在晚清民国广府传统建筑上常见两人画同一座建筑，但是如此同画一组画得很少（图二）。此外，他还与钟瑞轩和老粹溪两位同乡有过合作。如佛山市三水区芦苞镇刘寨村胥江祖庙1918年壁画[2]。是他与老粹溪、钟瑞轩和佛山关逸南共同绘制而成。胥江祖庙是珠三角地区最大的三教共庙，其建筑之豪华，装饰之瑰丽在广府地区民间神庙中数一数二。

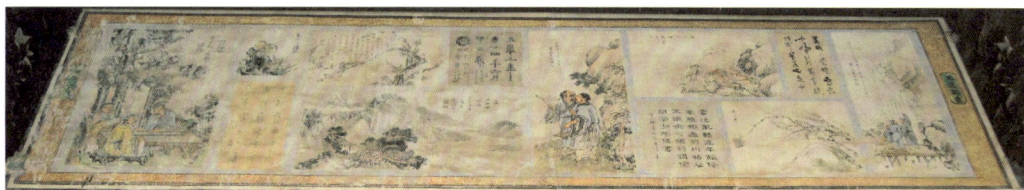

图二　杨瑞石与黎蒲生合作壁画

---

[1]广州市番禺区文物管理委员会办公室编《番禺古建壁画》，广州：华南理工大学出版社，2016年，第101页。
[2]程建军《三水胥江祖庙》，北京：中国建筑工业出版社，2008年，第105页。

二、沙湾工匠的群体特征

从本文所附的《现存沙湾名匠壁画建筑统计表》还能够看到16名沙湾籍工匠，他们以"青萝峰"为号的有韩炽山、韩兆轩、韩柱石、韩子平、黎蒲生、黎子申、钟瑞轩、靳耀生、何俪生等；此外还可以确定为沙湾紫坭村、三善村的有韩翠石、韩炎珊、张英、杨瑞石、老粹溪等。其间跨度从清代咸丰到民国后期，约100年。画作现存于广州、珠三角及更远的粤西地区，其影响之大可见一斑。他们有着如下特点。

第一，沙湾籍工匠的壁画建筑现存就有百余座之多，可见其时沙湾建筑业的兴旺发达。他们中多数所画的建筑都在两座以上，其中最多的如杨瑞石一个人绘制壁画的建筑现存就有39座，不仅说明了当时沙湾工匠在当时广府建筑业界的巨大影响而且反映出他们较高的技艺水准。

第二，沙湾建筑工匠往往是集多种技能于一身，既是著名画师同时也是灰塑、砖雕的能手，能够集多种技艺于一身，创造出了灿烂辉煌的广府传统建筑精品。

第三，16位沙湾工匠分属韩、黎、靳、杨、钟、老、何等7姓，并非出于同一家族，与佛山市南海区狮山镇松岗联表村晚清民国关氏壁画世家显然不同。沙湾工匠表示的是一个区域行业的兴旺，南海关氏凸显的是一个壁画世家的延续。壁画上与众多沙湾画师名款同时出现的行会"店号"，则从另一方面揭示了当时在沙湾已出现了建筑行会组织，说明了这里建筑业的兴旺。如在杨瑞石署名壁画上的"有兴店"；在韩炽山署名壁画上的"市桥信记""东甫远昌"[1]。行会的存在也是紫坭、三善两个紧邻的村庄就有两座鲁班庙的背景。紫坭村和三善村现存的鲁班庙分别名为北城侯庙和先师古庙。从两座古庙头门壁画落款可知，1926年5月，紫坭村韩炎珊在紫坭村北城侯庙画出《太白醉酒》组合壁画。同年9月，三善村老粹溪也在三善村先师庙画出有太白醉酒场景的《醉中八仙》组合壁画。同样

---

[1]广州市番禺区文物管理委员会办公室编《番禺古建壁画》，广州：华南理工大学出版社，2016年，第29页、103页；广州市文化广电新闻出版局等编《广州传统建筑壁画选录》，广州：广州出版社，2015年，第23页。

在鲁班庙头门，同一年画同一题材，显然不是个人行为，后面显然有着全村工匠及行会的身影。毗邻的两村出现相同的鲁班庙，这在广府地区是罕见的，除说明这里是名副其实的建筑工匠之乡外，还折射出当时这个建筑之乡中独特的社会风尚。

第四，沙湾建筑工匠群体之所以能够在晚清民国数百年间薪火相传，与其同乡之间的相互照应、相互提携是分不开的。现存壁画证实了他们曾经是老少搭班、相互提携，有着较强的同乡意识。杨瑞石和黎蒲生；黎蒲生、钟瑞轩和老粹溪；韩炽山与韩柱石；韩柱石与韩子平等共同绘制壁画，传帮带梯队迹象明显。以杨瑞石、黎蒲生、钟瑞轩、老粹溪这四位相互合作过的名匠为例，杨瑞石所署壁画年款最早（同治十年，1871年），黎蒲生其次（光绪十八年，1892年），钟瑞轩为三（光绪二十一年，1895年），老粹溪第四（光绪二十二年，1896年）。他们之间的相互影响显而易见，有研究者指出："杨瑞石之后，沙湾镇壁画画师名人辈出，如钟瑞轩、韩炽山、韩柱石等，他们的壁画明显受到杨瑞石的影响。"[1]当然杨瑞石的影响还不止于此，画师张锦池1944年在佛山市顺德区勒流扶闾廖氏宗祠光绪三年（1877年）杨瑞石《三聘诸葛》图上题："杨瑞石先生此幅《三聘诸葛》图，所作人物惟妙惟肖。余儿时尝见之。世事沧桑，忽忽垂五十载。画面已剥蚀浸□，殊为可惜。兹值廖氏宗祠修缮，主事诸公命为补缺。余以珠玉在前，深惭狗续，盖亦不得已也。甲申（1944年）重阳节后三日，连陵张锦池题记。"[2]

三、结语

在三雕两塑一画的广府传统建筑装饰中，灰塑的材料决定了其保存年限最短，故此现在已然很少见到清代与民国时期的灰塑原件。其余陶塑与砖雕、石雕、木雕受限于其形式，所存文字信息很少，保存工匠信息最多的是壁画。因此，随着壁画资料更多的公布，沙湾建筑工匠这个名单一定会进一步增加，并进而推动清代民国广府建筑业的深入研究。目前的问题在于随着珠三角地区大规模

---

[1] 劳楚静《清末民初广州传统建筑壁画画师研究》，《文博学刊》2018年第1期。

[2] 广东省文物局编《广府传统建筑壁画》，广州：广州出版社，2014年，第4页。

维修、重建清代以来的广府传统建筑，大批壁画上的这些百年文化信息正在迅速被损毁。因此，搜集整理研究现存传统建筑壁画上的工匠资料已是刻不容缓当务之急。

（作者单位：广州市南沙区文物管理所）

附表：

《现存沙湾工匠壁画建筑统计表》

韩炽山（青萝峰山氏）

光绪二十四年（1898）	满聚钟公祠	广州市天河区珠村北社
光绪三十年（1904）	袁氏宗祠	广州市番禺区石楼镇官桥村
光绪三十一年（1905）	竹溪公祠	广州市番禺区化龙镇眉山村
光绪三十一年（1905）	九成书院	广州市番禺区石碁镇新桥村
光绪三十二年（1906）	镜湖书室	广州市番禺区化龙镇眉山村
光绪三十二年（1906）	黄氏大宗祠	广州市白云区石井街大朗村
光绪三十二年（1906）	蓝田戴公祠	广州市番禺区石楼镇赤山东村
1914年	仁可潘公祠	广州市天河区黄村街江夏社区
1919年	月堂王公祠	广州市番禺区沙头街沙头村
1924年	刘氏大宗祠	广州市天河区前进街石溪社区天禄街8号

韩柱石（名号：青萝峰居士）

1914年	仁可潘公祠	广州市天河区黄村街江夏社区
1914年	观荫李公祠	广州市海珠区江海街新窖南路大塘村
1918年	世韬潘公祠	广州市天河区珠吉街珠村北社区珠村环村北路
1919年	三圣宫	广州市海珠区凤阳街金马社区
1922年	正祥公厅	广州市白云区石井街大朗村
1929年	祖立李公祠	广州市番禺区钟村镇谢村
1930年	延载马公祠	广州市番禺区钟村镇谢村
1930年	功甫家塾	广州市黄埔区大沙街横沙大街
1932年	康公古庙	广州市番禺区南村镇官塘村

韩子平（名号：青萝峰居士）

1930年	延载马公祠	广州市番禺区钟村镇谢村
？	功甫家塾	广州市黄埔区大沙街横沙村

韩兆轩（名号：青萝峰居士、古溪氏）

光绪十五年（1889）	雪松麦公祠	广州市番禺区石碁镇官涌村
1917年	贵达家塾	广州市番禺区新造镇北约村
1945年	子俊黄公祠	广州市天河区黄村街江夏社区
	东城公祠	广州市番禺区化龙镇山门村
	傍江大庙	广州市番禺区大龙街傍江东村
	北正里门楼	广州市番禺区新造镇北约村
	英士家塾	广州市黄埔区大沙街道横沙街

韩镜泉（名号：青萝峰居士）

1935年	胜洲王氏宗祠	广州市番禺区石楼镇胜洲村

韩翠石（紫溪南阳）

光绪十年（1884）	清隐李公祠	广州市白云区均禾街清湖村
光绪十八年（1892）	文武庙	广州市番禺区石楼镇茭塘东村
光绪二十四年（1898）	景祚樊公祠	广州市天河区龙洞街上社社区

韩炎珊（南阳）

1926年	北城侯庙	广州市番禺区沙湾镇紫坭村
？	怀德堂	广州市番禺区沙湾镇北村

黎蒲生（名号：青萝峰居士）

光绪十八年（1892）	侯王古庙	广州市番禺区沙湾镇龙岐村
光绪十八年（1892）	北帝祠	广州市番禺区沙湾镇东村
光绪二十三年（1897）	永佳黎公祠	广州市番禺区沙头街横江村

光绪三十年（1904）	绍山书院	广州黄埔文冲街文冲社区
光绪三十年（1904）	陆氏大宗祠	广州市黄埔区文冲街文冲社区
宣统二年（1910）	南川何公祠	广州市番禺区沙湾镇西村
宣统二年（1910）	廷亨陆公祠	广州市黄埔区文冲街文冲社区
1916年	民居	广州市番禺区石碁镇凌边村南约大街二巷16号
1918年	胥江祖庙	佛山市三水区芦苞镇刘寨村
？	天后宫	广州市番禺区大龙街沙涌村

黎子申（名号：青萝峰居士）

1930年	半峰黄公祠	广州市番禺区石楼镇茭塘西村
1933年	何成球故居	广州市番禺区大石镇东联村

靳如轩

同治元年（1862）	观音庙	广州市番禺区沙湾镇三善村
光绪元年（1875）	官涌华帝古庙	广州市番禺区石碁镇官涌村
1911年	云隐冯公祠	广州市海珠区琶洲街黄埔南社区

靳耀生（名号：青萝峰居士、鳌峰居士）

1926年	报恩祠	广州市番禺区沙湾镇三善村
1931年	永安钱庄	广州市荔湾区梯云路
	伯球邓公祠	广州市花都区雅瑶镇旧村

张英（丽泉）

咸丰元年（1851）	张氏宗祠	广州市番禺区沙湾镇三善村

杨瑞石

同治六年（1867）	表海黄公祠	广州市番禺区石楼镇茭塘东村
同治六年（1867）	黄氏大宗祠	广州市番禺区钟村镇屏山二村
同治十年（1871）	梁氏大宗祠	广州市番禺区沙头街汀根村

同治十年（1871）	廷吉郭公祠	广州市番禺区石碁镇官涌村
同治十三年（1874）	陈氏宗祠	广州市番禺区东环街甘棠村
光绪元年（1875）	康公庙	澳门特别行政区望厦
光绪二年（1876）	金花古庙	广州市黄埔区长洲街长洲社区
光绪三年（1877）	廖氏宗祠	佛山市顺德区勒流镇扶闾村
光绪七年（1881）	周氏宗祠	广州市番禺区大龙街新桥村
光绪八年（1882）	梅庄欧阳公祠	佛山市顺德区均安镇仓门村
光绪八年（1882）	将军麦公祠	广州市南沙区黄阁镇东里村
光绪十年（1884）	孔尚书祠	广州市番禺区大龙街大龙村
光绪十年（1884）	黄氏二世祖祠	广州市番禺区石碁镇莲塘村
光绪十年（1884）	苏氏宗祠	广州市天河区车陂街龙口社区
光绪十年（1884）	远耕公祠	广州市天河区长兴街岑村南街
光绪十一年（1885）	南潮江公祠	广州市番禺区大龙街沙涌村
光绪十三年（1887）	杨氏宗祠	广州市番禺区石碁镇南浦村
光绪十六年（1890）	二田刘公家塾	广州市番禺区化龙镇眉山村
光绪十七年（1891）	黄氏宗祠	广州市番禺区沙湾镇福涌村
光绪十八年（1892）	北帝祠	广州市番禺区沙湾镇东村
光绪十八年（1892）	玉虚宫	广州市海珠区新港东路黄埔古村
光绪二十年（1894）	岩耕蔡公祠	广州市番禺区东环街蔡二村
光绪二十一年（1895）	德轩祖祠	广州市黄埔区萝岗街萝峰社区岗朝村
光绪二十三年（1897）	麦氏大宗祠	广州市南沙区黄阁镇莲溪村
光绪二十四年（1898）	苏氏宗祠	广州市番禺区化龙镇眉山村
光绪三十年（1904）	瑞芝唐公祠	珠海市香洲区唐家湾镇山房路
宣统二年（1910）	杨氏大宗祠	佛山市顺德区北滘镇广教村
宣统三年（1911）	梁氏宗祠	广州市番禺区沙湾镇三善村
宣统三年（1911）	应麟黄公祠	广州市番禺区小谷围街穗石村
	梁大夫祠	佛山市顺德区北滘镇莘村
	何氏宗祠	佛山市高明区更合镇新圩社区朗锦村
	尚义李公祠	广州市番禺区化龙镇柏堂村
	民居	广州市番禺区市桥街前锋大街十二巷1号

	林隐公祠	广州市番禺区石楼镇赤山东村
	艺圃别墅	广州市黄埔区双沙社区双岗村
	诚翁李公祠	云浮市郁南县大湾镇五星村
	观澜周公祠	广州市番禺区石碁镇新桥村
	幸氏宗祠	广州市番禺区大龙街沙涌村
	广州陈氏书院（陈家祠）	广州市荔湾区

钟瑞轩（名号：青萝峰居士）

光绪二十一年（1895）	华帝古庙	广州市天河区黄村街江夏社区黄村围福里
光绪二十六年（1900）	桂庭梁公祠	广州市天河区长兴街长并社区
光绪二十九年（1903）	陈氏大宗祠	广州市黄埔区官洲街官洲村
1918年	胥江祖庙	佛山市三水区芦苞镇刘寨村
1920年	禄贤梁公祠	广州市海珠区盘石大街黄埔村
1926年	梅隐潘公祠	广州市天河区珠吉街珠村北社区
	碧川刘公祠	广州市番禺区沙头街大罗村

老粹溪（里人）

光绪二十二年（1896）	神农古庙	广州市番禺区沙湾镇三善村
1906年	民居	江门市鹤山市雅瑶镇隔朗村
1918年	胥江祖庙	佛山市三水区芦苞镇刘寨村
1921年	刘氏宗祠	广州市花都区炭步镇布头村
1925年	王氏大宗祠	广州市番禺区沙头街沙头村
1926年	先师古庙	广州市番禺区沙湾镇三善村
1935年	南庄苏公祠	佛山市禅城区杏坛镇杏坛社区
	民居	广州市番禺区沙湾镇三善村德善街三巷

何俪生（名号：青萝峰隐士）

1921年	培桂家塾	广州市番禺区钟村镇谢村
	乡公所旧址	广州市番禺区石楼镇茭塘西村

试论博物馆与手机游戏的跨界合作

胡田甜

内容提要：

　　近年全社会跨界融合的热度不断攀升，博物馆行业也拓展了与不同领域的合作。手机游戏以其突出的便携性、娱乐性和交互性在游戏市场独树一帜，随着科技的不断进步、游戏产业的发展、文化事业的繁荣，国内涌现出博物馆与手机游戏联动丰富的案例，二者间实现了更加开放的多维度合作。本文尝试在社会各领域跨界融合的背景下，探索博物馆与手机游戏跨界合作发展的前景、展望博物馆未来的创新发展。

　　跨界融合、合作共赢是当今社会发展的主流。中国音数协游戏工委（GPC）与中国游戏产业研究院联合发布的《2020年中国游戏产业报告》《2021年中国游戏产业报告》均显示，跨行业融合发展成为游戏产业盈利增长的新热点，"游戏+"的多元融合加速了内容产品的横向拓展，延伸了游戏的社会功能。游戏与教育、文旅、医疗、公益、科普等多种元素融合发展，积极承担社会责任，创造了更大的社会价值。

　　国内较早的博物馆与游戏公司跨界合作的案例，是2008年故宫博物院与IBM公司合作推出的线上游览游戏《超越时空的紫禁城》。这款游戏以网络3D虚拟技术搭建起紫禁城，并设计了专题游览路线、历史场景再现和游艺活动，是第一个依据重要的历史文化景点创建的完全虚拟世界。博物馆与游戏的跨界合作，是在对文物进行充分研究的基础上，进行数字化的趣味衍生展示，体现了"让文物活起来"的深刻内涵。随着科技的不断进步，游戏产业的发展，文化事业的繁荣，涌现出了丰富的国内博物馆与游戏联动案例，二者间实现了更加开放的多维度合作。

手机游戏是移动端游戏的一种，指用户使用手机终端，通过移动网络进行专门适配手机的单机游戏和网络游戏。目前手机游戏主要依托IOS和Android两大操作系统，根据游戏内容，可以划分为MOBA、射击、休闲益智、模拟经营、养成、角色扮演、塔防、棋牌、音乐舞蹈等多种类型。因为手机终端在载体上的特殊性，本文将通过近年来博物馆与手游联动的成功案例，探索博物馆与手机游戏跨界合作的发展前景，展望博物馆未来的创新发展。

一、博物馆与手机游戏跨界合作的背景

（一）国家政策的引导

2011年6月，国家文物局委托中国博物馆协会开展2010年度国家一级博物馆运行评估工作。在《国家一级博物馆运行评估指标体系》中，对"有效运用互联网、手机等新型媒体和博客、微博等新型手段传播博物馆文化"提出了明确要求。

2016年，为把互联网的创新成果与中华传统文化的传承、创新与发展深度融合，《"互联网+中华文明"三年行动计划》对充分挖掘我国文物和优秀传统文化资源，重点发展表达中国特色、中国风格、中国气派的原创动漫、游戏、影视产品及衍生产品开发和服务提出了要求。2021年，《关于进一步推动文化文物单位文化创意产品开发的若干措施》强调提升文化创意产品开发科技应用水平，重点鼓励开发数字文化创意产品。

国家鼓励文博单位充分挖掘文物和优秀历史文化资源，开发兼具文化内涵与数字技术的文化创意产品。在国家政策的引导下，结合数字博物馆、智慧博物馆的发展趋势，以及近年游戏市场的热度不断攀升，涌现出了大批博物馆与游戏跨界合作的共赢案例。

（二）科技力量促进博物馆新发展

信息技术日新月异的发展，使人类社会进入数字化时代，即"以数字技术为核心技术和普遍技术，在人类生活的各个领域已最快速度推广、传播、共享具有开放性和兼容性信息的时代"[1]。当前在智慧博物馆流行的趋势下，2021年5月发布的《关于推进博物馆改革发展的指导意见》中指出，博物馆事业高质量发展，应当强化科技支撑，"大力发展智慧博物馆，以业务需求为核心、以现代科学技术为支撑，逐步实现智慧服务、智慧保护、智慧管理。"

特别是2022年"元宇宙"概念的爆发与流行，为社会带来了深刻变化。"元宇宙"结合人工智能、虚拟现实和增强现实等众多新科技，为博物馆观众打造最具沉浸感的"古今对话"平台。文博行业也利用"元宇宙"与手机游戏结合，紧扣时代脉搏，进行了大胆的尝试。

（三）手机网络游戏的流行

与电脑游戏相比，手机设备的便携性、娱乐的低成本性与强大的交互性，是手机游戏持续火爆的重要原因。2013年起，以微信接入手游为标志，手机游戏全面向手机网络游戏转型[2]。当前，"中国手机游戏产业已经形成了由手机游戏开发商、手机游戏服务商、移动运营商、手机游戏用户和手机设备制造商组成的产业链"[3]，朝着稳定与成熟的方向发展。

根据中国互联网络信息中心（CNNIC）发布的第49次《中国互联网络发展状况统计报告》，截至2021年12月，我国网民规模达10.32亿，其中使用手机上网的比例达99.7%，手机网民规模达10.29亿，手机是上网的最主要设备。与此相适应的是我国移动端游戏市场的繁荣，并在网络游戏市场保持领先的市场占有率。2021年，中国移动游戏用户规模达到7.3亿人[4]，实际销售收入2965.13亿元，相比2020年增长了178.26亿元[5]。手游产业的高速增长，与政府的扶持、规范密不可分：一方面，为提高我国手游面向全球市场的竞争力，拓展文化输出渠道，而大

[1] 张丽《数字化时代中国博物馆教育发展研究》，华中师范大学2015年博士学位论文，第74页。

[2] 陈怡蕊《手机网络游戏的使用与满足——以女性用户为例》，西南交通大学2019年硕士学位论文，第15页。

[3] 刘凯《面向荆楚文化传承的数字出版产业建构研究》，武汉理工大学2013年硕士学位论文，第105页。

[4] 艾瑞咨询集团《2021年硬核联盟白皮书——中国移动游戏趋势洞察报告》，https://report.iresearch.cn/report_pdf.aspx?id=3953。

[5] 中国音数协游戏工委(GPC)、中国游戏产业研究院《2021年中国游戏产业报告》，http://www.cgigc.com.cn/details.html?id=08da81c5-2a72-479d-8d26-30520876480f&tp=report。

力支持发展，激励手游产业不断成长；另一方面，谨慎规划手机游戏健康发展路线，规范、把控游戏内容，加强对未成年人的引导，打造良性的产业生态链。

二、博物馆与手机游戏跨界合作的形式

博物馆与手机游戏进行联动，本质是"以文物为内容核心，并充分利用数字媒体和互联网技术，通过手机游戏的方式推广展示文物"[1]。近年来，多家博物馆以不同形式在线上、线下与手游开发商、运营商进行合作，博物馆承载的厚重的历史文化元素与游戏深度融合（表一）。

（一）合作研发原创游戏APP

博物馆与游戏公司合作打造具有优秀传统文化主题元素的游戏APP，以故宫博物院的经验较为丰富。2016年，北京故宫与腾讯展开了长期合作，2018年推出首款以故宫文化为主题的功能游戏《故宫：小小宫匠》，这既是故宫进行IP跨界合作、全方位打造故宫IP品牌迈出的重要一步，也是腾讯游戏在传统文化领域的进一步探索。

2019年，故宫与网易联合开发手机互动叙事类解谜游戏《绘真·妙笔千山》，游戏以故宫馆藏名画《千里江山图》为蓝本，精美的画面、引人入胜的解谜剧情给予了玩家一段在青山绿水间的沉浸式体验。这些尝试使合作双方均收获了良好的口碑，更为未来博物馆与游戏公司跨界合作开辟了新的方向。

（二）授权馆藏资源进行联动

2022年，南越王博物院与手机游戏"旅行青蛙·中国之旅"联动，在游戏中加入博物院专题界面，并将透雕龙凤纹重环玉佩、错金铭文铜虎节、"万岁"文字瓦当等文物进行二次创作后融入游戏，该联动上线即大受欢迎。结合5·18国际博物馆日，又和"旅行青蛙·中国之旅"联动上线了"蛙蛙大冒险"博物馆特别活动，39万玩家通过游戏"旅行"到达南越王博物院。

---

[1] 何家宝《"考古探墓"题材游戏产品策划的创业研究报告》，《教育教学论坛》2018年第50期。

这是一种目前较为常见的联动方式，博物馆IP经营的核心在于IP的授权和转化[1]。博物馆拥有丰富的馆藏资源，馆方以审慎的态度，将它们授权游戏公司进行二次创作。这样能够高效地将文物转化为游戏元素，充分利用数字媒体技术和互联网技术，让文物"活"起来。其中与已经相对成熟、热门的"大IP"合作，更能为博物馆广泛拓展观众群体，提升宣传推广的效果。

（三）线下联动推广

2020年9月，"吴门吾景——明清吴中山水胜景特展"在苏州吴文化博物馆开幕，展览与时下国内最热门的手游之一《江南百景图》进行了覆盖线上与线下的多角度合作，在线下，采取了在博物馆内投影游戏开场PV、游戏角色"吴门四家"真人立牌合影、"特展达人"现场任务卡等多种方式进行联动，将文物与游戏中的传统文化元素紧密结合。

2021年9月5日，在广州保利世贸博览馆举办的"COMICUP魔都同人祭-SP广州场"开辟了"西汉南越王博物馆×拾遗轶闻录×COMICUP"特别展区，原西汉南越王博物馆（现南越王博物院王墓展区）成为首家在COMICUP展会现场开设主题展区的博物馆。COMICUP魔都同人祭，简称CP，创始于2008年，是目前国内开展最早、规模最大的同人展会品牌，也是二次元文化聚会与打卡地。博物馆与游戏产品、二次元展会的三方合作，为博物馆与社会多领域的融合创新提供了新方向，开启了共赢的新局面。

三、手机游戏发展特征对博物馆服务的启示

（一）青少年用户占比最大

多项调查研究表明，中国手机游戏用户中，青少年玩家占比最高。为保护未成年人健康成长，2021年国家主管部门加大治理力度，通过政策文件要求严格控制未成年人网络游戏时间，预防未成年人沉迷网络游戏，推动网络游戏行业更加规范。

---

[1] 姜璐《"IP"经营——博物馆提供公共文化产品与服务的新思路探索》，《中国博物馆》2017年第1期。

表一 近年博物馆与手机游戏跨界活动（不完全统计）

发布时间	单位	游戏	联动形式
2017年6月	故宫博物院	奇迹暖暖	探索地图关卡获取故宫主题套装
2018年7月	湖北省博物馆陕西历史博物馆三星堆博物馆等	云裳羽衣	以各博物馆馆藏精品文物设计游戏服饰套装
2019年1月	故宫博物院	绘真·妙笔千山	合作研发游戏APP
2020年8月	苏州博物馆	奇迹暖暖	以秘色瓷莲花碗设计活动服饰套装
2020年9月	吴文化博物馆	江南百景图	结合"吴门吾景"特展，联动文创、做任务领取主题纪念品
2020年10月	大都会艺术博物馆	和平精英	将馆藏植入游戏，举办线下展览，推出IP主题限定周边
2021年1月	秦始皇帝陵博物院	大话西游	游戏特色玩法融合秦文化元素，体验兵马俑修复过程
2021年3月	山东博物馆山西博物院河北博物院等	秦时明月世界	在游戏中还原文物，探寻珍宝故事
2021年4月	苏州博物馆	奇迹暖暖	以吴王夫差剑等三件文物设计活动服饰套装
2021年7月	三星堆博物馆	影之刃3	三星堆博物馆主题副本
2021年7月	南京云锦研究所	闪耀暖暖	设计云锦主题活动服饰套装，进行"游戏内"服饰复原
2021年12月—2022年	江西省博物馆山东博物馆南越王博物院吴文化博物馆	旅行青蛙·中国之旅	将文物形象进行二次创作后设计成游戏元素

以手机游戏为代表的电子游戏是连接博物馆与青少年的一道桥梁，二者的跨界合作能够让文物活起来，给博物馆注入新的活力，激发青少年了解历史文化的热情。未来博物馆或许可以从以下几个方面，推进与游戏企业的合作：第一，深度参与游戏的世界观设计，或合作开发游戏APP，更进一步利用自身资源，丰富游戏的历史文化内涵，强化博物馆作为优秀传统文化载体的正面引导作用，推动游戏产业健康发展。第二，创新合作方式，采用全方位、多角度合作手段，将线上游戏延展到线下博物馆，推动博物馆的实体文物资源以数字化的形式进入虚拟世界，形成线上线下的联动。第三，整合各类媒体资源，形成宣传合力，更大力度地推广跨界合作项目。第四，规划博物馆"IP"打造方向与目标，拓宽IP授权渠道与方式，设计博物馆"IP"形象，围绕这些形象与游戏进行联动，开发文化创意产品，将与游戏的联动作为博物馆打造大IP的一条途径。

（二）女性用户占比持续上升

女性用户在中国移动游戏用户中占比保持上升态势，从2018年的42.20%提升至2020年的43.68%，基本与男性用户持平[1]。这说明在国内手游市场，女性玩家凭借其参与度与购买力成了不可忽视的群体。长期以来，国内游戏产业更倾向于男性玩家，以《开心消消乐》为代表的休闲益智类手游早已无法满足女性用户需求。直到2017年，由苏州叠纸网络科技有限公司打造的针对女性玩家开发的恋爱模拟类"乙女"手游《恋与制作人》横空出世，凭借其精美的立绘、饱满的人设、扣人心弦的剧情、深情动人的配音成为月流水过亿的头部手游之一，营造了一款超人气现象级"女性向"手机游戏[2]。《恋与制作人》的成功引爆了女性游戏市场，2019年8月，《奇迹暖暖》的续作，3D换装手游《闪耀暖暖》上线，使女性向手机游戏再度升温，此外近年还涌现了《未定事件簿》《时空中的绘旅人》《光与夜之恋》等大批优秀女性向游戏作品。另外值得注意的是，2017年《阴阳师》和《王者荣耀》的女性玩家比例分别达到了61.1%和54.1%[3]，二者分别为回合制RPG和竞技类手游的代表作，这一数据充分说明了中国手机游戏市场女性用户的崛起。

---

[1] 艾瑞咨询《2020年中国移动游戏行业研究报告》，http://report.iresearch.cn/report_pdf.aspx?id=3679。

[2] 陈怡蕊《手机网络游戏的使用与满足——以女性用户为例》，西南交通大学2019年硕士学位论文，第2页。

[3] 颜璇《女性手游市场"金矿"还是"深坑"？》，《计算机应用文摘》2019年第2期。

这一现象展现了当今社会女性的娱乐与消费需求，侧面体现了社会的进步、女性经济地位的变化，越来越多的行业开始关注女性用户群体的需求。它提示了博物馆行业关注社会议题，尊重不同群体需求与权利，打造多元与包容的博物馆。

中国博物馆历来重视通过展陈手段诠释女性题材，已建立中国妇女儿童博物馆、陕西师范大学妇女文化博物馆等专题性博物馆与上海宋庆龄故居纪念馆、湖南长沙杨开慧纪念馆、四川宜宾赵一曼纪念馆等女性纪念馆。各大博物馆相继举办了不少以女性为主题的文物特展，从2015年南京博物院"温·婉——中国古代女性文物大展"到2021年3月8日上线的浙江省博物馆"丽人行——中国古代女性图像云展览"，体现了业界对女性世界的关注，以及博物馆站在当代性别平等视角下，重新解读文物、探讨女性社会角色、关切社会发展所做出的努力。

但在越来越多女性走进博物馆的今天，博物馆仍然缺乏针对女性特殊的生理需求而提供的公共服务和女性相关的教育推广活动。弘博网发布的2021年妇女节特辑《了解你的力量，让她实现"博物馆自由"》一文，表达了生理期为女性参观博物馆带来的窘境。2020年2月，原西汉南越王博物馆针对综合楼及主体陈列楼区域的洗手间开始进行改造升级，加设综合楼区域第三卫生间及母婴室，又将男女卫生间空间比例调整为1∶2，男女厕位比由3∶2调整为1∶1，初步解决了参观高峰期女性厕位不足的问题，并以此带动一系列的室内公众服务设施升级。这只是博物馆走出的一小步，如何以关注女性需求、推动性别平等为切入点，立足"以人为本"，体现博物馆对社会不同群体应有的人文关怀，还需要博物馆人更多的探索。

（三）二次元游戏用户规模高速增长

"二次元"源于日语，是一个亚文化圈术语和流行于网络世界的特定概念，其意主要是指平面媒介的二重维度，很多动漫、游戏、轻小说、电影、COSPLAY等文艺作品、表现形式以二维图像加以构成和呈现，这种通过二维图像方式结构而成的虚拟世界，称之为"二次元"世界并由此衍生出了"二次元"文化[1]。随

---

[1] 刘金祥《积极引导"二次元"文化理性健康发展》，《文艺报》2021年3月31日第8版。

着网络世界的飞速扩展，"二次元"这一曾经的小众文化日渐进入大众视野，尤其在以95后为代表的"Z世代"群体中具有极大的影响力与号召力。至2020年，泛二次元用户突破4亿[1]。泛二次元用户的高速增长，成为二次元手机游戏市场发展的重要利好因素，并促成了《阴阳师》《崩坏3》《明日方舟》《原神》等多款原创国产二次元游戏IP代表性产品的诞生[2]。

以"二次元"作为博物馆文化传播的结合点，有助于触动年轻消费者、提升博物馆品牌知名度，辐射更广的二次元爱好人群。博物馆与二次元文化的良性互动并不乏先例，作为女性向二次元IP标杆作品的手机游戏《刀剑乱舞-ONLINE-》曾吸引了大批粉丝前往德川博物馆询问下落不明的名刀烛台切光忠的去向，因为询问人数过多，博物馆在检查文物时发现了此刀，并且在官方网站发布了烛台切光忠存世的消息，随后对此刀进行了修复，并通过粉丝自发捐款制作复制品，于2017年将原件和复制品一同展出，吸引了以往参观人数5倍以上的观众[3]。

博物馆与"二次元"文化的结合，一方面需要找到历史文化与"二次元"的连接点，打造符合"二次元"爱好者审美取向的作品，才能打破"次元壁"，把握住这一群体巨大的传播价值；另一方面"二次元"语义宽泛、内涵丰富、受众圈层极广，博物馆必须在与其接轨的同时，始终坚持以弘扬社会主义核心价值观为跨界合作的主题。

四、博物馆与手机游戏跨界合作的意义和挑战

（一）跨界合作的意义

于博物馆而言，首先，游戏公司弥补了文博单位缺少的资金与技术力量，推动了博物馆浩如烟海的馆藏资源的数字化，而这一过程并非简单机械地直接转化，而是立足对文物资料的科学解读，进行更贴近当代审美的艺术加工与再创

---

[1] 艾瑞咨询《2021年中国二次元产业研究报告》，https://report.iresearch.cn/report_pdf.aspx?id=3865。

[2] 艾瑞咨询《2020年中国移动游戏行业研究报告》，http://report.iresearch.cn/report_pdf.aspx?id=3679。

[3] 吴悠然《〈刀剑乱舞online〉游戏的文化与经济效应研究》，《艺术研究》2019年第1期。

作，无损文物内涵的同时赋予了崭新面貌，引导游戏用户欣赏文物之美，使历史文化不再遥远。其次，更新了博物馆的传播模式与载体，拓宽了传播媒介，有助于让更广泛的群体从更多的渠道接收丰富的博物馆信息。最后，使博物馆的社教形式、公众服务更多样化，一直以来博物馆强调"寓教于乐"，手机游戏作为目前青少年群体中最流行的娱乐方式之一，对积极引导青少年主动学习、改变社会对博物馆"高冷"的看法、拉近受众距离起到了不可替代的促进作用。

在游戏公司的角度，博物馆为游戏注入了深厚的文化底蕴，提供了丰富的素材。历史文化遗产是博物馆的独有资源，二者联动使游戏更符合树立健康文化导向的国家政策要求，充实了游戏的内容，使游戏焕发新的生命力，有利于游戏的长远发展。获得博物馆的官方背书，则为游戏运营提供了保障，同时提升了游戏口碑，拓展了更具潜力的用户市场，产生更多经济效益。

对社会发展而言，一方面为推动社会各领域的融合发展做出了积极贡献，吸引社会多领域、多行业主动参与社会主义文化事业的建设，特别是促使博物馆文化资源与各行各业创新融合发展，助推文化创意产业出新出彩，构建全社会信息资源开放共享、多元协同的可持续发展模式。另一方面，青少年是互联网时代的主要受众，是承担国家未来前途命运的中坚力量，博物馆文化资源通过手机这一移动终端，渗透青少年的日常生活，为弘扬与传承中华优秀传统文化、汲取精神力量形成了积极反馈。

（二）跨界合作带来的挑战

长期以来博物馆所在的文化行业与游戏行业各自独立发展，在跨界融合的过程中势必遭遇各方困难与挑战，从博物馆的角度来看，一是关于各类电子游戏的社会舆论长时间集中于"玩物丧志"之类过度沉迷游戏对青少年造成的不良影响。尽管各游戏早已上线实名认证与未成年人防沉迷系统，近期更是全面升级了针对未成年人的限制消费及游戏时长的举措，但短时间内仍难以扭转社会对电子游戏的负面评价。在跨界合作中，如何打造双方的良好口碑，获得更多正面评价，需要在实践中进行思考。二是博物馆对国内游戏市场并不熟悉，无法对游戏资质、面向群体、游戏素材是否具有版权争议等问题进行准确判断，部分游戏的

"翻车"可能会对合作博物馆的形象造成不良影响，未来博物馆从业人员需要增进对游戏行业的了解。三是在合作的过程中，博物馆的角色相对较为被动，如何更主动地接触游戏运营甚至制作，以文化的力量凝聚正能量，对游戏文化进行更正向、积极的引导，仍有待更多的探索。

游戏制作者则需要更进一步深入理解文物内涵，在此基础上进行正确的阐释与传播，进行文物形象再创作，让文物真正"活"起来。另外如何把握游戏娱乐与教育的平衡点，成功将文化资源整合到游戏机制中，是游戏公司面对的难点。

随着人们鉴赏水平的提高、历史文化素养的提升，游戏人群的年龄跨度增大，对游戏的娱乐性及其与历史、文物的融合性也提出了更高的要求。未来实现更高水平的跨界合作，有待各方的共同努力。

（作者单位：南越王博物院）

基于新媒体交互技术展览下文物藏品的开发利用

程晓励

内容提要：

　　本文对新媒体交互技术在展览下文物藏品的开发利用进行分析研究，从基于新媒体交互技术的展览的特点、意义和作用进行分析，以岭南花鸟沉浸式艺术展项目为实践案例，进而研究在新媒体交互技术背景下如何对展览中文物藏品开发利用，最后根据研究对基于新媒体交互技术展览下文物藏品的开发利用进行总结。

引 言

　　随着社会经济发展、生活水平提高，人们越来越追求精神生活的满足。但是经济的发展和精神生活的追求还不能完全满足，因此如何满足人们的精神生活是摆在社会面前的一道难题。举办各类文化展览是提高人们精神生活的一项重要措施，然而传统的展览大部分是以文字、图像、展品和复制品进行展览为主而且展品比较单一，参观者在展览中对于展品信息不能够充分理解，在展览中所处的地位比较被动，展览的有效作用不能够充分发挥出来。各类展览的主体不同，内容也会存在差异，参观者对于与展览展品的相关信息和知识的了解程度不同，造成展览不能广泛普及，部分参观者虽然参加展览但最终却因展品内容深奥而无法获取预期收获，展览的普及性得不到有效发挥，人们的精神生活也不能得到充分的满足。

　　新媒体交互技术的出现和发展，使得其在众多行业中得到广泛的应用。新媒体交互技术与传统媒介的重要不同是呈现的形式是交互性的。在具体的大型展览中使用的多媒体技术比较常用的有VR虚拟现实、虚拟仿真、机械臂技术、混合现实技术、Kinect体感技术、动态捕捉交互技术、沉浸式交互空间、多点触控技术、增强现实技术等多种技术。其中的动态捕捉交互技术能够对人体、面部、实物和色彩等进行追踪识别。

随着社会不断发展，现代展览也不能再局限于传统形式，而是应对展览的形式进行科技创新，探寻展览新模式，从而提高展览的效果，使展览的文化传播和科普作用能够充分发挥，使参观者对展览的内容有更好的了解，使展览的有效性得到提升，使人们的精神生活得到充分满足。

一、新媒体交互技术展览的特点、意义和作用

将新媒体交互技术运用到展览中是在传统展览的基础上将各类新媒体交互技术相结合而形成的新型展览形式，是科技与文化相结合的产物。信息化时代，人们的需求和生活方式受到各种层出不穷的事物和技术的影响，对于信息的追求越来越追求接收方式多样和吸收速度高效。传统展览模式已经无法满足人们对于展览的需求，对于新媒体交互技术如何运用到展览及文物藏品的开发利用的探索越来越多，并在大众中获得了广泛的关注和喜爱。

（一）新媒体交互技术展览的特点

新媒体交互技术展览是将科技与艺术、虚拟与现实相结合的形式。在传统展览中是由参观者和展品两部分组成的，展览是静态存在的。在新媒体交互技术展览中是由参观者、展品和两者间的互动三部分组成的，展览是动静结合的状态。新媒体交互技术展览的特点是交互性强、搭建轻量化、层次多。以观看为基础，互动为提升，使参观者和展品进行交流，从而对展品理解和收获更多。

（二）新媒体交互技术展览的意义

新媒体交互技术展览通过交互使参观者和展品间的互动，使展览的内容和效果更加清晰、直观、生动，容易被参观者所理解，使其兴趣和好奇心得到激发，能够更好地了解展览内容。

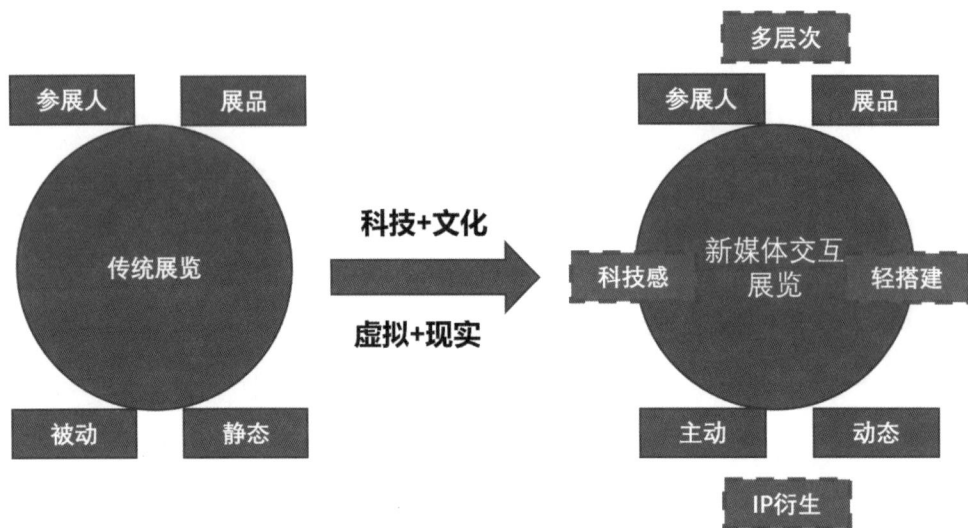

图一 新媒体交互展览相比传统展览的先进性

新媒体交互技术展览能够解决传统展览因部分展品体积大和珍贵文物不能近距离观察的问题，对于展陈的搭设更加轻量化，也使展品能够更好地得到保护。可以通过VR技术向人们展示一些无法对外开放的区域，使人们有身临其境的感觉。

新媒体交互技术展览中，可以运用相关技术提供观展指引并且可以加入游戏机制，激发参观者参观兴趣科学参观。可以与IP衍生产品结合，使参观者在参观中获得知识和衍生产品的双丰收。

新媒体交互技术展览能够在很大程度上解决传统展览所存在的问题，展览的形式得到了巨大改变，为各种展览的展示提供了更多的可能性，从而为展览事业的创新提供了不竭动力（图一）。

（三）新媒体交互技术展览的分类及作用

展览分为博物馆、规划馆、企业馆展览、党政展厅和大型活动展等类型，其中博物馆展览根据展品性质又分为艺术展、历史文化展和主题展等类型。

新媒体交互展览的分类及特征

序号	展览类型	特征
1	博物馆展览	文化传播为主要目标；按照博物馆主体分为艺术类、文物类、文化类、故居类等类型；多静态展示，少部分内容通过动态新媒体交互方式进行展览；多媒体正成为释放更多文化信息提升游客互动的高价值渠道
2	规划馆展览	释放城市规划信息，动静展示相结合，目前阶段以动态新媒体交互为主，正逐渐成为主流
3	企业馆展览	传统企业馆以静态展示为主，目前接入游客和参观的多为多媒体互动式展示，可大幅度提升企业形象和用户视角的企业价值
4	党政展厅	党政展厅一般具有海量的文化内容信息，一般以多媒体交互为主，深得年轻人喜欢
5	大型主题活动展	以动态互动为主，除展览采用多媒体技术外，宣传推广也多采用自媒体、新媒体等渠道，可以吸引更多流量，获得较大的社会声量

博物馆展览以文化类为主要内容，是科普文化知识、普及公共教育的主要窗口。艺术展览展示的主要是艺术品，对于展品的文字介绍较少，需对相关内容有一定的知识才能正确理解展品所表达的含义及作者的内心世界。历史文化展展示的主要是历史文物，需要具有知识储备才能深层次欣赏文物，了解其价值。在博物馆展览中，运用新媒体交互技术通过展品原有表象创造更多信息供参观了解，使参观者提升认知，展览更加高效。

规划馆能够使人们了解城市建设，能够宣传城市文化和精神，规划馆展览的主要内容是城市沙盘、影像图片等信息。新媒体交互技术能够使参观者与沙盘形成互动，使内容更加简单直观，加深参观者的印象和理解。

企业馆主要是用来宣传企业文化，企业馆展览的主要内容是企业的发展历程、所取得的成就及所涌现出的杰出人物等。新媒体交互技术能够使展览内容更加细化直观、生动有趣，提高企业员工学习的积极性和企业文化的宣传推动力度。

党政展厅主要用来学习党的历史文化、传播正能量，新媒体交互技术从环境营造和展示形式创新两方面的应用能够烘托红色文化氛围，使红色文化生动活泼，让参观者产生共鸣，将展厅作用充分发挥。

大型主题活动展的应用和展示的范围很广泛，要将展现活动主题、营造活动氛围、传递活动理念作为展示重点。新媒体交互技术可通过打造线上线下互联、灯光舞台视觉等方面创新，增强与参观者的互动，从而使参观者加深对活动主题和理念的理解。

二、新媒体交互技术展览下文物藏品的开发利用

——岭南花鸟沉浸式艺术展为例

（一）艺术展的背景

20世纪初，有"二高一陈"美誉的三位中国广东画家高剑父、高奇峰、陈树人东渡日本，研习绘画。当时传统中国画陈陈相因、陈腐僵化，三人归国后主张将中国传统绘画的笔墨特色与日本、西方的绘画技法相结合，将透视、光影、投影等现代构图方法运用其中，汇聚中西，融汇古今，师法自然，推陈出新，创造出"中西融合"的新型风格，成为20世纪中国画的杰出代表，被称为岭南画派。

2021年，广州市海珠区为了庆祝建党100周年及增强城市文化综合实力，充分挖掘海珠区特色文化资源，抓好文化品牌的推广和文化共享活动，进一步擦亮海珠区"书画艺术之乡"名片，举行了以"在地新生"为主题的岭南花鸟沉浸式科技艺术展，本次展览由第六届岭南书画艺术节组委会主板，广州市海珠区文物博物管理中心和十香园纪念馆承办。

本次展览不仅获得了来自广州艺术博物院、岭南画派纪念馆、高剑父纪念馆的大力支持，提供了大量的艺术展品，而且在本次展览中率先使用世界领先的沉浸式数字交互技术，美轮美奂的艺术展示效果和令人耳目一新的展览方式获得了艺术界的好评。为期2个月的艺术展，大规模运用了多种新媒体交互技术如人机互动、音像设计、高清展示等将静态的岭南画派作品进行立体、全方位的展示，构

建出了岭南花鸟的虚幻世界，让参观者能够在其中徜徉、流连忘返。这类沉浸式虚拟现实展览是一次对文化艺术和新媒体交互技术有效融合，可以给其他类似展览提供相关经验。

（二）展品价值展现策略

本次展览以从200多幅岭南画派优秀画作中精选中代表传统花鸟石绘画的作品，通过与动画设计、编程技术、体感交互技术、3D打印技术等新媒体技术相结合，营造出透光吊装造型、测绘投影互动装置、智能模型互动装置、沉浸式空间、微缩景观装置和互动投影沙盘等6大系列的场景。

本次展览设置在十香园纪念馆美术馆展厅，十香园位于海珠区江南大道中怀德大街3号，始建于清道光年间，作为清末著名花鸟画家居巢、居廉的故居及作画授徒之所，十香园一直是美术界人士的向往之地。园内有啸月琴馆、今夕庵和紫梨花馆三大主体建筑，由于园内种植有素馨、瑞香、夜合、夜来香、鹰爪、鱼子兰、白兰、茉莉、珠兰、含笑十种香花，由此得名"十香园"。居廉在此培养了一大批人才，岭南画派创始人中的高剑父、陈树人都曾在此接受启蒙教育，因此，十香园又被誉为"岭南画派的摇篮"。所以在十香园进行美术作品的展览可以使艺术设计、美感氛围、传统文化等多种文化价值的彰显相得益彰。

本次展览共分为6个展区，分别命名为层染、追林、花野、新梦、秘境和奇遇（图二）。

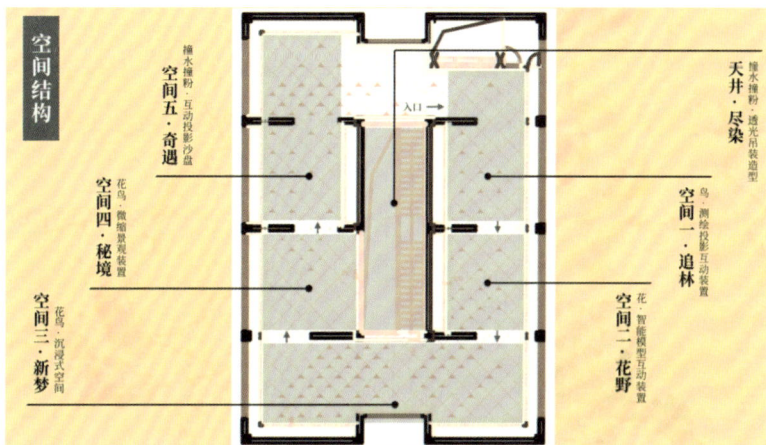

图二　展览展区价值展现策略

（三）文物藏品开发利用策略

层染展区，打造沉浸式朦胧感。利用天光在天井横纵空间营造五层的透光织物吊装装置，并在其上印刷具有层次感的关山月画作《鼎湖飞瀑》。通过将主体物、近景、中景、远景等印刷在织物不同的层面分层展示，辅以有间隔的排布方式，利用天光的照射与画作图像本身的朦胧质感，自然地令观众在一抬首之间，领略"二居"之精细笔法，洞察"二高一陈"所提倡的透视技法、光影运用、空气渲染等中西艺术的美感。幽林晚径，落尽树花，观众从中穿行，所至尽染。本展区采用了悬吊、印刷、染色等技术。

追林展区，5D虚拟现实如身临其境。将岭南国画大师杨善深画作《麻雀老树》画面与新媒体的语境中转化游客参观动物园时的好奇心理，让本静止于纸上的鸟雀动起来，通过声音传感设计模拟自然互动，营造一个动物活动可观赏、动物行为可影响的"虚拟动物园"，在有人走近或发出一定音量的声响时，麻雀们会受到惊吓飞起，片刻后又回到枝头。本展区采用了动画、编程、测绘投影、声音传感计划设计等技术。

花野展区，传感交互似幻非幻。参照岭南画派名家居廉的两幅《寿石牡丹》，通过3D打印技术并结合机械设计，使平面的绘画变作立体，还原画作中的花和石，制造出似真非真，似幻非幻的奇想之境。画中的花，破开画卷之封印而来。辅以一丝毫不破坏美感的现代机械元素，将原作意境、美感、趣味性完美传达。本展区还辅以一定的图鉴式工具供感兴趣的观众自主参照、了解空间中的花朵在自然界中为何物种，所见的形象出自哪位画家之笔，引用自哪幅作品，美学上有何特色等知识性内容。本展区采用了实体模型制作、编程、机械设计、动作传感交互设计等技术。

新梦展区，空间声场三日不绝。本作品将通过动画制作的手段，将居廉、高剑父、赵少昂等岭南名家画作的内容转制成为动画作品，其主题富有诗意，画面极具空间动态感，面前是花朵倾泻的流光溢彩，脚下是自然流淌的撞粉撞水，均以雷达感应触发互动，在新媒体技术创造的环境中沉浸其中。本展区采用了动画、空间声场设计等技术。

秘境展区，微缩景观虚实相生。本展区以"秘境"为题，采取岭南书画元素构造诗意的场景，既体现精致小巧的样貌，又体现其虚实相生的美术风格特点。用新颖展陈方式，将身体探入箱中，凝视画作的感官被放大，展品配不同高度的安全踩凳若干，以供不同人群共同获得体验作品的可能。有需要的观众将在工作人员的指导下使用。本展区采用了半封闭架装装置、箱式微缩景观、空间光线/声音设计等技术。

奇遇展区，人工智能合作绘画。本展区共有两项内容，一是在光影沙盘上，参观者通过操作实体画具的不同摆放方式，观众将领略结合科技算法后的、具有岭南风格的撞水撞粉技法神奇书画效果。二是填色游戏，展览将提供百余年前岭南画派先师于十香园开班授徒的教材的手绘线稿供用户自主上色，上色完毕后，用户将与人工智能的合作优化画作效果，用户画作将以具有岭南书画撞水撞粉效果的样貌，放在现代广州与传统岭南的拼贴图像中经投影机投至墙面展示留念。本展区采用了动画、程序设计、传感设计等技术。

（四）文创IP价值链的落地

本次展览邀请了艺术家进行跨界创作，共同打造文创产品（图三）。文创作品有三个系列：第一个系列是5款"拾香花礼"香花种子盲袋；第二个系列是2款"大师手账胶带"，1款印有大师白描手稿，1款印有素雅设色花鸟；第三个系列是4款不同颜色的印有源自二居梨花手稿图案的"主题帆布袋"。展览会文创作品的落地预示着本次交互式展览已经将始于展览又高于展览的价值落地到实处。

（五）组织艺术展的意义与价值

艺术展是传统国画与新媒体技术的新结合的传统文化创新活动，将岭南画派

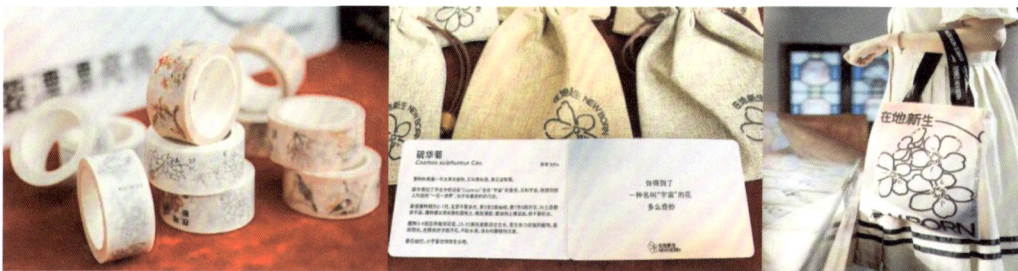

图三　展览会文创作品

329

的优秀美术资源和新媒体交互技术相融合的互动性展示，是华南地区第一次将文博艺术与交互技术相融合的创新项目，艺术展以岭南画派美术资源为出发点，以新媒体技术设计为途径，科技创新，使岭南传统文化有全新的展示，具有沉浸式和高度参与感的交互式展览，将会吸引更多的艺术爱好者前来体验艺术作品，不仅可以充分并郑重地领略传统美的价值，更是在优质的文化氛围中增强民族自信心和自豪感。

艺术展将中国绘画艺术与新媒体交互技术相融合，实现了"中西结合、古今结合"的时代发展特点，向世界展示了当代岭南文化创新力，以及中国绘画艺术保持的巨大影响力。

三、结 语

在新媒体交互技术展览中，展览所运用的形式越多样，艺术创作者对于主题的诠释所运用的形式也越多样。在展览中要运用适合的技术来将展品进行充分展示、将文物藏品充分开发利用，使参观者能够在对内容理解的同时与展品间形成交流，从而提升参观者参与和体验展览的热情。这种结合新媒体交互技术的展览对于文物藏品的价值释放具有卓越的展示效果，通过艺术展现和科技创新相结合的文化发展趋势，也是符合国际新媒体艺术展现的发展方向，一方面推动文物藏品的展示利用，另一方面可以使我国的传统文化艺术融入科技发展大潮中。

参考文献

[1] 黄蓉《主题展览中交互体验设计与研究》，武汉：江汉大学，2018年。

[2] 杜文婷《科学博物馆新媒体展览的儿童交互体验研究——以中国科学技术馆为例》，无锡：江南大学，2019年。

[3] 徐耀琦《新技术环境下博物馆的互动体验》，《数字技术与应用》2017年第5期。

[4] 梁力中《江苏省市级博物馆新媒体展陈现状及其传播效果研究》，南京：南京艺术学院，2013年。

[5] 汤善雯《互动设计在博物馆展示中的应用》，南京：南京艺术学院，2012年。

（作者单位：广州市海珠区文物博物管理中心）

地方性中小型博物馆原创展览策展路径浅探

——以"竞妍——海上瓷路之中日'伊万里'风格瓷器展"策展为例

杨叶帆

内容提要：

2021年11月，中央全面深化改革委员会第二十二次会议提出"让文物活起来"，推动文物更好融入生活、服务人民已经成为文博界和全社会的普遍共识。当前地方性中小型城市博物馆在展现城市特色、文化惠民方面发挥越来越大的作用，但囿于馆藏文物有限、研究人员及经费相对欠缺，如何提高文物利用率，提升文物利用的质量和水平，是当下文博界面临的重要课题。本文基于这一点，结合东莞展览馆"竞妍——海上瓷路之中日'伊万里'风格瓷器展"策展实践，浅探中小型城市博物馆如何利用有限的馆藏策划原创展览让文物活起来。

引 言

近几年我国博物馆数量增长迅速，其中地方性中小型博物馆占据相当大的比重。据统计，截至2019年全国县级博物馆数量为3855座，平均拥有藏品数仅为4548件（套）[1]。这些中小型城市博物馆有一定地域性文物馆藏，在当地发挥重要的文化惠民作用，但藏品数量和质量存在局限性。博物馆是收藏、研究、展示物质和非物质文化遗产的专业机构，开展社会服务不能脱离基本定义。当前地方性中小型博物馆存在的最大问题是成立时间短、藏品少、研究力量薄弱，大多数时候仅馆内基本陈列就已经耗尽馆藏资源。要持续为市民提供文化服务，仅凭基

---

[1] 刘书正《中国博物馆藏品规模与结构研究》，《中国博物馆》2021年第2期。

本陈列无法保持长久的吸引力。这就促使中小型博物馆必须创新思维，以期在专题展览上推陈出新，并广泛开展多样化的活动，才能最大限度发挥和实现其社会功能。本文结合东莞展览馆"竞妍——海上瓷路之中日'伊万里'风格瓷器展"的策展实践，浅探中小型博物馆在馆藏和研究力量有限的情况下，如何围绕选题开展征集和研究，并据此策划原创展览，从而实现博物馆的社会功能。

博物馆展览策划基本原则是以藏品及相关学术研究为核心构建展示内容，通常有引进外展及自主策展两种策展模式。基于本馆藏品及相关研究，并由本馆策展人员自主策划的具有首创性的展览称之为原创展览。相比拥有丰富馆藏和研究资源的大型博物馆，地方性中小型博物馆无法仅凭有限馆藏开展藏品研究并策划展览，囿于经费有限，又无力引进高品质精品外展。结合实际情况，中小型博物馆可反其道而行之，以选题为中心、立足原创展览开展专题性藏品征集、研究等业务，从而推动博物馆事业发展并实现社会功能。大致路径如下：首先，根据本馆的性质、定位、特点和任务确定展览中心选题；然后，围绕选题开展藏品征集，形成具有城市特性且系列化、专题化的特色藏品体系并同步开展相关学术研究；至藏品和研究具备一定基础后，围绕中心选题提炼主题策划原创性展览并开展相关活动。这是地方性中小型博物馆因地制宜实现社会功能的有效发展路径，也是存在和发展的客观需要。

一、确立选题：契合定位，立足原创，让馆藏文物活起来

第26届国际博物馆协会大会公布了最新博物馆定义："博物馆是为社会服务的非营利性常设机构，它研究、收藏、保护、阐释和展示物质与非物质遗产。向公众开放，具有可及性和包容性，博物馆促进多样性和可持续性。博物馆以符合道德且专业的方式进行运营和交流，并在社区的参与下，为教育、欣赏、深思和知识共享提供多种体验。"新博物馆定义延续了传统定义中的基础功能，扩展了开放和服务的内涵，强调开放的多样性和可持续性，将社区参与和多样化体验纳入定义。藏品、展览、服务依然是实现博物馆社会功能的三大核心元素，但新定

义特别强调了社区参与下的博物馆社会服务功能和内涵，将博物馆功能直接指向为公众提供多样化服务。由此可见，基于各博物馆性质和定位开展藏品征集和学术研究，立足藏品和学术研究策划展览，通过展览阐释藏品信息及学术研究成果，并以此为基础开展多样化社会服务，最大范围向公众传递人类或自然社会变化演进的历史与经验、思考与感受[1]，成为博物馆界在新时期的努力方向。

东莞展览馆位于东莞市行政文化广场（图一），2004年9月建成开放，2013年获评为国家二级博物馆，定位为"现当代东莞文物及史料的收藏、研究基地、对外文化交流的平台、全面推介东莞的窗口、市情教育的学校和高品位的文化休闲场所"，是当前我国博物馆事业发展新阶段出现的较为典型"以城市历程、城市特性及反映城市发展和特性的物证为工作对象"的城市博物馆[2]。

2013年国家提出建设"新丝绸之路经济带"和"21世纪海上丝绸之路"的合作倡议，社会各界积极响应。"一带一路"不仅是经济领域的热门，也成为各博物馆竞相研究和展示的重要主题。东莞虎门扼东江和广州水道出海口，古代被称为"番东之要津"。特殊的地理位置造就了古代东莞在经济上成为海上丝绸之路的重要节点及海外贸易的重要区域。2014年东莞提出建设21世纪海上丝绸之路的先行市，打造成21世纪海上丝绸之路的重要节点。东莞展览馆作为东莞"对外文化交

图一　东莞展览馆（摄影：曹永富）

---

[1] 张小朋《博物馆柔性组织结构与信息技术应用研究》，《中国博物馆》2022年第2期。

[2] 宋向光《物与识——当代中国博物馆理论与实践辨析》，北京：科学出版社，2009年，第75页。

流的平台、全面推介东莞的窗口、市情教育的学校"，开展对古代海上丝绸之路贸易的物证征集及历史研究不仅契合定位，也对促进东莞融入"一带一路"有着十分重要的现实意义。2015年第一次全国可移动文物普查时，东莞展览馆藏500余件明清外销瓷、通草画等古代海上丝绸之路贸易品。有效利用馆藏海贸品开展古代海上丝绸之路贸易历史研究和展示，探寻古今全球化贸易的相通之处，启迪当下东莞融入"一带一路"建设，成为当时东莞展览馆研究和策展首要中心选题。

二、提炼主题：独辟蹊径，避免同质，与城市特性相呼应

新定义下的博物馆作为传播知识和文化的重要服务场所，多样化发展已经成必然趋势。"博物馆的重要职责之一，是不断研究和挖掘历史见证的信息和潜在价值，使历史的真实能够为今天的人们所理解和认知，并把研究和挖掘的成果转换成陈列展览、教育活动等可以通过体验而感知的形式回馈于社会"[1]。东莞展览馆作为研究和展示东莞发展和城市特性的中小型城市博物馆，定位和功能都有别于传统博物馆。由于建成时间短，起步晚，征集及研究经费十分有限，故文物藏品数量少，缺乏精品。且馆内研究力量弱，笔者作为选题负责人，集征集、研究和策展于一身，当时还兼顾馆内基本陈列调整更新任务，没有条件开展广泛而深入的海上丝绸之路综合性研究。其时，东莞展览馆藏海贸品中有200余件（套）各类外销瓷，据此策划外销瓷专题原创展览相对容易实现。由于此前故宫博物院、中国国家博物馆、广东省博物馆等场馆已开展外销瓷研究并推出相关展览，东莞展览馆若策划同类展览，需在借鉴的基础上考虑如何避免与他馆藏品、研究、展览同质化，独辟蹊径建立本馆特有的藏品体系，推出主题鲜明的原创展览。

在考察广东省内几个博物馆后，笔者决定从小处着手，自中国外销瓷序列中选择一个时期或一个系列展开专题研究，以物讲史策划展览。参考叶喆民、方李莉、余春明、柯玫瑰等学者对外销瓷的研究成果，对比国内各博物馆曾推出的相关展览，结合东莞"制造""对外贸易"的城市特性，最终选择了17世纪中叶至

---

[1] 安来顺《博物馆集体记忆功能语境下的COVID-19》，《博物院》2020年第2期。

18世纪中叶流行欧洲市场近百年的"伊万里"风格外销瓷作为征集、研究和展览对象。

对于"伊万里"风格外销瓷，此前国内陶瓷界关注甚少。2012年日本大阪市立东洋陶瓷美术馆"伊万里烧"曾在中国巡展，使业界对伊万里瓷有一定了解，但并未引发更多研究和关注。伊万里瓷兴起和没落时间横跨康雍乾三代，其时正是西方刮起中国风、全球化贸易全面开启阶段，中国瓷器作为当时世界先进生产力的代表，是海上丝绸之路上最具代表性的贸易品，日本在此期间模仿中国生产和销售瓷器，开始与中国在亚、欧开启陶瓷贸易之争。据此笔者认为，无论从中国陶瓷工艺在世界范围内传播的角度，还是从全球化贸易开启阶段的市场竞争角度，展开对"伊万里"风格瓷器兴起和没落这段历史的研究，都具备较高的学术价值和现实意义。

三、内容策划：广泛研究，专题征集，扩展展览内涵和外延

陈列展览内容策划的任务，主要是根据陈列展览的主题进行内容研究，并编制陈列内容设计方案[1]。文物及其相关学术研究是进行展览策划和编制内容设计方案的基础。倘若在没有对文物及其背后的信息进行充分研究和掌握的基础下仓促推出展览，不仅无法充分表现展览主题，更有可能偏离博物馆陈列展览应有的科学性和专业性原则，无法实现博物馆的宣传教育及知识传播功能。东莞展览馆作为建馆仅十余年的地级市城市博物馆，文物征集和学术研究工作几乎从零起步。加上当时国内陶瓷界对于"伊万里"风格瓷器，尤其"中国伊万里"关注较少，学术上缺乏明确而系统的梳理和表述。在这种情况下策划以"伊万里"风格外销瓷为主题的展览不能急于求成，必须对其基础信息、历史背景、内涵外延进行充分研究和掌握后方可进行。

为理清思路，明确征集和研究对象，笔者并未急于展开文物征集，而是通过文献资料开展基础信息、历史背景、时代特色等相关学术研究。首先对比阅读叶

---

[1] 王宏钧主编《中国博物馆学基础（修订本）》，上海：上海古籍出版社，2010年，第258页。

喆民、方李莉、中国硅酸盐学会等编著的《中国陶瓷史》，初步梳理出中国外销瓷发展历程；再深入阅读余春明、柯玫瑰、孟露夏、彭明瀚等专家学者相关外销瓷专著或专论，了解中国明清外销瓷生产、销售及特性；同时搜集整理中国国家博物馆、故宫博物院、广东省博物馆等博物馆及学界对外销瓷的研究成果；进而延伸阅读全球通史、全球化贸易史、欧洲艺术史、西方美学史，了解海上丝绸之路贸易对世界陶瓷生产和贸易所产生的重要影响及中西方美学差异。

通过大量文献阅读并经归纳和对比，笔者基本梳理出"伊万里"风格瓷器的基本信息及兴衰历程。初步判定"伊万里"风格瓷器纹饰的典型特征是"青花、矾红、描金"，产生及流行年代为17世纪中叶到18世纪中叶，其兴衰历程主要受明末清初持续战乱及海禁影响。通过走访广东省文物总店、广东省文物鉴定站等机构，并考察省内外一些文物市场，笔者以"青花、矾红、描金"为主要特征，以清康雍乾三代为时间段，开始针对性地展开中日"伊万里"风格瓷器专题文物征集。经两年时间，馆藏中日"伊万里"风格瓷器达200余件（套）（图二）。与此同时，笔者带领同事对已征集到位的器物展开整理和研究，结合文献资料按年代对器物进行分类，并对纹饰、器型、彩绘风格等进行描述，同步完成藏品的基础研究工作。

图二 馆藏中日"伊万里"风格瓷器

四、陈列设计：以物证史，指向当下，以小见大沟通古今

我国博物馆陈列一般按内容划分为社会历史类、自然历史类、艺术类和科学技术类几大类别。国家文物局主持编撰的文物博物馆系列教材《中国博物馆学基础》将文物展览列入社会历史类陈列。但随着博物馆陈列展览的多样化，策展人在策划文物展览时不再单纯从展品出发讲述文物的特性和器物知识，而是以物讲史或以物证史，尝试用"讲故事"的方式策划文物类展览，扩展文物和展览的外延。陶瓷类文物既是具有时代特征的生活化用品，又是富有造型艺术之美的工艺品。大多数陶瓷类展览基于陶瓷本身出发，以介绍和解读窑口、器物造型、工艺、流转等陶瓷知识为主，这些年开始增加历史背景、国际交流等内容及设计元素。在外销瓷序列中，"伊万里"风格瓷器在造型和工艺等方面并不突出，其特别之处在于产生于全球化贸易初期阶段，见证了早期全球化贸易发展历史进程，具有鲜明的时代特色。综合考虑，笔者决定将以"竞妍——海上瓷路之中日'伊万里'风格瓷器展"定位为以物证史的历史类专题展览，不强调文物本身，而是突出呈现文物背后的时代和故事，指向对古今全球化贸易的思索，为东莞制造融入"一带一路"提供借鉴。

经过近三年时间的准备，2017年8月笔者开始编制展览文本大纲。展览题为以"竞妍——海上瓷路之中日'伊万里'风格瓷器展"，以中日瓷器在古代海上丝绸之路贸易史上"竞妍"为主题，以"伊万里"风格瓷器兴起和没落时间顺序为主线，采用图文版面梳理兴衰原因及历程，通过实物对比展示中日"伊万里"瓷器的器型、纹样及风格差异，共展出168件(套)中日"伊万里"瓷器。

2017年9月26日，以"竞妍——海上瓷路之中日'伊万里'风格瓷器展"在东莞展览馆三楼专题正式展出（图三）。这是国内首个以中日"伊万里"风格瓷器为主题的外销瓷专题展，也是东莞展览馆建馆以来推出的首个馆藏原创专题展览。由于属国内首例将中日"伊万里"风格瓷器进行对比展示的展览，开展后即引起国内陶瓷爱好者的广泛关注，很快网上便出现爱好者拍摄的展览和器物照

篇章	内容（标题、导语）	形式	
		实物	版面（陶瓷小知识）
一	映日帆多宝舶去——走向世界的中国瓷器		1.海上瓷路 2.走向世界的中国瓷器
二	春色满园关不住——风靡一时的日本"伊万里"	日本"伊万里"（13件套）	认识日本"伊万里"
三	等闲识得东风面——重振旗鼓的"中式伊万里"	"中式伊万里"瓷器（135件套） 1.独立展柜12件 2.中国伊万里各式奶壶一组7件 3.中国伊万里各式执壶、罐一组8件 4.中国伊万里花卉纹一组37件 5.中国伊万里花鸟纹一组9件 6.中国山水.城池.庭院纹一组13件 7.中国伊万里人物纹9件 8.中国伊万里特殊器型一组15件 9.中国伊万里五彩纹饰一组11件	中日"伊万里"风格瓷器对比 1.风格对比 2.花卉纹对比 3.动物纹对比 4.山水纹对比 5.人物纹对比 6.流行风格
四	万紫千红总是春——再领风骚的中国瓷器	五彩、粉彩外销瓷（20件套） 1.五彩瓷 2.粉彩瓷	认识五彩、粉彩外销瓷

片。景德镇市陶瓷考古研究所江建新专程到东莞展览馆了解本次展览，并对展览的意义给予了充分肯定。由于社会各界反响良好，原本两个月的展期延长至三个月，其间邀请从事伊万里瓷研究的中山大学历史系熊寰副教授前来做名为"瓷海争锋：中日古瓷的交流、互动与鉴赏"的专题讲座，吸引了众多陶瓷研究和爱好者前来，讲座当日座无虚席。

图三 "竞妍——海上瓷路之中日'伊万里'风格瓷器展"序厅

以"竞妍——海上瓷路之中日'伊万里'风格瓷器展"从选题到首次推出展览历经三年时间，虽在业界产生一定影响，但在学术研究和展览形式上，依然存在诸多局限和遗憾。譬如学术研究不够深入、内容稍显单薄、文物器型不够精美多样、陈展形式单一等。但正如前文提到，"伊万里"风格作为外销瓷在特定时期出现的风格类别，国内陶瓷界尚无专题系统研究。笔者策划该展览的目标之一是为以物证史，引发陶瓷界中国明清外销瓷对"伊万里"风格的关注，进而指向对当下"一带一路"全球化贸易的思索，为东莞乃至中国制造业走向世界提供借鉴。展览推出后引发业内研究和爱好者的兴趣，从某种程度上符合策展预期，也基本实现了策展初衷。

五、学术活动：专题研讨，出版文集，反刍学术研究

让博物馆藏文物活起来，不应仅停留在对已有馆藏文物展开研究、推出展览或开展社会教育活动、设计文创产品这一层面，还在于反向推动学术研究，进一步扩大和延展文物领域的学术内涵或现实意义。尤其对于较新领域的文物研究和展览，更多需着眼启发思考和探索，引领或推动该领域更深入广泛的研究和探讨。

由于馆藏中日"伊万里"风格瓷器和展览引起了业界的关注和兴趣，为进一步推动相关学术研究，填补国内这方面的研究空白。东莞展览馆联合景德镇市陶瓷考古研究所向国内外陶瓷界的专家学者发出学术研究邀请。经过一年多时间的沟通和酝酿，共收到14位专家学者论文来稿，并于2019年3月19日举办海上丝路之"伊万里"风格外销瓷学术研讨会。来自浙江、江苏、陕西、广东、景德镇等省市文物考古研究所和鉴定站，以及故宫博物院、南京博物院、上海博物馆、深圳博物馆、上海复旦大学、广州中山大学等文博单位和高等（院）校的16名古陶瓷研究专家参加了此次研讨会。研讨会就"伊万里"风格外销瓷为代表的中国外销瓷窑口、种类、生产机制、工艺传播、装饰纹样、文化交流、贸易影响等展开学术交流和研讨，探究古代海上丝绸之路的中外文化技术交流与融合、模仿与超越

的历史现象。为配合此次研讨会，东莞展览馆举办为期一周的馆藏"伊万里"风格瓷器特展，供与会专家及广大爱好者现场观摩和对比研究。此次研讨会在陶瓷界引起较大反响，中国文物报对此做了专版报道，"伊万里"风格瓷器由此被社会各界所熟知。

结合专题学术研讨会的研究成果，东莞展览馆于2020年11月由文物出版社编辑出版《模仿与超越——海上瓷路之中日"伊万里"风格外销瓷研究与鉴赏》。全书分"鉴赏篇""研究篇"两部分内容，第一部分"鉴赏篇"采用东莞展览馆藏100件中日"伊万里"风格外销瓷实物高清图片，并配以详细说明，分四个阶段，按不同类别，展示"伊万里"风格外销瓷的风格、纹饰等特色；第二部分"研究篇"汇集了2019年中日"伊万里"风格外销瓷学术研讨会的学术研究成果，集结国内外15位陶瓷研究领域专家学者的学术研究论文，从不同研究角度展开对以"伊万里"风格为代表的外销瓷学术探讨，为业内对开展外销瓷研究提供极为宝贵的视角和方向。

六、交流外展：馆际合作，扩大影响，提升公共文化服务

国家文物局在2012年12月13日印发的《关于加强博物馆陈列展览工作的意见》中指出："要促进馆际交流与合作，支持省级博物馆特别是中央地方共建国家级博物馆发挥示范引领和辐射带动作用，整合区域藏品、展览、人才、技术、资金等资源，策划优秀展览项目巡回展出，弥补中小型博物馆展览资源的不足。"在政策引导和护航下，开展馆际文物展览交流成为博物馆提供多元公共文化服务的重要方式。但由于地方中小型博物馆经费有限，难以承担较大型文物展览借展费用，交换彼此馆藏原创展成为许多中小型博物馆开展馆际展览交流的合作方式。

正是通过馆藏原创展互换的方式，东莞展览馆与成都博物馆达成文物展览交流合作。2020年7月，两馆联合推出"竞妍——清代中日'伊万里'瓷器特展"（图四）。成都博物馆在东莞展览馆以"竞妍——海上瓷路之中日'伊万里'风格

图四 "竞妍——清代中日'伊万里'瓷器特展"

瓷器展"基础上扩展了内涵和外延，以"中日文化交流与融合"为主题，通过168件（套）"伊万里"风格瓷器回溯中日外销瓷争芳竞妍的百年历程，呈现中日"伊万里"风格瓷器独特的艺术魅力，展现300多年前中日文化与技术的交流与碰撞、创新与超越。

本次"竞妍——清代中日'伊万里'瓷器特展"展期3个多月，观众达61.7万人次，各项展览配套活动参与人数达600余人次。社会各界对该展览给予了高度评价，各级媒体踊跃报道，报道总数达1628条。《光明日报》《精神文明报》《四川日报》《华西都市报》等央级、省级媒体都有大篇幅报道，"成都博物馆 竞妍"百度词条搜索超268万条，展览还荣登2020年第4期"中博热搜榜"的"十大热搜展览"，社会反响十分热烈。

在成都市人民政府外事办公室、中日会馆的支持和推广下，展览的良好社会反响也引起了日本伊万里市的关注。伊万里市市长深浦弘信就展览向成都博物馆特别发来贺信，高度赞扬了成都博物馆作为市民的"心灵之家"，在举办展览提升观众文化素养、促进文化交流方面作出的贡献，并祝愿"竞妍——清代中日伊万里瓷器特展"圆满成功，中日两国交流更加繁盛。

2021年春节期间，作为交换展，成都博物馆的"和而不同——清代四川地区木雕造像展"在东莞展览馆三楼专题展厅与东莞观众见面。116件蜀地特征鲜明的木雕造像以其造型艺术之美和文化内涵受到东莞市民的喜爱。东莞展览馆和成都博物馆这次馆际展览交流，不仅丰富了各自的展览体系，为本地市民提供了优质的文化服务，同时也为推动馆际交流合作提供了较为成功的样本。

结　语

对于地方性中小型博物馆而言，囿于馆藏、人员、经费等欠缺，想要让文物活起来，开展宏大主题的研究并举办高规格展览显然力不从心。因此，结合自身馆藏特色，根据场馆定位，从宏大的主题中选择一个专题进行深入研究和展示，亦不失为一种可行的尝试。东莞展览馆作为展示城市特性以及反映城市发展物证的城市博物馆，研究和展示既需要符合主流叙事，也需要展现地方特色，选择具备"海上丝绸之路""制造""贸易"几大元素的历史物证开展研究和展示是深思熟虑的结果。从设定选题、专项征集到原创展览推出，再到相关学术研讨及书籍出版并跨省交流展览，东莞展览馆藏"伊万里"风格瓷器以展览面目呈现在国内观众面前历经五年时间。虽然相关文物藏品及学术研究方面仍然有较大欠缺，但在馆藏和研究人员极为有限的情况下，已是东莞展览馆设定选题开展专题性藏品征集和研究，并据此策划原创展览和开展文化交流一次十分努力且有益的探索。

（作者单位：东莞展览馆）

胡肇椿：一位能力出众的文博名家

谭玉华

内容提要：

胡肇椿（1904—1961年），号寰盦，又写作寰安、寰庵，籍贯南海，生于广州。少时胡肇椿先后就读于广州培正中学、天津新学书院、广州岭南大学。1928年1月，毕业于燕京大学国文系，赴日本成城大学、京都帝国大学留学，师从日本现代考古学创始人滨田耕作，研习美术考古。1931年1月，仍未完成学业的胡肇椿从日本返回国内，参加广州黄花考古学院的发掘工作。其后又相继任职于广州国立中山大学、上海国立暨南大学、南京立法院、上海博物馆、广东民政厅侨务处、重庆国民党中央宣传部和海外部、南京财政部、广州教育局、广州博物馆、培正中学、广州文物管理委员会、中山大学。胡肇椿职业生涯大部分时间从事博物馆学和考古学的实践活动，是中国博物馆和考古事业的早期开拓者，是一位能力出众的文博名家。

1946年12月20日（星期五）上午，中央研究院历史语言研究所考古组主任兼国立中央博物院筹备处主任李济与高去寻、夏鼐，商量李纯一（李景聃）死后中央博物院行政负责人人选，李济提冯汉骥、郑德坤、胡肇椿为候选。在当天日记中，夏鼐评价胡肇椿"人颇能干，常喜独揽大权，且与'中研院'无关系"。胡肇椿何许人也？缘何能获李济、夏鼐之青眼，欲委之以重任？

胡肇椿1904年出生于广州一个开明富豪之家，父亲胡子晋（1876—1928年），为清末民初著名报人、同盟会员、著名实业家、诗人。受父亲影响和家庭熏陶，青少年时期的胡肇椿既承良好的传统诗书画教育，又辗转培正中学、新学书院、岭南大学、燕京大学等名校，受扎实的现代国文、外语训练，新旧教育汇于一身，基础扎实。燕京大学学习期间，胡肇椿撰写教育学论文，似有志于中学教育。1928年2月至7月，任教大连中华青年会初中。这年8月9日，胡子晋致书陈垣，为胡肇椿谋求陈垣长校的辅仁大学附属中学教职。然而，从1929年赴日本京都大学留学始，胡肇椿转而致力于考古学与博物馆学，并以之为终身之业，事功著述兼行，立功立言并重，成为一代文博名家。胡肇椿的事迹主要集中于以下几个方面。

一、东渡日本，学习考古

1929年2月，胡肇椿自费留学日本，先在东京成城学校学习一年。1930年5月，转入京都大学追随滨田耕作学习考古。滨田耕作（1881—1937年）曾留学英国伦敦大学考古学院，1916年回日本主持新设立的京都大学考古学讲席。滨田氏治考古学，一方面吸收英国考古学的研究方法和理论体系，另一方面组织东亚广泛的田野考古实践，治学和洋折中，东西融合，形成以他本人为核心，包括梅原末治、水野清一等人为骨干的考古学京都学派。滨田耕作亦被视为日本考古学之父。

除直接受教于滨田耕作，胡肇椿也与京都学派狩野直喜、原田淑人、近重真澄、岛田贞彦等人交谊不浅，受其影响。早在1929年6月15日，就翻译了原田淑人《汉代之釉陶俑》发表于燕京大学《睿湖》杂志，译文在原田原文基础上补充若干注释[1]，为胡肇椿第一篇考古学译文。及至1930年11月，胡肇椿还随京都大学梅原末治及史学系考古专业同学发掘明石郡垂水町歌敷山墓葬，接受专业的田野发掘训练[2]，为其随后广州的考古实践打下了基础。

二、主持广州最早的一波考古发掘

1931年1月，仍未完成在日本学习的胡肇椿，即投身广州考古发掘，一直持续

---

[1] ［日］原田淑人著，胡肇椿译《汉代之釉陶俑》，《睿湖》1929年第1期，第30—42页。

[2] 胡肇椿：《考古学研究热潮中，现代考古学者应取的态度与方法》，《考古学杂志》1932年创刊号，第9—21页；

　　［日］梅原末治：《垂水歌敷山古墳の調査》《兵庫県史蹟名勝天然紀念物調査報告書》1931年第8辑，兵庫県。

到1932年春离开广州止。依托黄花考古学院，在谢英伯的支持下，与蔡守、曾传韬等人配合，胡肇椿牛刀小试，先后主持广州第一批科学考古，发掘广州市东北郊木塘岗汉墓、广东省教育厅后园清尚王府遗址、广州西郊大刀山晋墓、广州北郊黎庄六朝墓、广州东郊坟头岗汉至六朝墓群、东山寺贝底和梁氏祠附近遗址，调查广州东郊石器时代遗迹，进行了系统的发掘资料整理，并撰写了系列考古论文和报告，集中发表于胡肇椿编辑的《考古学杂志》创刊号。

其中，大刀山晋墓出版考古发掘报告颇具水平。报告目录清晰，包括绪说、掘前、发掘、墓制、砖式、遗物（铜器、陶器、布、木棺）、后论，形式逻辑与现代考古报告几无差别，比1934年出版的中国第一部田野报告《城子崖——山东历城县龙山镇之黑陶文化遗址》在结构上要整齐合理。报告图片丰富，既包括照片，也有手绘线图，还有若干拓片。图片内容涉及地图、遗迹图、遗物图、局部纹饰铭文。遗迹图与部分遗物图有比例尺、文字说明，并且同时绘制平剖面图。报告文本严谨规范，遗迹遗物的形制、材质、颜色、基础数据比较完备，器物、铭文考证允当。《广州市西郊大刀山晋冢发掘报告》"时人（推测应为张凤或卫聚贤，但原文没有注明）推为自有科学发掘以来最详细、最有系统的报告之一。"[1]

木塘岗汉墓规模较大，遗存丰富。胡肇椿写成《木塘岗汉冢之研究》文稿，在墓室结构描述上，受日本汉墓分类描述用语影响，描述墓室"为穹隆顶，有墓道、玄室（前室）、棺室（中室）、旁室（侧室）"。出土物铜器有戟、弩机、五铢钱，陶器有屋、博山炉、洗、铛、鋞、壶、杯、盌（碗）、凫、牛等，其中陶屋有崇楼叠阁，有犬和司阍。原计划出版考古报告单行本，收入上海市博物丛书。但因日军全面侵华，八一三事变，从第三章"遗址遗物之研究"起以致全部照片丢失，报告终未能付梓。

以广州考古发掘资料为支撑，胡肇椿还撰写了《戟辨》（完成于1931年7月）与《杯之比较研究》两篇古器物专论。论文公允评论前人之见，采用类比研究，显现出现代考古学强调类型与比较研究的特色。同时，论文利用古典文献理解古

[1]《考古学之贡献》，《上海各大学联合会会刊》1933年第1期，第13页。

器物，颇具传统金石学色彩，是胡肇椿"由金石而入考古"学术路径的体现。

胡肇椿在广州考古发掘资料整理过程中，还使用了"化学药剂清洗青铜器"，应该是较早地有意识将化学知识用于考古遗物保护，以实际行动践行他对考古学科学性的理解。胡肇椿认为考古学科学性，就在于"治斯学的学者用了科学方法去研究，更延揽了许多科学作它的左辅右弼"。发掘物整理过程中洗涤除垢、修补接合、补充物材三个步骤，均需要化学知识的支撑。胡肇椿尤其重视化学的学习与应用，古物修复实践，在日本期间获得京都大学老教授近重真澄博士、在广州期间获得化学家李璇琚、在暨大期间获得王蔚华等人的帮助和指导[1]。在美期间结识宾夕法尼亚大学博物馆化学家霍顿（Donald Horton），后者以化学方法研究古代釉陶，胡肇椿答允提供中国釉陶碎片[2]。

三、推动国立暨南大学西北考古探险

1932年，胡肇椿入职上海暨大文学院史地系，从事国文教育，为一年级学生开必修课《基本国文》[3]。虽未从事考古教学，但胡肇椿撰写了部分考古学、金石学文章著作，组织了西北考古探险计划，且与张凤、卫聚贤、郑师许等上海考古学家往来密切。

民国时期，受外国人在华各类考察探险的影响，国人西北考古探险考察此兴彼起，致成潮流。1933年下半年，胡肇椿与张凤、卫聚贤等共同组织推动了暨大西北考古探险计划，再一次展示了其学术气魄与组织能力。张凤与卫聚贤都是民国时期著名的考古学家。张凤，又名天方，1922年公费留学法国，1924年获巴黎大学文学博士学位，同时受现代考古学训练，在法国出版有法文版《甲骨刻字考异补释》。留法期间，张凤应马伯乐（Henri Maspero）招募，参加斯坦因所获汉晋木简的整理。1930年，张凤在暨南大学出版《考古学》一书。卫聚贤，1927年毕业于清

---

[1] 胡肇椿《古物的修复和保存》，《文史丛刊》1933年第1期，第1—9页。

[2] 同上。

[3] 《二十二年第一学期大学部准开学程》，《暨南校刊》1933年第72期，第37页。

华大学国学院，1929年5月调任南京古物保存所，组织在山西、南京、云南等地进行考古发掘，积累了丰富的考古学工作经验。胡肇椿与张凤、卫聚贤三位考古学家，同时汇聚国立暨南大学，一时国内无两，他们密切配合，彼此协调，组织实施探险计划，成为民国时期由高校牵头完成的首次考古探险计划。

胡肇椿与卫聚贤共同起草《国立暨南大学西北考古探险团计划》，明确计划目标："调查西北数省人类活动遗址，绘制古坟分布网，为进一步发掘和考古作准备；调查古代建筑、石窟、造像等作为将来研究的资料；调查各地风俗，辅助考古研究。"

此次考古探险卫聚贤为团长，并设指导员，探险团团员经过考试遴选，由胡肇椿、张凤、卫聚贤进行专业培训；探险团购置相关测量及绘图仪器；校长郑洪年给此次考察团拨付了大量经费，还就此事分别致函铁道部长顾孟余、教育部长王世杰和财政部长宋子文，请减免考察团乘坐火车费用，发放免费装用执照和携带物品免税护照，令各地方军警予以保护等，使此次考察活动能够安全、有序地进行。1933年10月中旬，探险团由上海启程，历经曲阜、泰安、济南、临淄、北平、大同、太原、万泉、西安、洛阳、开封及绥远各地，最后自汉口返回。

四、筹建上海博物馆

20世纪30年代，正值国民政府实施"大上海建设计划"，作为计划内容之一的上海博物馆建设举世瞩目。胡肇椿先于1935年11月被推举为上海博物馆筹备负责人之一，进而1936年被任命为上海博物馆首任馆长，直至1937年11月离开上海。胡肇椿在两年博物馆建设中，颇受孙科、吴铁城、叶恭绰、梁寒操等粤籍政治人物赏识和支持，得以大施拳脚，几无羁绊，展露了其超强的组织能力。

博物馆筹备伊始，人才匮乏，胡肇椿一面函请上海各著名高级中学，选送理科毕业对于博物馆事业有兴趣之优秀青年，前来考验；一面公开登报招考，于1936年1月18日假座新华艺术专科学校，举行招考服务生试验，计报名应考者70余名，考验结果录取6名。胡肇椿与徐蔚南、郑师许、陈端志分别讲授博物馆学、上海史地、美学、考古学、摄影制图和工具书等，并邀请社会名流叶恭绰、黄宾虹、江小鹣、李大超等及学界名流陈柱、商承祚、杜定友等，分任专题讲演，培训新人，提升博物馆整体业务水平。初训三个月，实习三个月，并继续作高深学科之研习，满期分发各部服务。1936年11月下旬，胡肇椿还计划派馆中人员到苏州吴县进行田野发掘实习。

上海博物馆筹备处成立后，为了充实博物馆展品，丰富博物馆展览，胡肇椿着力陈列品征集，依其性质范围，分为历史、艺术两部，拟定征集陈列品办法，凡十七类，计分捐赠、寄存、购置、采集、交换五种，先后发出征求函信一千二百余件，向丁福保、狄平子、何遂、商承祚、刘咸等收藏大家征集展品，协调不同机构来馆举办世界各国博物馆展览会、古玉印瓷展览会、海南岛黎苗民物展览会、铁路工程展览、上海文献展览等。

招标承制各种钢木器橱。上海博物馆陈列钢橱，办公桌椅，及一切陈列布置器橱家具，为力求美备起见，参考欧美各国现代科学化之制作，邀请各有名专家，莅馆审查计划，适应实际需要，而后设计图样，公开招标，计木器一项，由水明昌得标承办，钢器工程，由大华铁厂得标承造，均于开幕前如期制就，全部交到。此外，博物馆雇木工若干名，施以相当训练，每日在馆工作。其设备费经市府共支付计为二万九千元。

在筹备博物馆的同时，胡肇椿与郑师许作为上海博物馆代表与中国营造学社叶恭绰、安徽省立图书馆吴天植、安徽大学李顺卿、上海市图书馆洪逵、考古学社容庚、金陵大学中国文化研究所商承祚、东方文化学会程演生、国立北平图书馆袁同礼共同发起组织寿县史迹考察团。胡肇椿在其中发挥了重要的作用，负责起草《寿县史迹考察团章程》，协助叶恭绰编写了《寿县史迹考察团请款说帖》，领导了1936年7月寿县李三孤战国墓葬、双墩集六朝墓的调查，并与安徽省政府协商调查发掘相关事项。12月，上海博物馆和安徽省立图书馆获得中央古物管理委员会颁发的发掘执照，次年5月，胡肇椿任职发掘领队。

推进上海博物馆学术研究，出版学术图书。博物馆丛书编印计划汇聚了他本人及郑师许、徐蔚南、陈端志等同仁的科研成果，堪称规模宏大。上海市博物馆丛书第一期，编译丛书暂分博物馆学、历史、艺术、考古四类，共十种。甲类陈端志著《博物馆学通论》、胡肇椿与曹春霆编著《古物之修复与保存》、陈端志著《地方博物馆实施法》；乙类徐蔚南著《上海棉布》、徐蔚南著《顾绣考》；丁类郑师许与胡肇椿译《考古学研究法》、胡肇椿著《考古发掘讲话》、胡肇椿译《古玉概说》、郑师许著《铜鼓考略》和《漆器考》。至1937年底上海博物馆关闭时，除陈端志著《地方博物馆实施法》和胡肇椿著《考古发掘讲话》外的八种都获出版。另外，杨宽《中国历代尺度考》亦曾纳入丛书出版计划，胡肇椿亲送书稿往商务印书馆，但因战争缘故而延迟至1938年6月作为史地小丛书一种出版。胡肇椿本人的《木塘岗汉冢之研究》，亦作为丛书之一种，因战乱稿件散失，而未能出版。

胡肇椿还通过广播电台进行公众考古教育，演讲《上海市博物馆之使命》《考古艺术历史常识》等，向公众普及考古文物知识，致力于向全社会传播文博知识，扩大上海博物馆的知名度和社会影响力。

胡肇椿在上海博物馆建设上，思路清晰，谋定而后动，在藏品、展陈、宣教、研究、人才等各方面，倾注心力，有所作为，奠定了上海博物馆综合性博物馆的基础。随着1937年日本全面侵华，上海博物馆关闭，胡肇椿离开上海，其庞大的博物馆发展计划夭折。

五、赴美研修，引入博物馆现代化观念

早在1935年9月，美国洛克菲勒基金会向布鲁克林博物馆提供了第一笔44000美元的资金，用于美国博物馆年轻实习生的培训，学习推广布鲁克林博物馆公众导向的展陈政策。同一时期，洛克菲勒基金会向纽约科学与工业博物馆提供了50000美元的资金，用于博物馆教育和公共展陈方式的发展[1]。

有鉴于1935、1936年度博物馆人员训练计划的成功，1937年，洛克菲勒基金会增加布法罗科学博物馆作为第三家受助博物馆，并将专业训练人员范围扩大到

---

[1] 1939年12月，洛克菲勒基金会又向纽约科学与工业博物馆追加了25000美元的资金。

世界各地年轻博物馆工作者，培训推广全新的博物馆展品呈现技术，其主题是"现代博物馆技术的理论与实践"。该项目的具体实施方案是：洛克菲勒基金会向布法罗科学博物馆提供50000美元的资金[1]，用以支持为期三年的博物馆人员训练。当年10月1日起，布法罗科学博物馆接收的第一批七名受资助培训人员先后就位，七人之中包括瑞典著名考古学家阳士（Olov R. T. Janse）。1938年10月，第二批七名受训人员先后就位，胡肇椿与克劳森（H. Phelps Clawson，布法罗科学博物馆）、盖格（Harry N. Geiger，洛杉矶西南博物馆）、史塔布斯（Stanley A. Stubbs，新墨西哥圣达菲人类学实验室）、杨（Francis Young，马萨诸塞州波士顿新英格兰自然历史博物馆）、特维尔（Thomas Trevor，英国利物浦公共博物馆）、费舍尔（V. F. Fisher，新西兰奥克兰学院与博物馆）等共同接受培训。

关于胡肇椿获取洛克菲勒奖学金的经过，据布法罗科学博物馆馆长韩美林致时任中国驻美大使王正廷的信透露：早在1937年第一批人员遴选期间，韩美林就考虑给中国博物馆界一个名额，但因为日本全面侵华，耽搁了中国候选人的遴选。作为第二批备选对象，胡肇椿经司徒雷登和卡特女士（Mrs. Dagny Carter）推荐，自己填写申请表格，于1938年8月寄至美国布法罗科学博物馆。很快经韩美林批准，胡肇椿获得资助资格，赴纽约州布法罗科学博物馆研修博物馆学。而胡肇椿之所以能获司徒雷登的大力推荐，皆因燕京大学毕业生身份和任职上海博物馆馆长的经历，以及叶恭绰、吴铁城两位粤籍要人的助力。另一位推荐人卡特女士，是美国著名的中国文物收藏家。韩美林十分认可胡肇椿，亲自写信给中国驻美大使王正廷和胡适，嘱托做好胡肇椿国内联络工作及赴美路费问题[2]。

在美期间，胡肇椿与各国博物馆同仁同时受训，相互交流，受到了良好的专业训练，业务能力提升很快。项目计划除在布法罗科学博物馆进行业务训练外，还组团到西南博物馆[3]、罗切斯特艺术与科学博物馆[4]、菲尔德自然历史博物

---

[1] 1937年，基金会向布法罗科学博物馆提供6250美元资金，1938年提供25000美元，1939年提供18750美元。

[2]《韩美林（C. J. Hamlin）致胡适（Hu Shih）信件》，《北京大学图书馆藏胡适未刊书信日记》，北京：清华大学出版社，2003年，第202—203页。

[3] The Masterkey, Southwest Museum, Vol. 28, 1954.

[4] Museum Service: Bulletin of the Rochester Museum of Arts and Sciences, Rochester Museum of Arts and Sciences, Vol.12, 1939.

馆[1]、宾夕法尼亚大学博物馆、波士顿艺术博物馆、剑桥弗格博物馆[2]、纽约布法罗科学大学等进行实习考察。特别值得一提是，1939年正值美国举办纽约、金门世界博览会期间，洛克菲勒基金会与布法罗科学博物馆组织了项目训练人员世界博览会展陈方式调查，胡肇椿得以赴宾夕法尼亚考察，受到了博物馆展陈之外的、一般商业展览方式的熏陶。

胡肇椿赴美研修，将美国最为前卫的博物馆现代化理念引入中国。早在任职上海博物馆馆长期间，胡肇椿就关注博物馆现代化问题，撰写《现代化博物馆与学校合作问题初论》，所谓现代化的博物馆是要"大众化"，是要人人有利用博物馆的机会。这种大众化并非说馆中只有常物，肤浅浮薄，对付一般知识低下的成人或儿童的需要。大众化不排斥高深学问的研究，要求博物馆时刻为民众获取知识服务。1939年，胡肇椿从美返国，完善深化其博物馆现代化的思索，相继撰写《现代化的展览技术与"国展"》《国货陈列技术的现代化》《怎样利用人类文化的石油——现代化博物馆》等，主张现代化的博物馆布置，绝不再是墟墓式或仓库式，也不会是商业化的，把现代化的博物馆展陈概括为1.简单而重点集中；2.色泽和谐而美丽；3.光线配合展品色泽；4.声音渲染展品场景。难能可贵的是，在理论构建之外，胡肇椿将美国所获现代博物馆展陈的崭新知识和博物馆教育理念，应用于国内博物馆、陈列馆实际运行，应用于其实际操持的各类大小展览之上，积极投身于香港国货陈列所、中德中学博物馆、培正博物馆、广州博物馆、广东省地志博物馆的建设，将理论知识紧密结合具体的博物馆实践。

六、从事考古学的学术译介与研究

胡肇椿学术著述与译介数量不多，但往往能切实呼应实际工作与学术潮流，既实用而又能预流。民国时期，梁启超等人揭橥"史学革命"大旗，起源自欧洲

---

[1] Annual Report of the Director to the Board of Trustees for the Year 1939，Report Series Field Museum of Natural History Volume 12，Number 1，January，1940，p.31.

[2] 胡肇椿《广州古物发掘追记》，《广东文物》（下册），（中国香港）中国文化协进会，第1012—1018页。

的考古学在中国成为显学，各类考古调查发掘此起彼伏，但田野考古调查发掘报告之外，作为考古学工具和武器的理论方法类著作极少。这种状况甚至塑造了中国考古学重视田野发掘，忽视理论建设的性格。20世纪30年代前半期，胡肇椿就致力于考古学理论、方法类著作的引介和撰述，1935年翻译自滨田耕作日译的孟德鲁斯（Montelius, Oskar）《考古学研究法》和吴理（Woolley, Charles Leonard）的《考古发掘方法论》两书，回应和满足了学术界对考古学基础知识、理论、方法的热切需求，对考古学田野操作规范化的追求。两本译著所述考古学研究法十分详尽，尤以型式学最为精确而周密，成为很多中国考古学家的工具书，对他们的工作产生了影响。以上两书是中国最早的两本西方考古学理论、方法类书籍，与1937年滕固翻译的孟德鲁斯《先史考古学方法论》，成为民国时期引进的仅有的三本西方考古学理论、方法著作。

1933年，胡肇椿撰写发表《古物的修复和保存》，关注考古发掘古物和博物馆古物的修复和保存问题，及时回应了学界古物整理、修复、保存的迫切需求，成为中国科技考古和文保工作的肇端。

同时期，胡肇椿翻译原田淑人《汉代之釉陶俑》和滨田耕作《古玉概说》，撰写《广州市西郊大刀山晋冢发掘报告》《戟辨》《杯之比较研究》《读郭沫若甲骨文字研究释祖妣辨社》《日本古代埴轮之研究》《玉话》《琉璃辨》《楚镜考》等，采用严谨的考古学形式逻辑，关注最新考古发现与研究成果，成为经典的考古学遗存个案研究。

七、进行专业人才培养

在文博工作之外，胡肇椿还从事教学工作，培养专业人才。1931年10月，胡肇椿临时任职中山大学文学院史学系副教授，讲授考古学概论（周四学时）、东亚考古学（周二学时）、青铜器时代研究（周三学时）和东洋殉葬制度（周二学时）[1]，这是中大首次系统开设考古学课程；1947年至1948年，胡肇椿再次应邀

---

[1]《文学院布告》，《国立中山大学日报》1931年9月29日第2版。

任职中大文学院教授，讲授博物馆学（周三学时），为中山大学考古学和博物馆学学科教育的开端；1956年9月，胡肇椿第三次重回中大，任职历史系副教授，与梁钊韬、张维持共同组建考古学教研组，三人中以胡肇椿的考古学学术背景最为深厚，为人民中大的考古专业建设和人才培养做出了贡献。

在专业人才培养的同时，1939年至1949年间，胡肇椿还先后在澳门中德中学、澳门镜湖学校、广州培正中学从事中学教育工作，通过讲座、展览等向青少年学生进行博物馆启蒙教育。其教学深入浅出，庄谐并重，推崇梁启超，劝学生多念《饮冰室文集》，增广见闻。

八、坚定的爱国主义者

胡肇椿从1907年起长期生活在辽宁营口、大连之间，视之为第二故乡，对日本处心积虑，步步为营，向中国东三省的侵略渗透，第二故乡沦为鬼蜮，有着刻骨铭心之痛。对日本向哈尔滨运送军火、在满铁沿线设置炮台、在日本国内对学生和商团进行军事训练等等处心积虑之举，深恨不已。对历史上平壤陷落，甲午战败等等多有议论，心怀凄恻。同时，胡肇椿又是一位难得的理性爱国主义者，对日本文物、文化、教育之长赞美有加，与日本师友真诚相处，一起游山赏水，诗酒唱和，亦得其所哉。

1937年八一三事变，日本占领上海，上海博物馆闭馆，人员藏品疏散，胡肇椿被迫返回广州，在广东民政厅从事机要工作，服务抗日救助工作。1939年从美国返回后，胡肇椿任广东侨务处秘书，积极投身联络海外侨胞工作，汇集海外华人力量的抗日救国运动。同时，胡肇椿还利用专业知识，参与筹建香港国货陈列所，推进国货实业的发展。香港沦陷后，胡肇椿携家眷向内地疏散，受尽颠沛流离之苦。抗日战争期间，胡肇椿发表《全面抗战与后方宣传》一文，强调应重视宣传，区分敌我，加强国家民族的正确观念以减弱自私的心理，发挥全民抗战力量。重视乡村宣传，乡村为宣传的薄弱环节，乡间地方辽阔，农户散居，地方政府的力量有限，农民难以明了抗战的意义，发动力量无从谈起，建议国家到乡村去进行宣传。胡肇椿全面动员、全民抗战、重视乡村的主张与观念，显示其对国家现实的深刻认识。

1941年4月，抗日战争正烈之时，胡肇椿坚定抗战胜利的信心，发表了《筹设国立中央抗战建国博物馆刍议》，视抗日战争为"旷古未有之民族精神表现"，在战时就应该策划抗战建国完成后，抗战博物馆的建设，用以振奋民族精神。效法英国、美国、日本、俄，以博物馆开启民智，实现全民复兴。胡肇椿还拟备了国立中央抗战建国博物馆计划。

民国时期，胡肇椿有三段短暂的从政经历，一是1934—1935年间，任职南京立法院秘书处专员；二是抗日战争期间，任职广东民政厅和国民党宣传部、海外部，加入国民党；三是抗战胜利后，任职于广州市教育局。从政的胡肇椿始终坚持爱国主义和民族主义立场，支持抗日，并未与党和人民为敌。民国时期的胡肇椿，大部分时间从事业务工作，始终与政治保持了若即若离的关系，并未沉浸其中。同时，我们对历史人物，亦当常怀抱"同情之理解，理解之同情"，作为民国时期新学术的考古学与博物馆学，强调田野实践，不同专业团队分工合作，学术工作受制于政治、人脉、财务等等因素，与政治的关系甚至决定和影响着学术涉入程度。

胡肇椿在国民政府和国民党内的任职经历，影响了其进入新中国的境遇。他先于1950年作为旧公教人员入南方大学接受再教育，随后1951年在镇压反革命运动中被判刑，1955年在反对地方主义运动中接受管制，失去人身自由，不能正常工作。夏鼐先生说胡肇椿"以政治关系，误入歧途"，影响了其终身的学术发展，正是指此而言。

1956年9月，胡肇椿调入中山大学历史系，作为高级知识分子，受到政府和学校的优待，心情舒畅，重又开始学术工作，进行考古学教学与研究工作，参加考古发掘，于20世纪60年代初撰写发表《广州出土的汉代黑奴俑》《楼橹坞壁与东汉的阶级斗争》等文。

胡肇椿年谱

1904年（出生）

胡肇椿出生于广州一个开明富豪之家，父亲胡子晋（1876—1928年），为清末民初，著名报人，同盟会员，著名实业家，诗人。母亲朱婉白为胡子晋原配夫人。胡肇椿为家中长子，弟兄姊妹二十多人。

1907年（3岁）

随父亲胡子晋迁居辽宁营口。

1914年（10岁）

随父亲胡子晋返回广州，往返广州与香港之间。师从鹤山易大厂学习诗词[1]。师从岭南画派创始人高剑父，在春睡书院学习国画、章草。

1918年（14岁）

11月，入广州东山培正中学读书，并加入基督教，时黄启明任校长。

1920年（16岁）

6月，离开培正中学。

1921年（17岁）

1月，入读天津新学书院，该校为英国基督教会所办，以英语教学见长，学生英语水平较高，时英国人赫立德为校长。

1922年（18岁）

4月底，任天津第一团新学书院童子军工人夜校主任[2]。

1923年（19岁）

6月，天津新学书院毕业。

---

[1] 1929年2月胡肇椿《嘤鸣社东坡生日雅集诗稿诗一首》，有"最忆吾师易大厂"句。

[2] 天津市地方志编修委员会办公室、天津市图书馆编《〈益世报〉天津资料点校汇编》，天津：天津社会科学出版社，1999年，第1002页。"天津第一团新学书院童子军素以热心服务见称社会。近闻该童子军，在新学书院复创办工人夜学，专为该校一切校役厨役而设。内有国文、卫生、习字、圣经、尺牍、算学、作句诸科。闻已于前星期开学，教职员为该团高级童子军，主任为胡肇椿，教职员为李桂霖、倪学懋、司徒壮诸君。至该夜校，则纯取服务性质，并不收学费。书籍笔墨亦由童子军供给。噫此真童子军之创举，亦真童子军之新精神也。"

7月，入广州岭南农科大学读书（1927年改名为岭南大学农学院）。

1924年（20岁）

1月，离开岭南农科大学。

2月，考入北平私立燕京大学文学院国文系，与后任广州培正中学教务主任、香港培正中学校长李炎坽为同班同学[1]。本年国文学系教师有陈哲甫、周作人、沈尹默、沈士远、陈祉承、高曰采、顾名、马鉴和徐祖正，校长为司徒雷登。

1925年（21岁）

是年，盛建才入燕京大学文学院教育系。建才，早年名明漪，光绪三十年（1904年）农历三月初三日申时生于浙江天台县，父亲盛鸿焘，祖籍广东中山，清末任职浙江省乐清、瑞安、天台、永嘉、石门知事县令，民国任职镇海、兰溪各县知事。建才早年就读于沪江大学预科，后获燕京大学学士。先后任沈阳市同泽女子中学训育主任、杭州市立中学女子部主任、南京国民革命军遗族女校主任教员、澳门中德中学教师、广州东山培正中学国文科、英文科教师。盛建才与胡肇椿在燕京大学期间或者此前已经结婚（图一）。

本年燕京大学国文学系教师有陈介甫、周作人、吴雷川、沈士远、沈尹默、俞泽箴、沈兼士、马鉴、顾名、俞平伯、李清贤、徐祖正、许地山等。

图一　胡肇椿盛建才夫妇合照 (20世纪30年代前后)

---

[1]《本科及研究院毕业学生姓名录》，《私立燕京大学一览》（民国十九年至二十年度），燕京大学，1931年，第323—324页。

1926年（22岁）

本年仍在燕京大学国文系就读。教师有吴雷川、许地山、俞平伯、谢婉莹、杨振声、熊佛西等，吴雷川为系主任。

1927年（23岁）

9月，发表《中国童子军教育的新理想》于《青年翼》[1]。

11月30日，发表《对于中国现在国情下一个施行乡村教育底刍议》于《燕大月刊》[2]。

12月15日，发表《平晏卡原词》于《燕大月刊》[3]。

1928年（24岁）

1月12日，发表《个性教育、天才教育与个别教学》于《燕大月刊》[4]。

1月，燕京大学毕业，获文学学士学位，毕业论文为翻译印度语《那罗》十卷，许地山为其提供指导意见。

2月至7月，任教大连中华青年会初中。

4月22日（农历三月初三，壬辰日），章书宋代晏小山《蝶恋花》《临江仙》各一阕，赠呈田冈先生。"欲减罗衣寒未去，不卷珠帘，人在深深处。红杏枝头花几许？啼痕止恨清明雨。宿酒醒迟，恼破春情绪。远信还因归燕误，小屏风上西江路。长爱碧阑干影，芙蓉秋水开时，脸红凝露学娇啼。霞觞熏冷艳，云髻袅纤枝。烟雨依前时候，霜丛如旧芳菲，与谁同醉采香归。去年花下客，今似蝶分飞。壬辰上巳，敬录晏小山《蝶恋花》《临江仙》若一阕。即呈田冈方家先生教正。胡肇椿。"

5月15日，发表《调寄春从天上来》于《辽东诗坛》，"明皎春凝。正汉苑唐宫，水暖新醒。禊开南涧，草斗春庭。丛花围绣南屏。道当年捧剑，有金人、出水香莹。间千年。松山雅集，非效秦嬴。为纪三春令节，信谪仙雅举，追迹兰

[1] 胡肇椿《中国童子军教育的新理想》，《青年翼》，1927年9月。

[2] 胡肇椿《对于中国现在国情下一个施行乡村教育底刍议》，《燕大月刊》1927年第1卷第2期，第42—61页。

[3] 胡肇椿《平晏卡原词》，《燕大月刊》1927年第1卷第3期，第75—78页。

[4] 胡肇椿《个性教育、天才教育与个别教学》，《燕大月刊》1928年第1卷第4期，第73—83页。

亭。黍面羹香，华林柳细，谈锋史汉前言。忝追随席末，学参军、蛮语纵横。微醒后。一泓潋远，凉颤新樱。"[1]

8月9日，胡子晋致书陈垣，为胡肇椿请托陈垣长校（长校是指执掌大学）的辅仁大学附属中学教职[2]。胡肇椿此时似乎有志于从事中学教育。

12月，筹划自费赴日留学，向广东省教育厅呈核给留学证书，经准予转呈教育部核办[3]。最终获官费资助留学，"奉教育厅特准给费"，其身份为"研究实习"[4]。

本年，发表《临江仙》于大连《满洲报》[5]。

1929年（25岁）

2月留学日本前，回营口省亲，与诗社同好贺苏轼寿辰，作诗发表于《辽东诗坛》[6]，诗云"戊辰岁暮，出洋求学，行有日矣，道出连湾，将省亲营口，偶于报端拜读诗坛诸丈寿坡公生日诗，不禁技痒，因即成此，要求附骥以志别。"

"诗人多谓坡诗好，我今爱读东坡词。昔读坡诗喜豪迈，今谓坡词似胜诗。人论坡词胜粗豪，此语何得其皮毛。粗豪岂是诗本色，铜琶铁板江滔滔。坡词佳处在韶秀，介存（清词人周济字）一语脱庸陋。千年传诵贺新凉，社作此为屈指首。最忆吾师易大厂，每谓坡才海浩瀚。坡词佳处不易为，效颦画虎增感叹。东坡凡事文而质，刻意求工为不屑。书画文章信笔来，诗余也值人心折。我于作诗非当行，陈兹数语藏吾拙。坡是仙才似谪仙，吾辈伧庸难颉颃。年年十二月十九，料得诗人寿坡叟。此行万里隔重洋，也为寿坡尽厄酒。"

2月，入读日本东京成城学校。胡肇椿在东京近畿租住一豪华轩敞楼房，自名"黄幔宫"，并有《黄幔宫闲墨集》，1934年修订补充为《黄幔宫忆谭》发表，记

[1] 胡肇椿《调寄春从天上来》，《辽东诗坛》1928年第35期，第18—19页。

[2] 《胡子晋致陈垣书信》，陈智超编注《陈垣来往书信集》，上海：上海古籍出版社，1990年，第372页。

[3] 《教育厅十七年十二月份下半月办事报告》，《广东省政府年刊十七年份》，1929年10月，第329页。

[4] 广东驻日学生经理处编《民国十九年广东留日学生在学状况一览》，1931年，第2页。

[5] 赵寰宇《〈满洲报〉小说研究》，吉林大学博士论文，2016年12月，第48页。

[6] 胡肇椿《嘤鸣社东坡生日雅集诗稿诗一首》，《辽东诗坛》1929年第42期，第13页。嘤鸣社于农历十二月十九日，阳历1929年1月29日，大苏生日雅集于大连东兴居川菜酒楼，胡肇椿诗作于此后。

录旅日见闻，包括日本教育、交通、市井风俗、文化、文物及与日本学者文人交游等。中录胡肇椿旅日诗词三首。

春，八重樱花开，与友人畅游，作《减兰》"岚山风曙，载我轻烟湖上路。一颗孤尘，也傍飞花逐水纹。花狂时节，浊酒一杯腰百折。玉趾妖娆，软踏风花渡月桥。"

于箱根松坂屋作《南歌子》云"竟日餐山色，深更卧雨声。间关离梦却分明，渐觉三分春冷，着身轻。山暝花魂湿，屋高檐漏清。连宵恋蛮雨伴春行，争负碧云情意，碧云心。"

于京都百万遍古寺，作词录梦"野云漫天初霁，炉光乍烬还寒，宿醒人懒梦方喧。铁衾故我，心境尚从前。悲乐枯荣休问，也应同入哀弦，百年心事一丝烟。过江寒月瘦，窥梦入中年。"

4月12日（农历三月初三日），胡子晋作诗《己巳上巳客连湾成诗寄北平燕京大学三媳盛明漪明漪生甲辰上巳》发表于《满洲报》之"消闲世界"栏目[1]。

5月，盛建才燕京大学毕业，获教育学学士学位，毕业论文《评论中国各教育家对于乡村小学的意见》。

6月15日，翻译原田淑人《汉代之釉陶俑》发表于燕京大学《睿湖》杂志。译文在原田原文基础上补充若干注释，为胡肇椿第一篇考古学译文[2]。

10月10日，胡子晋在营口参加商会庆祝双十国庆欢宴，脑溢血发不治，享年52岁。胡肇椿被召回国处理后事[3]。

---

[1] 赵寰宇《〈满洲报〉小说研究》，吉林大学博士论文，2016年12月，第47页。

[2] ［日］原田淑人著，胡肇椿译《汉代之釉陶俑》，《睿湖》1929年第1期，第30—42页。

[3] 《辽东诗坛》第五十二号（昭和五年一月）《追悼胡子晋、吴胥苏小集诗稿》之《序言》记胡子晋事迹："胡子晋先生广东南海人，善诗文。少时即有声誉，曾充新闻记者，于革命颇有功。橐笔来辽，历有年所，曾被任为新疆实业厅长，不就。寄居营口办理实业，暇时以诗歌自遣，常往来连营哈沈各地，交游颇广。今年双十节，忽以脑病逝世。缨鸣诗社同人，以与先生久为文字交，特订于月十六日，在大连电气游园之登瀛阁，开追悼诗会，以表哀感。"载李勤璞《大连文化史札记》，沈阳：万卷出版公司，2012年，第49—50页；胡肇杨《追悼胡子晋、吴胥苏小集诗稿》之《哭子晋二伯父》，《辽东诗坛》1930年第52期，第24—26页；周汉光《张之洞与广雅书院》，广州：广东人民出版社，2012年，第433—434页。

1930年（26岁）

3月18日至22日，与弟胡肇东、胡肇棨在《申报》刊登《鸣谢先施人寿赔款》声明，感谢先施人寿及时赔付胡子晋寿险金额，申明自己亦在该公司投保，愿意向公众代为推荐[1]。

4月，东京成城学校肄业。

5月，入读京都大学考古学研究室，师从滨田耕作教授研习美术考古。

5月，为日本《朝日新闻》创办人本山彦一（字松荫）贺杖朝荣寿作《长寿乐》（图二），"清春未宴。忽仰觇，南极星光煊烂。海外传来，蓬瀛岛上，却有香山堪传。只修龄、不老恁但，鹤龟长羡问。怎生束帛，安车迎见，口碑在功业，惊人何限。"[2]并在《本山松荫先生杖朝荣寿艺文编》题"本山百寿"扉页。

8月15日，发表《寄广州何七》诗于《辽东诗坛》，"晚凉一路蛙声急，十载论交意未忘。早歎因循负怀抱，讵伤忧患惧星霜。画楼人醉歌红豆，彩笔诗成教绿郎。锦缆可曾归岭海，人间谁共好晨光。"[3]

10月，翻译木宫泰彦《日支交通史》书之《日本遣唐使废绝后之唐日交通考》发表于《睿湖》杂志[4]。

11月14日至18日，随京都大学梅原末治及史学系考古专业同学发掘明石郡垂水町歌敷山墓葬[5]。

1931年（27岁）

1月5日，时盛建才任职于杭州市立初中第二部主任，胡肇椿于杭州访沙孟海，纵谈考古[6]。

---

[1]《鸣谢先施人寿赔款》，《申报》1930年3月18日、19日、20日、21日、22日。

[2]［日］石村诚一《本山松荫先生杖朝荣寿艺文编》，每日新闻大连支店排印本，1930年5月。

[3] 胡肇椿《寄广州何七》，《辽东诗坛》1930年第58期，第18页。淮海（田冈正树（1865—1936年）赞胡肇椿"尤善诗赋，词才瑰丽，具锦心绣肠"。

[4]［日］木宫泰彦著，胡肇椿译《日本遣唐使废绝后之唐日交通考》，《睿湖》1930年第2期，第55—56页。

[5] 胡肇椿《考古学研究热潮中，现代考古学者应取的态度与方法》，《考古学杂志》1932年创刊号，第9—21页；
　　［日］梅原末治《垂水歌敷山古坟の调查》《兵库县史蹟名胜天然纪念物调查报告书》，1931年第8辑，兵库县。

[6] 朱关田《沙孟海全集》12（日记卷4），杭州：西泠印社出版社，2010年，第1389页。

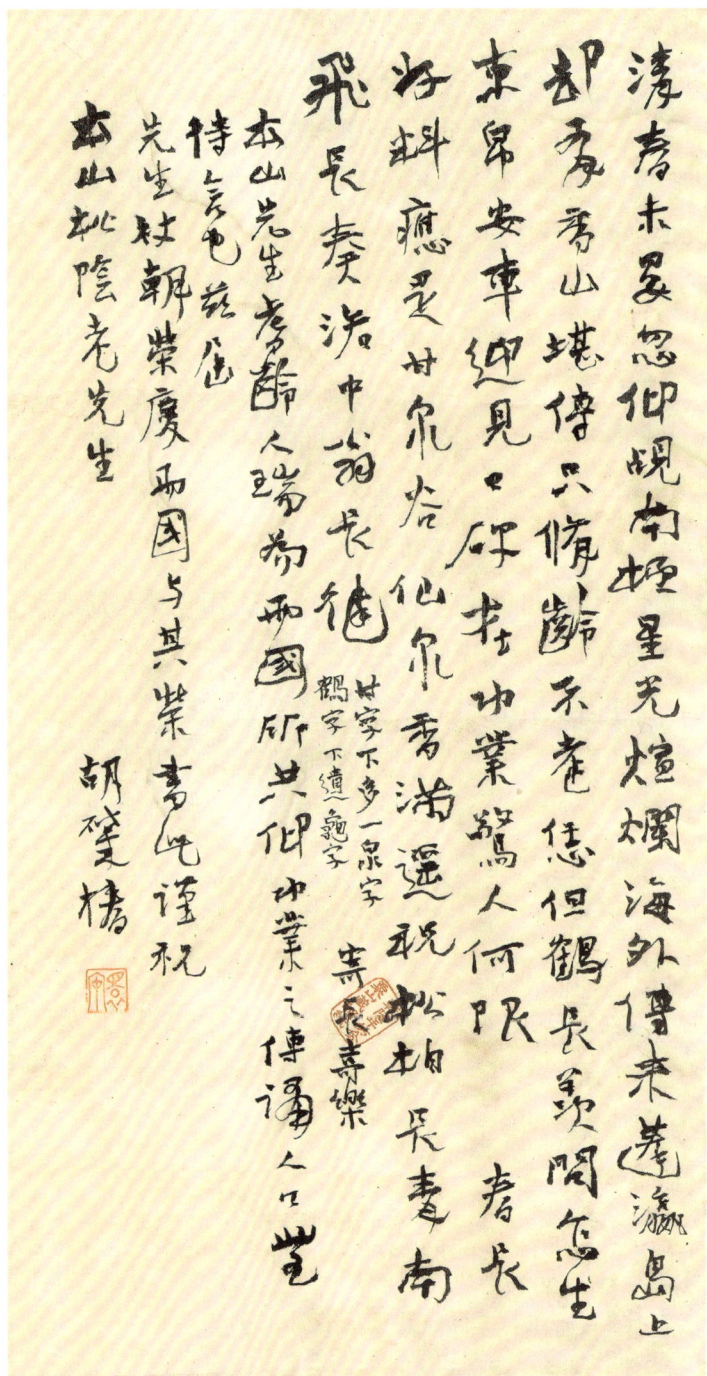

图二　胡肇椿为本山桃荫作《长寿乐》（1930年）

361

1月，参与谢英伯举办广州黄花考古学院，任研究员，与谢英伯、蔡守、朱庭祐、杨成志、曾传轺共事[1]。

1月30至2月2日，主持发掘广州市东北郊木塘岗——即执信学校汉代砖室墓（胡肇椿在不同文章中使用的名称不一致，有时使用木塘岗汉墓，有时使用执信学校汉墓，因此使用破折号代为说明）[2]。

2月26日至3月5日，蔡守、谈月色携工务局第二队工人20名及工目李广——皆经胡肇椿木塘岗发掘训练——发掘东山猫儿岗汉墓一座[3]。

7月，日本京都大学硕士肄业回国（胡肇椿在日本的时间从1929年2月至1931年7月，先后在成城学校，京都大学学习，1931年上半年在广州进行发掘工作，在日本学习时间不长，类似游学性质，应该没有拿到学位。不过1939年从美国接受培训回来之后，有些文章就直接称呼胡肇椿为博士了）。

8月，与盛建才居住广州黄花岗黄花考古学院，用化学药剂洗涤青铜器，研究发掘材料，代为主持院务，并结识曾传轺[4]。

10月1日起，兼任国立中山大学文学院史学系副教授，讲授考古学概论（周四学时）、东亚考古学（周二学时）、青铜器时代研究（周三学时）和东洋殉葬制度（周二学时）[5]。这是国立中山大学首次系统开设考古学课程。时国立中山大学校长为许崇清，文学院院长为刘奇峰。

10月，与谈月色、蔡守、曾传轺、冯钢百、谢英伯、李铁夫等在黄花考古学院接待蔡元培、张继，并合影留念，蔡元培为《考古学杂志》题写刊名[6]。

11月中旬，踏查、试掘广东省教育厅后园（现广州解放北路迎宾馆）清尚王府遗址，出土有汉至明的遗物[7]。发掘期间，结识书画鉴藏家陆丹林[8]。

---

[1]《考古学杂志》1932年创刊号刊内照片。

[2] 胡肇椿《广州考古事业之纪略》，《西南研究》1932年创刊号，第55—58页；胡肇椿《广州古物发掘追记》，见《广东文物》（下册），香港中国文化协进会，1941年，第1012—1019页。

[3] 蔡守、谈月色《发掘东山猫儿岗汉冢报告》，《考古学杂志》1932年创刊号，第93—108页。

[4] 胡肇椿《带泪听歌——忆曾传轺作》，《大风》1941年第98期，第3303—3304页。

[5]《文学院布告》，《国立中山大学日报》1931年9月29日，第2版。

[6] 照片《本社同人欢迎张蔡二公摄影》，《艺彀》1932年第1期，第11页。

[7] 胡肇椿《广州考古事业之纪略》，《西南研究》1932年创刊号，第55—58页。

[8] 胡肇椿《带泪听歌——忆曾传轺作》，《大风》1941年第98期，第3303—3304页。

12月2日至3日，主持发掘广州西郊大刀山晋墓一座[1]。

12月底，与朱庭祜、蔡守、杨成志、曾传轺在广州东郊调查石器时代遗迹。

本年，翻译木宫泰彦《日支交通史》书之《原史时代以迄汉魏之际之中日交通考》分两期发表于《东北文化》杂志[2]。

1932年（28岁）

1月，主持发掘广州北郊黎庄六朝墓四座，经后世盗扰，出土陶瓷器有晚至南宋者[3]。

1月15日，由胡肇椿编辑《考古学杂志》创刊号出版，收录胡肇椿论文三篇和考古报告一篇。其中《考古学研究热潮中，现代考古学者应取的态度与方法》文，完成于1931年3月17日京都大学考古研究室，系统阐述了胡肇椿考古学理念与规划，涉及与金石学的分野、培育考古人才、认识遗物价值、明确考古学研究范围、倡导多学科合作和科学方法、公众考古教育。

2月10日，应杨成志约稿撰写《广州考古事业之纪略》发表于《西南研究》创刊号[4]。

3月，主持发掘广州东郊坟头岗汉至六朝墓群[5]。

本年春，与曾传轺多日试掘东山寺贝底和梁氏祠附近的蝇蚊（绳纹）大瓦，并且推荐曾传轺在东山培正中学教书。

本年春，居上海迈尔西路诚德里，与郑师许同里，结识并引为知己。胡肇椿"有开办考古学书店专印考古学书籍之拟议。"[6]

5月22日中午，与盛建才在杭州杏花村酒家遇顾颉刚。23日，拜访顾颉刚并长谈，后者颇思慕盛建才风采。29日，顾颉刚过府拜访。31日，顾颉刚与张文理再

[1] 胡肇椿《广州市西郊大刀山晋冢发掘报告》，《考古学杂志》1932年创刊号，第109—133页。

[2] ［日］木宫泰彦著，胡肇椿译《原史时代以迄汉魏之际之中日交通考》，《东北文化》1931年第163期，第9—12页；《东北文化》1931年第165期，第7—9页。

[3] 胡肇椿《广州古物发掘追记》，《广东文物》（下册），（香港）中国文化协进会，1941年，第1012—1019页。

[4] 胡肇椿《广州考古事业之纪略》，《西南研究》1932年创刊号，第55—58页。

[5] 胡肇椿《广州古物发掘追记》，《广东文物》（下册），（香港）中国文化协进会，1941年，第1012—1019页；广东省地方史志编委会编：《广东省志·文物志》，广州：广东人民出版社，2007年，第11页。

[6] 郑师许《〈考古学研究法〉译者序》，《学术世界》1935年第1卷第7期，第51—53页。

访。6月1日早，与万文渊送顾颉刚至车站。12月31日，顾颉刚日记列史学专业各方向之优秀者，考古为胡肇椿、袁复礼、李济、董作宾、裴文中、翁文灏[1]。

6月，发表《读郭沫若甲骨文字研究释祖妣辨社》于谈月色与蔡守编《艺觳》初集[2]。发表《日本古代埴轮之研究》于《国立中山大学文史研究所辑刊》，该文完成于1931年4月27日京都大学，主要内容由埴轮研究史、埴轮类型、埴轮在遗址中的情景、埴轮起源四部分构成，全文形式逻辑清晰、类型学运用合理、重视考古情景、探讨器物起源等等，显示出胡肇椿考古学能力已经比较成熟[3]。

7月14日，被聘为上海国立暨南大学二十一年度大学部教授，隶属文学院[4]。该校校董为林森、马超俊、吴铁城、陈立夫、余井塘、孙科、郑洪年，校长郑洪年，文学院院长陈中凡。

9月12日起，为一年级不限专业学生开设必修课基本国文甲、基本国文乙，三学分，每周二学时；为不限年级史学社会学系开设选修课中国古代风俗史，三学分，每周三学时[5]。

秋，在杭州闲居，邀曾传轺赴杭州肺病疗养院治疗，曾传轺未应。

11月，长女胡亮（后改名胡兰）出生。

1933年（29岁）

2月起，为一年级不限专业学生开设必修课基本国文甲、基本国文丁，三学分，每周二学时；为史地系开设选修课中古社会生物史，三学分，每周三学时[6]。

4月29日，与董作宾、张天方（张凤）、卫聚贤、鲍扶九等聚会于郑师许上海家中（四部书斋），论及各类秘戏饰文[7]。

---

[1] 顾颉刚《顾颉刚日记》第2卷（1927—1932），联经出版事业公司，2007年，第639，640，642，643，727页。

[2] 胡肇椿《读郭沫若甲骨文字研究释祖妣辨社》，《艺觳》1932年第1期，第8—10页。

[3] 胡肇椿《日本古代埴轮之研究》，《国立中山大学文史研究所辑刊》1932年第2期，第36—63页。

[4] 《校长布告》第七号，《暨南校刊》1932年第24期，第2页；《大学部各学院教职员一览表二十一年度》《暨南校刊》1932年第25期，第2页。

[5] 《二十一年度第一学期大学部各学院准开学程》，《暨南校刊》1932年第31期，第5页。

[6] 《二十一年度第二学期大学部各学院系准开学程表》，《暨南校刊》1933年第51期，第9—10页。

[7] 郑师许《秘戏饰文之研究》，《民俗》1933年第119期，第7—9页。

5月1日，兼任暨大教务委员会出版课课长[1]。

5月，致信国立中山大学罗香林教授，信中提及曾代《中山大学文史学研究所月刊》向上海交通大学郑师许教授约稿《沈子它敦盖新释》[2]。

5月14日晚7时至9时，中国考古会第一次理事会议在霞飞路觉林蔬食处举行首次理事会议。讨论成立常务理事会，推举蔡元培、叶恭绰、刘海粟、顾燮光、杨杏佛、吴湖帆、张天方（张凤）七人为常务理事。根据会章及大会议决案，设立调查、编辑两委员会，胡肇椿被选为编辑委员。调查委员为顾燮光、阎甘圆、曾传辂、陈伯衡、梁思成、孙淑仁、李济元、杨见心、钱寿萱、陈淮生、程文龙、李国松、寿天章、卫聚贤、王秋湄、孙维道、谈月色、范成、李博仁、王席珍、张中李、叶品三、周伯澄等。编辑委员为郑午昌、胡小石、容肇祖、王福庵、胡肇椿、王济远、蔡师余、吴宜常、蔡蔚挺、郑师许、董作宾、许子猷、蒋恢吾、叶洪渔、汪东、滕固、高野虞、柯燕舲、卫聚贤、丁仲祜、许道元、陆丹林、鲍扶九、褚礼堂、田玉芝、邹适庐、蔡哲夫、失钵文、靳克夫等[3]。

5月24日，在大学部会议室参加教务委员会第十次会议。出席者陈中凡、胡肇椿、钱祖龄、费哲民、孙越、张耀翔、郭一岑（由李石岑代）、李石岑、张栗原、郑宝宁、区克宣（由郑宝宁代）、洪深（钱祖龄代）、张凤、吕子方、于基泰、孙如桂、姚则崇、杨裕芬、樊守执、叶渊（樊守执代），列席者尹育民，主席于基泰[4]。

5月29日，于大学部会议室列席教务委员会第一次常务会议。出席者郑宝宁、于基泰、费哲民，列席者胡肇椿、杨裕芬，主席于基泰[5]。

5月31日上午11时，出席暨大成立六周纪念筹备会，出席者秘书处杨裕芬、曾克嵩、商学院郭盛尊、图书馆张天方（张凤）、注册课郑实宁、出版课胡肇椿、指导课蔡春曦、体委会秦德瑜、文书课陈中孚、庶务课鲍寿康、出纳课龚懋德、

[1]《校长布告》第122号，《暨南校刊》1933年第63期，第2页。

[2]《胡肇椿致罗香林书》（约1933年5月10日），见马楚坚主编《罗香林论学书札》，广州：广东人民出版社，2009年，第291—292页。

[3]《中国考古会理事会议》，《申报》1933年5月16日。

[4]《教务委员会第十次会议记录》，《暨南校刊》1933年第66期，第13—14页。

[5]《教务委员会第一次常务会议记录》，《暨南校刊》1933年第66期，第14页。

卫生课唐斐礼、印务课陈其英、文化部魏振华，列席者莲韬俱乐部杨泽蕲、实验剧社龙自强，主席杨裕芬。会议议决胡肇椿、陈其英为刊物股职员[1]。

上半年，赠容肇祖广州墓砖有罗马数字者，供容氏研究[2]。

6月，发表《玉话》一文于上海《文华》杂志，发布玉器9件，其中有琮2件、璜2件、环2、瑗1件、璇玑1件、鱼形佩1件，讨论玉料产地、玉器起源流播等现代考古学性质的问题[3]。

6月，发表《古物的修复和保存》于暨大主办《文史丛刊》。

6月23日上午9时，于大学部会议室参加教务委员会第十二次教务会议。出席者张栗原、胡肇椿、洪深、孙越、郭一岑、张耀翔（郭一岑代）、陈中凡、龙沐勋（陈中凡代）、钱祖龄、杨裕芬、邝嵩龄（张道深代）、郑宝宁、李石岑（张栗原代）、汤彦颐、费哲民、孙寒冰、温崇信（朱通九代）、于基泰，列席者尹育民，主席陈中凡[4]。下午1时，于暨大大学部会议室列席教务委员会第三次常会[5]。出席者于基泰、郑宝宁、费哲民，列席者胡肇椿、杨裕芬，主席于基泰。

6月24日，继续兼任出版课课长，并新兼任廿二年度图书馆主任。张凤因专任教务，辞任图书馆主任[6]。

6月29日，续聘文学院教授[7]。发布学校图书馆暑期开放时间布告[8]。

7月26日上午10时，于大学部会议室列席大学部教务委员会第四次常务会议。出席者郑宝宁、于基泰、费哲民，列席者杨裕芬、胡肇椿，主席于基泰[9]。

8月1日12时，在真如鸳园参加第一次校务会议。出席者郑洪年、吕子方、周谷城、朱通九、温崇信、张耀翔、于基泰、陈中凡、张凤、张世禄、汤彦颐、邝嵩龄（张道深代）、王海帆、刘士木、胡肇椿、奚玉书、杨裕芬、郑宝宁，主席郑

[1]《国立暨南大学成立六周纪念筹备会议事记录》，《暨南校刊》1933年第66期，第12—13页。

[2] 容肇祖《广州出土墓砖罗马数字考》，《辅仁广东同学会半年刊》1934年第2卷第1期，第14—15页。

[3] 胡肇椿《玉话》，《文华》1933年第38期，第143—44页。

[4]《教务委员会第十二次教务会议记录》，《暨南校刊》1933年第69—70期，第10页。

[5]《教务委员会第三次常会记录》《暨南校刊》1933年第69—70期，第11页。

[6]《校长布告》第3号/第5号，《暨南校刊》1933年第69—70期，第4—5页。

[7]《校长布告》第12号，《暨南校刊》1933年第69—70期，第6页。

[8]《图书馆布告》第22号，《暨南校刊》1933年第69—70期，第8页。

[9]《大学部教务委员会第四次常务会议记录》，《暨南校刊》1933年第71期，第8页。

洪年[1]。

二十二学年第一学期，为一年级学生开必修课基本国文甲、基本国文乙，三学分，周四学时[2]。

9月10日11时，于四马路味雅酒楼参加国文教授讨论会第一次会议，出席者张世禄、顾名、杨裕芬、胡肇椿、曾克耑、曹聚仁，出席指导者郑洪年、陈中凡，列席者戴焕文、任睦宇[3]。

9月23日，为卫聚贤《中国考古小史》题跋，论述推进考古学发展，有编撰考古学史、考古学辞典、考古学丛书等计划，强调现代考古者应任劳任怨，并撰写《广州市近郊之考古发掘述略》[4]。下午6时，于四马路味雅酒楼参加国文教授讨论会第一次临时会议。出席者顾名、曾克耑、龙沐勋、张世禄、李冰若、胡肇椿、杨裕芬，列席者蓝文海[5]。之后，参加第四届莲韬俱乐部全体大会，被选为理事，与樊守执、魏振华任交际理事[6]。

9月25日下午4时，校总办公厅会议室列席临时校务会议，并报告最近图书购置情形[7]。

9月，与卫聚贤起草《国立暨南大学西北考古探险团计划》，促成史地系师生的西北考古探险[8]。

10月2日，西北考古探险团开训练班，由张凤、胡肇椿、卫聚贤训练[9]。

10月9日下午5时，在大学部总办公厅出版课召开西北考古探险团第一次团务会议，报告探险团进展，敦促尽快拨款。出席者卫聚贤、胡肇椿，列席者毕熙民、

---

[1] 《第一次校务会议记录》，《暨南校刊》1933年第71期，第7页。

[2] 《二十二年第一学期大学部准开学程》，《暨南校刊》1933年第72期，第37页。

[3] 《国文教授讨论会第一次会议记录》，《暨南校刊》1933年第73期，第9页。

[4] 卫聚贤《中国考古小史》，商务印书馆，1933年，见于书末单独编页码；胡肇椿《广州市近郊之考古发掘述略》（1932年9月23日于真茹四才阁），《中国考古小史》，第75—77页。

[5] 《国文教授讨论会第一次临时会议记录》，《暨南校刊》1933年第75期，第10—11页。

[6] 《莲韬俱乐部第四届全体大会》，《暨南校刊》1933年第75期，第15页。

[7] 《临时校务会议记录》，《暨南校刊》1933年第75期，第8页。

[8] 张晓辉、夏泉《暨南大学史1906—2016》，广州：暨南大学出版社，2016年，第62页；《西北考古报告》，上海市档案馆，Q240—1—16—50。

[9] 《西北考古探险团第一次团务会议记录》，《暨南校刊》1933年第77期，第9页。

邓后炎，主席卫聚贤。

10月13日上午10时，参加教务处图书馆第二次馆务会议，讨论购书、安置、编目诸项。出席者胡肇椿、龙自强、汪善录、温文耀、鲍益清、黄兆霖、曾毅夫，主席胡肇椿[1]。

10月19日下午4时，任菊花大会筹备委员。21日上午9时，出席菊花大学筹备委员会第一次会议，并被简任为文书编撰股干事。23日上午9时，在西园出席菊花大会文书编撰股务会议[2]。

10月22日下午4时，在本校总办公厅会议室列席临时校务会议[3]。

10月29日下午5时，在真如暨南村八号胡肇椿住宅召开国文教授讨论会第三次常会，出席者陈中凡、张世禄、龙榆生（沐勋）、李冰若、曾克耑、顾名、杨裕芬、胡肇椿，列席者戴焕文、蓝文海、任睦宇，主席胡肇椿[4]。

11月1日下午4时，在本校会议室列席第四次校务会议[5]。

11月8日下午1时，在出版课办公室主持教务处出版课第一次课务会议[6]。

11月13日下午4时，参加教务处第一次处务会议[7]。

12月4日下午4时，在校会议室列席第五次教务会议[8]。

12月6日下午4时，列席第五次校务会议，讨论设立图书委员会，与吕子方、张凤为委员，胡肇椿为召集人。组织规程草案交胡、吕、张三位审查修正，送校长公布[9]。

---

[1]《教务处图书馆第二次馆务会议》，《暨南校刊》1933年第77期，第9页。

[2]《秘书处第十次处务会议记录》，《暨南校刊》1933年第78期，第12页；《菊花大会筹备委员会第一次会议记录》，《暨南校刊》1933年第78期，第13页；《菊花大会筹备委员会文书编撰股股务会议记录》，《暨南校刊》1933年第78期，第13页。

[3]《校长布告》第4号，《暨南校刊》1934年第88期，第5页。

[4]《国文教授讨论会第三次常会会议记录》，《暨南校刊》1933年第81期，第6页。

[5]《二十二年度第四次校务会议记录》，《暨南校刊》1933年第80期，第7页。

[6]《教务处出版课第一次课务会议》，《暨南校刊》1933年第81期，第5页。

[7]《教务处第一次处务会议记录》，《暨南校刊》1933年第82期，第7页。

[8]《第五次教务会议记录》，《暨南校刊》1933年第85期，第7页。

[9]《二十二年度第五次校务会议记录》，《暨南校刊》1933年第85期，第5—7页。

12月8日下午6时，在真如暨南村二号杨裕芬住宅召开国文教授讨论会第三次常会会议，出席者张世禄、李冰若、陈中凡、龙沐勋、胡肇椿、杨裕芬，主席杨裕芬[1]。

12月，发表《化学在考古学——古物的修复和保存》一文于《上海各大学联合会会刊》[2]。

12月，为暨大寒假毕业同学会捐洋1元[3]。

12月21日，不再兼任教务处出版课主任[4]。

12月25日，发布启示，不再负责编辑《暨南校刊》[5]。

1934年（30岁）

1月，国民党蒋介石控制的黄埔系、CC系势力操纵暨大学生，发动驱逐元老派校长郑洪年风潮。

2月1日，郑洪年赴南洋视察华侨教育，为暨大筹募基金，沈鹏飞代理暨大校长莅临视事。

2月5日，请辞文学院院长兼职[6]。郑洪年、胡肇椿同属孙科一派，郑洪年遭驱逐，影响了胡肇椿的去留。

本年春，嘱郑师许拟定考古学丛书编印计划（即郑师许《通俗考古学丛书编辑计划》所设想，但该丛书未实现，部分考古学著作以上海市博物馆丛书出版），并自任将吴理（Woolley, Charles Leonard）《考古发掘方法论》译出[7]。

5月，任南京国民政府立法院秘书处专员，秘书长梁寒操[8]。

8月1日至4日，得梁寒操、钱博泉相助，由南京乘火车经徐州、开封、郑州赴

---

[1] 《国文教授讨论会第四次常会会议记录》，《暨南校刊》1933年第85期，第8—9页。

[2] 胡肇椿《化学在考古学——古物的修复和保存》，《上海各大学联合会会刊》1933年第1期，第32—40页。

[3] 《1933年寒假毕业同学会鸣谢捐款启示》，《暨南校刊》1933年第87期，第10页。

[4] 《校长布告》第141号，《暨南校刊》1933年第87期，第1页。

[5] 《胡肇椿启示》，《暨南校刊》1933年第87期，第10页。

[6] 《校长布告》第4号，《暨南校刊》1934年第88期，第5页。推测：驱郑风潮中，张中凡辞任院长，胡肇椿短暂任文学院长。

[7] 郑师许《〈考古学研究法〉译者序》，《学术世界》1935年第1卷第7期，第51—53页。

[8] 《立法院职员录》，1935年版和1937年版均载胡肇椿。胡肇椿出任立法院专员似乎与1933年1月，孙科赴南京任立法院院长，简又文奉命出任立法院第三届立法委员，梁寒操任立法院秘书长有关。

洛阳调查龙门石窟、白马寺考察[1]。

12月6日，发表《赠少强先生》于《天津商报画刊》，"诗情画意，说尽凄凉千万事。舒写哀愁，一幅流民郑侠图。寒衣未剪，血映朱门风雪颤。一瞥浮生，点滴丹青入泪痕。"[2]

1935年（31岁）

3月25日，翻译罗素（Bertrand Russell)《理性的反动》发表于中山文化教育馆编《时事类编》[3]。

中山文化教育馆为孙科推动设立的，为阐明孙中山学说和思想，恢复中华固有文化，以发扬民族精神为目的的机构，位于南京中山陵园内。

4月10日，翻译舒梅（Roger V. Shumate）《亨利·亚当士的政治哲学》发表于《时事类编》[4]。

7月至12月，与郑师许合作翻译滨田耕作日译瑞典孟德鲁斯名著《考古学研究法》，分六期刊于陈柱主办之《学术世界》[5]。

8月，翻译出版英国吴理《考古发掘方法论》（插图版）一书作为史地小丛书之一种[6]。

9月，《中国社会教育社社员一览》记录胡肇椿为社员，显示此前已经加入中国社会教育社。至1937年5月《中国社会教育社社员一览》中，则不见胡肇椿信息[7]。

9月，长子胡博出生于杭州清河坊。

10月，与曹春霆编著《古物之修复与保存》出版[8]。

---

[1] 胡肇椿《考古入洛记》，《红蓝》1947年第8卷第2期，第26—32页。

[2] 胡肇椿《赠少强先生》，《天津商报画刊》1934年第13卷第5期，第1页。

[3] ［英］罗素著，胡肇椿译《理性的反动》，《时事类编》1935年第3卷第6期，第49—59页。

[4] ［英］舒梅著，胡肇椿译《亨利·亚当士的政治哲学》，《时事类编》1935年第3卷第7期，第59—66页。

[5] 《学术世界》1935年第1卷第2—7期；（瑞典）孟德鲁斯著，滨田耕作日译，郑师许，胡肇椿汉译《考古学研究法》，世界书店，1936年。

[6] ［英］吴理（C. L. Woolley）著，胡肇椿译《考古发掘方法论》（插图版），上海：商务印书馆，1935年。

[7] 《中国社会教育社社员一览》，1935年9月，第28页；《中国社会教育社社员一览》，1937年5月。

[8] 胡肇椿、曹春霆编著《古物之修复与保存》，上海：上海市博物馆，1935年10月。

10月，发表《琉璃辨》一文于《中山文化教育馆季刊》[1]。

10月底，代表孙科赴泰山迎接冯玉祥到南京。

11月，与郑师许至上海亚洲文会图书馆，访印度语考古文献二十余种[2]。

11月14日，上海市博物馆临时董事会，在八仙桥青年会九楼举行第二次会议。主席叶恭绰，会议决定筹备处设在爱麦虞限路中华学艺社内，推选李大超为筹备处主任、胡肇椿为副主任，推选卫聚贤、周仁、江小鹣、黄宾虹、吴湖帆、程演生、叶恭绰为选购委员会委员等事项。16日，开始于爱麦虞限路中华学艺社内办公[3]。

冬，中国营造学社叶恭绰、安徽省立图书馆吴天植、安徽大学李顺卿、上海博物馆胡肇椿、郑师许、上海市图书馆洪遽、考古学社容庚、金陵大学中国文化研究所商承祚、东方文化学会程演生、国立北平图书馆袁同礼共同发起组织寿县史迹考察团，公推叶恭卓为团长，郑师许为秘书。复由程演生、胡肇椿、郑师许起草《寿县史迹考查团章程》。另共同起草《寿县史迹考查团请款说贴》向中英庚款委员会请款，此《说贴》实为最早之项目申请书，具备研究背景、学术意义、工作计划、经费预算等项[4]。

冬，加入考古学社，为第二期会员[5]。

1936年（32岁）

1月18日，筹备中的上海市博物馆公开招考服务生，报名者70余人，最终录取6人，并办服务生训练班。胡肇椿、徐蔚南、郑师许和陈端志分别讲授博物馆学、

---

[1] 胡肇椿《琉璃辨》，《中山文化教育馆季刊》1935年第2卷第4期，第1257—1263页。

[2] 郑师许《印度考古学发达史》，《考古》1935年第3期，第133—153页。

[3] 李大超、胡肇椿《上海市博物馆筹备经过报告》，《中国博物馆协会会报》1937第2卷第3期，第6—10页。

[4]《寿县史迹考查团组织成立》，《学风》1936年第6卷第5期，第1—2页。

[5]《考古学社第二期社员名录二十四年七月至二十五年六月》，《考古》1935年12月第3期，第209—242页。
　　另参考容庚《记考古学社》，《考古杂志》1936年第33卷第1期，第339—341页。考古学社是燕京大学教授容庚等联络徐中舒、董作宾、顾廷龙、邵子风、商承祚、王辰、周一良、容肇祖、张荫麟、郑师许等35人于1934年9月1日成立的，原拟名金石学会，正式成立时定名为考古学社。拟组织考古调查、交流考古学与古器物学上的新知识。1935年冬，考古学社社员约80人，年岁自21至65，涉及江苏、浙江、河南、安徽、河北、湖北、广东、湖南、辽宁、山东、云南、福建、江西13省，另有英国和加拿大社员各一名。教育界占十分之七。

上海史地、美学、考古学、摄影制图和工具书等。叶恭绰、黄宾虹、江小鹣、李大超等都曾作专题演讲，训练期限达六个月之久[1]。

2月上旬，与顾培懋赴京，接受何遂捐赠或寄存于上海博物馆文物七千余件[2]。

3月，参与简又文创办的上海文史半月刊《逸经》，负责考古类文章的编辑[3]。

春，寿县史迹考察团向中英庚款董事会请款发掘整理研究寿县李三孤堆，获同意[4]。

4月3日下午4时，在敏体尼荫路上海青年会，参加中国建筑展览会第五次常务委员会会议。参会者有黄首民、董大酉、张荣熙、徐蔚南、裴燮钧、陈端志、庄俊、赵深、叶恭绰、郑师许、卢奉璋（赵深代）、陶桂林、李大超。胡肇椿任中国建筑展览会（会期4月9日至15日）陈列组副主任，主任林徽因、董大酉[5]。

4月19日下午4时，在敏体尼荫路上海青年会，参加中国建筑展览会第二次发起人会议。同时参会者有叶恭绰、黄伯樵、周仁、沈君怡、李谦若、庄俊、杜彦耿、吴德润、卢树森、陈端志、张效良、李大超、孙孟刚、王星垣等三十余人，叶恭绰报告展览经过，经费收支等项。议决推叶恭绰、梁思成、董大酉、杜彦耿、徐蔚南、胡肇椿、陈端志七人为纪念刊编辑委员[6]。

4月，市政府任命胡肇椿为上海博物馆馆长，陈端志为总务主任，徐蔚南为历史部主任，郑师许为艺术部主任。上海博物馆其他职员，干事江天铎、薛保伦、金道一、叶昇、杨秋人、蒋兆熊、黎协万、杨宽、盛公木、曹春霆、顾志刚、黄心维，事务员吴文伯、奚润珠、方经遂。该年胡肇椿住上海市中心民献路邮亭里一号，电话七七〇三九[7]。

7月，发表《现代化博物馆与学校合作问题初论》一文于《学术世界》，该文是胡肇椿第一篇博物馆学论文，集中论述了现代化博物馆的社会教育职能[8]。

[1] 李大超、胡肇椿《上海市博物馆筹备经过报告》，《中国博物馆协会会报》1937第2卷第3期，第6—10页。
[2] 《市博物馆收到何遂古物七千余件》，《申报》1936年2月14日。
[3] 郑逸梅《文史性刊物中的突出者〈逸经〉》，见氏著《芸编指痕》，哈尔滨：北方文艺出版社，2016年，第126—129页。
[4] 《发掘寿县古物事尚待商酌》，《学风》1937年第7卷第4期，第3—4页。
[5] 《中国建筑展览会职员名单》，上海通社编《旧上海史料汇编》（下），北京：北京图书馆出版社，1998年，第465、469页。
[6] 《中国建筑展览会记录》，上海通社编《旧上海史料汇编》（下），北京：北京图书馆出版社，1998年，第481—482页。
[7] 《上海市博物馆章则汇编》，收入《上海文献汇编》文化卷第13册，天津：天津古籍出版社，2013年，第225—227页。
[8] 胡肇椿《现代化博物馆与学校合作问题初论》，《学术世界》1935年第1卷第12期，第1—6页。

7月9日夜，乘京沪夜车出发赴安徽寿县调查李三孤堆，同行者金陵大学商承祚，上海博物馆郑师许、李昌文、曹春霆[1]。11日至12日，与安徽省政府商洽安徽寿县李三孤堆调查发掘事项[2]。16日至17日，调查寿县李三孤堆，并测量摄影，安徽省立图书馆朱拜石参与[3]。

7月18日，商承祚、郑师许赴合肥调查双墩集六朝墓，李昌文、曹春霆返南京，胡肇椿从田家庵乘船至蚌埠，转青岛出席中国博物馆协会年会[4]。

20日，出席在青岛市举办的中国博物馆协会第一次年会与中华图书馆协会第三届年会（图三）。22日下午，在博协年会作《博物馆标签之改良》的学术报告，并加入博物馆协会[5]。

7月底8月初，经叶恭绰牵线赴南京，为博物馆洽购商承祚藏逾千方印玺[6]。

8月9日下午，参观上海大新公司力社书画展[7]。

8月30日，吴越史地研究会在上海八仙桥青年会举行成立大会，蔡元培担任会长，胡肇椿为44名评议之一[8]。

9月24日，参加《学术世界》杂志于上海致美楼招待文艺新闻界人士宴会。《学术世界》参加人员黄宾虹、陈柱尊、郑师许、陈一百、陈千钧等，文艺界有夏剑丞、许疑盦、龙榆生（沐勋）、欧元怀、傅式说，新闻界有张叔通、黄天鹏，世界书局陆高谊等[9]。

---

[1] 商承祚等编《寿县史迹考查团调查报告书》，1936年，第1页。

[2] 同上。

[3] 同上。

[4]同上。

[5]《中国博物馆协会第一次年会开会纪事》，《中国博物馆协会会报》1936年第2卷第1期，第1—11页；《会务纪要》，《中国博物馆协会会报》1936年第2卷第1期，第17—18页。

[6]《市博物馆购进古印一千余方》，《大公报》上海版1936年8月3日。

[7]《力社画展第二天》，《申报》1936年8月10日。

[8]《吴越史地研究会简章及职员名单》，中国第二历史档案馆编《中华民国史档案资料汇编》第五辑第一编文化（二），南京：江苏古籍出版社，1994年，第791—792页。

[9]《学术世界招待文艺新闻界》，《学术世界》1936年第2卷2期，第116—117页。

图三　中国博物馆协会第一届年会合影（二排左数第三系领带者为胡肇椿1936年）

11月初，参观浙江省立图书馆浙江省文献展览会[1]。

11月20日晚7时至7时30分，在上海市广播台演讲《上海市博物馆之使命》[2]。

11月，与叶恭绰实地考察苏州吴县相门（匠门）外古祠堂遗址[3]。遗址位于道东路界内坎中，得路局同意，于25日至30日，派馆中练习生作古迹清理实习，获得汉代遗物若干。

冬，寿县史迹考察团向中央古物管理委员会申领发掘执照，上海博物馆、安

---

[1] 宋晞《陈训慈先生任浙江省立图书馆馆长期间的学术活动及其贡献》，收入浙江图书馆编《陈训慈百年诞辰纪念文集》，北京：北京图书出版社，2006年，第645—655页。

[2] 《胡肇椿先生播音演讲》，《申报》1936年11月20日。

[3] 蒋大沂《吴县相门外汉建筑遗址迁置记》附于《1937年5月3日栾植新致顾颉刚书信一通》，《禹贡》半月刊1937年第7卷6—7期合刊，第371页。

徽省立图书馆获得发掘执照[1]。

12月19日周六晚7点，交通部上海广播电台演讲《考古艺术历史常识》[2]。

12月，翻译出版英国历史学家博克尔著《英国文化史》（上），作为中山文化教育馆中山文库之一种，由上海商务印书馆出版[3]。

本年起，组织编写上海市博物馆丛书，并为丛书第一期书目撰写序言。强调"博物馆事业为普及教育，提高民族意识，增进研究精神之要途。""提倡研究以诱发高深兴趣，亦为博物馆事业之要着。"

1937年（33岁）

1月8日，主持上海博物馆开馆仪式，并报告上海博物馆筹备经过[4]。

1月28日10时，陪同立法院院长孙科及其子女参观上海博物馆[5]。

春，与商承祚携带寿县史迹考查团呈文至安庆，向安徽教育厅商洽，意欲变更古物整理地点，由安庆改为上海[6]。

3月27日下午6时，上海博物馆、中国航空建设协会上海市分会同人在杏花楼设宴送别上海市政府李大超，胡肇椿致欢送词。参加者有李大超、胡肇椿、张裕良、周松鹤、刘松涛、薛保伦、曹春霆、蒋大沂、杨宽、杨秋人、黄心维、顾志明、蒋兆熊、林圃轩、陈硕、李际明、魏中天、丘松生、李绍模、李惠然等三十余人[7]。

4月6日，与吴湖帆、简琴石、容庚、王秋湄、江岳鸢、陆丹林、陈端志、陈大年、朱戈吉等于叶恭绰处聚餐[8]。

5月2日，南京工程参考图书馆与上海市博物馆合办铁路工程展览会，胡肇椿代前铁道部长叶恭绰报告上海市博物馆连续举办特展之意义，略谓该馆连续已举

[1]《发掘寿县古物事尚待商酌》，《学风》1937年第7卷第4期，第3—4页。

[2]《交通部上海广播电台（一三〇〇）节目预告》，《申报》增刊1936年12月18日。

[3][英]博克尔（H.T.Buckle）著，胡肇椿译《英国文化史》上，上海：商务印书馆，1936年。

[4]《市博物馆明日开放——昨日招待新闻界报告筹备经过》，《申报》1937年1月9日。

[5]《孙院长参观市博物馆昨晚乘夜车返京》，《申报》1937年1月29日。

[6]《发掘寿县古物事尚待商酌》，《学风》1937年第7卷第4期，第3—4页。

[7]《两团体昨欢送李大超偕吴主席赴粤》，《申报》1937年3月28日。

[8]吴湖帆《吴湖帆文稿》，中国美术学院出版社，2004年，第67页。

办世界各国博物馆展览会、古玉印瓷展览会、海南岛黎苗民物展览会，铁路工程展览会为第四次，将来第五次特展预定开淡水生物展览会，第六次或举办上海文献展览会[1]。

5月7日，访吴湖帆，为上海文献展会商征集之事[2]。

5月10日下午，在上海八仙桥青年会召开上海文献展览会发起人会议，会议商定，由叶恭绰任展览会筹备会议主席，并通过了该展览会的章程，推定职员，认定征品办法，制订参观须知，拟定于7月2日开幕。推定叶恭绰为会长，沈恩孚、陈陶遗为副会长。名誉理事有蔡元培、马相伯、张菊生、王一亭、傅增湘、唐文治、柳诒徵等人，理事有周越然、朱少屏、张大千、江小鹣、郎静山、胡肇椿（常务理事）、吴湖帆等人，皆为当时文化教育界的社会名流[3]。

5月13日下午四时，在上海八仙桥青年会召开上海文献展览会常务理事会会议，议决推胡肇椿担任常务理事会主席[4]。

5月18日下午三时，上海文献展览会召开第二次常务理事会会议，胡肇椿与陈端志、吴湖帆、吴静山等汇报向各县接洽经过[5]。

5月，与叶恭绰联名向社会各界发布参加上海文献展览会邀请信[6]。

5月，上海市博物馆与安徽省立图书馆组织寿县史迹发掘队，任领队。鉴于天气原因，计划本年秋开始，第一期发掘三个月。但因上海市博物馆要求将发掘品运至上海整理，引发地方势力抵抗，致发掘计划迁延至日本攻占上海。[7]

6月1日，与高剑父、简又文、黎照寰、冯自由、张善孖、陈抱一、丁衍庸、胡伯洲、陆丹林等在上海大新公司参观方人定画展，并认购方氏作品。[8]

[1] 《铁路工程展览会昨日开幕》，《申报》1937年5月3日。

[2] 吴湖帆《吴湖帆文稿》，杭州：中国美术学院出版社，2004年，第76页。

[3] 林介宇《嘉定收藏家与1937年的上海文献展览会》，《艺术品鉴》2018年第26期，第9—10页；沈宁《滕固年谱长编》，上海：上海书画出版社，2019年，第421页。

[4] 《上海文献展览会昨开常务会议……》，《大公报》上海版1937年5月14日。

[5] 《上海文献展览会昨开常务理事会》，《大公报》上海版1937年5月19日。

[6] 林介宇《嘉定收藏家与1937年的上海文献展览会》，《艺术品鉴》2018年第26期，第9—10页。

[7] 禾《寿县史迹发掘队初秋去寿》，《陕西教育月刊》1937年第3卷第3期，第133—134页；《发掘寿县古物事势将搁浅》，《学风》1937年第7卷第5期，第1—2页。

[8] 陈继春《亮节高风——方人定小传》，广州：岭南美术出版社，2015年，第47页。

6月16日中午，于上海八仙桥青年会参加上海文献展览会征集人谈话会[1]。

6月29日，与郑师许共同致信中国科学社刘咸，征集刘咸海南岛黎族文物[2]。

7月6日下午三时，文献展览会举行预展，胡肇椿招待各地征集主任及本市征集员、各界来宾等二百余人，引导参观展览[3]。

7月19日，上海文献会邀集各县负责人在八仙桥青年会开会，叶恭绰主持讨论有关上海文献展览会发还出品手续、组织出版委员会及发起刊印苏松太丛书等事项。与陈端志、吴静山、沈勤卢、徐邦达为上海文献展览会出版委员会常务委员（图四）[4]。

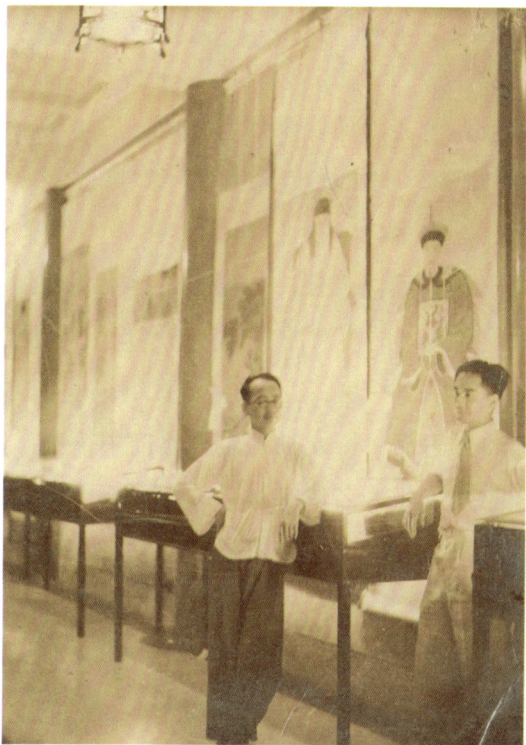

图四　叶恭绰、胡肇椿（右）在上海博物馆文献展合影（1937年）

[1]《上海文献展览会昨召开征集人谈话会……》，《大公报》上海版1936年6月17日。

[2] 周桂发、杨家润、张剑编注《中国科学社档案整理与研究之书信选编》，上海：上海科学技术出版社，2015年，第190页。

[3]《市府成立十周纪念庆祝大会……》，《大公报》上海版1937年7月7日。

[4]《上海文献会发起刊印苏松太丛书定八月十日起发回出品》，《申报》1937年7月20日。

八一三事变前，由杨宽挑选馆藏重要文物寄存震旦博物馆，上海市博物馆遂关闭[1]。

10月20日，被收录于日本外务省情报部编纂《现代人名鉴》[2]。

11月，上海沦陷，返广州。

12月18日，发表《全面抗战与后方宣传》短论于广州宣传抗战的《新战线》周刊[3]。

1938年（34岁）

1月，任广州抗日服务社总务干事。

4月，任广东民政厅秘书，负责机要事务。时广东省主席吴铁城自兼民政厅长，由周雍能代管，民政厅设于江孔殷府宅[4]。

9月底，获洛克菲勒基金会资助，乘昌兴公司亚后轮于香港赴美国纽约州布法罗科学博物馆研修博物馆学，月领200美元[5]。

1939年（35岁）

8月，从美返国居香港与澳门，任广东侨务处秘书。欧战爆发，重庆国民党中央委派吴铁城主持在香港设立港澳湾总支部，以策动港澳同胞及南洋华侨共赴国难。在澳门妈阁街15号中德中学设立党支部，负责组织学生与侨胞，由周雍能负责且兼任广东侨务处处长[6]。胡肇椿就被聘定在澳门中德中学讲学，规划博物馆化教育[7]。澳门中德中学由广州著名建筑师、教育家郭秉琦创立，郭秉琦亦为胡肇椿七妹夫。校董包括当时政治要员，如梁寒操、吴铁城、俞鸿钧、周雍能、胡肇椿等。时盛建才任中德中学教务主任，九弟胡肇东任训育主任[8]。

9月4日晚7时，于香港胜斯酒店参加周雍能主办中央军校第四分校招收侨生答

[1] 杨宽《历史激流：杨宽自传》，大块文化出版股份有限公司，2005年，第135页。

[2] 外务省情报部编纂《现代人名鉴》，东亚同文会业务部，1937年，第131—132页。

[3] 胡肇椿《全面抗战与后方宣传》，《新战线》1937年第1期，第4页。

[4] 沈云龙访问，陈三升、陈存恭记录《周雍能先生访问记录》，"中研院"近代史研究所，1984年，第147页。

[5] 《胡肇椿月底赴美考察》，《大公报》香港版1938年9月25日。

[6] 沈云龙访问，陈三升、陈存恭记录《周雍能先生访问记录》，"中研院"近代史研究所，1984年，第150页。

[7] 《中德中学校概况及廿八年度招生章程》，《民国教育史料丛刊》第389册，郑州：大象出版社，2015年，第305—306页。

[8] 陈志峰《郭秉琦与早期澳门中德中学》，刘海峰主编《鉴古知今的教育史研究——第六届教育史论坛文集》，厦门：厦门大学出版社，2014年，第529—536页。

谢医学、教育界人士宴会[1]。

12月，发表《想想黄启明先生的精神人格》于《培正中学五十周年纪念特刊》[2]。

本年，再度随高剑父于澳门学习绘画。

1940年（36岁）

春，撰写发表《广州古物发掘追记》于《广东文物》，并以稿费助广东文物展览会[3]。

6月，公决《中国博物馆协会会报》复刊，推胡肇椿任主编，由庄尚严、傅振伦、曾昭燏、李瑞年、杨秋人协助[4]。时《中国博物馆协会会报》设通讯处于香港中环毕打街必打行，为胡肇椿香港办公地。

10月25日，被收录进日本桥川时雄编《中国文化界人物总鉴》[5]。

1941年（37岁）

2月1日，发表《现代化的展览技术与"国展"》于中国国货实业服务社发行的《国货与实业》杂志，对展览现代化的理解似乎受到了其在美国博物馆训练的影响[6]。

2月，由于经费支绌，侨务处长周雍能利用筹备召开第一次国民代表大会，接触大量海外代表之机，倡议组织"华侨生产建设协会"，协会设在香港九龙，向交通银行、海外代表募集国币三百万元[7]。

3月，胡肇椿当选澳门镜湖医院新任值理。值理会包括戴恩赛、王德光、郭秉

---

[1]《军校招生事毕，周雍能……》，《大公报》香港版1939年9月5日。

[2] 胡肇椿《想想黄启明先生的精神人格》，《培正中学五十周年纪念特刊》，广州市私立培正中学印行，1939年，第23—24页。

[3] 胡肇椿《广州古物发掘追记》，《广东文物》（下册），（香港）中国文化协进会，第1072页。

[4]《全国博物馆协会会报定期复刊》，《大公报》香港版1940年6月12日。

[5]［日］桥川时雄编《中国文化界人物总鉴》，中华法令编印馆，1940年，第278页。

[6] 胡肇椿《现代化的展览技术与"国展"》，《国货与实业》1941年第1卷第2期，第35—36页。

[7] 沈云龙访问，陈三升、陈存恭记录《周雍能先生访问记录》，"中研院"近代史研究所，1984年，第151—152页。
　"当时侨务处每月公款1500元国币，折合港币不过200元之数，加上党部经费港币1500元。侨务处组织在处长之下，有科长、秘书数人，职员多名，每月开销至少四千港币。"

琦、黄苏、刘叙堂、胡肇椿、黄耀坚、赵七、梁后源、高福耀、董庆堂、吴伟佳共12人，戴恩赛为主席[1]。

3月23日，参观澳门商会郑褧慈善画展[2]。

4月，《中国博物馆协会会报》复刊，胡肇椿发表《筹设国立中央抗战建国博物馆刍议》[3]。

时《中国博物馆协会会报》通讯处为澳门妈阁街15号中德中学，为胡肇椿澳门办公地。

5月，香港中华厂商联合会、中国国货实业社、华侨生产建设协会，呈请中央经济部，在海外各地广设国货陈列馆，其中香港国货陈列所择定皇后大道中八号二楼为馆址，聘定胡肇椿负责该馆一切布置事宜[4]。

6月23日，在香港华商俱乐部参加华侨生产建设协会成立大会[5]。

7月，次子胡抗出生于香港。

7月15日，代表华侨生产建设协会参加上海市商会驻港办事处举办关于"沪港国货工商团体组织商务考察团，前往印度及南洋一带考察，以谋发展国产对外贸易"会议[6]。

8月15日，由华侨生产建设协会、南洋企业公司、中国国货实业服务社三个团体联合主办香港中国国货陈列所，胡肇椿任所长兼总务组长，并报告陈列所筹备经过[7]。发表《国货陈列技术的现代化》于《大公报》香港版[8]。

8月26日，发表《国货陈列所史的追溯》于《香港商报》[9]。

---

[1] 澳门《华侨报》，1941年3月18日。

[2] 《郑褧慈善画展今日开幕》，澳门《新声日报》1941年3月24日。

[3] 胡肇椿《筹设国立中央抗战建国博物馆刍议》，《中国博物馆协会会报》1941年第1卷第1期，第5—8页。

[4] 《国货陈列馆开始征集陈列品，馆址择在大道中》，《大公报》香港版1941年5月9日。

[5] 《华侨生建协会成立……》，《大公报》香港版1941年6月28日。

[6] 《港沪工商界昨决定……》，《大公报》香港版1941年7月15日。

[7] 《香港中国国货陈列所月报》，《国货与实业》1941年第1卷第9号，第79—80页。中香港国国货陈列所位于香港大道中八号二楼。

[8] 胡肇椿《国货陈列技术的现代化》，《大公报》香港版1941年8月15日。

[9] 胡肇椿《国货陈列所史的追溯》，《香港商报》1941年第160期，第11—12页。

9月20日，发表《带泪听歌——忆曾传韶作》于香港《大风》半月刊[1]。

10月19日，经黄伯樵引介，偕杨秋人拜访旅港的黄炎培，送文件《民众科学博物馆述要》[2]。

12月25日，香港沦陷，国民党在港澳的组织相继撤出，胡肇椿辞侨务秘书。

本年，与梁彦明、郭秉琦共同管理澳门镜湖学校，改革教务。

1942年（38岁）

1月至12月，任澳门广东企业公司筹备员。

1943年（39岁）

1月至10月，广西梧州闲居。

10月9日至12日，在由澳门赴重庆途中，应鹤山赈济会邀请在鹤山沙坪举办画展[3]。

11月，至重庆，加入国民党（党证编号：特七九八三三），任国民党中央宣传部专门委员，任海外部秘书，时梁寒操任宣传部部长[4]，张道藩任海外部部长。

12月，次女胡强出生于罗定。

1944年（40岁）

2月，因宣传部内部CC系、教育系、太子派之间的派系斗争辞国民党职务。

3月至12月，逃难经商到广西梧州广平镇大坡山（这一段确实难以求证）。

1945年（41岁）

1月至5月，任教于罗定广东省立文理学院。

6月至8月，任桂林文化供应社发行员。

10月，广州光复后，任广州教育局社会教育科长。

12月12日，广州市教育局组设社会教育事业辅导委员会图书馆、博物馆、民

---

[1] 胡肇椿《带泪听歌——忆曾传韶作》，《大风》1941年第98期，第3303—3304页。

[2] 黄炎培《黄炎培日记》第7卷，北京：华文出版社，2008年，第169页。

[3]《鹤山振济会邀请名画家胡肇椿在沙坪画展筹制寒衣》，《南华报》1943年10月11日第3版。

[4] 胡彦云《我所知道的梁寒操》，中国人民政治协商会议全国委员会文史资料委员会编《文史资料选辑》第38辑总第138辑，北京：中国文史出版社，2000年，第42页。

众教育馆三组，胡肇椿任博物馆组主任委员，负责接收伪馆并开展复馆工作。

12月31日，在文德路市广州市教育局内，主持广州市博物馆书画展览预展，招待新闻界。胡肇椿"略述博物馆之历史及其本人从事博物馆学之工作，并谓卅五年度博物馆计划，以配合建国宪政为中心，侧重教育伦理与方法。博物馆之组织，分生产科学化、地方性历史参考、教育、儿童、美术、出版、保管七组，注重联络，争取动的方法，希望陈列面积与准备等之比例为一与三之比，建一合理馆址，以展览补救社教之发展。"[1]

1946年（42岁）

2月，翻译出版英国历史学家博克尔著《英国文化史（中）》[2]。

3月1日，广州市立博物馆恢复，隶属市教育局，设业务、技术两部及研究、事务两室。被聘为馆长，居住广州惠新东街15号四楼[3]。

本年，撰《广州市立博物馆概况》（未刊）。

8月，题叶因泉《抗战流民图》，"西哲谓，战争之结果民德的败坏重于物质与经济之损耗。读恩（因）泉先生《抗战流民图》，无不恻然于心，痛人间世之沉沦，惟易子而烹与发国难财者之高抬米价等。及今胜利而后，此风抑不少减，有心人于此，尤感慨系（之）矣。先生之画直可作抗战史！赞书此并以佩。胡肇椿敬题。三十五年八月。"（图五）[4]

8月，草拟《广州市立博物馆建设计划及派员赴美募捐办法草案》，希望政府能够派员赴美洲、南洋进行募捐及征集陈列物品等。

9月12日，广州市立博物馆呈报抗战时期损失情况。

9月17日，广州市立博物馆由市立中山图书馆迁至镇海楼办公。

秋，成为韩美林组织的"博物馆国际合作委员会"（Committee for International Cooperation Among Museums）即国际博物馆协会（ICOM）中国委员。

---

[1]《博物馆书画展览今日正式开幕，胡肇椿昨招待记者，阐述卅五年度计划》，《中山日报》1946年1月1日第8版。

[2]［英］博克尔（H.T.Buckle）著，胡肇椿译《英国文化史》下，上海商务印书馆，1946年。

[3]《1946年广州市政府荐委表》，李民涌主编《岭南文博之光——广州博物馆史略（1929—2018）》，北京：文物出版社，2019年，第77页。

[4] 广东省立中山图书馆编《广东省立中山图书馆藏金石书画选》，广州：岭南美术出版社，2002年，第97页。

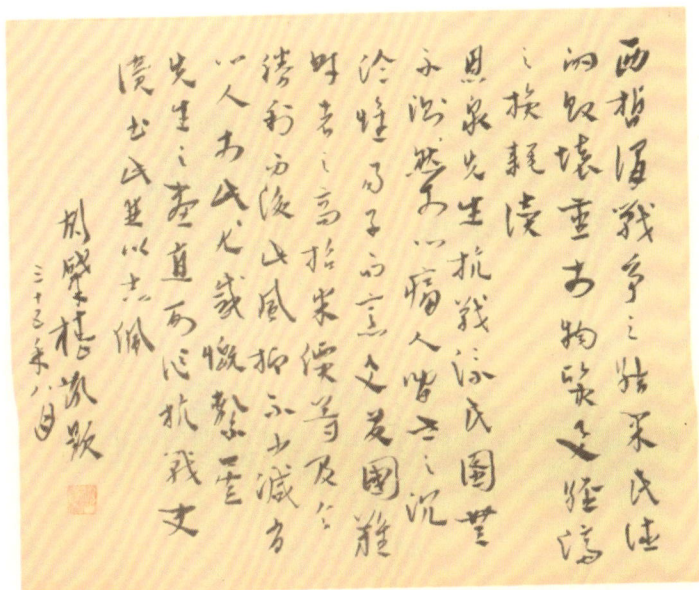

图五　题叶因泉《抗战流民图》（1946年）

12月15日，发表《现代化博物馆》于《广州教育》[1]。

12月20日上午，中央研究院历史语言研究所考古组主任兼中央博物院筹备处主任李济与高去寻、夏鼐商量李纯一死后，中博院行政负责人人选。胡肇椿与冯汉骥、郑德坤被议及作为中博院行政负责人[2]。

1947年（43岁）

3月7日，兼任财政部职员，任职《财政年鉴》（三编）编纂处综核组编纂，时财政部秘书周雍能为综核组领组，俞鸿钧为财政部部长[3]。

春，因博物馆工作薪水低廉，胡肇椿兼任培正中学高二甲乙丙国文课[4]。

3月27日下午3时30分，在培正中学教职员宿舍北楼会客室参加三十五年度第二学期国文科第一次会议。参会者林瑞铭、李竹侯、罗慷烈、胡肇椿、谢乃芬、关

---

[1] 胡肇椿《现代化博物馆》，《广州教育》1946年第1期，第3—5页。

[2] 《夏鼐日记》第4卷，上海：华东师范大学出版社，2011年，第88页。1946年12月20日（星期五），谓"胡君人颇能干，常喜独揽大权，且与'中研院'无关系"。

[3] 《财政年鉴编纂处职员录》，《财政年鉴三编》（第3册），1948年1月，第651页。

[4] 《中学部卅五年度第二学期职教员一览》，《培正校刊》1947年第15卷第5期，第2—3页。

存英、黄闰才、凌汉桑、马龙图、李葆檀、梁谦，李竹侯主席[1]。为工作便利，借住朋友东山区保安后街的一栋洋楼的二楼。

4月7日，在培正高小周会演讲，学生获得动植物知识不少。"胡博士报道市中已有若干人士，致力于搜集各种物类，制作标本，设计制造教育玩具，努力为儿童增广眼界，尤使听者眉飞色舞，博得热烈掌声。"[2]

本年，参加南中美术学院与春潮社举办的观摩会，欲以二百港元购藏叶绿野《玉棠丹孔》[3]。

8月，被收入《当代中国名人词典》，称其为法学家[4]。

10月8日，经杨成志提请，被聘为1948年度上学期国立中山大学文学院人类学部兼职教授，讲授博物馆学，周三学时。

10月14日，国立中山大学文学院杨成志教授推荐黄文山、胡肇椿、罗香林三人为人类学部代表，作为学校评议员。

同年，推荐十八弟胡肇霖以德语专长，任职国立中山大学医学院图书分馆[5]。

11月2日上午十时，应广东建设研究会邀请，在文德路六十二号公开演讲《近世纪美国博物馆之演进》[6]。

11月12日，撰写《怎样利用人类文化的石油——现代化博物馆》发表于广州《中山日报》广州市立博物馆主编之"博物馆学特刊"[7]。

12月15日，发表《黄幔宫忆谭》《考古入洛记》于培正中学学生自治会之《红蓝》杂志。兼任《红蓝》杂志出版总顾问[8]。

1948年（44岁）

---

[1]《三十五年度第二学期国文科第一次会议纪录》，《培正校刊》1947年第15卷第5期，第5页。

[2]《市立博物馆馆长胡博士莅校演讲》，《培正校刊》1947年第15卷第5期，第8页。

[3] 叶绿野《几则对高师的回忆录》，广东美术馆编《叶绿野·润泽的岭南》，广州：岭南美术出版社，2003年，第24—29页；《叶绿野艺术年表》，第60—61页。

[4] 任嘉尧《当代中国名人辞典》，东方书店，1947年，第57页。

[5]《香港年鉴》第十八回之《人名辞典》，华侨日报出版，1965年，第34页。

[6]《胡肇椿演讲"美博物馆演进"》，《广州日报》1947年11月1日第3版。

[7] 胡肇椿《怎样利用人类文化的石油——现代化博物馆》，《中山日报》1947年11月12日。

[8] 胡肇椿《黄幔宫忆谭》，《红蓝》1947年第8卷第2期，第1—16页；胡肇椿《考古入洛记》，《红蓝》1947年第8卷第2期，第26—32页。

与盛建才同在广州东山培正中学国文科任教，编写《广州培正中学国文讲义》高中版，请叶恭绰题写书名，因国文造诣深得学生敬重。

年初，应广州培正中学冯棠校长之请，主持培正博物馆[1]。

5月初，续聘仍为中山大学文学院人类学部（组）兼职教授，讲授博物馆学。

5月5日，中国民族学会西南分会假座中大历史学研究所人类学部举行年会。与黄文山、郑师许、杨成志、岑家梧、罗香林、王兴瑞、张为纲、林慧祥、江应梁、梁钊韬、龙非了、陈兼善、董家遵、戴裔煊等十五人为理事，陈大年、张廷休、刘节、武国雄、周达夫等八人为监事；决议在《广东日报》上出版《民族学刊》及刊印《年会论文专刊》、筹组台湾考察团等事项[2]。

5月19日，国民政府改组为中华民国政府，中央地方干部大调整，请辞财政部职务。

5月31日，发表《临江仙》于《岭雅》第五期，"满月楼头如梦，翠尊重纪声华。旧痕分付与瓶花，十年眉黛醉，彩袖月初斜。乳燕初逃风雨。沉哀弦咽琵琶，空梁谁识已无家。酡颜看越女，十五恨方芽。"[3]

8月，接收设于镇海楼一二三楼的广东省胜利纪念馆的藏品及场地，增设抗日战争胜利纪念品陈列部。

秋，任教培正中学卅七学年度第一学期高三甲、二甲、一甲国文课，以国文科主任兼社会科主任。盛建才任初一丁戊己国文课[4]。

同年，以章草题镇海楼彭玉麟楹联一副，"万千劫危楼尚存，问谁摘斗摩星，目空古今？五百年故候安在，使我凭栏看剑，泪洒英雄！"

1949年（45岁）

2月，位于东山区保山后街的楼房及周边洋楼被南迁广州的国民政府征用，全家被迫转到培正中学居住。

2月21日，发表《鹧鸪天》于《岭雅》第40期，"挣扎人生鬓未银，百年从此

[1] 叶深铭《正轨道兮树风声：培正中学建校一百三十年史》，中国香港：三联书店(香港)有限公司，2019年，第88页。
[2] 刘小云《学术风气与现代转型——中山大学人文学科述论（1926—1949）》，上海：三联书店，2013年，第289—291页。
[3] 陈寂、傅静庵主编，陈永正、李国明、李文约辑校《岭雅》，广州：广东人民出版社，2013年，第52页。
[4]《中学职教员一览（卅七学年度第一学期）》，《培正校刊》1948年第17卷第1期，第3页。

忍沉沦。枯肠万涩诗方属，蜡影初浓酒尚薰。钟一杵，在禅门，荒情无计赋黄昏，旧时中散疏狂态，孤负明湖有涨痕。"[1]

3月，以培正中学名义，请容庚向上海刘体智代购《小校经阁金文》[2]。

广州解放前，因经费无着，镇海楼被广州警备区警备团官兵占据，广州博物馆撤销。

10月，为培正中学建校六十周年纪念歌作词，何安东谱曲。"东山明秀红蓝园地，弦歌响遍初阳。英才遍八荒，六十年储才乐育，六千众朝气轩昂。展望，永无量，世盐世光。风烟里，河山锦绣，建设日方长。须认取，至善至正，前路康庄。"[3]

10月，发表《楚镜考》于《培正中学六十周年纪念刊》[4]。

10月14日，广州解放。

1950年（46岁）

9月，向广州军事管制委员会自新。

11月，作为旧公教人员入南方大学学习。

1951年（47岁）

本年，胡肇椿向上海博物馆捐赠文物[5]。

4月，因镇压反革命运动，于南方大学毕业前夕遭逮捕，以勾结国民党军要人员，进行破坏革命工作者，依据《条例》被判处死刑，缓刑两年，以观后效。缓刑期内被密送至"曲江劳动集中营"劳改二年。

10月初，在曲江劳动集中营写信回家，索款三十万元，由其妹寄送。

1953年（49岁）

---

[1] 陈寂、傅静庵主编，陈永正、李国明、李文约辑校《岭雅》，广州：广东人民出版社，2013年，第433页。

[2] 李宗焜《刘体智与容庚往来函札》，《古今论衡》2005年第13期，容庚至刘体智信函18号，19号，21号。

[3] 胡肇椿词，何安东曲《培正六十周年纪念歌》，《培正中学六十周年纪念刊》，广州市私立培正中学印行，1949年，卷首插页。

[4] 胡肇椿《楚镜考》，《培正中学六十周年纪念刊》，广州市私立培正中学印行，1949年，第56—61页。

[5] 《上海博物馆历年接受捐赠名单（1950—2002）》，杨晓渡主编《上海文化年鉴2003》，《上海文化年鉴》编辑部出版发行，2003年，第361页。

6月，假释。

9月，任职广州文化局文物管理委员会技工。

1954年（50岁）

4月17至18日，与黄文宽清理广州小北宋墓[1]。

1955年（51岁）

本年，再因历史问题在反地方主义运动中，被管制，解除文管会工作职务。

1956年（52岁）

本年，解除管制，发还选民证，文管会接触希望调其回去任职。

9月4日，代理中山大学历史系主任的金应熙向学校提交《聘用胡肇椿来校工作的报告》，经张启秀（人事处长）、王越（教务长）、许崇清（校长）批准入校工作，并给予副教授职称（并非恢复副教授职称）。为工作便利需要，独自住中大康乐园荣光堂二楼西头宿舍。与梁钊韬副教授、张维持讲师合组历史系考古学教研组。

9月20日傍晚，与梁钊韬拜访历史系刘节教授[2]。

秋，与梁钊韬、张维持先生一起参观西村窑发掘现场（图六）。

1957年（53岁）

5月，参与广州华侨新村考古发掘工作，作为导师指导历史系三年级同学进行田野考古实习[3]。

7月19日，广东省文化局发出《关于成立广东省地志博物馆筹备委员会及委员名单的通知》，筹备委员会主任商衍鎏，副主任商承祚、胡肇椿、蔡语邨，委员为丁颖、方瑞濂、叶汇、龙庆忠、卢振寰、卢子枢、余清江、卓仁玑、侯过、容庚、陈锡祺、梁钊韬、徐俊鸣、夏昌世、黄廷柱、康殷、戴裔煊等17人。筹备处

---

[1] 广州市文物管理委员会《广州小北宋墓简报》，《文物参考资料》1955年第10期，第50—59页。黄文宽《"广州小北宋墓简报"补充说明——并答复傅扬先生"关于广州古墓葬青花瓷坛时代问题的商榷"的意见》，《文物参考资料》1957年第1期，第44—48页。

[2] 刘显增整理《刘节日记》（上册），郑州：大象出版社，2009年，第399页。

[3] 发掘工作成果详见麦英豪执笔的《广州华侨新村西汉墓》，发表于《考古学报》1958年第2期，第39—75、168、129—144页。

图六　参观西村窑发掘现场（1956年秋）

主任由蔡语邨兼任。

7月20日，参与广东省地志博物馆筹委会第一次会议筹备[1]。

1960年（56岁）

5月，与张维持合作撰写《广州出土的汉代黑奴俑》发表于《中山大学学报》[2]。

8月，参加历史系学习讨论《列宁主义万岁》等三篇文章，并发言："日本人民迫使岸信介下台的事实表明，在当前条件下和平过渡是可能的。""我不同意正义战争不可避免的观点，不可避免的应是帝国主义发动的非正义战争，因为我们根本不需要战争，要避免战争，苏联宪法规定，不准鼓吹战争。"

1961年（57岁）（图七）

---

[1] 广东省地方史志编委会编《广东省志·文物志》，广东人民出版社，2007年，第17页；曹腾《广东省博物馆筹建之回顾》，广东省博物馆编《广东省博物馆开馆四十周年纪念文集（1959—1999）》，广东人民出版社，2000年，第1页。

[2] 张维持、胡肇椿《广州出土的汉代黑奴俑》；《中山大学学报》社科版1960年第2期，第84—87页。

图七　胡肇椿题胡抗作胡博画像（1961年）

7月25日上午，访梁方仲，似为谈论《东汉的楼屋与坞壁》文[1]。

11月中旬，指导助教和研究生在中山大学东区高岗发掘一座东汉砖室墓[2]。

11月下旬，容庚夫妇邀请赴容府食鱼。

11月30日晚，在广州中山大学康乐园荣光堂宿舍因心脑血管病发去世[3]。

12月1日下午，广州粤光殡仪馆举行胡肇椿追悼会[4]。

本月，学校给家属丧葬费950元，每工作一年支付190元，共工作五年。

1962年（58岁）

4月，遗作《楼橹坞壁与东汉的阶级斗争》发表于《考古》杂志。

致谢：在《胡肇椿年谱》编写过程中，得到了广州博物馆陈鸿钧、故宫博物院徐婉玲、北京大学刘静、广东省博物馆杨式挺等师友同仁的帮助，特此致谢。胡肇椿的女儿胡强女士接受了本人的采访，并为年谱的编写提供了宝贵意见，胡肇椿的儿子胡抗先生提供了胡肇椿的简历，在此一并致谢。

（作者单位：中山大学博物馆（校史馆））

[1] 梁方仲著梁承邺等整理《梁方仲遗稿·案头日历记事》，广州：广东人民出版社，2019年，第194页。

[2] 中山大学考古教研组《我校高岗发掘一东汉古墓》，《中山大学》，1961年11月17日。

[3] 夏鼐《夏鼐日记》第6卷，上海：华东师范大学出版社，2011年，第223页。1961年12月11日星期一，评价胡肇椿"人颇能干，考古学虽未深入，但亦不能谓毫无所知。惜以政治关系，误入歧途。"

[4] 梁方仲著，梁承邺等整理《梁方仲遗稿·案头日历记事》，广州：广东人民出版社，2019年，第207页。

[5] 胡肇椿《楼橹坞壁与东汉的阶级斗争》，《考古》1962年第4期，第206—210页。